故・寺島珠雄氏に献ぐ

黒旗水滸伝——大正地獄篇／上巻目次

梁山泊宣言

プロログ

I 蒼白き巣窟

VI ニッポン脱出行

この作品は、かわぐちかいじと覆名・夢野京太郎によって
一九七五年十月～八〇年七月号の、『現代の眼』に連載された。

梁山泊宣言

八方域(イキ)共ニシ　異姓家ヲ一トス
寸心　死生ヲ同ジクスベシ
相貌語言　南北東西各々別ト雖(イエド)モ
心情肝胆　忠義信義並差ナシ
三教九流　皇子神孫　富豪将吏
猟戸漁人　屠児劊子(トジカイシ)
都(スベ)テ哥弟(カテイ)ト称呼シテ　貴賤ヲ分タズ
或ハ精霊　或ハ粗鹵(ソロ)
或ハ村樸(ソンボク)　或ハ風流
或ハ奔馳(ホンチ)　或ハ偸騙(トウヘン)ナルモ
何ゾ嘗(カツ)テ　相礙(アイサマタ)ゲン
真(マサ)ニ是(コレ)　才ニ随(シタガ)ッテ器ヲ使(モチ)ウ
一百零八、星辰(セイシン)中ニ名ヲ列スルコト
念珠(ネンジュ)子　個々ニ連牽(レンケン)スルガ如キヲ

……ここに集う我らは、出自と姓名を異にする。が、一心同体である。束の間と消えゆく夢の命を、我らは共に生き、共に死ぬことを誓った。眼肌の色や言葉はそれぞれ違っているけれど、革命の情熱において我らは変わらぬ赤心を抱く。いわゆる「三教九流」、儒・仏・道をはじめとする諸宗諸派のイデオロギーを包括して、皇帝や神々の子孫も、元富豪・軍人・官吏も、農・工・商は言わずもがな、猟師や漁夫などの出身者、〝賤業〟と卑しめられる屠殺人・首斬役人も、おしなべて哥弟（きょうだい）と呼びあって貴賤の別なく、ここではみな平等である。

あるものは学芸に精通し、あるものは無学文盲である。村樸（いなかもの）もいれば、風流（だておとこ）もいる。飛脚も、泥棒もいる。しかし個別の属性は、我らの血盟と友愛を礙（さまた）げはしない。それぞれの才能と努力に応じて、おのずから人は誇り得る部署に就（つ）くことができる。

一百零八の同志たちよ、我らは死んで星となろう。あたかも数珠玉を一連の糸につなぐ如く、天上に不滅の星座を描くのだ。

（『水滸伝』第七十一回、竹中労訳／夢幻工房補遺
初出「大法輪」一九八九年四月号）

プロログ

一九七×年夏
未曾有の暴風雨が
沖縄を襲った
瞬間風速
八十メートル
三十数時間
まる一昼夜半吹き荒れて
海水を天に
まきあげ
島々に塩の雨を
降らせた……

序章
「夢野京太郎」の復活

まずは、チョンダラー
（くぐつ廻し、京太郎）の一鎖(ひとくさり)——

運（ン）　念(おも)いもよらず
華(はな)の蓋(かぶと)に交(めぐ)りあい
穹(そら)も翔(と)ばぬに　頭を碰(ぶつ)け
やれ　癪(しゃく)なこと
破帽(ハンチング)に顔を遮(かく)して
窮巷(すらむ)に過(に)げ出さん
酒買うて　漏船(よいどれぶね)に載せ
どんぶり鉢ゃ浮いた浮いた
レット・イット・ビー
（つらね）
眉ヲ横タエテ
冷ヤカニ千夫(ゾクジン)ノ指(ヒナン)ニ対シ
首(コウベ)ヲ俯(タ)レテ
甘ンジテ阿Qノ牛トナル
九尺二間ノ方丈ニ
躱身(ドロップアウト)シテ　一統(コンミユーン)ヲツクラン
サモアラバアレ春夏秋冬

（返し）

世に従えば身苦し

従わざれば　狂せるに似たり

〔口上〕

右なるは、魯迅『自嘲』の贋作、まぼろしの京太郎軍団は、さらなる戦場をもとめて、此処か彼処か、はたまた何処か？

魔界転生の暗黒へと、潜行していくのでおじゃりまする。さらばさらば！と風が吹く、行きゆきて宿場を離り、昧々として日まさに暮れなんとす、賦して憂思を紓べ悲愁を楽しむは、やがて果つべき生命のかぎりにこそ——

一九七二年晩秋、夢野京太郎*は蒸発した。〝同志〟イカレ・ドラゴン太田竜の無用のお喋舌りで、軍団メンバーを暴露されたためである。ここに再び陣容を整えて、夢野京太郎は復活する。かの児玉隆也を失って（京太郎の分身であった、七五年昇天）、竹中労唯一人の営為となった欺罔の人形まわし、

かわぐちかいじと組んでの『博徒ブーゲンビリア』、週刊漫画アクション連載の劇画一篇を以て打ちどめ、いらい暫しの沈黙を余儀なくされた。

いまようやく、夢野京太郎ナンバー1を除いて、闇の回路のかくし玉ナンバー2以下正体不明の勢揃い、現代の眼誌上に『黒旗水滸伝』、三年間の長期連載を一挙全面展開する。猪野健治筆『戦後水滸伝』、やくざ社会インサイドレポートの後をうけて、物語りは大正末年と被差別窮民、アナキズムの系譜をさかのぼる。

以下、＊印註は夢幻工房・竹中労事務所

チャチャラカ　チャカポコ
ピカリピカリと
笑ってござるが
今はまだしも気楽な地獄じゃ
昼夜不断のテレビにラジオと
唯物万能・文明の灯(あかし)が
明るく光れば光ってくるだけ
暗くなるのが人の心じゃ

平和と民主じゃ！
法には秩序じゃ！
やくざとポルノと過激派と
「三ない運動」そろい踏み
自民・共産・創価学会
声をあわせて
あーア　化けて出られぬ
奈落にぬけまーす

スチャラカ　チャカポコ
ドン！と蹴込んで
ぴたりと閉じます
右も左も　牢獄地獄じゃ
モンクいう奴ァ市民の敵だよ
文明地獄の中に重なる
こりゃまた　キチガイ地獄よ
上にあるのが親切地獄で
下には差別の冷笑地獄じゃ
狂気と呼ぶから
兇器が出てくる
あとは無念の白骨地獄よ
音も香もなく落ちゆくいくては
無間地獄じゃ

あーア　かくてまたもや
奈落にぬけまーす
（夢野久作、「外道祭文」より）

〝辺境〟より出撃せよ！

さて、物語りを現時点の沖縄から始める。すなわち、日本の〝辺境最深部〟に発端を置く。といえば早速、太田竜理論*のヒョウ窃ではないかと短絡するむきも、あるにちがいない。だが、夢野京太郎のニュアンスは彼と異なる、我々は退却しない。

――〝王城の地〟、中央集権の視座から見る辺境のイメエジは、いかなるものか？「かなしきは小樽の町よ、歌うことなき人々の声の荒さよ」（啄木）。大島渚はかつて言った、〔ニッポン人には放浪の二つのタイプがある。赤い夕日の満州にあこがれるいわゆる大陸浪人型と、そして名も知らぬ南の島へとさそわれる酋長型と。両者ともに、それは帰巣本能なのである。前者

は北方から朝鮮半島を経由して渡来した、後者は南方の海上から遠流してきたのだ、ようするに人間は、出てきたところへ戻っていくのだ」

大島は京都の出身である、彼はまさに〝王城の地〟で生まれ、人となった。政治と文化、芸能の中心地であった都人、その教養の根基底から、そうした発想は出てくる。大島はつづけて、

「戦後、列島に封鎖されて、ヤマト民族はスケールが小さくなった。満州の代替物として北海道、南洋群島のかわりに沖縄に、〝観光〟という名目で、放浪のイメエジを求めているのだろう」

なるほど、小樽の街に降る昏い雪を(『少年』)、そして屋宜原(やぎばる)の海に沈む斜陽を(『夏の妹』)、漂泊の心象風景として、辺境さすらい派的〝観光映画〟ふうに大島渚は撮っている。だが、ヤポを承知の上でいわしてもらおう、「北にも南にも、等質に惹かれるタイプはどう説明するのか?」。父方の祖

はアイヌであり、母方はクマソであるといった下らない冗談に、韜晦するしかあるまい。

〔北方騎馬民族説〕とか、〔南方遠流説〕といった、学者諸先生の議論は、なべて〃王城の地〃中央集権的発想に依拠するのだ。柳田国男・折口信夫、ことのついでに吉本隆明、クソでも召上りませ。早い話が北海道、上にかぞえれば僅か五人、つまり五代の歴史しか持っていないのに、なぜ日本人はそこに郷愁をいだくのか?

答えは単純明快である、文明にいまだ汚染されぬ、自然がそこにあるから。辺境とは桃源であり、ロマンであるから。人々は母親の胎内に回帰するように、地の果て海の涯て、あるいは山谷、釜ヶ崎等々の窮巷へと(ここもまた文明社会の埒外、辺境である)、サスラッテイクノデアル。

唯物万能の文明社会に、人々は閉塞している。制度の欺罔(ぎもう)に呪縛され、人類は進歩、発展するものと思いこんで

切り立った水の壁は
V字状の入江を持つ
仲間川に轟然と侵入
河口の部落を一挙に
流潰したのである
四百数十人の住民は
暗黒の海を数キロの
沖合いに押し流され
ほとんど全員が
溺死した

いる。そうではないのだ。「古を去ること日々に已に遠く百偽あって一真なし」、文明の惨毒は、アベコベに人間を衰弱させていくのである。

　往時、韃靼に誅された、金朝の詩人・元好問（一一九〇〜一二五七）うたえる……

一旱（この日照り）
すでに両月に近く
黄河の流域に猛威をふるう
驕れる太陽と蝎座の火の星と
昼となく夜となく
熱風は砂塵を捲き上げる
立ち枯れて草木は緑を失い
地平を眺め尽くして
人々はうれい悲しむのだ
迫りくるものは餓え
離りゆくものは希望
はたまた修羅の予兆か
時に怪しき事のみ
天は李の大きさの雹を降らす
私は夢見るのだ

銀河は氾濫し宇宙は崩壊して
喪乱の雷電(いなずま)がはためくのを
(『乙酉(いつゆう)六月十一日』)

一九七五年六月十一日、ソヴィエト共産党書記長ブレジネフは、〔核兵器よりも恐ろしい破壊力を持つ〕新しい兵器を、アメリカは開発している、と示唆した。軍事専門家筋の推論によれば、それは〝気象兵器〟だろうという。人工的に台風、海嘯(かいしょう)、洪水、寒波、地震、焦熱を発生させ、千〜万メガトン単位のエネルギー(最大級の水爆でも五十メガトン)を以てして、一挙に大量虐殺をやってのけようという、文字通りの最終兵器なのである。

まさに、「銀河は氾濫し宇宙は崩壊する」地獄に向かって、文明は落盤していく。マルクス主義者と称する、唯物万能左翼マテリアリストにも理解できるように、彼らの常用語でいうなら、世界帝国主義は、多国籍企業コングロマリットによる、地球規模の環境破壊、

公害汚染を拡大して、ついにゆきつくところ、階級でもなく人民でもなく「自然」そのものを、「文明」の究極の対立物として呼びこんでしまった。しかのみならず、驕れる人類の支配者共は（兵器を米帝と競って開発しているブレジネフまた然り）、日輪と海洋と地核をも支配しようと妄想しているのだ。

「誰か謂わん人の繁栄まことに児戯なるを、国々は陸沈して、生きとし生けるものの姿はもはや失われ、ただ累々たる墓、また墓のみ……」

文明地獄から脱出する道は一つしかない、それは〝人間が人間を支配する〟制度を、廃絶することである。無告の民草よ、辺境より出撃せよ！　万物斉同の桃源を、神もなく主人もなく、国家もないユトピアを打ち立てよ！　文明の重力から、みずからを解き放ち、人と自然のあるべき姿を悠久の天洋に獲得せよ！

外道世替りの論理

全世界の窮民よ
汝ら、虚偽の聖書を捨てよ
キリスト、釈尊、マホメット
孔子、マルクス、毛沢東
なべてを地に投げて
この真実の外道祈禱書を抱け
神とならんと欲さば
まず、悪魔たらんと志せ
我は外道、世替りのメシア
殺人者、放火者、強奪者
やくざ、娼婦、芸人
人外とせられたるもろ人よ
すべての外道よ
各々の罪に奮迅せよ！

——企業爆破グループ*について述べよう。彼らの多くが北海道の出身であることは、決して偶然でない。まさしく彼らは、辺境アイヌ・モシリの「自然」から、「文明」＝資本主義的生産様式の中核を撃つべく出立した。無辜(むこ)

の通行人をまきぞえにするという、誤謬をこそ犯したが、その革命の大義において、圧倒的に正しいのである。

だが、歌うことなき若者よ！

もし彼らに、一片の花を武器とする心情があったなら、〔民衆に理解できるようにやること、（しかも）公然活動領域と接触せず〕（沖縄で焼身自殺した船本洲治の遺書）、事実行為で多くの民衆、その裡なる革命者と固く連帯することができたであろう。音楽は階級意識よりも、すぐれて革命的である。汝、歌を、芸能を武器とせよ！

太古、民衆はうたった。「帝力われに何の関わりあらんや」と。鼓腹撃壌のうたに聴け、撃壌とは木靴で大地を打ちながら高らかに謡うことである。人間の理想を、エンゲル係数ではかることはできない。桃源とは何か？　始皇帝が夢に描いた蓬萊の島（ニッポンである）、そこで人々は不老不死、冬はなく花はしぼまず、悲しみと苦しみを知らぬという。

だが、真人民のユトピア、そこには海山千里に雪も降れば風も吹く。人は餓え、人は死に、失意の悲しみ孤独の苦しみがある。だからこそ桃源なのだ、ユトピアとはつまり〝約束の地〟である。そこに至る努力の過程に、唯心の浄土として確かに存在するのである。我々はただ、半透明の〝約束の地〟へと突き進む。「どういう社会をつくるのか?」ではなく、「こういう社会をこわす」ためにのみ、奮迅すればよいのである。さらに幾つもの制度の残骸を乗りこえた、はるかな歴史の彼岸に、万物斉同の理想社会は、ようやく獲得される。

いや、たとえそれが無何有の幻想であっても、「無物の陣中に槍を挙げる」(魯迅)蛮人の志を、我々は持たねばならない。革命は悠久であり、制度のつづくかぎり永続するのである。しかも花をかざして撃壌のうたを奏でつつ、文武両面から太平の擬制を崩壊へと導かねばならぬ。修羅の地平に金縷

の曲を、外道世替りのマーチを鳴り響かせよ！　武闘の単ゲバから、人間その生きざまに関わる一切に戦線を拡大せよ！　〔……玄洋社風の真正直な国粋的イデオロギーでは駄目だ、将来の日本は毛唐と同じく、唯物功利の社会を現出するに決まっている。そうした血も涙もない惨毒そのものの社会思潮に、在来の仁義や情理で対抗しても敗北するのは、目にみえているのだ。無敵の唯物功利に対しては、それ以上の権謀術数、それ以上の毒焔を放射する外道悪鬼の惨心と、智恵とを持たねばならない〕（杉山茂丸——作家夢野久作の父、頭山満と拮抗する戦前右翼の大立物であった）

闇の中に闇があり
また闇がある
その核心から血潮したたる

（夢野久作『猟奇歌』）

♬ハア、ソレカラドウシタ

敗戦直後、一九四六年初夏から晩秋にかけての半年間、北海道のあの町この村に、盆踊りの狂乱が野火のようにひろがった。老いも若きも、ドッコイジャンジャンコーラヤッと、空の白むまで踊りあかし、淫らな歌詞にうち興じた。

〽ハア　人の女房と
ドウシタドウシタ
枯木の枝はよー　ハア
ソレカラドウシタ
ちょいとなー
ちょいと乗るにもこーりゃ
それさなー生命がけよ

（『北海盆唄』）

アメリカ占領軍は、「暴動の前触れである」として盆踊りを禁止した。エンヤーコーラヤッと、手の舞い足の踏むところを知らない群衆の熱狂には、

文明社会の秩序から、人々の情動を解き放って、始源へと逆流していく、荒波のうねりがあった。言葉もわからぬ耳なれないリズムで、群衆を昂憤の渦にまきこみ煽り上げる〝異族のうた〟に、占領軍の民政担当者が〝反乱〟の不安を抱いたのは、当然であったといえよう。

……なぜなら、彼ら白い征服者たちは、かつて自分たちが殺戮したインディアン、あるいは人間奴隷として差別し搾取してきた、黒人に対する罪の意識（裏返せば報復に対する恐怖）をもつゆえに、ニッポン人にも同じ幻影を見てしまったのである。彼らを不安においとし入れたものはそれは、有色の土人を忘我のエントゥシアスモス（憑霊）、大衆狂乱へと煽動していく音楽であったのだ。

唯物功利の惨毒に、対置すべき人間自然のテーマは実にそこに存在した。しかし旧左翼、政治的党派のロバの耳は、うたを聴かなかった。敗戦の後、

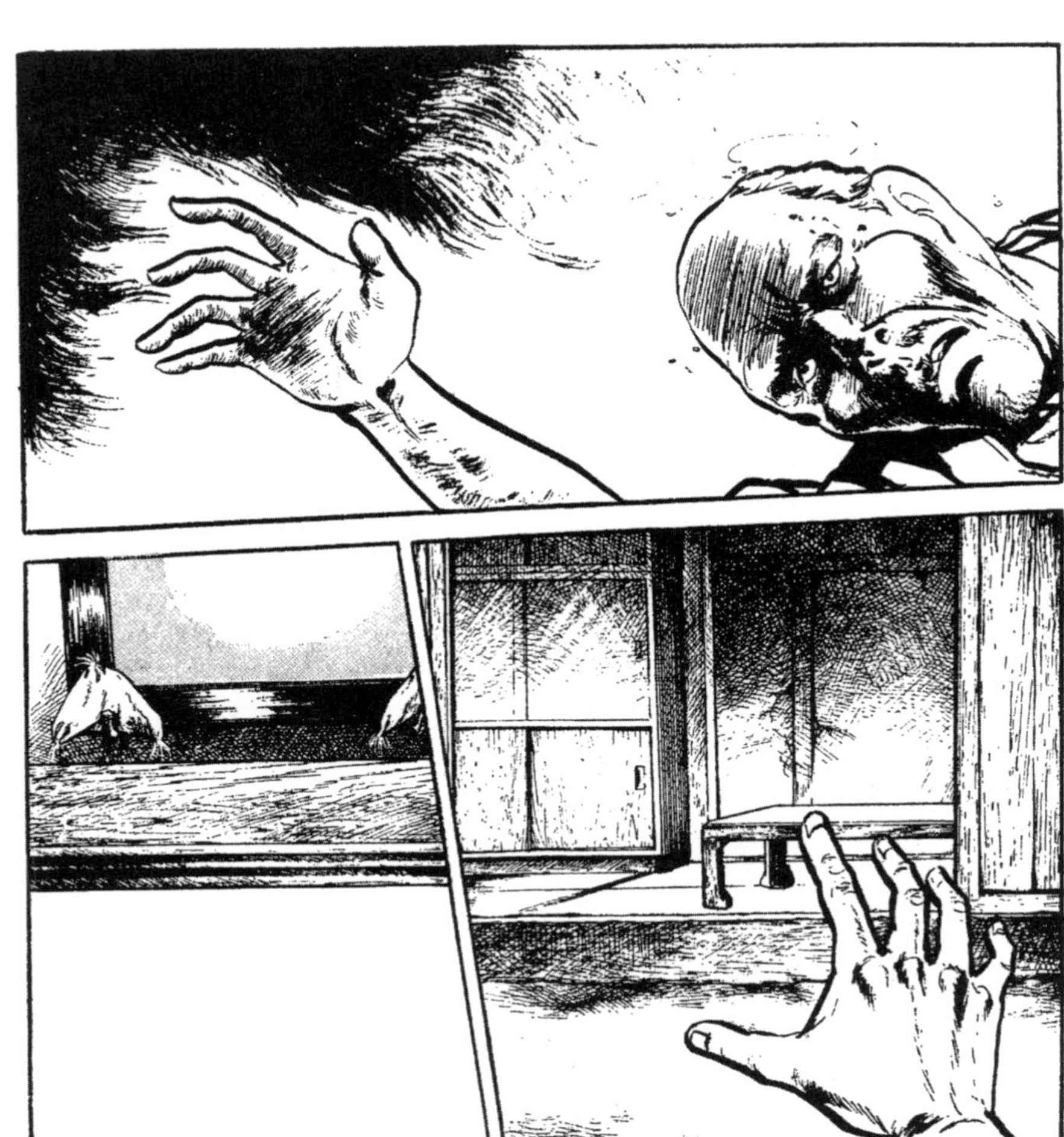

日本全土が辺境と化し、アナーキーな自然発生的な〝脱体制〟〝脱国家〟の巨大なエネルギーを噴出しようとしていた。その好機を、非政治的な局面から反乱へと転化する展望を、彼らはついに持ち得なかった。〈制度をもって制度に替えようとする〉革命は、かくて挫折したのである。そしていま、新左翼を称する諸セクトは、等しく花を武器とする論理を持たず、したがって〝人民の海〟に依拠することも、できぬのである。

北辺の狂踏乱舞は、南島へと通底する。一九七〇年十二月二十日、沖縄コザ市に叛乱おこる。群衆は米兵の乗用車に片端から火を放ち、その炎のまわりでカチャーシー（騒ぎ唄）を踊り狂った。「沖縄解放」「沖縄奪還」の諸セクトこれを自然発生的暴動と規定していう、「前衛の指導がなかった」。暴動が反乱へと転化する必然性は、あり得なかった」と。

嘘をつけ！　諸君はその力量を持っ

ていたとでもいうのか、何を指導できたのだ。反乱を予感し、待機することすらしなかったではないか！　ソレカラドウシタ？　皇太子夫妻に対する、わずか二発の火焔瓶、たった一人の〝海軍〟を組織して(!?)海洋博の海上になぐりこんだヤマトフリムン（頭のおかしな野郎）、彼らは諸君よりはるかに英雄的であり、人民的ですらあった。百の宣言より一つの実行という意味において。

稼しゅてしゅてしゃてぃん
誰が為どなゆか
大和衣裳着り奴ぬ為どなゆる
（『朝花節』、奄美大島）

被差別窮民の怨念は、北辺そして南島から呼応して噴出する、それは太田竜のごとき、偏狭最深部の排他的、自己満足的論理ではなく、まさに人民の大海から怒濤を捲き上げて、〝日帝〟を葬る伝播力を有するであろう。

報　（夕刊）　昭和50年（1975年）7月23日　水曜日　（日刊）

火炎びん　今度は海洋博会場に

チリ海軍帆船など襲う

ボートで接近　乗組員二人が負傷

【海洋博臨時支局】二十三日午前四時四十分ごろ海洋博会場内のエキスポ・ポートに停泊していた三隻の船に、渡久地方向から接近していたボートから、火炎ビンが次つぎと投げ込まれた。三隻に大きな被害はなかったが十九日から停泊していたチリ海軍の練習艦エスメラルダ号の乗組員二人がヤケドを負った。容疑者一人は午前六時五十分ごろ渡久地新港付近で逮捕されているが、黙秘しているため詳しい取り調べは行われていない。またエスメラルダ号の一般公開は二十三日、中止された。

容疑者一人を逮捕

これまでの調べだと同日午前四時四十分ごろ、渡久地方向からやってきた二人乗りボートがドルフィン式ベースに停泊していたエス

二人がヤケドを負った。二人のうち一人は足首に二カ月程度のヤケド、他の一人は背中に軽いヤケドを負っている。

う」（一七〇六、上原安二艦長）にも火炎ビン二本を投げ込んだが、一本は海中に一本は甲板に当たった。

ターボートで一人が操縦、一人が投げ込んでいるのを発見した。同ボートは、さらにエスメラルダ号に汚物らしきものを投げ込んだもよう。

ただちに「守礼」（乗組員五〇）と「はぐよう」（乗組員四

る。

現在渡久地署や場内警備署などが現場検証や犯人のとり調べなどを行っているが、犯人の背後関係などについてはまだわかっていない。

この物語りは、「東アジア反日武装戦線」企業爆破グループの後に来るもの、外道世替りの騒乱を告知する。ほんらい味方であるべき者を、〝日帝〟のイヌ呼ばわりして足れりとする、愚かな利敵行為をも、粉砕しなくてはならない。

我らまぼろしの軍団は宣言する。真の革命は政治主義的辺境からではなく、いま人間が見失おうとしている「自然」から、万物斉同の風と水の呂律（りょりつ）からはじまるのである。

さよう、我らは「文明」と称するこの制度の鉄鎖より、全人類を解き放つべく、〝鼓腹撃壌〟の桃源へと長征を開始するのである。同志読者諸君、リリー・マルレーンを聴いたことがありますか？

修羅の地平に金縷のうたを、神もなく主人もなく国家もない真人民のユートピア、その讃歌（ほめうた）を！

K君、——君は俺が夢想に憑かれているると思うか？ 狂人だと、放浪のあげくに脳細胞のどこかが変質してしまったのだと思うか？ いや、俺は確かに醒めている。かつて君と共に〝学園闘争〟を闘い挫折してから、俺はルンペンプロレタリアとしての自己を貫徹するべく放浪をかさねてきた。そしていまその決定的な自己貫徹の場を俺は定着する事ができたのだ（『山谷―都市反乱の原点』、船本洲治・一九六九）遺書

「皇太子暗殺を企てるも
彼我の情報から不可能となった。
したがって死を賭した闘争ではなく、
死をもって抗議する」
（一九七五・六・二五）

夢野京太郎いわく、この物語の
主人公、一人は今上天皇暗殺未遂
難波大助（ナンバダイスケ）、永劫暗黒の魔界より
異端の鬼は百八度よみがえりして、
〝差別の象徴〟を射程に入れる。
擬制に安住する奴輩よ
一個の人間の復讐を怖れよ！

うら頼(たの)ま南風(ばいかじ)　事言(くとうい)つく空(うい)るけ
大石垣(うふいしやぎ)　主島(あるじしま)吹ち通し
譬(たと)りばん物無(むぬ)ぬ　比びりばん事無ぬ
肝絶(ちむた)いて　胸煙(んにきぶり)立ち通し
（八重山群島『言遣(いや)り節』）

つたえてよ真南風(まはえ)なす風
たのまれてよ　空ゆく白雲
石垣島へと吹き通せ
何にたとえようもなく
くらべることもできぬ　この惨苦を
心絶えるばかりに胸を焼く
俺たちの悲しみを……

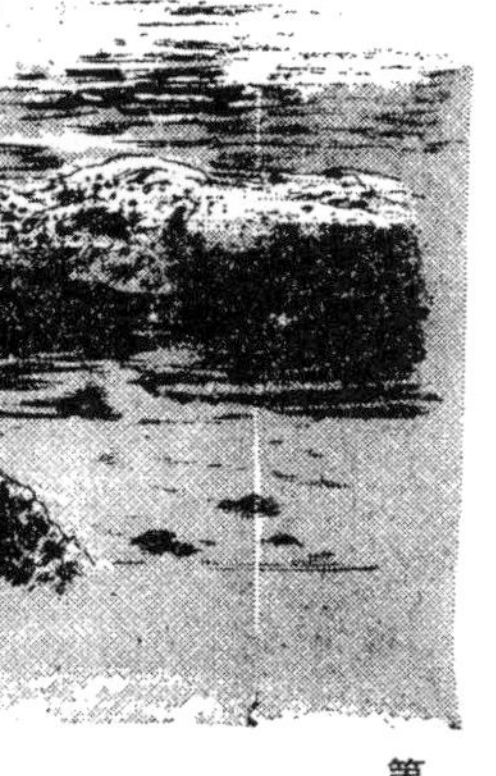

第二回
一九七五年夏、沖縄では……
京太郎ナンバー2（在沖縄）、スクラップ通信より――

〔沖縄タイムス、7・7〕

完全失業者は二万三千人、失業率は五・六％となり、（敗戦時を除いて）これまでの最高を記録しているが、県労働商工部が三日発表した、昭和五十年度・年次雇用計画中でも失業問題が解消される見通しはない。

県内の雇用情勢が悪化したのは昨年六月からで……（略）、各地職安窓口は月間一万七千人～八千人もの求職者であふれている。県は、農業を見なおす中で、可能な限りの就労人口の増大、地場産業・伝統工芸をも育成し、その面での雇用増大を図る考えであるが、はたして計画通りいくか、県首脳部の手腕が問われている。

〔琉球新報、7・9〕

一九七五年夏、沖縄では……

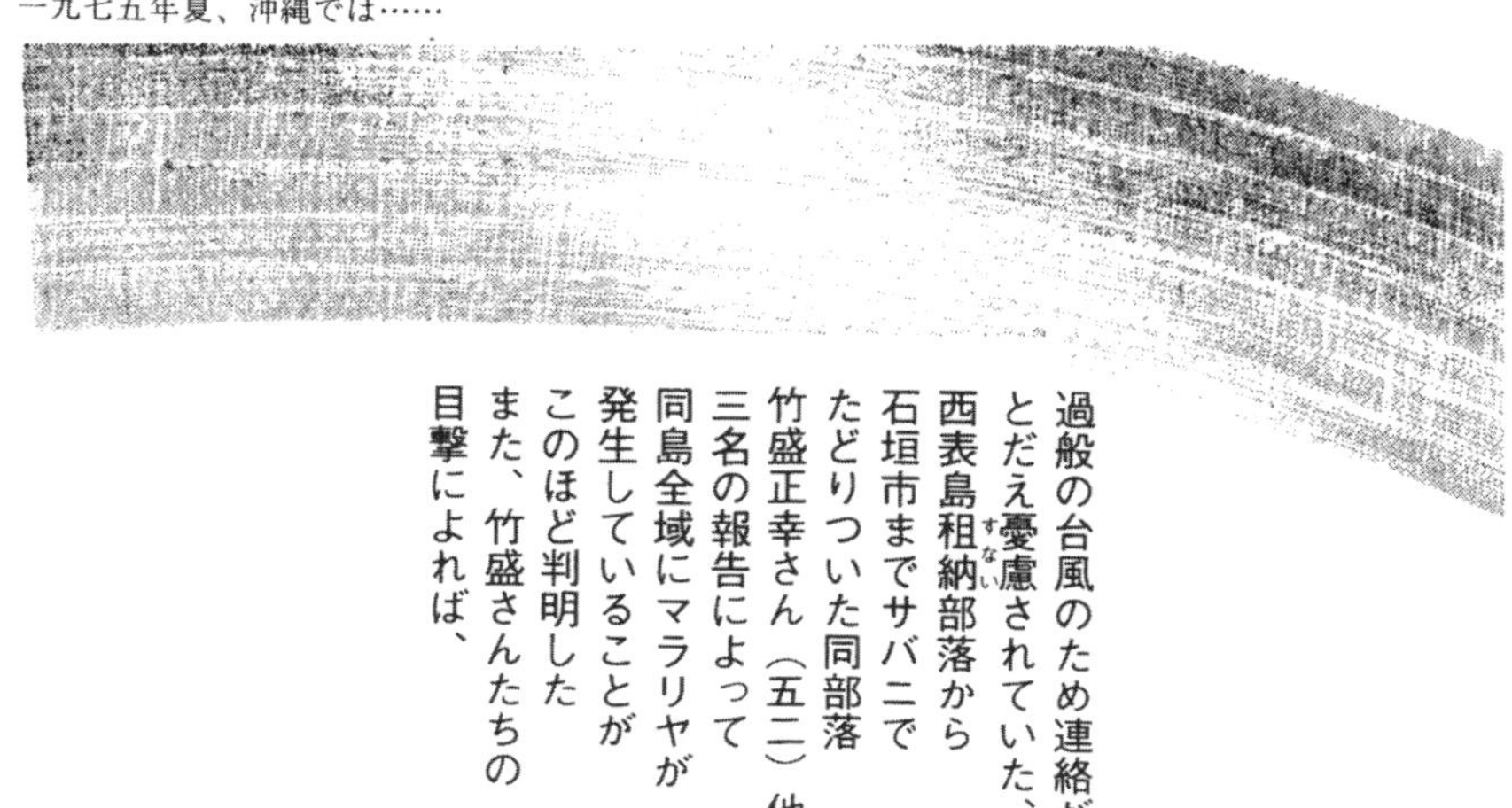

五十年度上半期における、県内企業倒産件数は三十五、負債総額三十三億四千九百七十万円に達した。海洋博(エキスポ)を目前に、無謀な設備投資と商品の過大買入れによって、土産品店、ホテルの倒産が多発している。今後の見通しとして、ポスト海洋博の反動は必然的に出るであろう。

〔沖縄タイムス、7・22〕

駐留軍離職者対策センターは、係員三人を職場開拓に連日あてているが、最近は失業保険や就職促進手当の支給期限を切れた人が、ざっと五千人にも達している。そのため同センターは、各市町村に対して生活保護処置を要請するなど、軍離職者を取りまく状況は一段と深刻化している。

とくに就職困難なのは婦女子、その希望する仕事は学校給食関係（身分が安定しているから）であるが、欠員は年間に一人あるかどうか。同センター係員は、「三、四回も足を運んでくる離職者の顔をみると、仕事を紹介でき

…異形の蛾や

ないのがつらい、婦女子の場合はその生活苦が転落にむすびつかないか、と心配だ」と語っている。

〔**琉球新報**、7・24〕

ざるそば六百円、コーラ三百円ものエキスポ物価の暴走は、「県下全域に波及しはじめて、民衆に不安を与えている」と、沖縄県婦人連合会の代表は海洋博協会に陳情……

〔**沖縄タイムス**、7・26〕

本土から来たペテン師が、地元零細下請け業者をだまし、労働賃金、資材など、約三千万円を支払わずドロン。「海洋博に間にあわせようと、休日も返上で働いた結果がこれでは泣くにも泣けぬ」と、被害者の代表が二十五日午後、那覇地検コザ支部にこの男を、労基法違反と詐欺罪で告訴した。訴えられたのは、和歌山県東牟婁郡出身の〝株式会社〟（京太郎注・実際は法人登記をしていない）藤井土木の代表・藤井幹治で、復帰直前に来沖して印刷工場を経営していたが、海洋博工事の

ブームに便乗して昨年の六月〝専務〟〝常務〟の役員、職員を現地採用して沖縄市に土木事務所をかまえ、本土の大手企業にくいこみ、引受けた工事を地元業者に委託、元請けから支払いをうけた工事代金を着服して、ゆくえをくらましてしまった。

〔**おなじく、同月同日**〕

県労働商工部はこのほど、昭和四十五年から五十年五月までの〝県内労働・動向〟をまとめた。その統計によると、この六年五ヵ月間の労働情勢の特長点は、

① 人口の伸びとは逆に、就業人口は減少している。昭和五十年五月現在総人口百四万三千人、四十五年には九十四万九千人であったから、九万五千人の増である。ところが、就業人口四十五年の三十九万人にたいして、現在三十七万三千人、一万七千人の減となっている。

② それはとりもなおさず、失業者の増大を意味する、四十五年における

完全失業者は三千人であった。現在二万二千～三千人、復帰前の七倍強となっている。

③　とくに農業人口は、約半数という激減ぶりを示して、五月現在で五万七千人。四十五年は十一万一千人、それ以前の調査によると、四十年は十四万九千人、この十年の間に九万二千人が流出した。

④　この結果、第三次産業中心の変則産業構造となっている。総就業人口三十七万三千人中、二十四万一千人（約七〇%）を第三次産業が占めているのである。

　製造・建設の第二次産業は、ほぼ四十五年当時と同数だが、建設業の就業人口はこの三月から落ちこみ、これまでの五万人台から四万人台となっている。これは、海洋博関係の大型工事がなくなったためだが、県経済にこんご及ぼす影響が、かなり憂慮される材料だ。

一九七五年夏、沖縄では……

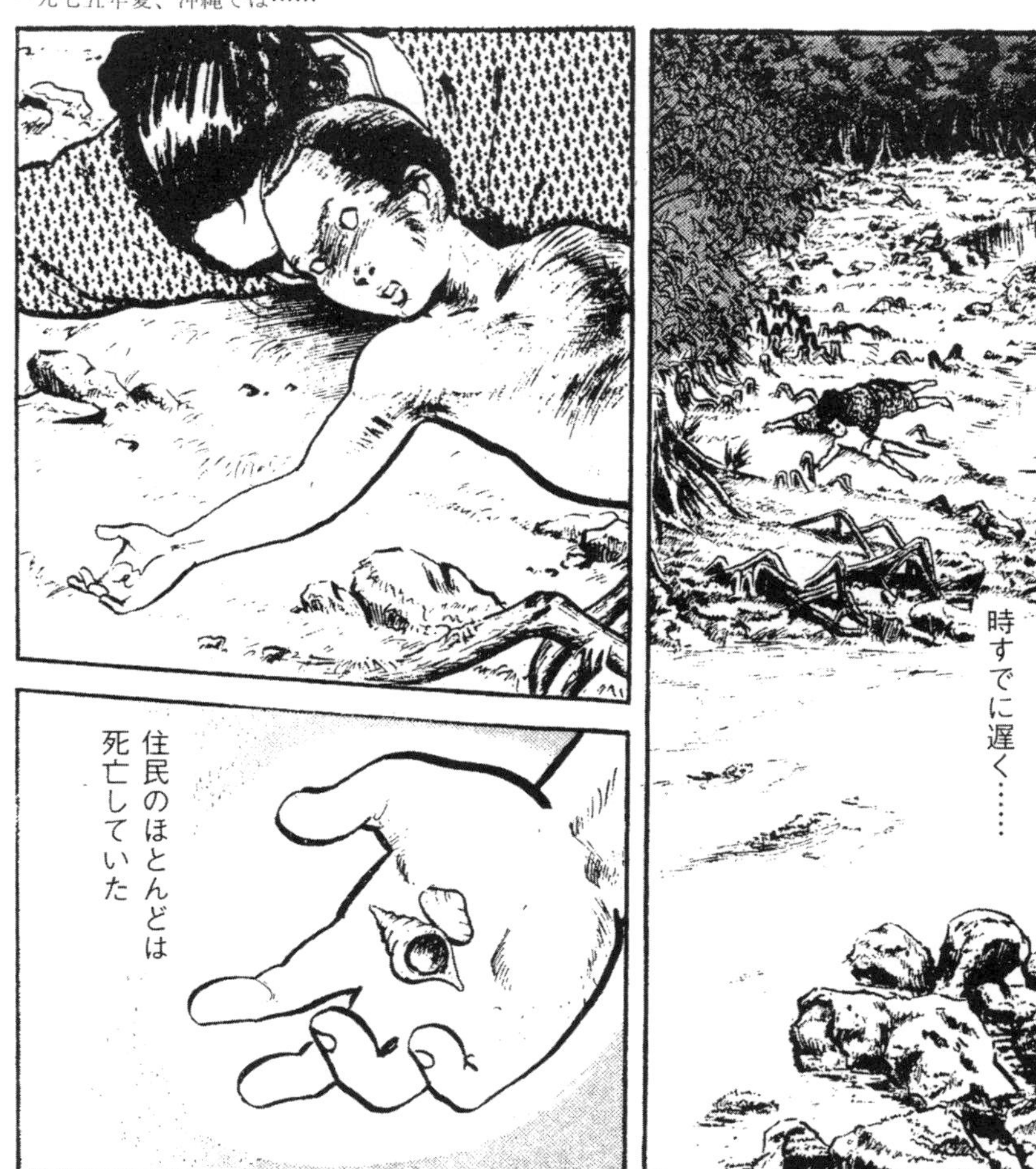

〝革新〟、眼のウツバリ

一九七五年夏、経済野蛮国ニッポン隷属の下、オキナワは〝観光穢土〟と頽廃していくのである。海洋博がすぎ去ったのち、確実にさらなる失業苦、不況は島々をおおうだろう。日銀那覇支店調べによれば、昭和五十年六月の県内五行・一庫の預金は、前年周期の九十四億円を大幅に下廻る五十九億円となっている。貸出もまた落ちこみ、十二億円減の六十七億円である。この結果、預貸率は七十%を低迷し、沖縄経済の沈滞をまざまざと物語っているのだ。

不況は予約された、島ちゃび（離島苦）はまたしても琉球弧にくり返す、むかし「黒糖地獄」、いま南島を襲う修羅は何か？　農民流亡、キビの畑は荒地と化していく、海洋は汚染されて魚影なく、彩なす珊瑚礁は、〝開発〟の泥土に埋められる。

〝祖国復帰〟——七二・五・一五の

世替り、我ら夢野京太郎はその時点で今日の事態を告知した。「復帰は必らずインフレを招く。なぜなら通貨交換は三〇五円、しかるに諸物価は三六〇円（旧レート）で読み替えられるからである」と。

経済に弱いむきに、床屋政談ふうに解説をしよう（京太郎ナンバー2）。七二年五月十二日、ドル＝三〇五円の新レートがきまった途端、沖縄民衆は巷をくり出して、ありとあらゆる物を買いあさり買いだめた。金融機関から一億千万ドルの預金がひき出され、手持ち現金は底をついた。十四日まで三日間、パニックは続いたのである。屋良朝苗（やらちょうびょう）琉球政府首席（十五日からは沖縄県知事に〝昇格〟）、「県民は冷静であってほしい」と談話を発表、何をおっしゃるやら！

復帰前のふろ銭15セントが五四円、みそ一袋20セントが七二円、新聞代1ドル20セントが六三〇円、理髪代1ドル75セントが七〇〇円、庶民の日常

生活に関する物価すべて旧レート読み替え、またそれ以上の換算率で値上げになる。しかるに、手持ちドルと円の交換は新レート三〇五円、現金をかかえていれば、1ドルにつき五五円みすみす損をする勘定である。どこの馬鹿が貯金しているか！　有金残らず物と換えておけ、ドルなど全部使ってしまえ、というのが〝買いだめパニック〟の原因であった。

……しかるに屋良朝苗・琉球政府は一貫して無為無策、邪蛮帝国のなすがままであった。〝革新〟を称するその買弁、三〇五円で沖縄民衆をヤマトに付したのだ。一国の植民地化（琉球は独立国であった）、その内部にコンプラドール、買弁層をつくり出すことによって達成される。沖縄の復帰（すなわち邪蛮日帝の領有）における買弁層、屋良朝苗を筆頭人とする教職員会であり、復帰協であり、エセ〝革新〟三党（人民・社会・社会大衆）であり、官公労、全軍労等々の特権労働貴族ども

一ヵ月後

であった。

　沖縄の就業人口三十七万人、失業者及び半失業者は（ルンプロと切り棄てられる水商売の女たちをふくめて）、約五万人を算える。その四十二万人のうち、旧レート（ドル＝三六〇円）で賃金読み替えを保証されたもの、僅かに七万人。屋良朝苗夫子(ふうし)自身、買弁ハゲチブルー以下の教職員、公務員官僚、全軍労一万七千人（沖縄の軍事基地で働く臨時労働者は八万人）、新聞社、放送局、銀行、航空会社ｅｔｃの大手企業・エリートのみである。

　全琉プロレタリアートの八割、三十五万人は新レート三〇五円で読み替えられた、実質二割の〝賃金カット〟に甘んじねばならなかったのだ。加之(しかのみならず)、七万人の生活保証のために公共料金は値上げされ、諸物価は右にならえと、三六〇円、いや商品によってはそれを上回る換算値上げ、かくて経済恐慌は世替りの南島をおおった。復帰運動の旗をふり、〝親方日の丸〟祖国日本の

一九七五年夏、沖縄では……

幻想に庶民大衆をまきこんで、とどのつまりはおのれらのみ、三六〇円読み替えの特恵をほしいままにした奴輩、教職員会、官公労、全軍労の特権労働貴族、ダラ幹こそコンプラドールよ、五・一五〝琉球処分〟の元凶、といわなくてはならぬのだ。

彼らは口をぬぐっていう、「我々は日本政府に裏切られた」「反戦平和の決意を新たにせよ」。人民の代表ヅラしていう、「基地を撤去し、自衛隊の派兵を阻止しよう」「CTS反対」。

笑ァさんけえ（笑わせるな！）、信じてえならんど、〝革新〟こそ眼のウッバリ、沖縄真人民の内部の敵である。そのことをハッキリと見すえ、擬制の左翼と絶縁するところから、〝琉球人民共和国〟独立、――無政府窮民革命テーマは浮上してくる。〝窮民〟とは何か、その数においてマジョリティでありながら、政治的に階層的に、また身分上のマイノリティ、とせられたる者の謂である。

百年の時をへだてて……

明治五年（一八七二）、〝維新〟の慶賀使として、伊江王子尚建、宜野湾親方朝保、随員百余名を伴って上京。〔朝廷、スナワチ琉人ヲ寵異シ、華族御宅ニ館宿セシメ、毎日官費ヲモッテ盛膳ヲ給イ、且ツシバシバ勝景美観ノ処ニ歓待セラレ、天恩ノ重渥、感戴ノイタリニ耐エザリキ〕（随員・喜舎場朝賢『琉球見聞録』）

明治政府は約定した、〔王、尚泰ヲ琉球藩主ト為シ、華族ニ列ス……〕と、馬鹿はよろこび勇んで帰国した。明治十二年五月、廃藩置県、琉球処分官の松田道之は尚泰を日本に半ば拉致し、年金一割つき二十万円（時貨約十億円）をあたえて〝軟禁〟、かくて琉球王朝は滅亡したのである。

昭和四十五年（一九七〇）、〝国政参加〟選挙で当選した、七人の沖縄県国会議員を、日本政府は国会議事堂の天皇しか出入りしない、正面玄関から迎え入れた。晴れがましく、ライトを

一九七五年夏、沖縄では……

浴び代表質問に立った沖縄〝選良〟、このときまさに琉球処分のはじまりであることを自覚せず、権力体制の赤いじゅうたんを踏んで天にも上る心地。まさに百年の時をへだてて、猿芝居のリバイバル、その〝歓待〟こそ差別の証左ではなかったのか？　だが、沖縄〝選良〟、誰一人として天皇の門から国会に入ることを拒まなかったのだ、この連中に「皇太子訪沖反対」をいう資格が、どこにあるのか？

瀬長亀次郎（元人民党書記長、日本共産党県委員会委員長）いわく、「皇太子の来沖には批判的な態度をとるが、反対行動を具体的にはおこさない」（『沖縄タイムス』7・11）

上原康助（社会党県本部委員長）の見解発表、「皇太子の来沖を通じて、天皇制問題を新たな角度から問い返し、反戦平和に取り組まねばならぬことを痛感した」（『同』7・20）

果せるかな湯の屁であった、具体的行動ナシ、まだしも天恩ノ重渥感戴ノ

イタリと恐惧した、屋良朝苗は正直であった。〝革新〟は原則的反対という擬勢を示すことで、責任回避のお茶を濁したのだ。みずから呼びこんだ琉球処分の影に脅え、本土から投入された警察力の圧倒的物量の前に、シッポをまいたのである。

〔琉球新報、7・16〕

県外からの応援警察官、……〝機甲部隊〟が、警視庁の第五機・第六機の精鋭四百八十六人と共に、十五日午後二時、那覇新港に到着したフェリー船「えめらるど」で沖縄入りした。これより先、近畿・中国・四国各管区から「飛竜」で応援警官隊が来沖、〝外人部隊〟二千四百名余と、放水車・多重無線車などの〝特車群〟百三十三台が勢ぞろいした。出むかえた沖縄県警の係員らは、「さすがに頼もしい限り、反対派は手も足も出まい」と感心することしきり。

〝外人部隊〟を加えて、皇太子夫妻

一九七五年夏、沖縄では……

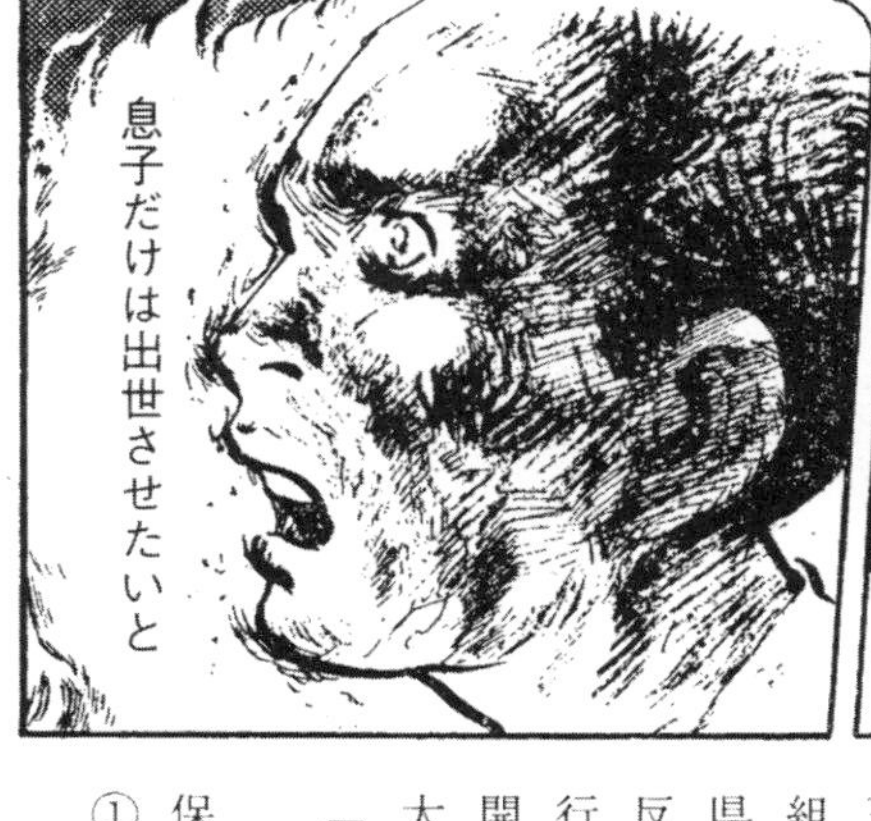

警護のために投入された警察官、三千八百人（地元と応援勢をあわせて）、経費総額は二億円に達する、うち県警負担分は、ガソリン代の半額二千四百万円。水も洩らさぬと称するその警備体制の中で、ひめゆりの塔、チリ軍艦と、再度の火えん瓶投てき事件はおこった、……だがその一方で。

皇太子夫妻訪沖を目前にして、反対阻止を唱えてきた沖縄の〝革新〟は、腰くだけの醜態をさらした。県労協の三役は、七月十二日「反対行動は一切組まない」と表明、つづいて十四日、県原水協常任理事会は、「皇太子来沖反対の立場は再確認する」が、具体的行動として検討中であった県民大会は開催しない、「原水協の場での統一的大衆行動はできない」と決定。

〔**沖縄タイムス**、7・13〕

県労協の三役が幹事会も開かず態度保留を決めた背景には

①　右翼、極左グループの動きが活発となっている、〝反対闘争〟を構築

いつか弥勒の世が
悲しみと苦しみの果てるときが
きっと来ると信じている
愚かな辛抱づよい親たちのことを！
そういう老人たちが一人残らず
死んでしまったのだ
私の父親も！
マラリヤだという
ツエツエ蝿かも知れぬという
病名などどうでもよい
救援の叫びが届いてからまる二昼夜
事態は放置された
〝革新〟県政が悲鳴を上げて
自衛隊の出動を嘆願するまで
沖縄人自身が軍隊の移駐を
中央政府に要請するまで

すれば、不測の事態が予想される。警備体制も史上空前であって、このような情勢のなかでは、責任が持てない。

② 右翼、極左グループと大衆運動の性格は違う、県労協が具体的行動を示せば、同一視される。

③ 闘争を構築するに当って力関係も考慮せねばならない、反対の表明をしても、闘争がどのていど組めるかとの展望がない。

④ 闘争の方向として、皇太子来沖を政治的に利用している政府、並びに自民党に抗議の矢を向けるべきだ、これが県民の支持を得た大衆運動に発展する。

――などの考え方がある。「諸般の情勢から反対行動はとれない」と意思統一した楽屋裏には、屋良知事の強い説得工作があったと思われるが、峰原事務局長は一切の責任は三役が負うと述べている。

沖縄の詩人はうたっている
花という武器を持った乞食たち、と
大和人(ヤマトンチュ)たちのうかがいしれぬ
死ぬことではなく生きて鬼となり
武器をとって闘うことを　私は考えた
だが、私には人を傷つけ
殺すことができない
私はよわい人間なのだ
弱者は人を殺すことができぬゆえに
自己を殺すのである
日本国政府は私の父親を殺した
沖縄の百姓を殺した
いま、みずから殺されるものに
なることによって
私は父親と一体となるのである

かくて、海は奪われる

革マル、中核、えとせとら、沖縄の組織労働者に依拠して、人民の解放は可能であると、馬鹿のひとつおぼえの〝プロレタリア独裁〟を信仰しているマルクス主義諸党派よ、眼のウツバリを除け！　差別と収奪の桎梏(しっこく)から真に解放さるべきは、三六〇円マイノリティ・特権労働者なのか？　それとも、三〇五円マジョリティ・未組織窮民なのか？「人民の海」いずくにありや、革命の大道は無門、ヴ・ナロード！（人民の中へ）ダラ幹を追放せずして、沖縄真人民は解放されない。

邪蛮帝国の政治的・経済的な鉄鎖をひきちぎり、南島に人民の桃源を打ち立てるエネルギーは、前章で京太郎のナンバー1が記述したごとく、沖縄の天洋から、その風と水のリズムから、獲得されねばならぬのである。我々はようやく海について、物語りの主題で

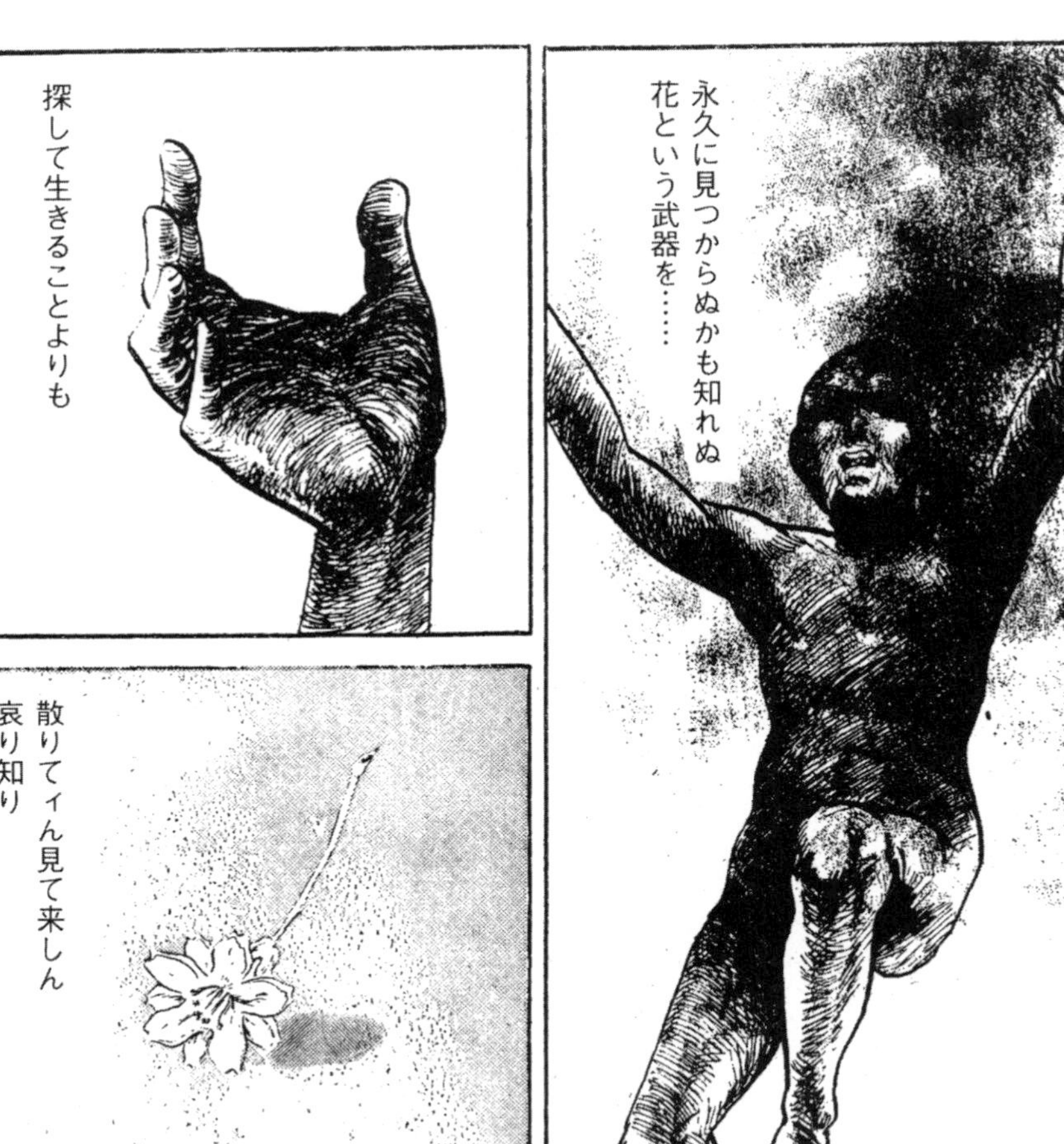

ある〝水滸の世界〟について、語るべき地点に到達した。北宋の詩人・宰相王安石のうたえる

海中の諸島　古(いにしえ)は不毛
島夷(とうい)　生を為せども今は独り労す
海水を煎ずんば餓死するのみ
誰か　肯(がえ)んじて坐守して
亡逃するなからん
〔意訳、京太郎ナンバー1〕
ここ、もと不毛の島であり
人々は製塩を（製糖を……）
生活(たつき)の道としてきた
差別の岸辺をはいずりまわり
海水を煎つめて
ようやく餓死をまぬがれてきた
いまこのような
苛斂誅求(かれんちゅうきゅう)をこうむって
誰が座して死を待とう
逃散して賊となり
叛徒となるのが当然ではないか

西暦一三五三年、すなわち元の統治

下、塩田の車借（馬車曳き、運送労働者）の頭梁であった張士誠なるもの、塩丁を糾合して叛乱をおこす。彼の麾下に、『水滸伝』の作者・施耐庵がいたのであるが、解説は後段にゆずろう。

海洋民族ウチナーンチュ、もとその生活の道はとうぜん海幸にあり、貿易にあったのである。ウチナーンチュから海を奪い、製糖の奴隷労働を強制したもの、それは薩摩ヤマト。芋、裸足の苦役の下に置き、「枯木山原」の困窮と、出稼ぎ移民の哀別をもたらし、大東亜戦争で住民の三分の一を殺したもの、それは明治・大正・昭和、三代の〝天皇制支配〟であった。

――そして、いま

〔**琉球新報**、7・4〕

海洋博会場の本部海岸一帯に、赤土汚染がひどいことを、関係者は改めて驚くとともに、防止対策に頭を痛めている。汚染の原因は海洋博の関連工事にともなう、土砂採取と山地開発等による赤土の流出が考えられる。

〔沖縄タイムス、7・7夕刊〕

七日朝、那覇市内久茂地川に大量の死魚が浮いた、その数は二〜四千匹を算え、千五百メートルの間にわたって広がっている。

〔琉球新報、7・10夕刊〕

九日午後五時すぎ、中城村字久場の東洋石油から原因不明の悪臭が出て、区民はノドの痛みや吐気をもよおすという事態が発生した。区民の話では、これまでも度々悪臭はあったが、この日はとくにひどく、部屋の中にじっとしていられない状態だった。においはプロパンガスに似ていたという、城間村長らの抗議に対して、会社側もその事実を認めた。

〔沖縄タイムス、7・23夕刊〕

与那城村平安座・宮城島間の〝公有水面〟埋立て免許をめぐり（三菱石油）、県を相手どって有効・無効が争われているCTS裁判の第七会口頭弁論が、二十二日午前十時から那覇地裁民事第二部で開かれた。

誰もいない島　十月の空
死んでいる海　浸された流
風が吹いて　唄が流れる
ギターの形をした　一そうの舟が
しずかに揺れていた
…………………
染みゆく夕陽　十月の雲
血の色が流れる　犯された海
黒く影を落す神々の瞑り
人は殺されて　炎のうちより
いつよみがえるのか
…………………
想い出の風景

……最初に陳述に立った勝連(かつれん)村字浜一〇二番、浜門昇さんは、浜比嘉島の周辺の状況を図面で説明して、「埋め立ての泥で海が濁り、生活基盤だった漁場は失われた」

ついで同字三五番・金城清康さんも図面を掲げて、「以前はさし網で魚がとれた。ところが現在は、はえ縄もできなくなり、水揚げは激減した」

さらに同字八六番・新里三郎さんは県の主張する漁業権の放棄について、「勝連漁協の総会で議決したといっているが、埋め立ての提案には、次々に反対意見が出され、議決できなかったというのが実情である……」

×

ＣＴＳとは石油貯蔵基地、もと琉球政府立海上公園の勝連半島沖合を埋め立て、沖縄石油、東洋石油、南西石油等々のタンク群が林立している。

Ⅰ 蒼白き巣窟

第三回

大正地獄篇・発端

宮中某重大事件

一九二一年（大正10）、ひなの節句の三月三日、皇太子裕仁は横浜港から、ヨーロッパ諸国訪問に旅立つ。お召艦「香取」の艦長は、沖縄県出身の漢那憲和少将、波止場を埋めつくす国民の歓呼に送られて、華やかな鹿島立ち（＊門出）であった。だがその正月、皇太子外遊が発表されると、頭山満以下の右翼浪人二千五百人は紋服に威儀をただして、〝ご外遊中止・祈願〟のデモを明治神宮参道にくりひろげた。

いわゆる宮中某重大事件、皇太子妃決定をめぐる、実力者間の〝暗闘〟が千代田の森深く、国民の関わり知らぬところで、ドス黒い渦を巻いていた。

大正六年一月、貞明皇后の選択により久邇宮良子（くにのみやながこ）が皇太子妃に内定、〔その当時は、大正天皇久しく御不例のため

(精神障害が進行していた)公然政務を執らせられず、皇太子殿下未だご勤学中であり、万機一切(すべての天皇のビジネスは)皇后陛下のお手煩わし」、云々(藤本尚則『国師杉浦重剛先生』)という状況だった。裕仁、意中の女であった梨本宮方子はやはり貞明皇后の意志により、朝鮮の旧李王家・垠公に嫁ぐことを強制されたのである。

※ 夢野京太郎ナンバー3、またの名を奥月宴*より、最近流布されたアングラ小説『血まみれの菊』の作者に告げる。

歴史をふまえて書け、〝菊〟はその根幹から、まさに血まみれであったのだ……

李垠はもと第三皇子、十一歳のとき韓国初代総監・伊藤博文の手で(琉球最後の国王・尚泰と等しく)日本に連行、陸軍幼年学校に入学させられて、帝国軍人としての訓育を受ける。梨本宮家との縁組みは、〝日鮮融和〟の象徴としての、政略結婚に他ならなかった。大正

七年の米騒動、翌八年の朝鮮三・一反乱(いわゆる万歳事件)と、日帝の支配は動揺していた。

しかも、大正天皇の病状は、もはや絶望的であった。脳をおかされ廃人と化して、女官の尻を追いかけ、勅語を筒に巻いて遠眼鏡代りに並居る重臣を眺めまわした、という"狂態"は、庶民市井の知るところとなり、「万世一系」の神格は、地に堕ちようとしていた。天皇制を屋台ボネとする日帝国家権力にとって、皇太子裕仁の成婚、そして摂政就任は、緊急不可欠のプログラムであり、ヨーロッパ諸国訪問はその前奏曲として、あわせて列強への顔見世の意図をもって、演出された。

ところが突如、——陸軍軍医総監の石黒忠悳は、久邇宮良子の母方・島津家に色盲症の遺伝があることを、元老山県有朋と、宮内大臣の波多野敬直につたえる。実は山県としては、すでにそのことを確かめていた。軍医総監の

上申は、「帝国軍人の大元帥としての陛下のお血筋に」色盲は如何なものか、という名分を立てる手つづきとして必要だったのである。

陸海軍は、兵士として色盲者を採用しない。したがって軍閥の巨頭・山県の立場では、皇太子妃たる女に、断じてその血統があってはならぬのであった。ただちに久邇宮に対して、〝婚儀のご辞退〟が申入れられ、これが宮中某重大事件の発端となる。

権勢並ぶものなき元老・山県有朋の勧告に、久邇宮の当主である邦彦王はしたがわず、「綸言汗のごとし」（皇室として一度決定したことを、変更してはならぬ）と、貞明皇后を中心として反対勢力を糾合する。遺伝学的にいうなら、良子における色盲症の血統は、まぎれもなかった。彼女の母・俔子は公爵島津忠義と色盲の妾寿満との間に生まれ、かの女自身も色盲であった。久邇宮邦彦と俔子の子は、男子三人のうち二人が色盲、女子三人にも色盲の

因子は保有されていたのである。したがって、良子の子に色盲者が生まれるという危惧は、かならずしも杞憂ではなかった。

庶民の感覚からすれば、もう一方の血統・狂人を父に持った裕仁の側は、問題にされていないことに、いささか滑稽を感じるが、ともあれ宮中某重大事件は、皇太子妃の資格をめぐって、波紋をひろげていった。問題が一挙に表面化したのは、皇太子と良子に道徳倫理を進講していた杉浦重剛の辞職によってである。

辞任の願書にいわく、「婚約を破る時は、対者を死地に陥入れる、不仁も甚してものなり。尋常人においても、これをなすに忍びず、いわんや仁愛の本体たる皇室においておや。（中略）この明白なる不仁事を、行わせらるる事あらば、皇室は尊厳と信望を失い、仁心深き皇太子殿下に汚点を印すのみならず、国家の運命をも」

これに当るは武なり

——危うくするものであると、杉浦重剛は諸方面に檄して、〔断乎としてこれに当るのは武なり〕と称した。この武闘宣言に共鳴したのが、右翼浪人の一団である。頭山満らは〝元凶〟山県有朋の暗殺をくわだて、不穏な動きが高まっていく。

宮家は頑として綸言をタテにとる態度をくずさず、伏見宮、朝香宮妃がこれに同調、島津家もまた内務大臣・床次竹二郎をはじめ、薩摩出身の貴顕を動かして、アンチ山県の共同戦線を張る。表現を換えるなら、すなわち反長州連合であり、不断に山県の独裁専行に反感をいだいていた人士は、皇太子妃冊立をめぐる宮中の対立を好機として、目の上の瘤である彼を追い落そうと図った。

さらに歴史をさかのぼれば、久邇宮邦彦の父・朝彦親王は、幕末における〝長州征伐〟主唱者であり、徳川から

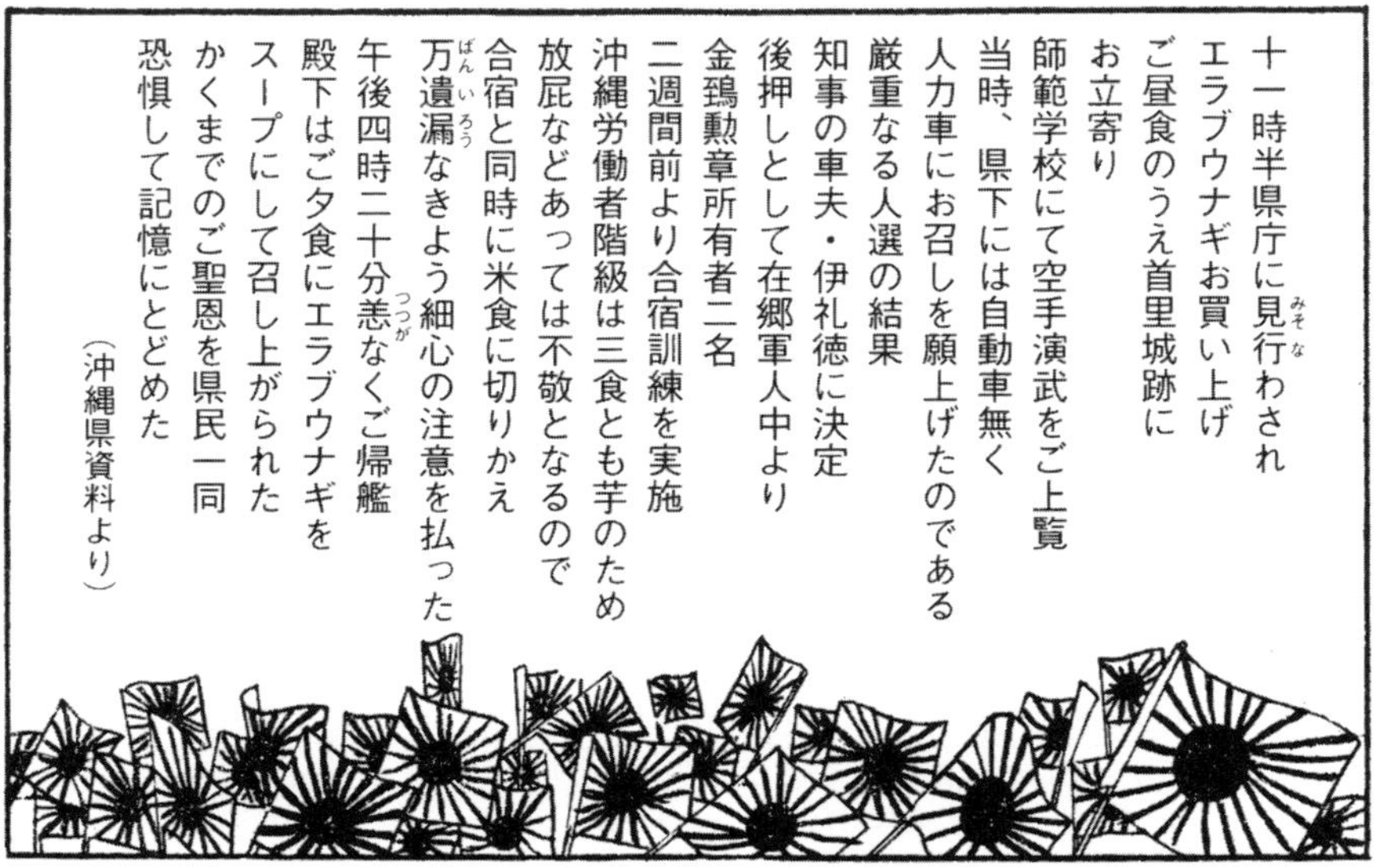

十一時半県庁に見行わされ
エラブウナギお買い上げ
ご昼食のうえ首里城跡に
お立寄り
師範学校にて空手演武をご上覧
当時、県下には自動車無く
人力車にお召しを願上げたのである
厳重なる人選の結果
知事の車夫・伊礼徳に決定
後押しとして在郷軍人中より
金鵄勲章所有者二名
二週間前より合宿訓練を実施
沖縄労働者階級は三食とも芋のため
放屁などあっては不敬となるので
合宿と同時に米食に切りかえ
万遺漏なきよう細心の注意を払った
午後四時二十分恙なくご帰艦
殿下はご夕食にエラブウナギを
スープにして召し上がられた
かくまでのご聖恩を県民一同
恐惶して記憶にとどめた
（沖縄県資料より）

恐惶
感激していない
若者が二人

喜納弘一
十七歳

ワイロを取って、孝明天皇毒殺を企むなど、尊王派に敵視の的とされた存在であった。幕軍京都敗退の後、朝彦は広島の地に幽閉され、久邇宮家として認められたのは、維新後の明治八年。一説によれば邦彦は、朝彦が伊勢神宮宮司であったころの下女腹といわれ、山県有朋だけではなく、元老・西園寺公望、首相・原敬も〝婚儀ご辞退〟にかたむいたのは、それが原因であったと思われる。

　下女腹を卑しむよりも、朝彦の血をついだ邦彦が、皇后の父親として政治に口をはさんでくることへの危惧のほうが、むしろおおきかったのである。邦彦自身にも、そうした野望が確かにあった。皇太子妃問題はかくて政争の具となる。人倫もヘチマもなかった。この問題の決着に、支配階級内ゲバの勝敗は賭けられ、抗争はエスカレートした。頭山満ら右翼浪人は、皇太子の外遊もまた、良子との婚姻妨害をはかる陰謀として、首相・原敬をついに

テロルの射程に入れたのである。

治安の元締めである内務大臣まで敵にまわしては、護衛のスベもなかった。大正十年二月九日に至り、川村警保局長は宮内庁を訪問、「一刻も猶予できぬ事態となった」と報告。山県は最後の手段として、宮内大臣を通じて天皇自身の〝直裁〟をあおぐ。すなわち良子の母系に色盲の血統があることを知らずに、「軽率にお取り決めの儀を奏上いたしたことは、臣等一同の不調法、何ともおわび申し上げようも御座居ません」。

天皇は一言、ウンと答えた。それが山県のつけめである、精神病が進んで何のことやらわからぬ天皇は、「ああそうか」とか、「よきにはからえ」と答えるにちがいない、その一言を以て〝婚儀破約〟の親勅としよう。だが、天皇の言葉をひきとって、貞明皇后が口をはさんだ、「学問上のことは往々事実と一致しないのではないか、宮内大臣はどう思うか?」

山県の策動はついえた。翌十日、宮内大臣は辞職、問題に関係のない内務省から、皇太子婚約は予定どおりと発表された。山県は物議紛擾の責をとり、すべての重職をしりぞいて野にくだるむねを言上、ただしこの問題にはあくまでも反対であることを詳述した封事（発表を禁ずる意見書）を添えて、皇后あてに提出、維新の元勲としての彼の権勢は終りを告げた。

原敬は首相の座にとどまり、問題の解決を裕仁外遊後、「皇太子殿下ご自身の思召に従う」こととした。このため宮家派の憎悪を一身に集めて十一月四日、政友会の近畿大会におもむかんとする東京駅頭、満十七歳の国鉄員中岡艮一に刺殺された。

ねずまさし著『天皇昭和紀』の記述によれば、中岡は背後に教唆者のあることを否定、単独犯行を主張したが、客観的に判断して〔剣道の心得もない少年が、短刀ひとつきで大の男を即死

せしめた腕前は、だれか専門家が技術的な教育を施した結果とみられた」。裕仁が摂政に就任したのは、同じ月の二十五日である。良子との婚儀は関東大震災でいったん延期となり、大正十三年一月二十六日、盛大にとり行なわれた。

首相暗殺の動機を、中岡良一はこう語っている、「……安田善次郎が朝日平吾に殺されたとき、平吾はその場で自殺したことを、九月二十九日の朝、新聞で見ましたので、その例に倣ってやろうと決心しました」。安田財閥の当主・善次郎を、大磯天王山の別荘に襲って斬殺した朝日平吾は、黒龍会の会長内田良平、猶存社の北一輝、毎日新聞社々長・藤田勇にあてて、次のような〝斬奸状〟を遺し、犯行後みずからも首筋をかき切って自刃した。

いわく、「奸商安田善次郎、巨富ヲナストイエドモ富豪ノ責任ヲ果サズ、貪欲卑吝、民衆ノ怨府タルヤ久シ、予ソノ頑迷ヲ愍ミ、仏心慈言ヲ以テ訓ウ

東京・浅草六区興行街

ルトイエドモ改悟セズ、ヨッテ天誅ヲ加ヘ、世ノ警(イマシ)メトナス」

タダ死ネ、タダ眠レ

（前略）

サラニ世ノ青年志士ニ檄ス、卿(ケイ)ラハ大正維新ヲ実行スベキ天命ヲ有セリ、シカシテコレヲ為スニハ、マズ第一ニ奸富ヲ葬(ホウ)ムルコト、第二ニ既成政党ヲ粉砕スルコト、第三ニ顕官貴族ヲ屠ルコト、（……中略）第六ニ土地国有トナシ小作農ヲ救済スルコト、第七ニ十万円以上ノ富ヲ有スル者ハ一切没収スルコト、第八ニ大会社ヲ国営トナスコト、第九ニ……

最後ニ予ノ盟友ニ遺ス、卿ラハ予ガ平素ノ主義ヲ体シ、語ラズ騒ガズ表ワサズ、黙々ノウチニタダ刺セタダ衝ケタダ切レタダ放ナテ、シカシテ同志ノ間ニ往来ノ要ナク結束ノ要ナシ、タダ一名ヲ屠レ、コレスナワチ自己一名ノ手段ト方法ヲ尽セ、シカラバスナワチ革命ノ気運ハ熟シ随所ニ烽火ハ揚リ、

待てどくらせど来ぬ人を
宵待草のやるせなさ
こよいは月も出ぬそうな

同志ハ立所（タチドコロ）ニ雲集セン、ユメユメ利ヲ取ルナ名ヲ好ムナ。

タダ死ネ、タダ眠レ、カナラズ賢ヲ取ルナ、大愚ヲ採リ大痴ヲ習エ、ワレ卿ラノ信頼スベキヲ知ルガユエニ檄ヲ飛バサズ、予ノ死別ヲ告ゲズ、黙々トシテ天分ニ往クノミ、吁々（アア）ソレ何ラノ光栄ゾヤ、何ラノ喜悦ゾヤ。

大正十年九月三日

東宮殿下ヲ奉迎スルノ日ニ書ス

大正デモクラシーの黄昏は、まさにはじまろうとしていた。皇太子外遊の前後に、『大正地獄篇』発端を置き、沖縄に関連させた理由を（やや冗説であったかも知れぬプロロオグの意図もあわせて）、読者は了解されたことと思う。テロルの季節は、皇太子裕仁の外遊から、まさに半世紀のサイクルでいまくりかえす。かつて夢野京太郎が述べた、「右翼と左翼を弁別できぬ」（小説集『世界赤軍』）状況は、大正末年から昭和初年をおおうのである。

朝日平吾〝斬奸状〟は、来るべき疾風怒濤（シュトルム・ウント・ドランク）の時代を、告知していないか？　一人一殺・斬奸のテロリズムは、まず「右翼」からおこって、皇太子狙撃の難波大助、「左翼」に及ぶのである。一方は皇室を援護し、一方は抹殺せんとする。しかし、その心象の風景は、うつし絵のごとく相対するのだ。

この年一月二十九日付、復刊『労働運動』の社説に、大杉栄はこう書いている。〔多くの日本人は、いま目ざめつつある。其の資本主義と軍国主義の行きづまりに気づきつつある。そして殊に注意をしなければならないのは、若し此のままで行けば亡国の外はないと云うところから、此の旧い日本を、根本的に変革して、新しい日本を建設しようと云う思想が、有力な愛国者の間におこりつつあることだ〕

……〔此の新日本人と旧日本人との分裂が、先に云った行きづまりの結晶であるところの「其時」（戦争がおきる

時）になって劃然としてくる、日本そのものに分裂がくる。（中略）僕等や社会主義運動者は此の分裂に対して、どんな態度をとるべきであろうか？」（傍点は京太郎）

それまで烈しく対立していた、ボルシェヴィキと大杉は共同戦線を張る。けっきょくは画餅に帰したが、時代を彼は洞察していた。後年、辻潤が喝破したように、「悪時代に処して、一面生真面目で熱情をもっている青年が、ただで納まるわけはない」（『惰眠洞放言』）……、そして人間が「国家をつくって群衆しているかぎり」、内に政争、外に戦争は、「まぬがれ得ない自然現象」なのである。大杉は、来るべき分裂の時代を大状況として捉え、「左翼」の結束によって、まずそれに備えようとした。

さらにすすんで、「多少は好ましくない、しかし眼の前に迫っている此の分裂に与るべきか？」と彼は述べている。皇太子妃冊立をめぐる「右翼」の

進出擡頭を、むしろ反面の好機とすら、〝アナキストの首魁〟は考えていたのである。大杉栄を思想家として神格化する人々、文学的な人間像を強調する人々にとってはラチもない暴論と思われるかもしれないが、その発言、その行動の軌跡をたどるとき、実際家としての発想を、容易に見出すことができる。

国家権力が彼を惧れ、関東大震災のドサクサにまぎれて彼を殺したのは、大杉栄が革命の思想家であったからではなく、北一輝と等しくカリスマ的実際家であったからなのである。我々は朝日平吾的な、あるいは難波大助的な殉情のロマンチシズムと併行して、〝ニッポン革命〟のリアリズムを描いていく。

美的浮浪者の群れ

ニヒリスト辻潤——、浅草の札差(ふださし)の家に生まれ、生涯を放浪と(みずから称する)〝無思想〟の実践に、燃焼し尽した彼は、衆知のように大杉に妻・

大正八年から九年にかけて
辻潤は京都の比叡山に
こもり、スティルナー
『唯一者とその所有』の
翻訳に没頭していたが
この春、
心のふるさとというべき
浅草に飄然と舞い戻った

伊藤野枝を奪われた。〔ブルジョアが外道なら、プロレタリアは餓鬼です〕〔大衆の意向を最善であるかのように考えることに、わたしは反対だ〕と、民衆を物神化することなく、無幻想の極北を生きた辻潤と、彼をめぐる美的浮浪者の群れを登場させよう。『大正地獄篇』の真の主人公は、物語を点綴する、彼ら無用の人びとである。

浅草オペラの作者・獏与太平（のちに映画監督）、山犬と綽名された作家・宮嶋資夫（のち出家）、アナキストやくざ笹井末三郎、ぶらりひょうたん高田保、奇人武林無想庵、「罰当りは生きている」岡本潤、ダダイスト高橋新吉、実録・放浪記時代の林芙美子、記者上りの興行師・根岸寛一（のち満洲映画協会理事）、ドヤ街の住人・寿々喜多呂九平（のちにシナリオライター）、演歌師・添田唖蝉坊、明治の刺客伊庭想太郎の遺児・伊庭孝（浅草オペラの創始者）、六区のヌシ小生夢坊、不良少年・今東光、前衛舞踊家・石井漠、俳優志願

の浮浪者・内田吐夢、バンドマンの小沢美羅二(のちに俳優山本礼三郎)、小屋掛芝居の阪東妻三郎、トルストイと同郷の日露混血児・大泉黒石etc。

そして、かの大杉栄殺しの下手人と目される甘粕正彦憲兵大尉とも、読者諸君はやがて出会うだろう。とうぜんその報復を企てた、「ギロチン社」の中浜哲、古田大次郎、倉地啓司、河合康左右らにも。また大杉栄が主宰した「労働運動社」から、彼らに合流する村木源次郎、和田久太郎にも。中浜ら四人が最初にテロの標的としたのは、摂政宮裕仁であった。大杉とはちがう意味で、彼らもまた彼らなりに状況を把握していたのだ。

大正末年、天皇制は危機をむかえていた。拳銃の一撃によって、爆裂弾のただ一発の火花で、〝時代の流れ〟は反転していたかも知れない。いま再びテロルの季節はめぐる、奸商の斬殺と企業爆破と。どのような手段が、体制破壊にとって有効であるかは問わず、

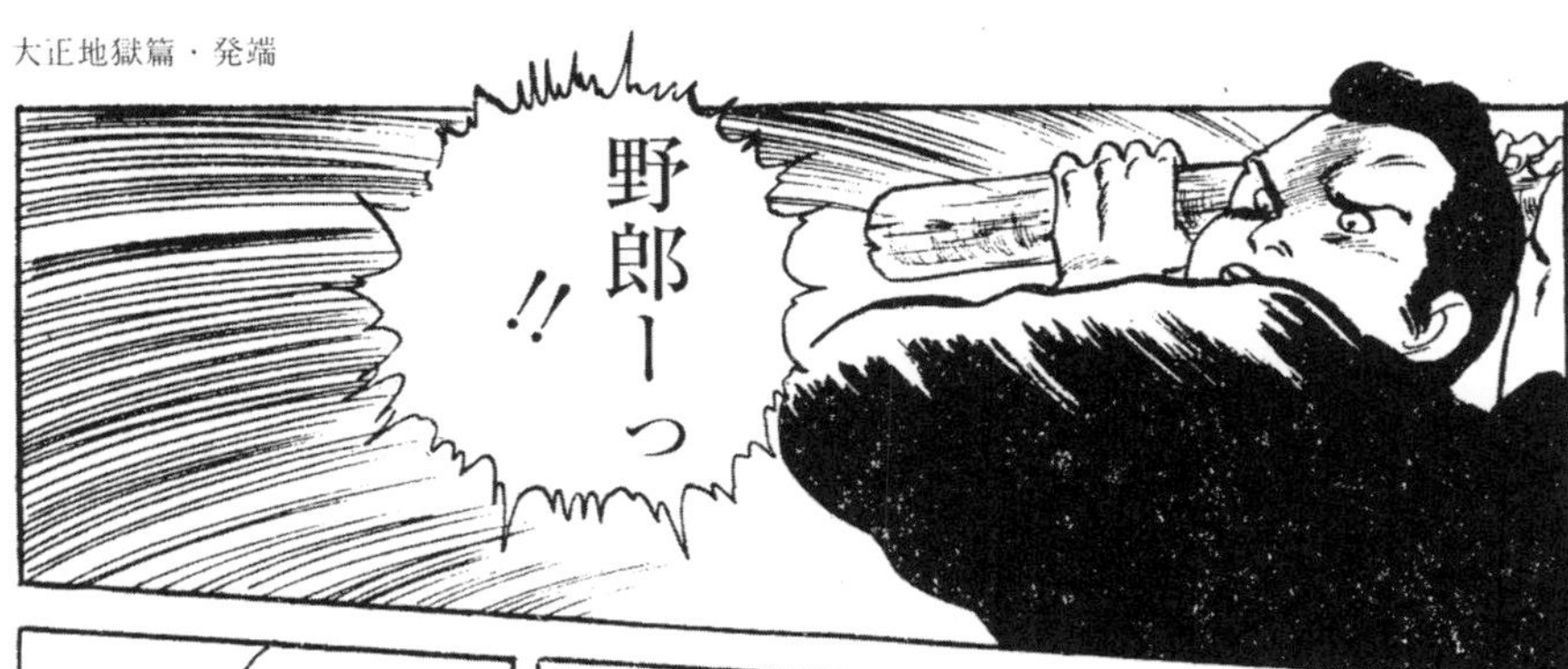

〃タダ一名ヲ屠ル〃斬奸は、大企業が「開発」「進歩」の美名のもと、巨利を独占する以上、不況に藉口(しゃこう)して人々の職を奪い閉ざしていく限り、悪時代に怒りを燃やす青年層から、かならずや噴出するであろう。

……南島を見るがよい、経済侵略は植民地オキナワから、アジア・アラブ全域に及ぶ。日帝はいまや世界窮民の〃怨府〃と化して、〔国外から分裂を迫られているのだ〕(大杉栄)。大正十年(一九二一)の世相は、ほとんど昭和五十年(一九七五)の状況と酷似している。

時代は黄昏れ、戦後デモクラシーはようやくその欺罔を露わにして、人々の自由は閉塞していく。京太郎ナンバー1の表現をかりていえば、若者たちの魂は「文明」の荒野を彷徨している。唯物万能の惨毒に末枯れた、終末の地平に突破口を求めて、さまよっているのである、血まみれの伝説は時代の行方に再現するか?

〔略年表・大正十年〕

2・10　宮中某重大事件決着
2・12　大本教々主・出口王仁三郎ら不敬罪で大量逮捕さる
3・14　足尾銅山大争議
4・1　大阪電灯会社大争議
5・6　東京帝国大学、安田講堂建設（安田善次郎寄付）
5・28　日本社会主義同盟、解散命令
7・7　神戸川崎造船一万七千人サボタージュ
7・8　おなじく三菱造船一万二千人
7・14　合同デモを決行、軍隊出動により鎮圧さる
8・21　暁民共産党創立
9・28　朝日平吾、安田善次郎刺殺
10・8　石川島造船所大ストライキ
11・4　中岡艮一、首相原敬刺殺

＊年号の表記は、西暦と元号が混在するけれど、あえて統一を行わない。
明治＋67・大正＋11で、西暦となる。
例／大正10年＋11＝一九二一年

むかし浅草には十二階と云う
頓狂なものが突立っていた
赤煉瓦を積んだその高い
不器っちょな塔の姿は
どこからでも容易に望見できた
（久保田万太郎『絵空事』）

第四回

蒼白き巣窟

拳法、「水滸」より興る

一九七三年版、『鷹爪一百零八擒拿（きんだ）術』『五祖拳法図説』（麒麟図書公司、香港）等々、京太郎つれづれに買い求めた体術指南袖珍本（ハンド・ブック）によれば、中国拳法に五流あり。

達磨禅師を祖とする〝達尊拳〟（いまに伝わらず）、太極拳から沖縄の唐手（からて）までを包括するいわゆる少林派〝羅漢拳〟、宋太祖の創案と称するところの〝太祖拳〟（拳というよりも急所づかみの法・按摩の元祖であろう）、以上が正統である。

異端とされるもの二流、〝行者拳〟と〝白鶴拳〟。前者は猴捷（こうしょう）とも呼ばれ、すなわちサルの敏捷な動きから学んだ術であり、後者は読んで字のごとく、霊禽（れいきん）である鶴が自在に空を舞う、その姿になぞらえている。

京太郎想うに、それらの拳法・正統

異端は、『水滸伝』好漢一百零八人、なかんずく花和尚魯智深、行者・打虎武松、浪子燕青らに体現されておる。『水滸伝』第三回「拳打・鎮関西」で、魯智深は悪役人をただ三拳で死に至らしめ煙のごとく逃亡する。より正確にいえば、拳骨の前に睾丸を蹴り上げて、胸倉を踏みつけ、とどめの一撃はこめかみである。げんざい、沖縄最強といわれる空手師範・新城義信師に、中国伝来のスーパーリンペイ（一百零八の手）がある。その攻撃の型は、まさに花和尚魯智深の拳法そのものであって、睾丸蹴りから、いっきに必殺の打撃がこめかみを襲うのである。

ちなみに、新城師はおのれの睾丸を一呼吸で腹中におさめる術を、修練によって体得している。京太郎の眼で（いや手で）、実際に睾丸消失をたしかめた。同席した俳優・小沢昭一君も師の股間を探って、大いに驚いたのである。いわく、「少林寺拳法は、精神修養のためではなく、自衛の手段でもなく、

殺人を目的とした実戦武術であります。したがって、第一に金的を潰し、しかるのちに急所を撃って、息の根をとめるのです」。〝羅漢拳〟、赤手（＊素手）よく金の兵士と闘った少林寺の拳法とは、おそらく新城義信師のいう殺人技だったにちがいない。

おなじく第二十三回「景陽岡・武松打虎」を見よう。虎の攻撃の特長は、一撲、一蹴、一翦である。これを躱すことさえできれば、互格に闘えるのである（と、『水滸伝』の作者はいう）。そこで武松はひらりひらりと身をかわして、虎の背後にまわる。ひと跳びに十歩も退き、牛若丸が弁慶と闘ったように、敵を奔命につかれさせておいて、ふところへ飛びこむ。虎の脚は自分の胸を撲つことはできない、狂い立ってもがくやつを、獅嚙みついたまま滅多打ちに眉間と両眼を殴りつけ、ついにやっつけてしまう。これぞ、まさに猴拳であり、彼の異名の〝行者拳〟である。「以跳躍、閃穿、躲避、黐跟」（五祖

拳法図説＝行者拳之武）、敵を斃すのである。

大正地獄篇・発端「宮中某重大事件」から、一転しての拳法談義で、読者は面喰われるかもしれぬが、夢野京太郎は群体である。〝ここと思えばまたあちら〟、牛若小僧マチャアキ平岡正明もちかごろ、拳法に凝っておるという、そのへんからの発想とご納得いただきたい。

さて、第七十三回「黒旋風・喬捉鬼」、その冒頭、梁山泊きっての暴れん坊である黒旋風李逵が、浪子燕青を怕れ苦手としているという話が出てくる。なぜなら、燕青こそ「撲天下第一」、拳法の名人であるからだ。髪に四季の花を飾り、雪をあざむくばかりの白い肌には刺青を彫り、琴、三味線、笛をたしなむ。各地の方言をたくみにあやつり、芸人社会の隠し言葉にも通じているという、〝浪子〟つまりやくざ、天下の俠客と異名をとる、無頼のスーパー・マン。

その名の通り飛燕の早業、拳法のみならず、弓をとらせれば宙天をわたる雁を射落し、猟に出れば百羽にあまる獲物を提げてもどる、すなわち鳥類の世界に精通しておるのである。燕青の拳法は、わが国の柔、相撲とひとしく、組打ちの技である。〝太祖拳〟とも通いあう、擒拿一百零八――、〔羅漢拳十八手を起源とする、少林の拳術より発して、金兵を禦ぐため、のちに七十二の敵を擒える術があみ出され、さらに人体の急所である、三十六穴を拏える法をくわえて、擒拿一百零八、もしくは〝鷹爪連拳の散手〟と呼ばれる闘技が完成された〕（『鷹爪一百零八擒拿術』）。この体術においては、柔よく剛を制する、相手の急所を押さえ、力を麻痺させてしまうのである。

図解をみると、その構えは自然体であり、両手を左右にひろげて、まさに鳥が翅をひろげた形で敵を迎え撃つ、文字通り鷹揚の姿勢なのである。鳥にまなび猿を真似る、小日向白朗*のいう

掃(ソウ)（手刀で斬る）
擘(ヒイ)（肱で撃つ）
…………………
明治三十年代
徴兵忌避者・上地完文
支那へ渡り流浪中
土地の少林拳法僧より
この術を学ぶ

「鳥、けものとの同化を真髄とする」少林武当流と通いあうのだ。

コジツケと思われても結構、浪子燕青の拳法は〝白鶴拳〟の名にふさわしい。香港で買い求めた拳法ハンド・ブックには、『水滸伝』中の挿話をほうふつと想起させる、さまざまな示唆がある。

千葉真一君の東映カラテとは、一味やはりちがうのである。余談だがいますこし本場に学習すべきではないか？かの李小竜、ブルース・リーの迫真感を、しょせん絵空事とはいえ、映画も持たねばなるまい。〝達尊拳〟は知らず、『水滸伝』が窮民革命教典であるゆえんは、赤手空拳から出発する真人民武闘のすべてが、そこに描かれていることによる。

日本製のカラテ映画が、まったくダメである理由は、いわずもがなその志の低さ、〝拳法の思想〟を欠落しているためである。

香具師――テキヤの世界

演歌師・添田唖蟬坊は、無頼の徒とこのんでまじわった。本篇に登場する飯島源次郎、その実子分（＊跡目候補）山田春雄、あるいは倉持忠助ら、香具師の大立物と親交があった。香具師（ヤシ・ヤーサマ・ヤーコウとも）、そのヤー的をひっくりかえしてテキヤという、語源あきらかではない。東京堂版の『隠語辞典』をひいてみると、〝野的〟とは〝泥的〟であり、詐欺賭博の共犯者とあるが、これは市民社会の側から見た差別というべきだろう。

むしろ、〝野士〟すなわち野武士の後裔、「飢渇を凌ぐ便り（＊手段）に売薬せしを始めとす」という、喜田川舎山の説が妥当である。賤民共同体との関連も歴史的に証明できるが、明治〜大正の東京スラム、浅草を中心とする盛り場の成立過程を考え合わせると、テキヤの世界かならずしも、非人、乞胸出身者のみで占められていないこと、

そのころ
アナキスト
ニヒリスト、社会主義者と
称する連中は
やくざ社会と例外なく
親交があった

明白なのである。『病理集団の構造』という大著で、岩井弘融博士は〔仮りに私見を許されるならば〕と、慎重に前置きをして以下のように記述している。

〔いずれにしても、今日、この集団（テキヤ）が、わが国の下層集団に特有なあの中世的伝承を担（にな）い、いわばその象徴的権威を中心に、テキヤ即神農と称し（京太郎注、職業守護神（セイント・パトロン）として中国薬種の祖である神農皇帝をいただくことを指す）、また伝統的、歴史的な慣行にまとわれ、一種の封鎖社会を形成してきたものであることは〕ウンヌン。

――これをようするに、被差別賤民階層からテキヤ集団は発生して、今日なお、〝因襲〟の下に閉鎖しておる、したがってそれは、現代社会の病理と規定するべきなのである、と。京太郎異議あり、そうした解釈が部落差別を拡大再生産するのである、バロン吉元『柔俠伝』と競合して、当方もテキヤ社会を描く。ただし何たって『現代の

マナコ』じゃけんね、理論テキに全面展開する必要があるのである。

維新後明治四年（一八七一）、太政官布告により、〝穢多非人〟の称号廃止さる。それよりさき慶応四年、エタ頭・浅草弾左衛門、〝平人〟の身分となって、同年四月の官軍江戸入りに協力、凶徒探索の任務を命ぜられる。すなわち、旧幕府に加担せんとする浪人、無頼の輩の取締りにあたった。姓名も弾内記（さらに直樹）とあらためた。山谷の役宅に軍靴製造所を開き、明治四年に解放令が下ると、政府の委託をうけて王子滝野川・元反射炉跡地に、「兵部省造兵司付属皮革製造伝習所」を開き、配下の部落民たちに洋靴製造の技術養成を行なった。

弾左衛門としては、新政府に協力の姿勢を示しつつ、いっぽうにアウト・カスト・コミュニティのテリトリーを維持しようとしたのである。しかし、賤民共同体の自治は、もろくも崩壊の道をたどった。新政府は、弾左衛門の

支配下にあった警察、行刑の下働きを解き、さらに職業的特権である屠殺、皮革業等の独占を廃止した。それまで免除されていた納税を義務づけられ、〝平民同様〟苛斂誅求を受けることとなった。かくて〝制度上の〟身分差別廃止がもたらしたのは、部落民大衆の最低生活の保証をも同時に撤廃する、窮民化政策であった。解放令布告の翌明治五年、東京府知事・大久保一翁は、非人小屋を強制的にとり壊し、京橋区南鍋町「非傭人夫請負会社」と契約を結んで、職を失った部落民を土方人足として就労させた。

また、千束の旧牢屋敷跡（いわゆる浅草溜り）を、非人頭・車善七に与え〝養育院〟を経営させ、警視庁直轄の屠殺場を明治十年五月開設。ところが付近住民から、血液汚水が流れこむと猛烈な反対運動がおこり、当局は待ち構えていたように、牛肉店「いろは」主人・木村荘平（三木のり平主演の喜劇映画『あかさたな』のモデル）に、金一万

七千円で権利を下げ渡し、芝浦に移転させることとした。ここでも魚問屋、仲買業者三百人余りが、警視庁に強訴する騒ぎとなり、千束の屠殺業関係者（車善七の配下である）が襲われ、半死半生の目にあわされている。木村荘平は、さらに火葬場の経営にも手を出して大いにもうけた、つまりは賤民共同体既得の権利を略取して、巨利を博したのである。

弾直樹の軍靴工場も、新政府に召し上げられ、零細家内工業はともあれ、皮革産業のヘゲモニーは特権資本家に奪われてしまった。かくして、〔穢多非人ども洗った足をまた泥に汚して、人車を曳くもの日々に増すこと、秋を降る雨の朝のキノコのごとし〕（『東京開化繁昌記』）。

『塵の中』にて

――明治二十六年の八月三日、樋口一葉日記『塵の中』に、〔我が門通る俥（くるま）の数を算えしに、十分間に七十五輌

なりけり」。一葉住居は竜泉寺の吉原遊廓への通路にあった。「職業を以て下層民を区別せば、日傭人足第一にして、人力車夫之に次ぐ」（横山源之助『日本之下層社会』）。明治十三年、自由民権運動の若き闘士たち、「奮然身ヲ挺シテ、世人ノモットモ卑シミ軽ンズル車夫」となって、肉体労働に身を投じた。ヴ・ナロードの、先駆者である。

二年後、明治十五年十一月二十四日浅草井生村楼にて〝車会党〟旗上げ、車夫二千名を糾合する。「社会秩序はベランメエによって立つ」と大気焔を発揚、たちまち日本堤で巡査と乱闘を展開して、主謀者・奥宮健之（のちに幸徳秋水の大逆事件に連累、死刑）ら、獄につながれる。

樋口一葉『別れ霜』、あるいは映画『姿三四郎』（富田常雄原作）等々に見られるように、車夫人口は没落士族の流入、貧乏書生の苦学の資等の理由で膨張していった。明治三十一年には、下谷・浅草のみで九千三百八十三名の

多きに達している。しかも、それらの俄か車夫は、賤民共同体の遺制である〝ばん〟（車夫溜り）に属さぬ、モーローと称する賃借り。一匹狼といえば体裁はよいが、〔不規則の労働に従事して、不定の収入に服する〕（『日本之下層社会』）日稼ぎの身の上であった。〔一人前の男に成りながら何の腑甲斐ない、車夫風情にまで落魄れずとも〕（『別れ霜』）

人口およそ一万八千人（寛文四年調べ）といわれた、江戸＝東京の部落が、京、大阪のように截然とした地域集落として現存せぬ理由は、関東大震災・戦災と、二度にわたって下町一帯が焼失したことを、最大の原因とする。また世襲を旨とする穢多より、一代限りの非人が多かったことも挙げられるだろうが、いま一つの外因は、〝帝都の面目を一新するため〟の明治新政府の政策にある。

テキヤ露天商の成立も、そのような情勢と如実に見合っているのだ。明治五年の太政官布告で（すなわち非人小

屋とり壊しと時点を等しくして）、露天商の開始は許可された。同十五年五月「縁日露商規約」をさだめ、世話人を立て鑑札の下付を受けて営業すること等が、義務づけられたのである。

　とうぜんテキヤ社会にも、旧士族の落層流入があり、車夫の場合と同じく街商群は急激に膨張していった。明治末期、露天商人はすでに万余を算え、さまざまな新興業種をくわえて、親分（世話人）三百、タンカバイ（口上を述べて品物を売る）、大道芸の伝統をひく大ジメ、タカモノ（仮設興行）といった専門的香具師ではなく、コミセ（小見世）、ダンマリ（品物を並べて黙って客を待つ、ナシオトとも）等の素人衆が、構成員の大半を占めるのである。ただしこの社会には、岩井弘融博士のいわゆる〝中世的伝承〟、神農以来の掟が厳然としてあり、盃をかわした親分・子分、お友達衆（ダチ）の仁義は絶対のものとされた。

　唖蟬坊ら演歌師も、またこの社会に

一つ、バヒハルナ
売上金（バイヒン）をごまかしては
ならない
二つ、タレコムナ
仲間内のことは警察に
密告するな
三つ、バシタトルナ
同業の女房（バシタ）と寝ては
ならない
……………
以上、三つの禁を犯せば
友達（ダチ）ではない
制裁を加えられ
（ときには殺され）
一門から追放される
それをいうならば
病理集団と差別された
彼らの
市民社会に対する
軍事同盟であり
鉄の規律であった

属した、もっとも客分としての尊敬を受けながらである。近代露店商組合のリーダーで、国会議員にもなった倉持忠助（やがて本篇に登場）は、演歌師の出身であり、啞蟬坊を師とあおいだ。本名・添田平吉、明治五年神奈川県大磯生まれ。海軍兵学校を志願して、上京受験準備中に浅草の小屋掛芝居をのぞいたのが、そもそもの病みつき。壮士演歌のグループに飛びこみ、その親玉となる。長男・知道に『香具師の生活』という名著がある。

〽華族の妾のかんざしに
ピカピカ光るは　何ですえ
ダイヤモンドか　違います
可愛い百姓のあぶら汗
……………
大臣大将の胸先に
ピカピカ光るは　何ですえ
金鵄勲章か　違います
可愛い兵士のしゃれこうべ
（啞蟬坊『社会党ラッパ節』）

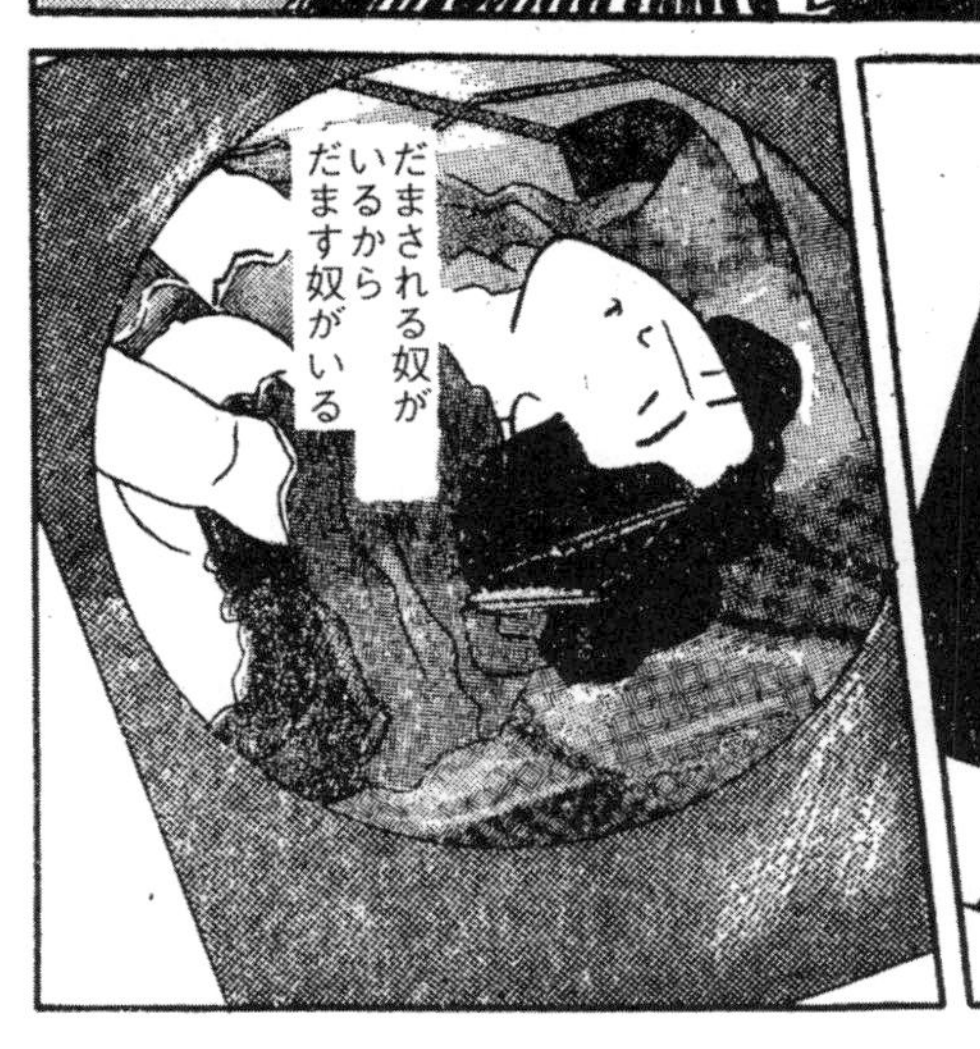

窮民革命のフロント

テキヤその世界は、明治維新が生み出した、混沌たる窮民社会のフロントとして機能した。ところを得ぬ落魄の旧士族、出世間の志を果し得ぬ苦学の貧書生たちは、〝病理集団〟の魔界に叛逆者として転生する。車会党の奥宮健之しかり、唖蝉坊また然り、そしてかの浪子燕青的好漢も、無頼の中より輩出する。明治の自由民権から、大正デモクラシーへ、いわゆるブルジョワ革命は、士――農工商、賎民という、被支配の位相に固定した生産手段から人民を〝解放〟して、その職業を自由意志で選択できるプロレタリアートに転化したと、俗流唯物史観は規定している、しかし窮民に〝職業の自由〟はなかった。

天保時代の武士（もののふ）も、いまじゃ哀れなこの姿と演歌に唄われたように、下級士族の生活は、〝ご一新〟でどん底に堕ちた。下村房次郎『日本之社会軋轢（アツレキ）

併救済法』(明治二十六年)にいう、「タトエ悉ク然ラズトイエドモ、士族百五十七万ノ過半ハ、無職業者ノ中ニ在ルヤ、疑イナシトス……」。そしてお定まりの地獄、「小雨降るのに傘もささず、夜ともなりますと、ウヨウヨするほどいろんな女が出たものです。それがみんな、御旗本や御家人の妻や娘が零落した姿とはいいません、でも上品なのでたったの十銭」(明治初年『風俗物語』)。大正元年になると、東京花街の芸奴四千八十八人、娼妓は四千三百人、浅草の私娼は約四千人(斉藤隆三『近世日本世相史』による)。

文字通り、帝都の売春を「三分する公園の私娼」は、浅草寺の境内に散在した水茶屋に始まって、楊弓場、新聞雑誌縦覧所と、時代によりその名称を変え、〝銘酒屋〟と呼ばれる淫売宿を明治末期から、大正初年に簇生する。「十二階下附近がその魔窟で、千束にかけての一帯が、じごく(私娼)の巣でした。巣といっても、ピンからキリ

まであって、最下等のは二畳か三畳、フトンが敷きっぱなしで、ソレへ入れかわり立ちかわり、男と女がころんでいくんです」（田村栄太郎『江戸東京風俗地誌』）。店は広くてやっと三坪、二坪の土間にテーブル一脚、卓上には洋酒の瓶があるが、中味は番茶の煎じ汁である。チョンノマ五十銭、オブ代（ひやかし）十銭、「白銅で身を売る夜の寒さかな」（芥川龍之介）、硬貨（ギザ）一枚で春をあがなえる、最低の私娼窟として、十二階下は賑わった。

大正九年（一九二〇）、室生犀星は『蒼白き巣窟』という小説を書いて、そのころ五千軒に近く、七、八千人の女たちがぞよめきあふれた十二階下、路次裏の情景を描写した。が、掲載雑誌・雄弁三月号は発禁となった。同年十一月、単行本となったときには五分の一が抹殺されている。城市郎編著『発禁本百年』にしたがって復刻すれば、「……あちこちの暗い穴のような通りぬけや、墨汁のような小路から吐き出される、種々な階級の人々を見た。

職工、安官吏、学生、または異体(えたい)の知れない人々がみな酔っぱらって、口々に怒鳴ったり、喚いたりしながら、同じ路次から路次を縄のようにぞろぞろと群れをつくって、熱心な眼つきで、その路次の家々の障子ガラスに、ほんのりと浮いている白い顔を、見詰めて歩いていた（中略）。

夜が深くなればなるほど、その縄のように捻(ねじ)れこんだ群衆はぐるぐると、小路から小路へ、通りぬけから新道へ、果てもなくとぐろを巻いて、四千何百戸の巣窟の窓を、ほとんど蟻のように噎(む)せ返って、馴染みの女に悪体をついたり、ふざけ散らしたりしていた。下等な昆虫でも翻弄しているように、卑しい商人、小官吏、夜学校の生徒までが、自分より数段下等な動物を、見下ろすような、目や態度をしているのだった」（以上すべて削除部分・抄略）。

天照らす女神の建てし国
皇統連綿三千年（みちとせ）と
世界に誇る日本（ひのもと）に
破倫不道の習いあり

紅灯昼をあざむきて
絃歌の声の湧くところ
活ける死骸の嬌々と
肉をひさげる浅ましさ

第五回
山犬登場

限りなき　時と空との
ただなかに
小さきものの何を争ふ

（菅野スガ）

叛徒・幸徳秋水

革命は来れり、革命は始まれり。

革命は、露国より欧州に、欧州より世界に猛火の原を燎（や）くがごとく、蔓延しつつあり。今の世界は、革命の世界なり。今の時代は、革命の時代なり。われは時代の児なり、革命党たらざるあたわず。

……一九〇六年（明治39）、幸徳秋水『一波万波』を書く、同じく〇八年、クロポトキン著『麵麭（パン）の略取』を翻訳秘密出版。六月二十二日、神田錦町の貸席・錦輝館でひらかれた「山口孤剣出獄歓迎会」余興の最中に、いわゆる

〝赤旗事件〟おこる。そのころ、社会主義者たちは、幸徳を中心とする直接行動派と、片山潜らの議会政策派とに分れ、抗争をつづけていたのである。その硬軟両派が合同して開いた集会ではとうぜん、衝突が予想されていた。また官憲としては、この機会に主義者どもを一網打尽にしようと、手ぐすねをひいていた。

果せるかな、鞭声粛々と真剣白刃の舞いが高潮に達したとき、会場一角に「ああ、革命は近づけり！」と大声で叫ぶ者があり、三本の赤旗をかついで一団の若者たちが、花道に躍り上ってきた。会場たちまちにして、革命歌の大合唱につつまれ、表の路上へとくり出した群集と警官隊と、乱闘のウズを巻いた。かくて、男十五人、女四人が錦町署に拘引された。〝先頭罪〟大杉栄を筆頭に、堺利彦、荒畑寒村、村木源次郎、山川均、菅野スガ（須賀子）などである。

〔留置場の騒ぎが、またひと通りでは

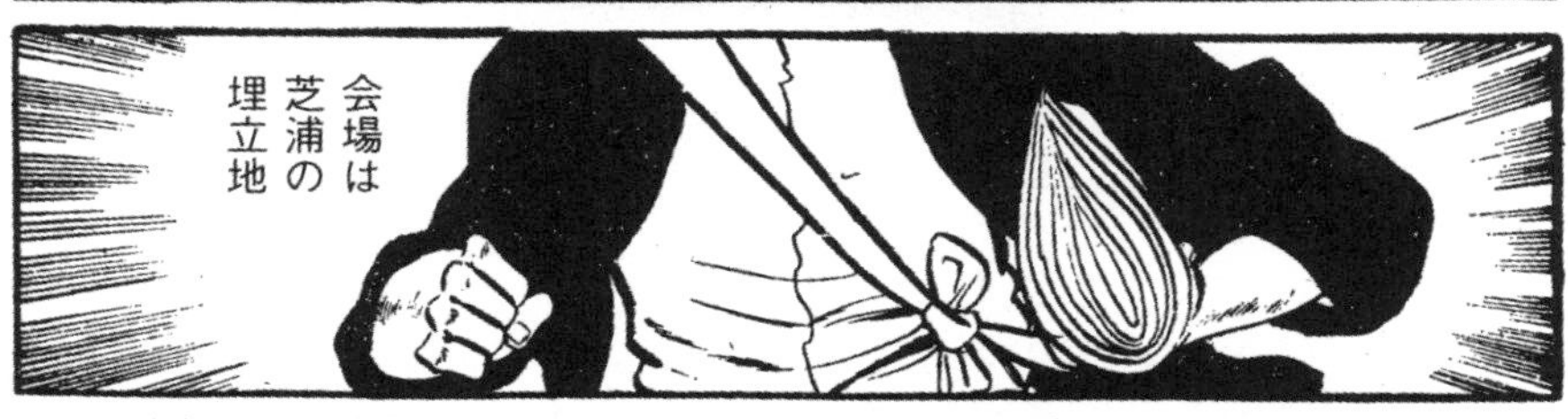

ない。巡査が制止しても取調べを行なおうとしても、抗争して屈しないものだから、警官はとうとう大杉と私とを裸にして廊下をひきずりまわし、蹴る殴る踏んづける、さんざんな目にあわせた。ついに私が悶絶するに及んで、驚いてやめた程であった。私は永い間の交際に、大杉が口惜しなきに泣くのを見たのはこの時が初めてだ」(『寒村自伝』一九六〇年版)

この報らせを聞いた幸徳は、郷里の土佐で持病の肺患を療養中だったが、八月中旬に上京、巣鴨に「平民社」を構え、釈放されてきた菅野スガと同棲生活をはじめる。幸徳は妻・千代子と離婚して、〝同志〟荒畑の愛人だったスガと不倫の恋に落ちた、というのが定説であるが、京太郎いささか疑問をいだく、幸徳を弁護するのではなく。

同年七月四日、第一次西園寺内閣がたおれた。その理由は「社会主義者の取締不徹底」との、元老山県有朋による上奏。内務大臣原敬も、同様の報告を行なっている。同月十四日に成立した

第二次桂内閣としては、とうぜん弾圧政策を以て主義者に臨むだろうこと、自明であったのだ。

これよりさき〇七年（明治40）、足尾銅山で坑夫の暴動おこり、二月七日、戒厳令を発し、高崎連隊の一個大隊が出動して六百人を検挙。それとまさに前後して、横須賀要塞砲兵隊二等卒・福田狂二が上官を殴打。重営倉入監中その壁に、〝一刀両断帝王頭〟と大書して脱走する事件がおこり、残された所持品の中に、幸徳秋水『非戦論』があった。官憲ただちに家宅捜索、幸徳住居より、在米アナキストから送付を受けた英文パンフレットを発見、その内容は明治大帝の名前を、〝睦仁君〟と呼びすてにして、「足下の命旦夕に迫れり」というものであった。山県は酒席で報告を聞き、「すべての責任は西園寺にある、不穏な言論の取締りに寛大すぎた結果である。国家の主権に進んで危害を加えんとする無政府党員ごときは、ことごとくブッタ斬れ」と

激怒したという。

きたるべき弾圧の嵐を、幸徳秋水は予感していた。しかも肺患は進行して余命数年と診断された。妻・千代子の離婚は、その義兄が裁判所職員だったことも配慮して、〝主義として同志に非ざる〟彼女に累の及ぶことを、逆に避けようとした行為だったのではあるまいか？　一九一〇年（明治43）、六月一日の午前七時、静養先湯河原の旅館天野屋を出た幸徳は、令状を執行されそのまま東京に護送された。

〝大逆事件〟である——、その前年十一月三日、天長節の〝よき日〟に、「平民社」の一員・宮下太吉、手製の爆弾を製造実験、〔天われに幸いす、宿望やうやく準備につけり〕と、菅野スガに書き送っている。宮下が要路の大官を襲い、さらに〝二重橋に迫ろうとしていた〟ことは事実である。後世弁護されるようなフレーム・アップ、デッチ上げでは、かならずしも〝大逆事件〟はなかったのである。

春三月、縊り殺され……

幸徳秋水自身、「陳弁書」においてこういっているではないか。〔無政府主義者の本命成るのとき、皇室をドウするかとの問題が先日も出ましたが、それも我々が指揮、命令すべき事ではありません、皇室みずからが決すべき問題であります。前にも申すごとく、無政府主義者は武力・権力に強制されない、万人自由の社会の実現をのぞむものです。その社会成るとき、何人が皇帝をドウするという、権力を持ち、命令を下し得るでしょうか？　他人の自由を害せざる限り、皇室は自由に、勝手にその尊栄、幸福をたもつの途に出て得ます、なんらの束縛も受くべきはずはありません〕云々……。

だから、幸徳といえども〝暗殺至上主義者〟ではなかった、テロリズムを無条件に肯定してはいなかったのだ、というエキスキューズがある。しかもアナキストを称する人々の間にである。

「陳弁書」なるものが、つまりは法廷闘争の具であることを失念して、幸徳秋水の志を、日共なみのレベルにまでひきさげてみせる、俗流アナキズムを唾棄せよ！

幸徳が運動から離れたのは、第一に煎患の悪化であり、第二には投獄中の同志の愛人を奪ったという、道徳的な非難によってであった。〝大逆事件〟とは何か？　判決文を要約するなら、〔……被告らはかねて、社会主義者に対する累年の弾圧、なかんずく〝赤旗事件〟の過重な刑罰と、爾後の苛酷な迫害に憤慨して、首魁幸徳は郷里から上京途次、各地の同志・無政府党員を歴訪、天皇の暗殺と暴力革命の必要を説得した。（いっぽう）宮下太吉は、上京して幸徳・菅野・新村忠雄、古河力作らと、天皇暗殺の陰謀を練った。幸徳は奥宮健之から（75頁、車会党のくだりを参照のこと）爆弾の製法を得て、これを宮下につたえた。宮下は紀州新宮の医師・大石誠之助のもとに寄宿中

の新村に依頼して、必要とする薬品を入手、爆弾を製造し〕

その実験に成功、翌明治四十三年の天長節当日、行幸を期して、〝大逆〟を企てることを決した。さらにまた、禅坊主・内山愚童、ニトログリセリンを用いた爆弾の製造に熟達して、独自でパンフレットを刊行（すなわち明治の『腹々時計』*）、これを発見押収されて根岸監獄に服役中であったが、幸徳ら一味として追起訴された。

千葉監獄から、〝赤旗事件〟首魁と目された大杉栄が出獄したのは、同年十一月二十九日。〝大逆事件〟判決は翌年の一月十八日であった。被告二十六名のうち、幸徳以下二十四名が死刑（のちに十二名が無期に減刑）、同月二十四日執行。世界文庫版『大杉栄全集』年譜の記述をひく、〔従来の社会主義出版物はことごとく禁止となり、新聞雑誌発行を許されず、集会言論の自由また奪われ、同志は四散して影を没して、日本社会主義運動史中の最も惨憺

荒涼たる時代が来た〕

「春三月、縊り残され花に舞ふ」と、当時二十六歳の大杉は述懐した。一九一一年（明治44）、支那大陸に辛亥革命おこる。北一輝上海より武昌へ、中国革命に参加す、イプセン『人形の家』初演。西園寺公望のまきかえしなり、桂首相辞表を提出、第二次西園寺内閣成立。そして、翌一二年七月三十日、〝明治大帝〟逝く。大正と年号があらたまって大杉栄『近代思想』を創刊、再び革命運動の狼火上る、定価金十銭三十二ページ。執筆者として堺利彦、高畠素之、オペラの伊庭孝、詩人土岐哀果、歌人若山牧水、作家安成二郎、岩野泡鳴、相馬御風、生方敏郎、新劇俳優上山草人、劇作家小山内薫等々であった、印刷署名人は荒畑寒村。

幸徳秋水より大杉栄へ、日本アナキズムのながれは、ここに継承される。大杉が幸徳とひとしく、恋のスキャンダルの主人公となったのは、人妻伊藤

野枝との恋、そして神近市子との三角関係による「日蔭の茶屋」刃傷事件。妻・保子との絶縁、同志の離反という事態もまた同様であった。一九一六年（大正5）、十一月八日のことである。

〔一枚の羽織を質に置いて、電車賃をつくるほどの貧窮のどん底〕（『大杉栄全集』年表）から、野枝と共に『文明批評』を発刊、一八年一月より亀戸の労働者街に移り住む。キリストと綽名された久板卯之助（二二年一月、天城山中で凍死）、和田久太郎らと同居、『労働新聞』を出す。無政府主義団体「北風会」を、この年に死んだ老同志渡辺政太郎の号・北風からとって結成する。演歌師添田唖蟬坊は、渡辺主宰の無政府主義研究会に属していた。彼ら新たな同志の結集を得て、実践活動はようやく緒についていった。しかし、官憲は弾圧にやっきとなり、家賃不払い、味噌、醤油代の滞りを、詐欺で訴え不起訴となると、〝尾行巡査殴打〟の罪で大杉を投獄、三カ月間収監した。

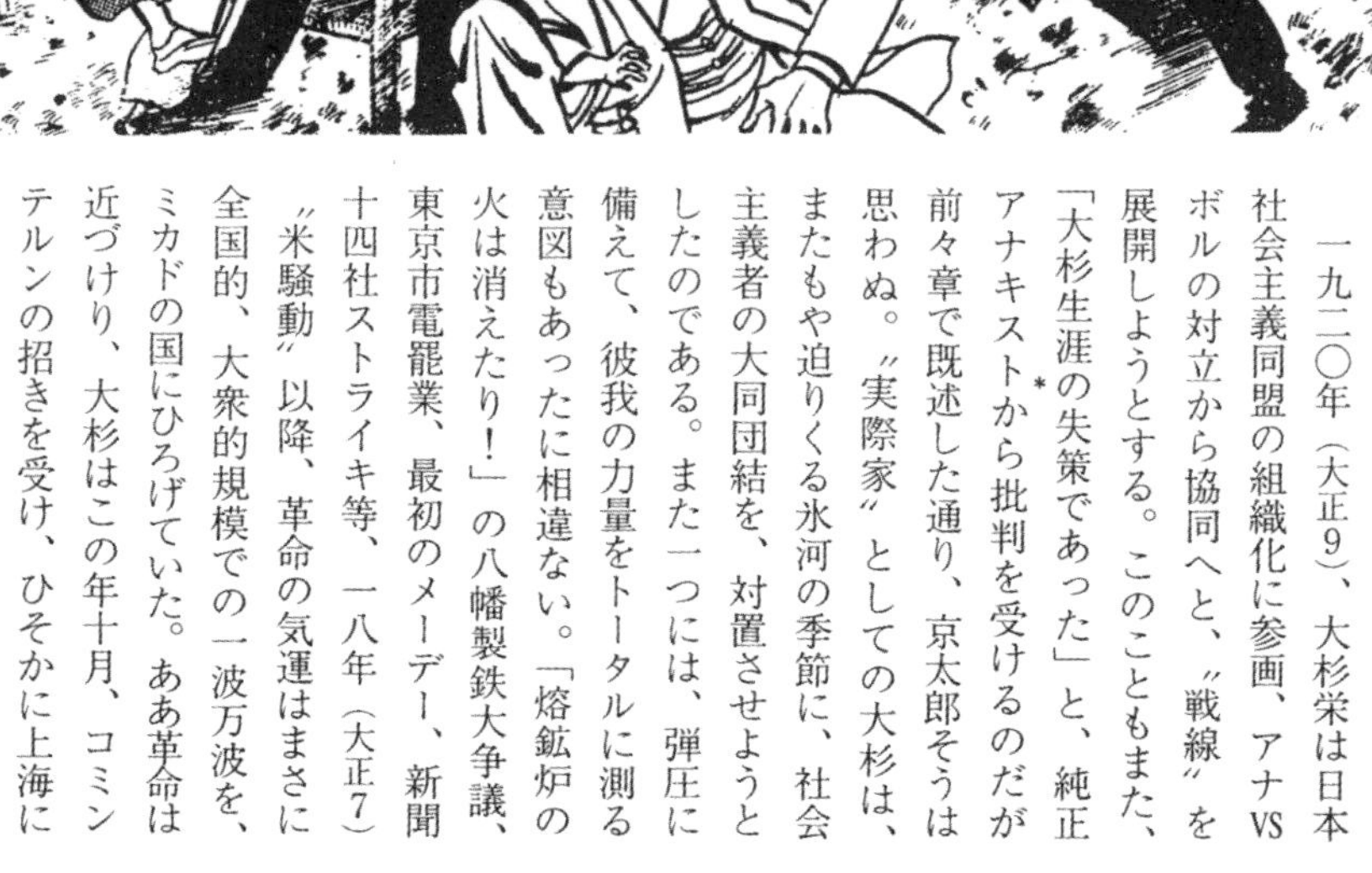

難波大助の確信

一九二〇年（大正9）、大杉栄は日本社会主義同盟の組織化に参画、アナVSボルの対立から協同へと、〝戦線〟を展開しようとする。このこともまた、「大杉生涯の失策であった」と、純正アナキスト*から批判を受けるのだが前々章で既述した通り、京太郎そうは思わぬ。〝実際家〟としての大杉は、またもや迫りくる氷河の季節に、社会主義者の大同団結を、対置させようとしたのである。また一つには、弾圧に備えて、彼我の力量をトータルに測る意図もあったに相違ない。「熔鉱炉の火は消えたり！」の八幡製鉄大争議、東京市電罷業、最初のメーデー、新聞十四社ストライキ等、一八年（大正7）〝米騒動〟以降、革命の気運はまさに全国的、大衆的規模での一波万波を、ミカドの国にひろげていた。ああ革命は近づけり、大杉はこの年十月、コミンテルンの招きを受け、ひそかに上海に

渡る、極東社会主義者会議に出席するためであった。

十一月、上海から帰った大杉は近藤栄蔵、高津正道らのボルシェヴィキ派を『労働運動』同人に加え、翌年四月には病気（二月にチブスで築地の聖路加病院に入院）療養中の代理人として、近藤を上海に送っている。大杉栄のこのようなアナ・ボル共闘のこころみは、ボルの側から手痛い裏切りをこうむることとなった。

〔一方、大杉栄と組んで、文書宣伝に努めると同時に、他方山川・堺と接触して、かつて片山（潜）と約束した、日本共産党結成の地下工作へと進んでいた。最初、私は大杉一派をも含めた党を期待していた〕（近藤栄蔵回想記『コムミンテルンの密使』）。

〔しかし二、三カ月後に、これは全く望み薄だということがわかった。社会主義同盟内におけるアナ・ボルのはげしい対立、堺や山川の態度からして、駄目だと断定した。そして、大杉には内密に堺、山川と連絡をとって党結成

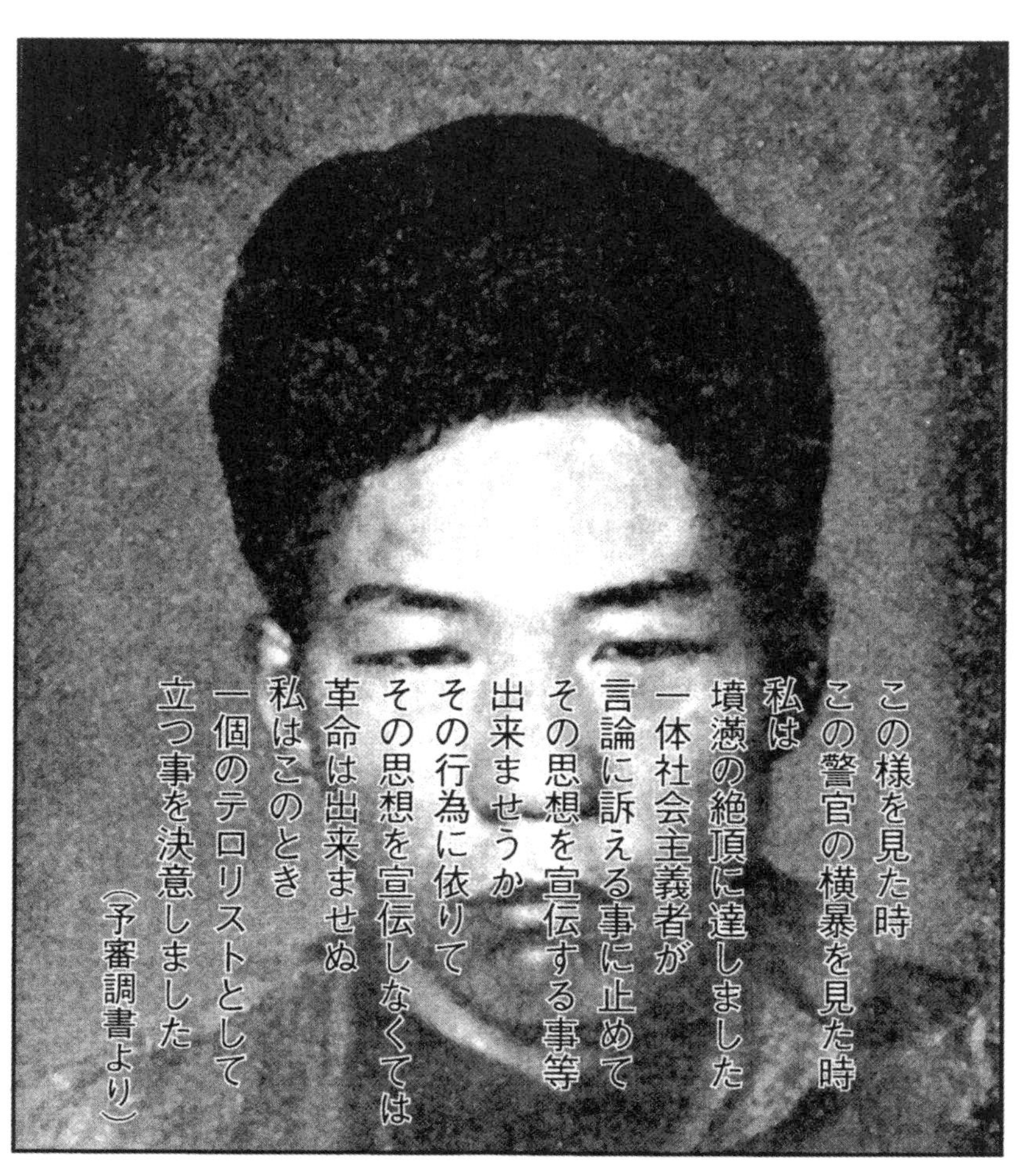

の工作にかかった」（同）。ようするに背信である。大杉はまんまと欺され、ハメられたのである。〝実際家〟ではあっても、大杉にはアナキスト特有の人間に対する無条件の信頼があった。それが裏目に出たのだ。六月、大杉はボルシェヴィキとついに袂をわかつ。大杉難波大助が〝社会主義同盟講演会〟に顔を出したのは、すなわちその直前であった。

幸徳秋水から大杉栄へ、日本アナキズム運動のながれを、概括的に述べた理由は、摂政宮暗殺未遂者・難波大助の〝思想的〟背景を、まず明らかにして置きたかったからである。この組織に属さぬテロリスト、まさに人間一個の怨念から、直接行動に奔（はし）った若者を「未熟な思想の持主であった」「アナキズムとコミュニズムの区別すらつかなかった」と、日本革命の〝正史〟は切り棄ててきたのである。それは一九七四～五年、「企業爆破グループ」に浴せ

＊堺真柄

銃あるのみ
爆弾あるのみ

られた嘲笑と、相似していないか？苦学生難波大助をして、摂政宮狙撃におもむかせた思想的根拠は、幸徳秋水〝大逆事件〟にある。

　一九二一年の春、上野図書館で事件当時の新聞を借り出して、難波大助はこれを熟読した。〔その事件を動機として、一時盛んであったところの日本社会革命運動が、屏息した形になった事は、残った同志たちが十分な奮闘をしなかった結果である、実に意気地のない極みである〕（予審調書）。

〔生まれて初めての泣いても喚いても飽き足らぬ、憤慨と憎悪の最大限を、オレは味わった。事成らず、若き同志たちは、無限の怨みと呪ひとを残して、断頭台へと上って行った。その無念を思ふ時、そして残った同志等が権力の鉄槌に窒息したことを思ふ時、我こそ彼等の呪ひを呪ひとせんとオレは決心したのだ〕（友人、歌川克己への手紙より）。

　ここにはハッキリと、幸徳ら〝大逆〟の叛徒を、冤罪者としてではなく、暗殺

未遂者として見すえている目がある。

……事成らずと。

〝戦後民主主義〟は、なべて戦前の思想事犯を、ヌレギヌだったと称して名誉を回復した。幸徳も大杉も聖なる非暴力の祭壇に祀られる、いうならば真理の殉教者として、国家権力の手によって彼らは、無実に殺害されたのである、と。そうではない、彼らはまさしく革命家として、権力との血みどろの抗争に斃(たお)れたのである。無罪ではあっても、無実ではなかったといわねば、〝大逆〟の志をむしろ、恥ずかしめることになりはしないか?

難波大助をして、〝大逆〟へとかり立てたものは第二に河上肇が「改造」誌上に発表した論文であった。二一年一月から、彼はこの雑誌を読み出している。その四月号に、ロシアのテロリスト群像を紹介した『断片』、七章が載せられた。このため発禁となったのだが、以下にその内容を大略要約するならば――

待て――っ
御用だ――っ

まず、壊より始めよ

モスクワで労働者数百人を虐殺した将軍ミエンを射殺の、婦人革命党員・コノプリアンニコーファの法廷における陳述。

〔私は明瞭に看取した。独裁的かつ官僚的上部構造は、武力を基盤とするものなる事を。さうしてそは、国家といふ吾々の船の舵を操っている人々の側に於て、流血の恐怖政治を絶間なく実行する事によりてのみ、始めてそれ自身を持続し得るものなる事を。さうして生活そのものが私に次の如く教へた。まず古きものを破壊し去った後でなければ、汝は新たなる何物をも創造することは出来ない〕

〔独裁的かつ官僚的の時代は、正しく終末へと近づきつつある。無意味なる戦争（日露戦争）に於ける政府の失敗は、すでにその崩壊遠からざるを示してゐる。如何なる抑圧、如何なる捕縛、如何なる牢獄・流刑・絞刑も、苦役も

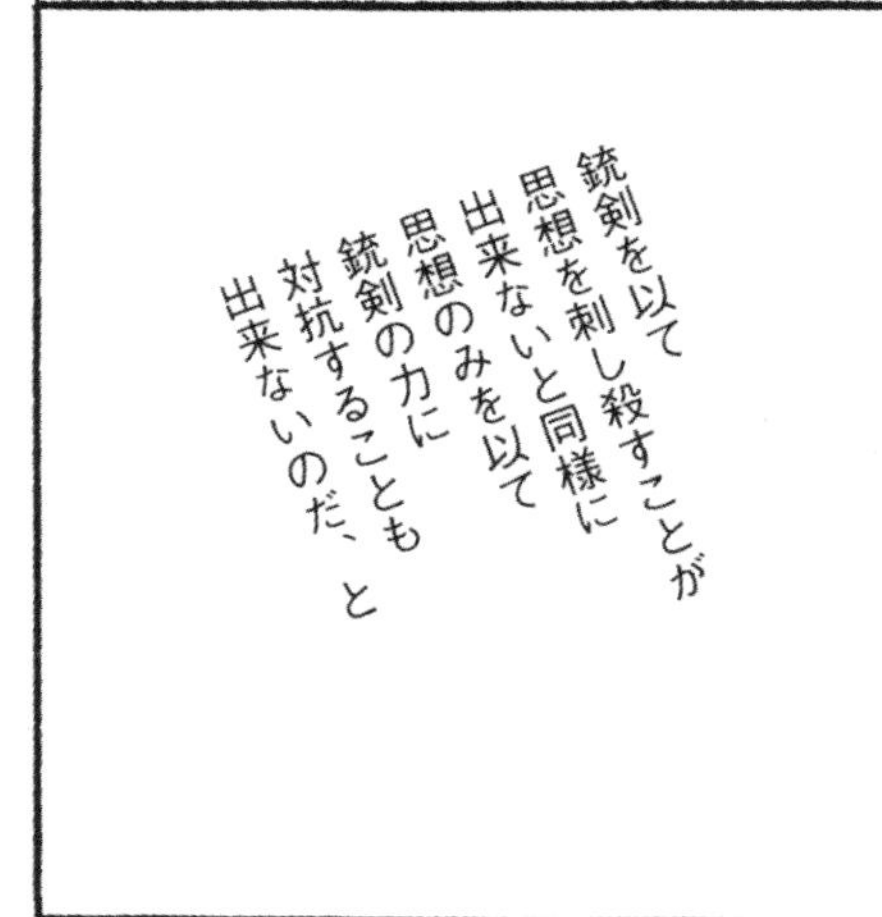

征討もまた虐殺も、勃興しつつある民衆の運動を、ついに妨げる事は出来ない〕

……大助の読後感、〔ロシアのテロリストの悲壮な行為が自分の胸に迫るまで、痛烈でありました〕と。アナキズムとコミュニズムとの弁別などは、（彼・難波大助自身がどのように考えようと）このさい、どうでもよいことなのである。ロシアのテロリストに、幸徳秋水らの処刑に触発された、二十二歳の若者にとって革命とは、制度をもって制度に換えることではなくして、まず破壊であった。『断片』に描かれたツァーリズムの暴虐は、そのまま幸徳を縊り殺した、日本天皇制に他ならなかった。短絡と言わばいえ、極言するなら大正昭和史はつまりどちらがより多く殺したかによって、右にも左にも揺れる可能性を持っていたのである。

　苦学生として、新聞配達の労働者として、難波大助はこの一九二一年春、

京都三高と早稲田高等学院とを受験、失敗している（翌二一年に早稲田入学）。すでに一七年九月半ば、彼は東京日日新聞の取次店で新聞配達に従事、朝食ぬき、昼食は芋ですますという生活を体験してきた。また、四谷のスラム街谷町で、一カ月三円五十銭という物置同然の部屋に住んだ。最暗黒の東京の放浪は、大助をしてルンペン・プロレタリアート窮民への、限りない同情と愛着を芽生えさせたのだった。

そして五月九日――、はじめて彼は国家権力・官僚の弾圧を眼のあたりに見た。このもの語りは、いわずもがなフィクションとして構成されている。『大正地獄篇』の転変を織りなす一百零八の星々の一つとして、難波大助は作者の想像による性格づけと、行動をドラマの裡に生きる。〝実録〟とは、ほんらいそのようなものである。夢野京太郎・かわぐちかいじは、いわゆる〝史実〟にこだわらず、彼をして自由自在に作中を奔らせ、躍らせる。だが

読者諸君、画面はまさにリアリズムである。この章冒頭の須田町交叉点は、時代の情態を、そのころ撮影した実景写真によって再現している。前ページ救世軍*士官・伊藤富士雄らの登場人物（とうぜん実在したのだ）も、当時の写真を入手して、似顔絵ふうに描いている。どこまでが事実か、そしてどこからが虚構か、そこがそれ目瞞しカラクリ、劇画の世界。

　次回は再び蒼白き巣窟、十二階下の私娼の宿から、千葉・吉原へ〝人肉の市〟を横断していく、その先は山谷、かつて弾左衛門が差配した賤民協同体テリトリー、もうろう人足の終(つい)の栖(すみか)。大正期における被差別窮民とは、下層プロレタリアートとは、そもいかなる存在だったのか？　浅草、下谷、深川一円のボウ大なスラム地帯の形成は、資本主義の発達といかに関わり、また天皇制国家権力の圧制と、どのように相対したのか？

帝政はよろめき
倒れるであろう
さうして自由の太陽が
露細亜の全平野に
上ぼるであらう

第六回

虚無のうきよに君臣なく

日本之下層社会

明治十年代当初、ようやく八十万人ほどであった東京の人口は、その末期四十一年（一九〇八）、ざっと三倍の二百十六万八千八百十五人、東洋一の大都会に膨張した。いっぽう、農家戸数は、この三十年間に二十七万戸の減少を示している。これらの完全消滅した戸数に、次・三男の流出、さらに女工や娼婦に売られていった娘たちを加えれば、膨大な人口が都会に吸収され、〝下層社会〟に流入、分散していったことは明らかなのである。

明治二十九年五月二十九日、『たけくらべ』の作者・樋口一葉の家（下谷竜泉寺）を、毎日新聞の横山源之助がおとずれている。一葉日記によれば、「はなすこと長し」、同じく六月二十三日、「鎌倉材木座にありて横山、文を

おこす」とある。京太郎想うに、横山源之助の労作である『日本之下層社会』は、このときに起稿されたのである。「虚無のうきよに君なく、臣もなし」という一葉の思想、そしてまた「我が一生はやぶれ破れて道端に伏す乞食かたいの夫こそ、終生の願い成りけれ、さもあらばあれその乞食に至る道中をつくらんとて、朝夕にもだゆるなり」

窮民・流民への熱い傾倒に、ジャーナリスト横山源之助は、影響され触発された。〔東京市に於て細民の住める最も多きは蓋し浅草区か、……松葉町あり、阿部川町あり、木賃宿群集せる浅草町あり、新平民の部落なる亀岡町あり、（中略）千束町、聖天町……、北三筋町、田原町、乞食軒をつらねて住み、オモテに店を張るものと雖も、多くは襤褸の類のみ〕。一葉の日記にいわく、〔馬車にて大路に豪奢を競ふあり、かれも人也。夕ぐれの門に立ち往来を招きて情を売る身あり、これも人也。何者ぞはかなき階級を作りて、

貴賤といふ。娼婦に真実あり、良家の婦女にして夫を偽る人少なからぬに、これをばゆるして、一人娼婦斗り責をうくるは何ゆえのあやまりならん」

源之助は記述する、「ひとたび貧窟に足を入るれば、見るかぎり襤褸を以て満ち、余輩の心目を傷ましめる。彼の馬車を駆りて傲然たる者と相比して、人間の階級斯くまで相違するものあるかを嘆ぜしむ」

横山源之助のルポルタージュによる東京貧民街の様相は、旧支配層（武家階級）までをまきこんだ、日本民衆のプロレタリア化を背景に置いて、理解されねばならない。東洋自由党の大井憲太郎は、明治二十五年（一八九二）「日本労働協会」なる団体をつくり、製靴職工と零細業者を加盟させ、帝国陸軍の軍靴製造直営（四章を参照のこと）反対運動を組織、国会にデモをかけて警察隊と乱闘をくりひろげた。

一九六一年版の『東京風土図』（社

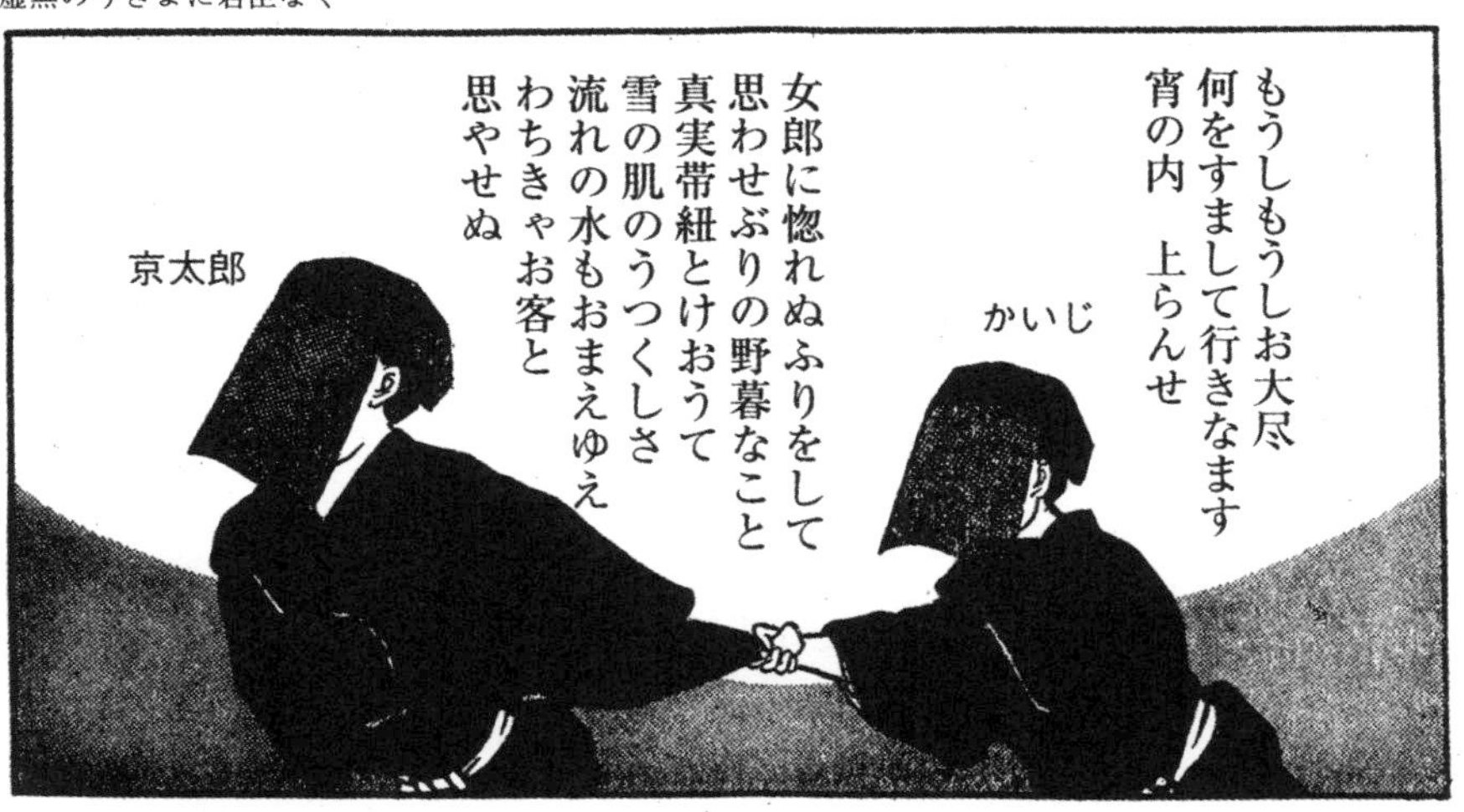

会思想研究会）によれば、〔大震災まで浅草北部には、皮革の中小企業が相当分布していた〕〔江戸初期に屠殺、皮はぎ、製革などをあつかう特殊集落を住まわせたことに起因するが、明治になって禄を離れた士族も皮屋を始め、それ以後いく度かの経済変動を機会に住民は移動し同化し、平等化された〕とある。明治四年、士族・西村勝三が皮革製造に〝転業〟したとき、〔いやしくも武門に生まれて、穢多に伍するは廉恥を知らざる者である〕、と親戚朋友は義絶を宣告した。旧武家階級の一部は、このようにして〝下層社会〟に流入したのである。

弾左衛門に軍靴製造を進言、政府と特約を結ばせたのは、この西村勝三である。こと志とちがって、皮革製造の権益を官に奪われる結果となったが、西村らいわゆる没落士族は、都市窮民社会に同化して、その指導的役割りをになった。横山源之助は『日本之下層社会』の終章で、「我国に社会問題を

大正三〜八年
第一次世界大戦によって
日本資本主義は
すさまじい跳躍を示した
製造工業は五倍強となり
総生産五六・五パーセントを
工業が占有する

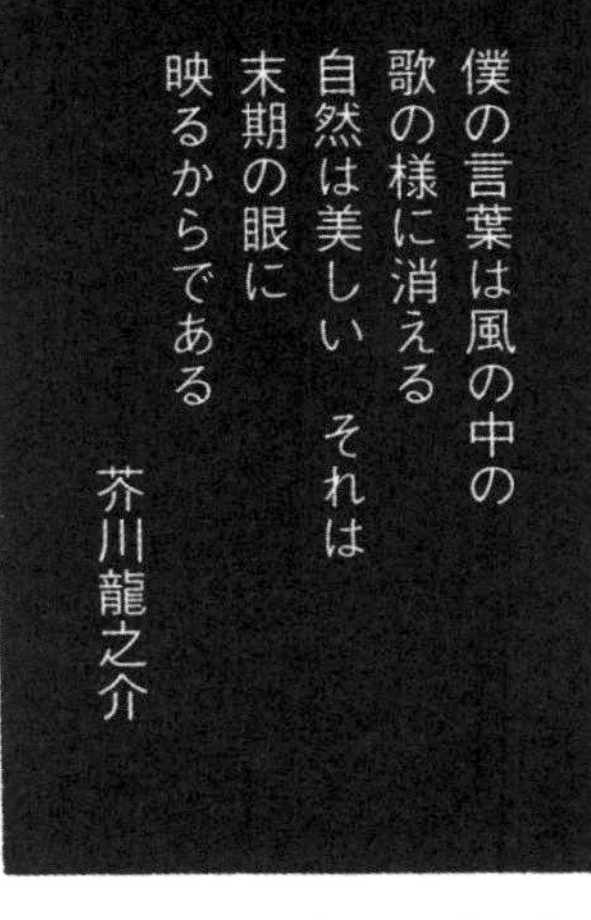

誘起する幾多の原因あり」と、第一に「封建時代に我国の思想界を支配した儒教が、今日の社会主義と相融通する事」を挙げ、第二には「有志者・壮士と称する浮浪人（すなわちルンペン・インテリゲンチャ）多き事」、さらに第三の理由として「我国の下層社会は、学問行はるる事」と述べている。その指摘通り明治から大正へ、近代国家形成のるつぼから、暴動・反逆の炎を噴出したのは、「人民の痛楚を共同の運命とする」（大井憲太郎）、旧士族出身の壮士たちであった。

大正地獄篇・前史を、いますこしたどろう。明治十八年（一八八五）、『綿糸集談会記事』（生産者および紡織関係者のレポート）は、「不景気ハ、客年（＊去年）ノ後半ヨリマスマス甚シク、殆ドソノ極点ニ到シタルゴトク、滔々タル世上ノ衰弊ハ、実ニ名状スベカラザルモノアリ。就中惨鼻ヲ極ムルハ、農民社会トス」と論じている。

"封建時代"の影……

〔隅田川はどんより曇つてゐた。彼は向う島の桜を眺めてゐた、花を盛った桜は、彼の目には一列の襤褸のやうに憂鬱だつた。が、彼はその桜に、江戸以来の向う島の桜に、いつか彼自身を見出してゐた〕（『或阿呆の一生』昭和二年六月脱稿）。

……芥川龍之介の遺稿は、あたかも大正という一時代を総括するごとく、予言にみちている。〔僕は僕の将来に対するぼんやりした不安も解消した、それは、「阿呆の一生」の中に大体を尽しているつもりである。ただ、僕に対する社会的条件、――僕の上に影を投げた、封建時代のことだけは故意にその中にも書かなかつた。なぜなら、我々は今日でも、封建時代の影の中にゐるからである〕（遺稿『ある旧友へ送る手記』、傍点・京太郎）。

封建時代の影……、と謎めいて芥川龍之介が書き遺した意味を、近代マルクス主義者は少しも判っちゃいない。何が向う島の桜やら、とりわけ芥川を

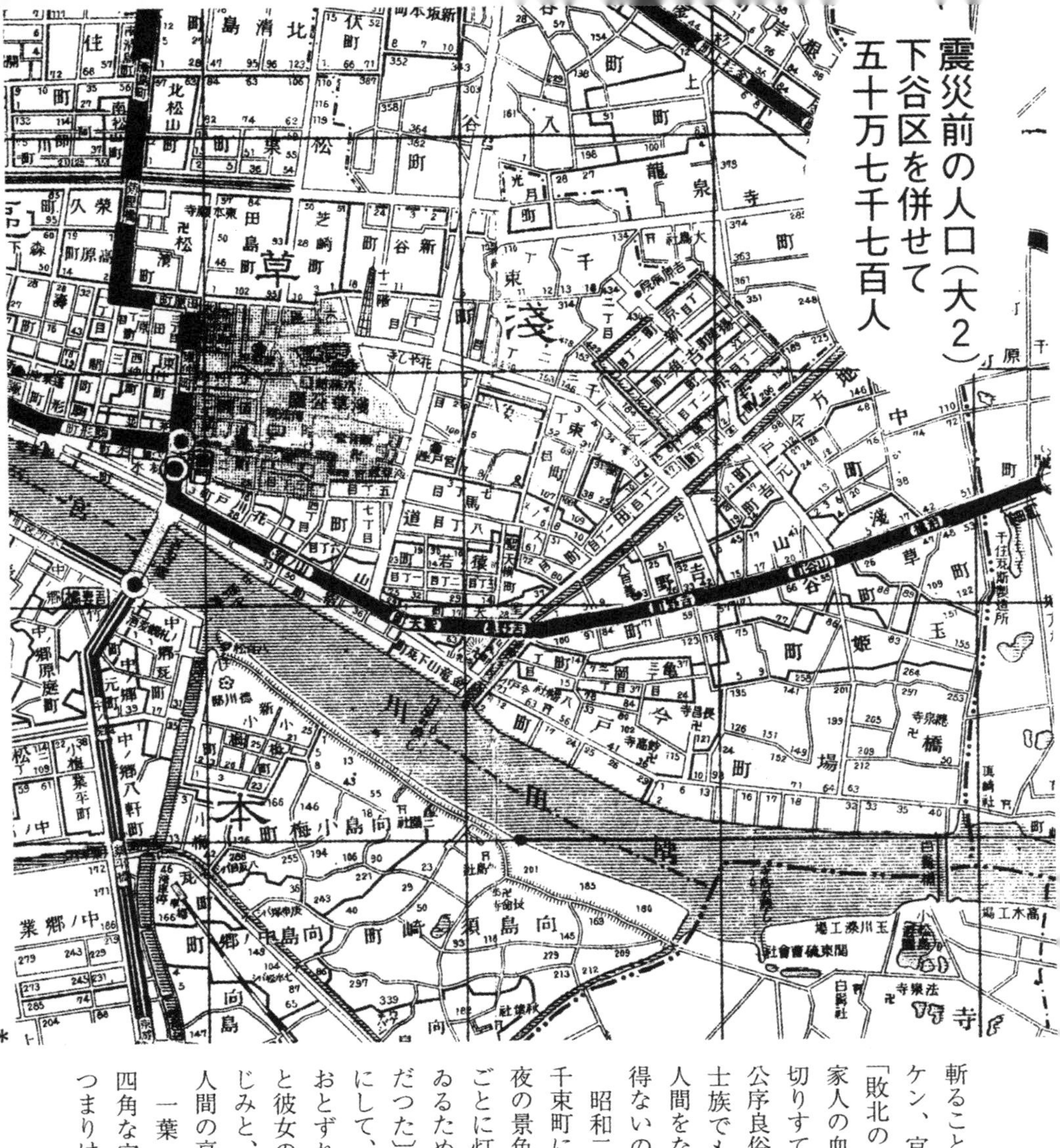

斬ることで世に出た日共現委員長ミヤケン、宮本顕治には理解の外である。「敗北の文学」と、本所の旧士族＝御家人の血をひく作家の憂鬱を、粗雑に切りすてる無神経、すなわち「人民の公序良俗」ポルノ批判に通ずる。同じ士族でも、〝勝てば官軍〟の長州閥、人間をなべて政治主義的にしか、律し得ないのである。

昭和二年（一九二七）春、〔僕は浅草千束町に、まだ私娼が多かつたころの夜の景色をおぼえてゐる。それは、窓ごとに灯影のさした、十二階の聳えてゐるために、殆ど荘厳な気のするものだつた〕（東京日日新聞連載、「大東京繁昌記／本所両国」）。死を前にして、芥川龍之介は懐旧の千束町をおとずれ、〔ゆうべ、僕はある売笑婦と彼女の賃金（！）の話をして、しみじみと、生きるためにいきてゐる我々人間の哀れを感じた〕（「ある旧友へ送る手記」）。

一葉『にごりえ』のお力、〔祖父は四角な字をば、読んだ人でござんす。つまりは、私のやうな気違ひで、世に

益のない反古紙をこしらへ、お上から版をば止められ断食して死んださうにござんす」。かくして、「封建の儒教は社会主義と相融通する」ごとく、支配する側もまた、封建制度下の階層差別（士・農工商――穢多非人）を、拡大再構築した〝天皇制ヒエラルキー〟によって、窮民大衆を「搾取」と「差別」二重の軛につないだ。劇画と関係ないとお思いのむきもあるだろうが、夢野京太郎ナンバー1、〝窮民革命論〟の全面展開、しばらくご辛抱をいただきたい。

　明治二年（一八六九）、維新の〝大業〟なるや、新政府は全国諸藩の土地人民をすべて朝廷直轄とする。同四年七月、廃藩。翌る五年八月、土地永代売買禁止令を解く。さらに六年一月徴兵令施行、七月に地租改正令公布。封建諸大名の軍事・経済的土地領有を解体、〝地主〟に納税の義務を負わせることとした。すなわち、封建時代がそのままずれこんだ収奪のシステムを、

明治政府は徳川幕府から継承したのである。

十七年（一八八四）、地租の取立て苛斂誅求を極め、小土地所有者は五分の一に減少、十九年までの僅か二年間に当時の貨幣価値で二億百三十五万円に相当する田畑が、地租滞納による〝抵当流れ〟で、大地主の所有に移った。新しい支配階級として登場した、五十町歩以上を所有するこの大地主群は、旧封建領主、高利貸、酒造家、村役人etcであった。

明治初年における、国家財政の八割二分までが地租収入であり、天皇家は唯一絶対の専制君主、〝地主の中の地主（キング・オブ・ザ・キング）〟として、農民から血税を掠奪した。当時の記録——地租検査例にあらわれた数字は、地主取前（とりまえ）反当り一円六十三銭・地租同額の一円六十三銭・種籾代七十二銭、小作人の手取り八十一銭、収穫の八割金を搾り取り、国家（天皇制）と地主が山分けというすさまじい収奪が行なわれたのである。

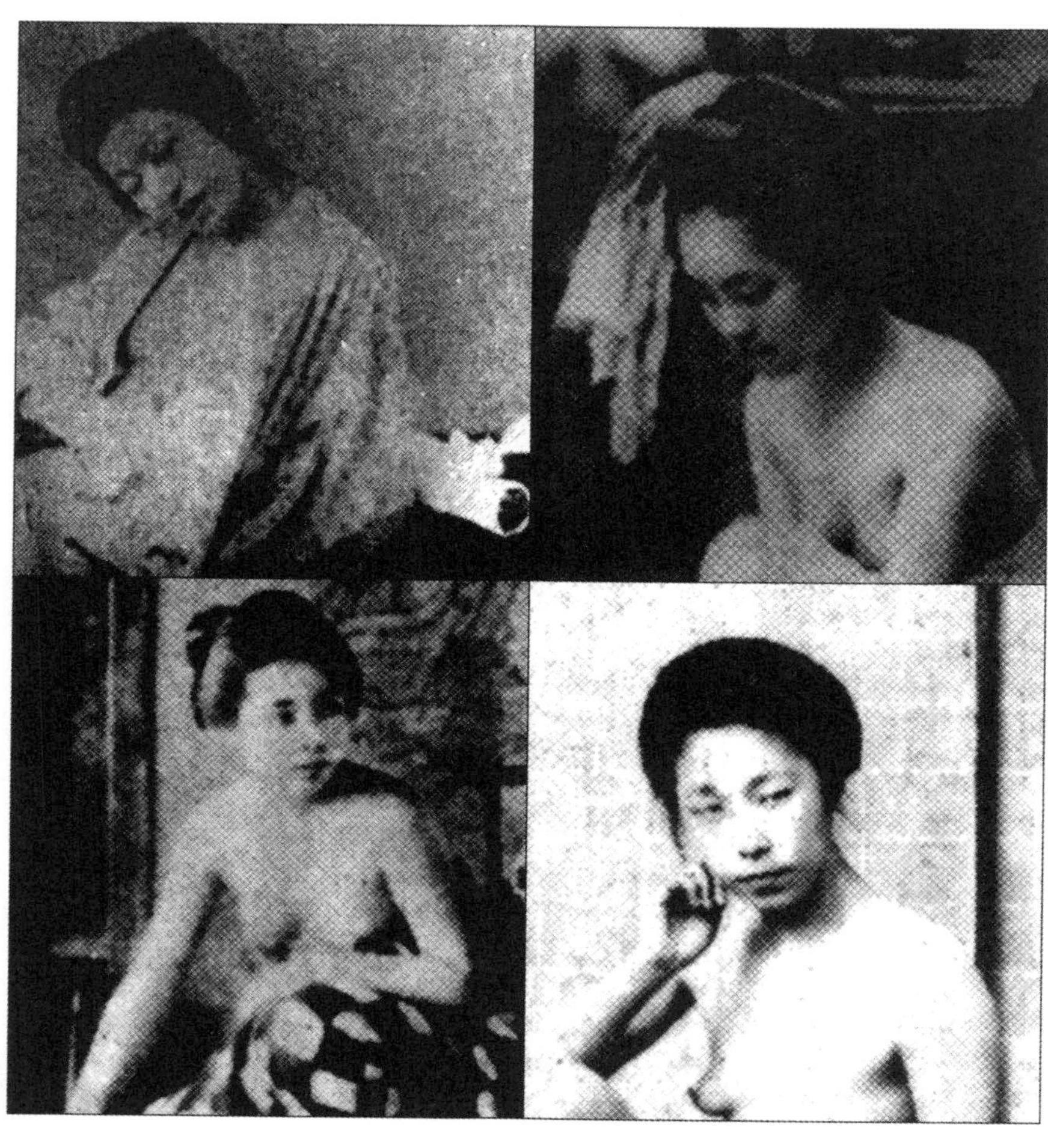

*

かくて日本全国に、〔祖先以来依ツテ立ツ土地ヲ公売セラレ、妻子ヲ蔽（おほ）ウ家屋サヘ奪ハレタ〕（『錦糸集談会記事』）流離の農民はみちあふれた。ルンペン・プロレタリアートと化した小作や貧農は、まさに級数的な勢いで、都市へと落層流入する。

「桂庵（けいあん）」と称する私設職業紹介所が方々に店を構えて、地方から上京してくる男女に労働をあっせんした。少年ならば丁稚奉公、若い娘は紡績女工か下女、そして屈強な男は日雇の人足と相場がきまっていた。〔道路の開発・修繕あり、橋梁の架換（かけかえ）もあり、堤防の築造、溝渠（こうきょ）の新設等、土木工事絶ゆることなく、東京市中、日々数万の日稼ぎ人足使役せらる〕（『日本之下層社会』）活気に、〝大東京〟はわきかえった。しかし、日当四十銭、請負業者が一割の上前をとり、親方が二、三銭のピンをはねて、三十三、四銭が人足の実収という勘定であった。

膨張する下町

〝工場都市〟として、東京は大阪に遅れて発展した。したがっていわゆる職工よりも、浮浪労働力としての人足プロレタリアートを輩出した。大工・左官・トビなどの下まわりをつとめる「手伝い人足」、車力をひく「はこび人足」、その後を押して駄賃をかせぐ「立ちん坊」。港湾にはアンコ（あんこう、ぼんやり口をあけて仕事を待つという意味）、風太郎などと呼ばれ、〔一枚の肩掛けを袈裟にして、尻切れ襦袢の立ち姿、寝ぬるに三銭の木賃の臥床なく、ただ日光の褞袍に浴する〕（松原岩五郎『最暗黒之東京』）、これ以下乞食の「波止場人足」等々……

それらの労働者群は、かつての賤民共同体＝被差別部落民の居住区だった浅草・下谷の一帯に流入して、広大な下町スラムを形成する。大正期に入るころには、現在の台東区に五十万人を超える貧民がひしめくのである（旧浅

十二階下、千束の私娼は吉原公娼三千を圧倒
公園芸者の客をうばって
〝業者〟は当局に陳情して取締りを要請したが
添田啞蟬坊、小生夢坊らは「公娼撲滅・私娼擁護団」を組織してこれに対抗
弾圧をうければ一夜にして銘酒屋は看板をかえ
女たちを別の店に移すというゲリラ戦法に出たため
官憲はついにサジを投げた
同じく公娼廃止を叫ぶ「救世軍」とアナキストの間には奇妙な連帯が生まれたのである

草・下谷をあわせた現在の台東区の人口は約二十七万人)。想像を絶する稠密ぶりは、関東大震災までつづくのだが、大半は夜具つきザコ寝十銭也の「もうろう宿」、三畳一間の貸切りで三十銭の「木賃ホテル」等、日払いのドヤに住居した。その金もない連中は荒川堤のミノムシ小屋(掘立)・浅草公園のごみ溜め・本願寺の塀ぎわに、二銭なりのショバ代を払って、コモをかぶって寝た。

浅草弁天山の背後には、「ケンタ」という巨大な掘立小屋がつくられた。これは乞食専門のドヤで、一人一畳のネグラがあたえられ、女乞食は境内で客をひき、春を売る特権を有したのである。宿なしお勝、土手のお金、腰巻おせいなど、「オカン」(=カンタン、寝るの隠語である)と呼ばれる、美貌の乞食娼婦たちは公園名物の一つだった。彼女たちがそろって旧幕臣・御家人の娘と称したのは、この世界にも没落の士族の流入があったことをもの語る。

そして蒼白き巣窟、十二階下・千束の私娼街もまた、浅草寺境内の水茶屋、矢場から変遷して酩酒屋となり、あいまい宿となったのである。とうぜん、そこに嬌飾を売る女たちの中にも、旧士族の末裔はあったろう。

だが時代は大正となり、工場プロレタリアートが都市窮民層の大部分をしめる。〔僕は生れてから二十歳頃までずっと本所(ほんじょ)に住んでいた。今日のやうな工業地ではなく、〝江戸二百年〟の文明に疲れた落伍者が、比較的多勢住んでいた町である〕（芥川龍之介『本所両国』引用内括弧は京太郎、以降全て）。

〔この界隈の家々の上に五月のぼりの翻つてゐたのは、僕の小学校時代の話である。今では誰も、五月のぼりより新しい年中行事になつたメイ・デイを思ひ出すに違ひない〕。下町スラムは隅田川をこえ本所・深川にひろがる。十二階展望台から見渡せば、〔煙筒が竹の子の頭をもたげたるには非ざるか

と思へる程」（時事新報）。大正八年（一九一九）版『東京市全図』を見ると、三河島には常設家畜市場、三ノ輪には肥料会社、屠獣場、下って南千住に製絨所（＊毛織物）、千住火力発電所、瓦斯製造所、日本染織、保税倉庫、日本毛織、日本製靴、東京紡績、貨物停車場、隅田川油漉会社、川むこうの洲崎、向島には玉川染土工場、関東流曹等々が、広大な敷地を占有している。

工場街――荒川・葛飾・本所と上野公園のいわば谷間に当たる地域に、無産者のメッカ・浅草公園をとりまく形で今日でいう〝過密狭少住宅〟、棟割長屋と労働者アパート群、そしてドヤ街が集合する。五十万七千という大正期の膨大な人口は、浅草・下谷一帯が、人足・日雇労働者に加えて、工場プロレタリアート居住区となったことに、起因し帰結する。そしてその人口のほとんどは、農村から流入してきた、都会の新参者であり、出稼ぎの流民であった。

「酩酒屋」の女たち

読者諸君は物語りの舞台、〝封建時代の影〟（芥川）を曳きながら、怪大な貧民居住区と化していった「下町」、東京総人口の七分の一を現在の台東一区でしめた大正期の様相を、脳裏にえがくことができたものと信ずる。では先へすすもう。

江戸＝東京部落は解体し、マルクスのいう〝流動的〟〝潜在的〟〝停滞的〟過剰人口は、都市スラムに落層・沈着して、広域なる窮民の集合地区を「下町」につくった。そして、浅草公園は東京に流入する〝相対的〟過剰人口が、下層プロレタリアートに分解していくいうならばターミナルとして、存在し機能した。十二階下から千束町、そして吉原遊廓へとつづく〝売春ベルト地帯〟また、〔幾代もの恨みを背負うた女の無間地獄〕（樋口一葉）、よるべなき流離の窮女たちの労働の場としてあった。

「封建時代の影……」は、とうぜんここにも色濃くただよっていた。娼婦と抱主（かかえぬし）の分け前は四六、もしくは切半（たたきわけ）。女たちは一晩数人の客をとり、抱主は（表面上は店舗の貸主として）数軒、あるいは十数軒の店を張り、ヤクザを監視人に雇っていた。〔銘酒屋に年季奉公しないか、と周旋屋に言われて、東京を知らない田舎の娘たちは、酒の相手でもするのだろう、女郎よりはとそれに飛びつく。そして、とんでもない相手をさせられる。悪い周旋屋の口車に乗せられて、東北の娘が淫売をさせられるとは知らないで、買われてきたのが多かった〕（高見順『いやな感じ』）。官憲の取締りは、一年に一度〝罰金の順番〟が廻ってくる、刑事が、「明日はお宅の番だからね」と触れてくるのである。

　田村栄太郎『江戸東京風俗地誌』の記述を引用すれば、〔ハイ承知いたしましたと、女を一人だけ署に渡して、翌朝八十円持っていきますと、手続きをとられて女を返してくれるってウマ

イ寸法です。年に一度の八十円だから月七円づつ積んでおけばいい」(「抱主からの聞書」)。ミルクホールあるいは造花屋、碁会所などの看板をかけた、裏営業の密淫売宿。公園芸者の〝浅草三業地〟、さらに「暗色の女の群れ」(『相対会研究報告』)と呼ばれるコールガールをふくめれば、浅草公園界隈におよそ三万人と推定される、売春婦が生活していたのである。

　そして、それらの窮女を抱き一刻の情欲をみたす飄客(ひょうかく)は、職工・人足・小官吏・書生、やはり同じ階層に属するプロレタリアートであった。前々章に紹介をした、室生犀星の小説『蒼白き巣窟』は描写している。〔いちれつの縄のやうに〕〔襤褸のやうに〕魔窟を彷徨する飄客は、娼婦を〔一段下等な動物であるかのように〕見下し、さげすみの眼で見ていた、と。ミヤケン流「人民の公序良俗」をもってすれば、まさしくそれは資本主義的タイハイであり、労働者階級を堕落させるための

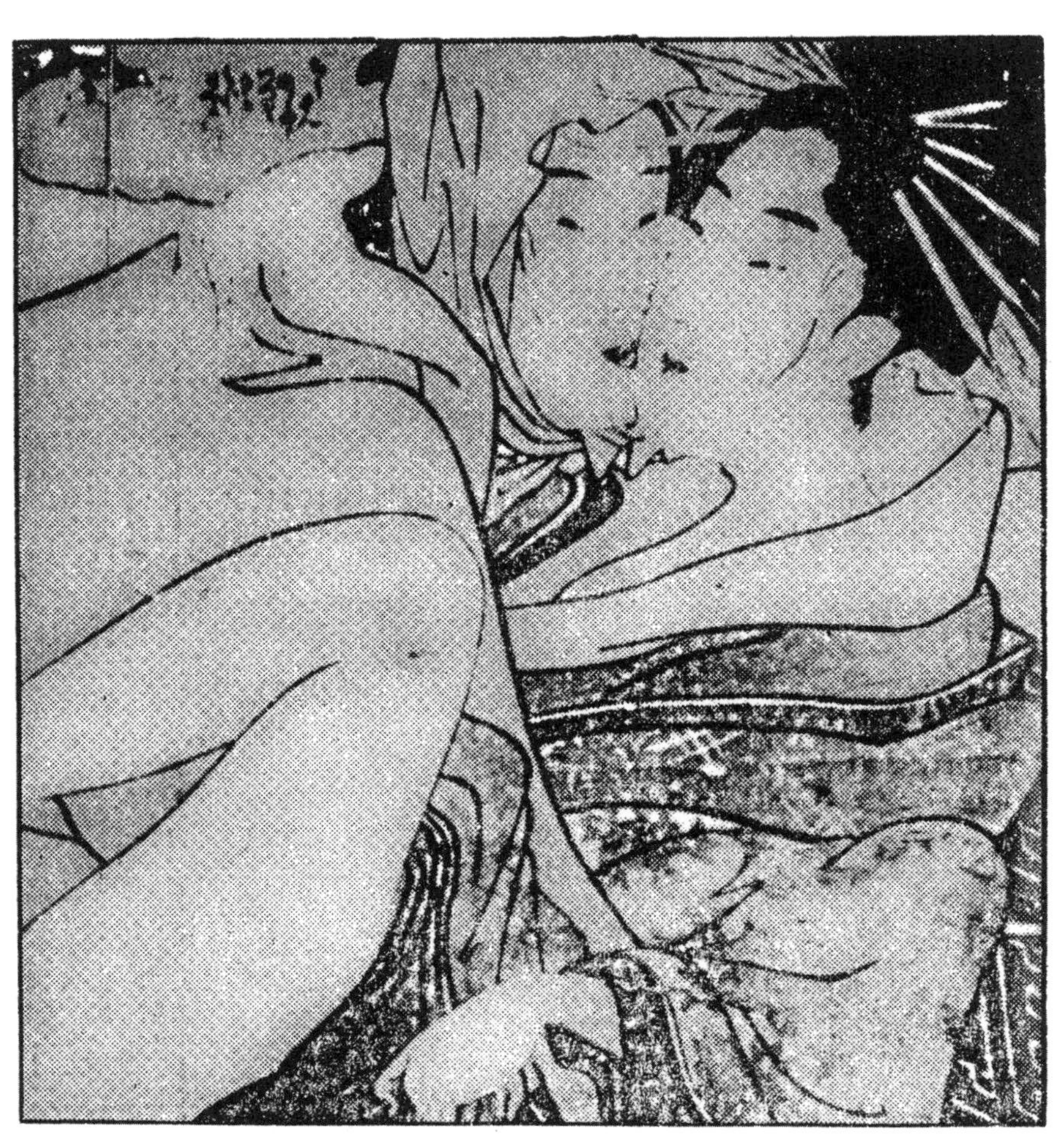

猥褻なカラクリである、ということになるのだろう。だが借問する、売春が表面上なくなった今日、人民は性的にかえって退廃していないか？　むしろ娼婦の世界に、一葉のごとく「人間の真実（まこと）」、性の煉獄における魂の浄化を見すえ求める姿勢こそ、宮本百合子的モラリズム*よりもすぐれて、真人民の倫理ではなかったのか？

大正十年夏、テロリスト難波大助は千束の私娼窟ではじめて女を買った。いわく、「女といふものに対して実に軽蔑すべきであると考へてゐた、私の思想は変革しました」「人間一般から見れば、淫売婦は堕落の骨頂とされてをりますが、私はむしろその徹底したどん底に臨んでの人生観に、はげしく衝たれ、淫売婦が抱いてゐる思想を、私も決断して行ふべき、深川富川町の木賃宿に移り、労働者としての生涯をはじめたのであります」。

束縛から自由へ——
私の切望することはしょせん
これにすぎないのです
時は滔々としてすすみます
そして人間は
いつまでも羊ではありません
（難波大助）

第七回

銀子のシルエット

「路地裏」の世界

横山源之助はいった、〔東京の生活社会、欧米都会の如く発達して、一層貧民多きを致せば、木賃宿の増殖すること必せり〕（日本之下層社会）

予言はまさに的中して、大正十一年（一九二二）、『放浪記』の林芙美子が新宿旭町のドヤ街に泊ったころ、〔三畳に豆ランプのついた、明治時代にだってありはしないような〕一泊三十銭也の木賃ハウス、労働下宿が東京の市内に一千軒をこえていた。

浮浪労働者のねぐらである、「もうろう」（朦朧？）の宿、簡易宿泊所が浅草から山谷、隅田川をはさんで本所・深川一帯に密集する。佐多稲子『私の東京地図』にしたがえば、〔浅草の〕田原町には、周旋屋の看板も相当の数だった。のれんをくぐって、がらりと

即ち商業会議所なり
（『東京みやげ』、博文館発行）

夢野京太郎敬白――
半世紀前の日本資本主義の牙城
それにしても
風情がありますなァ

戸を開けて入ると、人間一人のすわるだけを桟で囲った帳場があって、色の黒い、泥くさい表情をした男がめくら縞の銘仙か何かに、黒帯地の前だれをかけていて、きまってその傍にはくたびれた銀杏がえしの女などが、煙草を吸っていたりした。私も、このような口入屋から、六区の表通りの支那そば屋に周旋されていった〕

大正七年＝〝米騒動〟の年に、佐多稲子は〔家の困窮を見かねて、芸者になる決意をした〕、十四歳であった。

〔……私の住んでいた長屋は土手下のかたかたどぶ板を踏んでいく、路地の裏にあったのだが、いまはもう見当のつけようもない。向島小梅町と美しい名のところであった〕。彼女の一家は大正四年十月に、長崎から上京した。

〔無計画な上京のために、父の職業もみつからず、生活は困窮をきわめた〕

（中央公論社刊、『日本の文学』）

小学校を中退してキャラメル工場の幼年包装工となり、支那そば屋の出前

持ち、池之端の料亭の仲居、メリヤス工場の女工と、大都会の底辺を転々とする。芥川龍之介との出会いは、仲居勤めのときであった。しばらく文学の世界をかりて、記述をすすめよう。というのは、既成左翼のいわゆる〝革命史観〟からは、窮民流転のイメエジが断落しているからである。

いったいこの国の近代化とは、資本主義の成熟とは、何であったのか？　旧士族徳田秋声、『足跡』『黴』『爛』『縮図』、この作家が一貫して描いた、「光のささぬ、じめついた路地裏」の世界は、そのまま少女期の佐多稲子の生活環境だった。

そこに落層沈澱した地方出身の無産者にとって、十二階下の売笑婦にとって、彼女たちの媚を硬貨一枚であがなう職工・日雇いにとって、小学校中退のキャラメル包装工女にとって、「光のささぬ路地裏」にとって、国家の繁栄とは、社会の進歩とは（くりかえして言おう）、何であったのか？

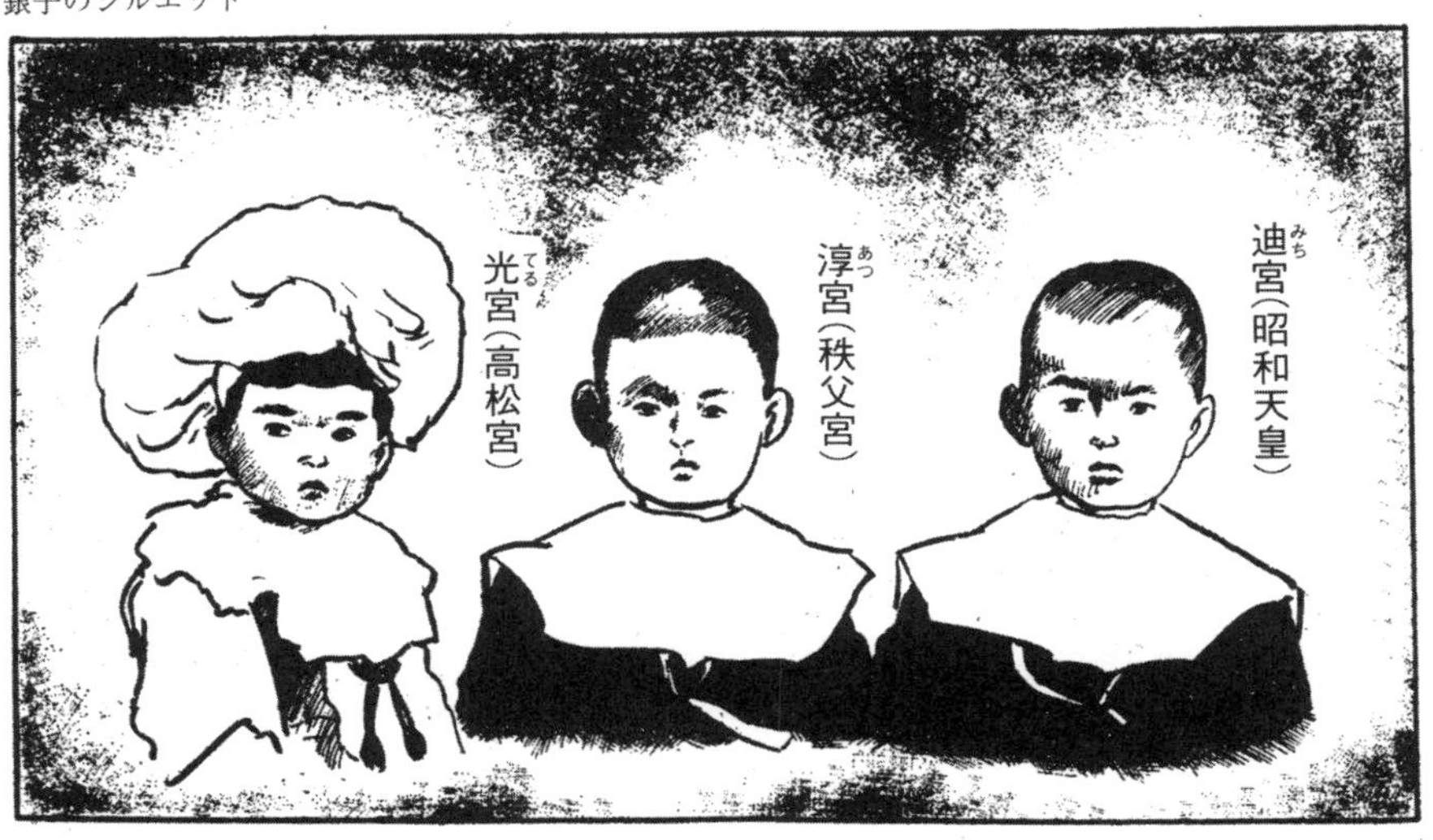

大正十年、夏
天皇ご不例（病気）
という風聞あり
説によれば炎天下
閲兵中暑気にあたり
変調を来し給えりという
皇太子はご外遊中
〝宮中某重大事件〟も
一段落して——天下太平
大正七年、米騒動
スペイン風邪流行
八年、松井須磨子死す
三・一暴動（万歳事件）
九年、八幡製鉄争議
尼港で日本人虐殺さる
十年、大本教不敬罪事件
安田善次郎暗殺さる
原敬暗殺さる……

『縮図』の女主人公・銀子は、油屋一軒、豆腐屋一軒という寒村から〝村脱け〟してきた母親と、靴職人である父親の間に生まれた。その父親が〔行き当りばったりに飛びこんだ〕桂庵から芸者の仕込みっ子に売られ、家に逃げ戻って靴工になる。が、父親の肺病が悪化したために、十四歳でまたも身を売らねばならなかった。その年（大正六年と秋声は設定している、すなわち銀子は佐多稲子より一歳年長）早春、置屋の主人に処女を奪われて、男から男への流転がはじまる。

昭和三年（一九二八）、初の〝普通選挙〟が実施され、〝治安維持法〟改正・特高警察がもうけられた年、フランス映画『裁かれるジャンヌ』を見て、銀子は激しい衝撃を受ける。〔とても及びもつかないことながら、生来の自分にも、何かそれと一味共通の清らかさ、雄々しさがあったように思え、ジャンヌを見た途端に、それが喚び覚されるような気持で、呪わしい現実の自身と

環境にすっかり厭気がさした」銀子は、家族と共に向島の新開地で靴屋をはじめる。〔撥をもった手に再び皮剝包丁を取りあげた〕、二十五歳であった。だが、経済恐慌の嵐は襲い、〔銀子はある日また浅草の桂庵を訪れた……〕

うつし絵のように、佐多稲子の少女時代は、『縮図』の銀子の〝運命〟に酷似している。それは、とりも直さず大正・昭和初期の「路地裏」、社会の底辺に置かれた、なべての無産階級の少女たちの縮図であったのだ。

銀子の〝運命〟から、佐多稲子は逃れ得た。それは、早く結婚をしたことが第一の理由であり、皮剝包丁ではなくペンを持ったことが第二の理由だった。昭和三年二月、『キャラメル工場から』で彼女は文壇に出た、二十四歳。秋声が稲子を知るべくもないのだが、奇しくも銀子がジャンヌの雄々しさに打たれ芸者を廃業したのと、時を同じくしているのである。

労働放浪監獄

煤煙　塵芥　漲る毒瓦斯
日光は閉ざされ　空気は湿り
汚物の臭い　タールの臭い
さてまた　機械のやみなき騒音
心は乱され　眠りは奪われ
闇の底から　呻きがもれる
…………………
哀れ少女が　稼ぎに出かける
雪の降る夜に　素足で出かける
肉の切売り　パンの一片
どん底の生活　制度の悪夢

早世のアナキスト詩人・後藤謙太郎がうたった、『労働・放浪・監獄より』の一節である。無数の銀子が（すなわち無辜の佐多稲子が）、煤煙の街にその青春を埋めた、浅草公園を中心とする窮民・無産者の巣に、かつて江戸賎民部落であった差別の谷間に、日本資本主義の繁栄の奈落に……

大正三～八年、日本資本主義は第一

次世界大戦景気に、湧き立っていた。〔海外からの戦略物資の注文による、電気鋼・亜鉛・石炭等々、基礎的産業部門での俄かの活気。世界的船舶払底に乗じた、造船海運の殷賑。これらと並んで輸入杜絶（あるいは減少）による、急激な価格の暴騰。

その余恵をこうむった染料や化学薬品及び、鉄鋼などの部門での企業新設、または増設等による好景気が、大戦の長期化、消耗戦的性格の濃化につれて伸長する海外市場、商品の輸出に自乗された白熱的沸騰〕（『日本歴史・現代2』井上晴丸／独占資本主義の成立 岩波書店刊）

と規定される、火事場泥棒的活況をバネとして、この国の経済力は一挙に世界列強のレベルに跳躍する。地租を掠奪して、膨大な流民を生み出した〝天皇制〟資本主義は（前章参照）、さまよえる農民たちを都市に流入させ「工業地帯」に囲いこんで、〝資本の奴隷〟としたのである。大阪市調査による、大正九年度『新規雇入又ハ最近雇傭』

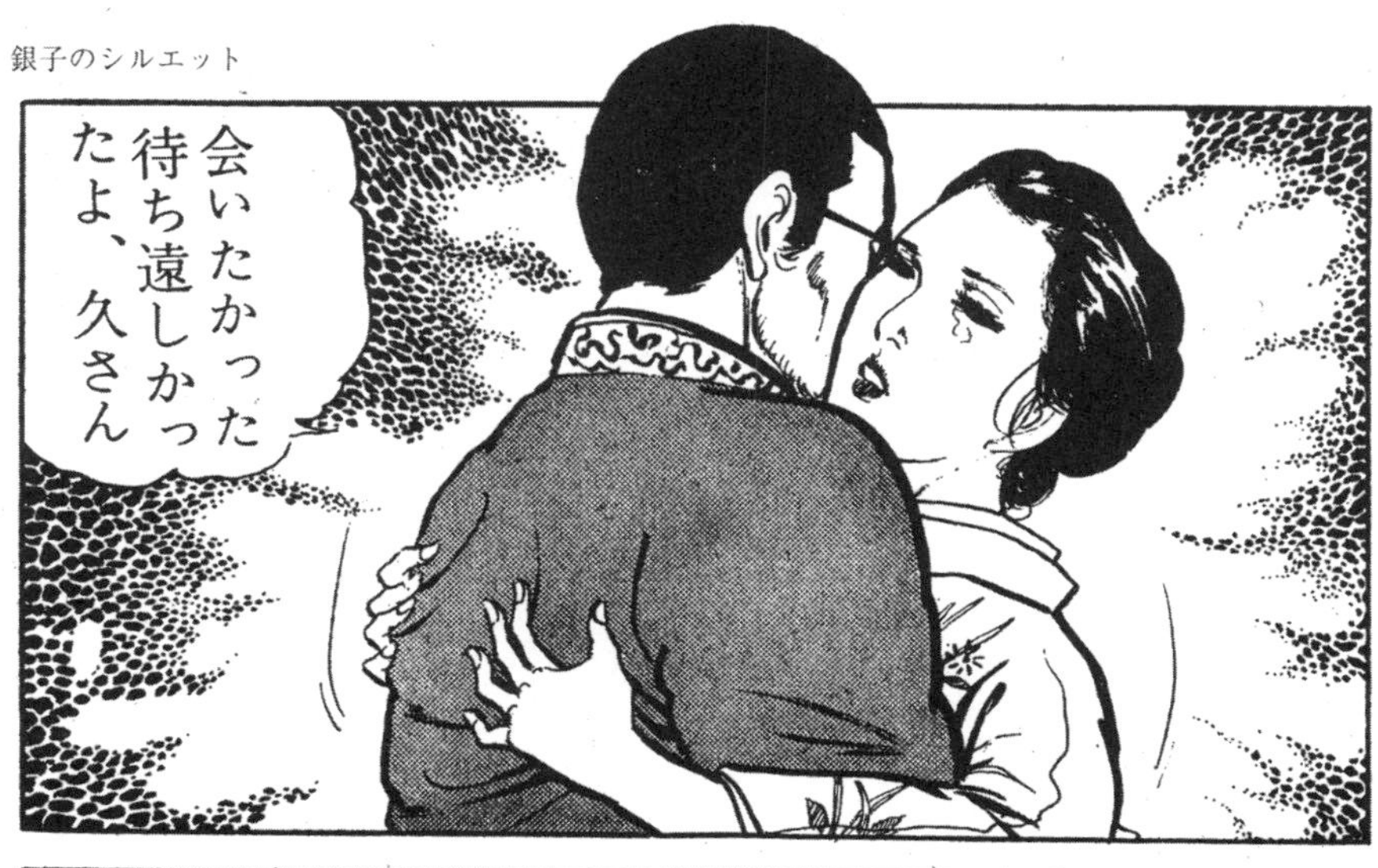

労働者の出身別を見ると、機械器具・化学・染織工場における四一・九パーセントを、農村出身未成年女子が占めている。また農商務省、『副業的季節移動労働力に関する調査資料』によれば、出稼ぎ人口実数は七十万五千四百三十一名である。

日本資本主義の〝発達〟を、基底において支えたのはこれらの窮民であった。拘束十五時間労働（紡績工場の全国平均）、天井も雨戸もなく、南京錠を下ろした宿舎に監禁された工女たちは、〔聞説(キクナラク)、十月ヨリ十二月ノ間ハ、毎食、薩摩芋ヲ湯ニテ煮立テタルヲ与へ、マタ飯ニハ雑炊ヲ与フル所多シ。斯(カカ)ル粗食ヲシカモ不潔ナル場所、不潔ナル器物ニテ食セシメ一日十三時間以上、十八時間ノ不規則ナル労働ヲ為サシム〕（『職工事情』第二巻 農商務省発行）

罹病率四五・二パーセント、大半は肺結核に冒され、〔労働ニ耐エザル者ハ即(タダ)チニ解雇セラレテ〕煤煙の街に

放り出された。十二階下の娼婦たちの多くは、〝女工哀史〟のエクストラ・インニングスを、制度の悪夢のうちにつづける、紡績工女の出身であった。

　田村栄太郎『江戸東京風俗地誌』は十二階下の蒼白き巣窟を、〔バイ毒と肺病の伝播所〕と呼んでいる。「封建時代の影」と、芥川龍之介が謎めいて書きのこしたその意味に、徳田秋声が〝近代化〟の奈落に凝視した荒廃に、我々はかくて逢着する。この国の下層プロレタリアートを、一貫して差別と搾取の軛(くびき)につないできたものは何か。〔……日本における労働者の工業的にきわめて高度な生産性と、植民地的に低度な生活状態との恐るべき不均衡〕（ヤ・ヴォルグ「日本経済批判」）をもたらしたものは何か？

　それは、封建制度下の階層差別「士・農工商——穢多非人」を、拡大再構築した、〝天皇制〟ヒエラルキーである。すなわち、差別の象徴である上御一人を頂点に置き、軍閥・地主・

と思われる
血の出る程に真剣な
恋愛を

僕は彼女に
発見していた

財閥のすそ野に、無数の奴隷的窮民をふまえて、塵もつもれば山となる、さざれ石の巌（いわお）となりて苔のむすまで、日本資本主義は万邦無比の高度成長を遂げた。表現をかえれば、国家全体が労働放浪監獄であり、「もうろう」の宿であった。

そして、叛乱のエネルギーは、ヒエラルキーの底部に広く、だが深く埋没していた。大正七年（一九一八）八月三日〝米騒動〟、同年十一月十一日大戦終る、一時的恐慌が襲う。しかし、その危機はアメリカ戦後景気にリンクした、対米生糸輸出の増大、ヤンキー娘の絹靴下需要で（つまり国内的には紡績工女の低賃金・重労働によって）、辛うじて救われたのである。が、翌々大正九年、世界的戦後恐慌に巻きこまれ、さらに昭和二年の金融恐慌、同四年の世界大恐慌とパニックはあいつぎ、農村では飢饉がくり返す。失業と凶作の日々はすなわち、――革命の日々であらねばならなかった。

米騒動マジョリティ

〔富山県中新川郡西水橋町は、男共の大部分が北海道・樺太等に出稼ぎし、家族に仕送りをなしおれるが、本年は不漁のため、かえって帰国旅費送付を迫り来る有様なり。その家族らは米価高値のため糊口に窮して、餓死のほかなき悲惨なる状態にある者多く、八月三日午後七時頃、各字（あざ）の女房連は七、八十名づつ隊を分ちて、町長以下有力者を歴訪し米の廉売価供給を迫り、この要求に応ぜずんば家を焼き払い鏖殺（おうさつ）すべしと脅喝。巡査に抵抗して負傷者を生ぜしため十時すぎ一部退散せしも、一部は米穀商の前に張番して頑として動かず〕（『東京日日新聞』記事）

かくて、〝米騒動〟は全国的規模の大暴動に発展した。井上清・渡部徹の『米騒動の研究』によれば、一道三府三十七県に波及、三十八市百五十三町百七十八カ村で焼打ち、略奪、暴動がおこり、国家権力はのべ五万七千人の

軍隊を動かして、ようやく、これを鎮圧した。

騒乱の主力は各種職人、日雇、人力車夫、土方、沖仲仕等の下層窮民であり、被差別部落民であった。検挙者二万五千人、起訴された者七百余名、騒擾罪が適用されて、十年以上の懲役七十一名、死刑二名（いずれも被差別部落民）を出した。

〝米騒動〟から世界大恐慌へ、激動する大正〜昭和初期、いく度かの革命前的状況はまぎれもなくおとずれて〝天皇制〟ヒエラルキーを、根底から動揺させたのである。だが戦前の革命運動も、その巨大な窮民叛乱のエネルギーを発掘して、〝武装蜂起〟にみちびくイメエジをついに持たなかった。「狭隘ナル組合意識ヲ脱シテ、全無産階級的ノ政治闘争主義」を獲得し、「労働者階級ヲ先頭ニ、専制的支配ニ対スル全被抑圧層ノ反抗ヲ促進スル」と称する（大正15年「日本共産党宣言」要旨）方針は、けっきょく絵に描いたモチでしかなかった。

労働者階級とは何か？　〝前衛〟はハンマーの響きの中にしか、闘う人民の姿を見なかった。ヤ・ヴォルグ流にいえば、日本資本主義の構造は、類例を見ない不均衡の上に成り立っていた。

この国において、最も戦闘的な人民とは、組織されざる「路地裏」の大衆であった。日雇・仲仕、すなわち土建港湾労働者、失業者をふくむ浮浪労働者、出稼ぎ農民、被差別部落民、そして売春婦、不良少年たち。都市と農村にみちあふれる窮民・流民、下層プロレタリアートこそ革命の主体であり、しかして最も有効な叛乱とは、街頭にスラムに、「もうろう」の宿に生起される、まさに自然発生的暴動でなければならなかった。

大正八年（一九一九）――、アナキスト大杉栄はいった、

〔労働者が人間である限り、労働運動は決して、〝生物的要求〟にとどまるものではない。僕等は心中に或る何ものかのうごめくのを感じる、ときとし

て怒濤のように荒れ狂うのを感じる。それは、僕等の窮乏に反比例する資本家の豪奢に対する憤懣であり、彼等の無知蒙昧や、横暴への激昂でもある。

しかし、それらの奥底に、寧ろその怒りを湧き立たせる源ではあるまいかと思われる、もっと深い大きな或るもののあるを感じる」

「僕等は専制君主に対する絶対服従の生活、奴隷の生活から僕等自身を解放したいのだ。賃金の増加や労働時間の短縮にもおそらくまして、自分自身の生活を自主自治の生活を得たいのだ。おのれの運命を、おのれ自身の意志で決定したいのである、その決定にすくなくとも与りたいのである。繰返していう、〝労働運動〟とは労働者の自己獲得運動である、人間の運動である」（「労働運動の精神」）大杉は何ものかを予感していた。

彼は亀戸の労働者街に住んで、「平民労働者との一体感情を獲得」しようとした。ボルシェヴィキがルン・プロと

軽蔑して、政治的無資格者としか評価しなかった最下層の窮民に、その〝実際生活〟に溶けこもうとしたのである、大正六年暮、〝米騒動〟生起のおよそ半年前であった。

そう、階級意識にすぐれて、差別の奈落から噴出する人間回復の欲求を、『縮図』の銀子における〝ジャンヌの雄々しさ〟を叛乱へと高揚させることだけが、「奴隷のごとく従順な民衆の心から強権への畏怖を取り除いて」、天皇制の支配下における革命を、唯一可能とする道であった。〝米騒動〟はそのことを告知したのである。暴動は〝生物的欲求〟、餓えのみが原因ではなかった。まさに自己の運命を、自己決定するべく、人々は立ち上ったのである。

大杉栄は階級にではなく人間に依拠する革命を、まさに見すえようとしていた。ゆえに天皇制・国家権力は関東大震災の危機において、彼を虐殺したのである。

テロリストの詩（うた）

時代はテロリストを呼ぶ。小野武夫『近代日本農業発達史論』によれば、大正八年、九年ごろから、〔屢々（しばしば）天皇の行状として聴くを欲せざる流説〕が、巷間につたわった。すなわち、天皇は脳の病いで、宮中をフリチンで歩いているなどという痴言である。

〔斯（か）かる支配者を上御一人にいただけば、社会綱紀は弛廃して寒心すべき結果を招来したであろうが、大正十二年十二月、青年皇太子裕仁親王が摂政宮となって局面を糊塗したことは、わが国政体の実相を側面的に露呈するものだった〕（傍点、京太郎）。まさに〝天皇制〟ヒエラルキーは大きくゆらいでいた。一発の銃弾によって、強権への畏怖を民衆の心から取り除くことも、可能であるとすら思えた。

テロリスト難波大助が、摂政裕仁を標的としたのは、とうぜんその判断による。〔絶対神聖ト看做（ミナ）シ、尊信措（オ）ク

日本商業会議所

能ワザル皇族に対シテ、テロリズムヲ遂行」（予審陳述より）すれば、人民の迷妄は破れるにちがいないという確信を抱いて、彼は突進した。難波大助は、窮民の街から一直線に走って、まさにわが国政体の要を、（吉本隆明ふうに言うならば）〝共同幻想〟の基軸を、狙撃したのである。

彼は十二階下の淫売婦との邂逅によって、「あいまいな学校生活という不徹底をやめ」、深川富川町の木賃宿に移り日雇労働者となった。「その時の私の考えは、机上の革命家たるより街頭の革命家とならん、リーダーとなるより一兵卒、一戦闘分子であろうとして、労働者の中に飛込みました、それまで私は無政府主義的思想を抱いていたのであります」（同）

もう一人のテロリスト、安田善次郎殺しの朝日平吾を、登場させなくてはならない。彼もまた娼婦の街、窮民の巷に身を置いた。佐賀県姫野の生まれ、大正五年（一九一六）春、満蒙独

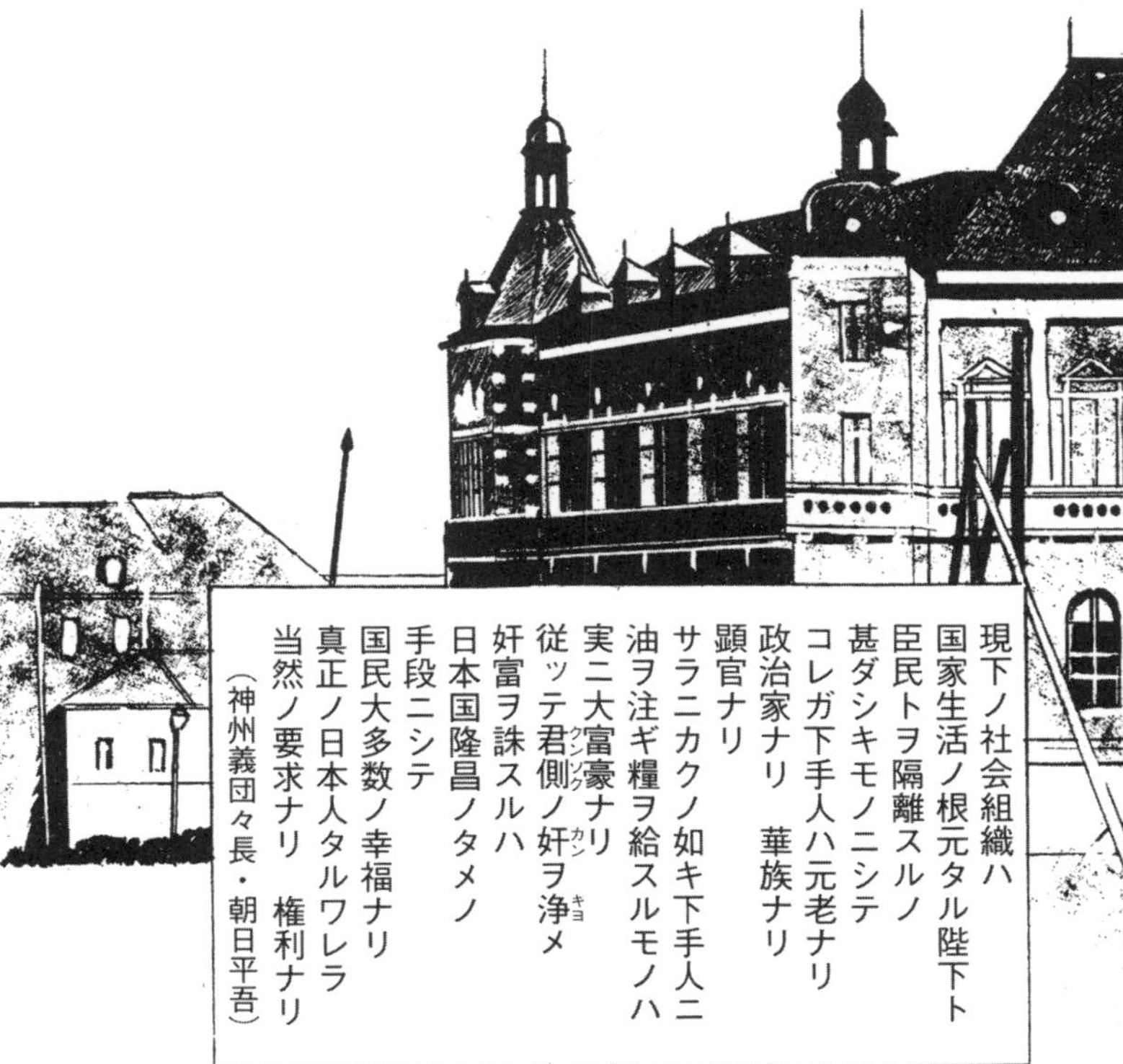

立運動の天鬼・薄益三(うすきますぞう)にしたがって馬賊となり、八年に帰る。九年上京、浅草吉原の女郎屋・大竹徳次郎の用心棒となる。十年五月〝労働ホテル〟設立を計画する、その趣旨にいわく、〔社会主義者の増長は庶民・労働者の経済を政府が考えないからである、この方面から赤化防止をはからねばならない〕

　ところが、渋沢栄一、森村市左衛門など、ごく少数の有志をのぞいて誰も賛同せず、浪人・朝日平吾は財閥への憎悪にこり固まっていく。〔餓え虐げられた人々に、一片の同情も持たず、おのれ一個の貪欲と、安逸とにふける大金持ちどもに、貧民になりかわって死の苦しみを与えてやる……〕

　大正十年九月二十八日、大磯天王山の安田別邸におもむき、弁護士といつわって宗主・善次郎に面談を求め、八寸余の短刀で刺殺した。みずからもその場で自殺を遂げ、「奸富安田善次郎巨富ヲ作(ナ)スト雖(イエド)モ富豪ノ責任ヲ果サ

ズ、貪欲卑吝ニシテ、民衆ノ怨府タルヤ久シ」という斬奸状をのこす、三十一歳であった。

〝左翼〟の難波大助も、〝右翼〟の朝日平吾も、ともに娼婦たちの蒼白き巣窟、日雇人足の「もうろう」の宿を拠点として、テロリズムへ直進した。それは何を意味するのか、半世紀後のこの国の状況に何を指し示すのか？

狙撃者の系譜をたどれば、心やさしきテロリスト和田久太郎もまた、窮女の愛に殉じた詩人であった。彼の恋人・堀口直江は十二階下の娼婦で、悪性の梅毒にむしばまれていた。昭和五十二年刊『ニヒルとテロル』の中で秋山清は語っている。

〔彼は浅草千束町に部屋を借り、女が商売のあいまに通ってきた。二人とも身内に病毒を持ちつつ燃えた、短かい月日ではあったが、捨鉢な成行きではあったが、灼熱的な恋愛とはこういうものであろうかと思わせる〕

もともと家のために
身を犠牲にして
暗黒の商売に入った女であった
その憎しみを最後まで捨てず
病いの回復の望みも持たず
女は恋に燃えつきていった

II 娼妓解放戦争

第八回
蝶なて翔ばわ……
琉球娼妓のありし事

昭和四年発行世界画報・臨時増刊『新旧／吉原画報』によれば――

〔貸座敷の楼号は、天明のころ新吉原扇屋始めて五明楼を名乗りしに起る。今の如く三階四階の高楼は維新前には許されず、皆二階建迄なりしも、明治初年よりは貸座敷の建築も大いに趣を変へ、宏大の普請を為し且洋風に倣ふこととなりぬ。

『東京開化繁昌誌』に、「御一新の際に至りて、高貴の館にも未だ建て得ざる欧羅巴製の大廈重閣（＊マンション風、ですね）を製造し」と記して、金瓶楼及び五勢楼の建物を洋風に描けり。又明治三年版『新吉原娼妓全盛評判記』に曰く、「西洋風の家造りに卓台の佳希珍味」云々

さて、娼妓の洋服を着したるは明治

我身や女郎でむぬ

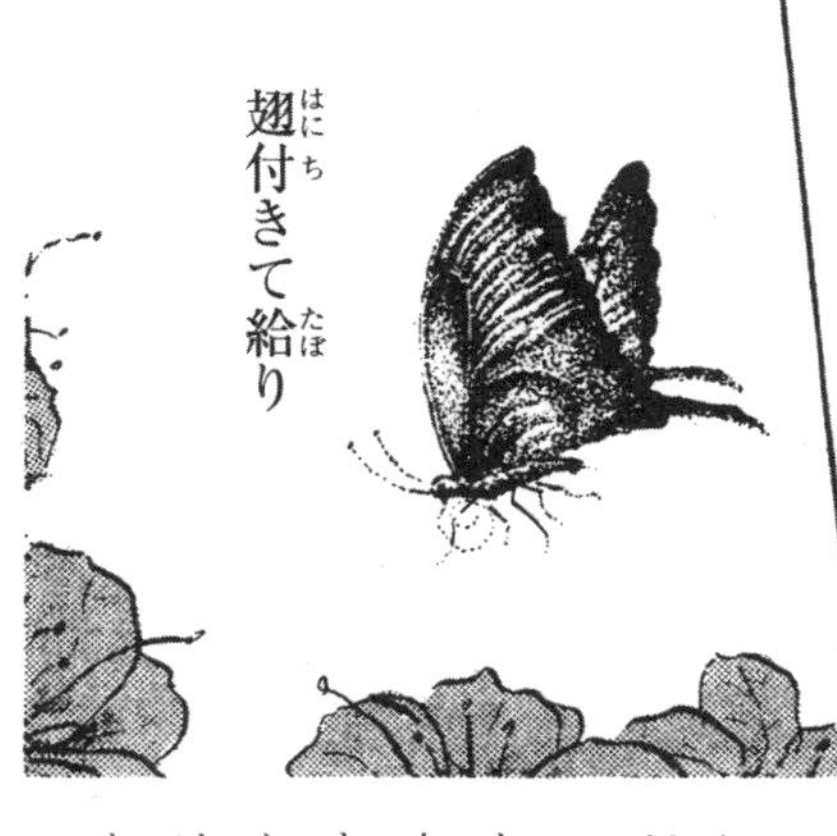

十九年ごろ、揚屋町山田楼に始まり、其後、稲井楼等数軒に伝はりたれども近年は追々に廃れたり。山田楼にては当時、娼妓の部屋に寝台を据ゑ、台の物は西洋皿に盛り、これに杉箸を添へたるも可笑し。明治二十三年ごろ、右山田楼は、琉球の娼妓両三名を抱へ、新奇を好む都下の飄客は、先を争ふて此楼に遊び……」

※ 琉球関係史料、山城善三『沖縄の世相史』より

「浅草公園へ見せ物兼淫売用陳列品として、三十円の金轡で売られた娼妓が幾人もいる。当人達は金主や媒介人の甘言を信じきって、昼は琉球舞踊の変ったところを見せてヤンヤと言わせ、夜は御客を取らされるという寸法である。勿論、表面は手踊興行の名義になっているから、許可をしないわけには行かぬであろうが、差止めねばならない事と思う」（明治40年4月21日『沖縄新聞』）

「広島県呉市朝日町一七七番地、福島

伊三郎（五〇）外(ほか)一名の男が、大正六年の十一月ごろ来県して、本県の女を安く買い出し、県外へ娼妓として売却して一儲けしようと企み、素人娘や酌婦を鵜の目鷹の目で探し廻っている。当地から買って行った女らを、琉装のまま店に出し、楼の名も琉球館と付けて、大いに嫖客(きょうかく)の好奇心を煽り立て、甘い汁を吸おうというのだ。

この恐るべき人買いどもは、女郎や酌婦よりも、なるべく金のかからない素人娘に目星をつけ、首里、那覇から遠く国頭(くにがみ)地方まで手を伸ばしておるという。大正の聖代に、わざわざ海を渡って貧民の血を搾りにきたと、当地の人々は慄然とした」（県史料）

……沖縄は移民の島、出稼ぎの島である。少年少女たちは小学校を出るか出ないかで（中途退学が多かった）、丁稚、作男、子守に売られ、あるいはヤマト旅に出された。旅とはすなわち出稼ぎであった、『別れの煙(ちむり)』という哀切な島うたがある。

真南向かて見りば
なちかしや沖縄
しばし片時ん
忘る間や無らん
朝夕思焦り
流す露涙
海ぬ色美らさ
花咲ちゅる四季や
世界にちながりる
果て無らん空に
飛ぶ鳥のぐとに
自由に飛ばりてれ
情なさや我身や
籠の鳥でむぬ

（京太郎賡作・沖縄を想う）

別て旅行かば　嬉さ淋しさん
思出しよ生し子　島ぬ事ん
ちゃー忘るなよ
山ぬ端に立ちゅる　照火ぬ煙
嘉例吉ぬ船に　生し子目当て
ちゃーかりゆしど

※カリユシは無事安全

糸ぬ上ゆ走ゆる　船に立ちゅ煙
山ぬ端に向かて　我親目当て
ちゃーかりゆしど
別り路ぬ手巾　胸内に招ち
互に思切らさ　見ゆる間や
ちゃー名残りさよ
親子振別りぬ　照火ぬ名残り
面影ど増しゆる　名護ぬ御城
ちゃー名残りさよ

（知名定繁・作詞／曲）

枯木山原と呼ばれた本島北端、国頭地方の窮民は、那覇の港からヤマトへ出帆していくわが子を、見送りに行く金すらもなかった。航路を見はるかす山の上で生松葉を燃やして、沖の船に

合図を送る。その白い煙に応えるかのように、水平線（糸の上）をいく船は黒い煙を吐く、──別れの煙である。子供たちの就職先はおおむね、大阪の近辺の紡績工場、セメント工場などであったが、中には本篇に登場する少女奈美のように、だまされて人肉市場に売られるものもあった。

〝銀子の運命〟は、植民地オキナワにおいてさらに無残だった。たとえば明治三十六年、大阪府で開催された第五回国内博覧会で、いわゆる「人類館事件」がおこっている。那覇市々史にいわく、［会場内に人類館なるものがしつらえられ、沖縄女性を陳列して見世物にしたのである。これは、支那婦人や朝鮮婦人も陳列する心算であったのだが、支那婦人は支那公使の異議により中止した。ところが、朝鮮婦人も韓国志士が撤回運動をしたので撤去され、残ったのは沖縄婦人だけということになった］

漂泊とは土着である

〔……陳列された二人の婦人は那覇市辻遊廓の娼妓で、雇われたその当時の約束は、博覧会に沖縄物産を陳列するから、店頭にいて顧客に応待してもらいたい。雇入れ中は食事も上等であり、日給は一円だが、別に支度金二百円を渡す。会期中には紳士方の宴会もあることだから、これに侍れば了見次第でチップの十円、二十円は貰える、という甘い相談にたばかられた。

大阪に来て見ると、約束とは打って変り、宿屋にも入れず館内の板小屋に押込んで外出を禁じ、センベイ布団で寒さをしのぎ、食事もろくに与えないという虐待ぶりであった。陳列小屋はカヤ葺きで、煙草盆にクバ団扇を女の側に置き（中略）、鞭で指し示して、「コヤツは沖縄の貴婦人で」と軽蔑の口調で、檻の中の猿を説明する態度であったとか〕

また、県史料は同じ博覧会場付近の

小屋掛けで、〔琉球美人手踊りが開催される。維新後はじめて版図に帰った琉球の妙齢婦人が、異様な音曲舞踏をなすは一種興味なきにもあらず。ひとくちに琉球婦人といえば、かの人類館事件の賤しげな女と同一のものと思うむきもあるが、今回は同地の女優及び芸者中の粋を抜いて連れてきたものであって〕と、内地の新聞が報じていることを誌している。

賤しげな女と娼婦を呼び、〔本県の婦人を、アイヌや台湾の生蕃（せいばん）と大差はないと観覧者に見せかけて〕（人類館事件）等と、差別されたみずからを、他者を差別することで、〝救済〟してしまうのである。アイヌなら生蕃なら檻（おり）に入れられてもよい、差別されても構わぬという論理。それは今日も尾をひいて、沖縄の当局者・マスコミは、売春婦を特殊婦人と呼ぶ。みずからの「恥部」にツバをはきかけて、足れりとするのである。

……〝奈美の運命〟は、「人類館」

「琉球館」の明治・大正から、復帰の現時点に至るまで、沖縄の窮女たちを金轡につないでいるのだ。一九七二年七月二十六日、『琉球新報』朝刊は以下の記事を載せている〔復帰前まで夜の街頭でおおっぴらに客をひき、公然と売春を行なってきた本県の特殊婦人は、復帰にともなう防止法の施行で、取り締りがきびしくなり、しだいに地下に潜っていった。

またいっぽう、グアムやマレーシア方面に特殊婦人を輸出する組織もあることがわかり、県警は緊張している。情報が入ったのは今月はじめで内偵をすすめているが、これはグアム島等の米兵をねらった新しい手口で、捜査の発展いかんによっては、県警は現地に飛んで背後関係にメスを入れる方針である〕。

暗色の女の群れは、美わしき生まれ島を追われ、人身売買の波間に漂泊する。とうぜん、漂泊とは土着である。娼婦たちにはむしろ、住まば地獄と

割りきった、倫落の生きざまと思想があるにちがいない。難波大助をして、テロリズムの極北に回心させた「その徹底した人生観」を、読者は和田久の愛人・堀口直江の今後に見るだろう。だがまだ十五歳の少女でしかない豊里奈美、そしてようやく十八歳になった伊波新助、若い二人には（よしそれがまぼろしであろうと）、明日の幸福を信ずる理由がある。この章から〝娼妓解放戦争〟五回を載せる、浅草公園を中心とする路地裏の世界に、新たな登場人物をくわえて、物語りは佳境に入っていくのだ。

　さて、舞台はひろがる。旧・深川区富川町の人夫寄せ場、関東大震災前の統計によれば、東京市の日雇労働者は約二万人を算える（大正11年・市社会局の調査による）。この数字には信を置けない。〔少くとも国勢調査人口の八分乃至一割は〕浮浪労働者であった、と『日稼哀話』を記した吉田英雄（＊大正末期よりの窮巷生活ルポ、昭和五年刊。

著者はのち日大講師）は述べている。ともあれ、深川富川町は最大の労働市場として、常時七千人、ときには万余の失業者がここに蝟集した。

〔其の規模の大なる、其の組織の完備（？）せる、我国いづれに至るもその比を見ざるものであらう。試みに朝のいまだほの暗い四時、五時といふ頃に、富川町三十一番地付近に立つてみるがいい。印袢纏に腹がけ丼（＊ポケット）といふいでたちのこれら自由労働者の多人数が、電車線路両側、十字街頭の交叉点等に群集して、その日の仕事に有りつく為に血眼になり、騒ぎ廻つてゐる図は、一種悲愴の気の満ちみちたどん底の光景である。

これら労働者の寄せ場は、ちよつと見ると、何の秩序も統一もないやうに思はれるのだが、実は労働の種類等により夫々区割りがあり、一定の場所に一定の労働業態のものたちが集まつてゐるのである」（同

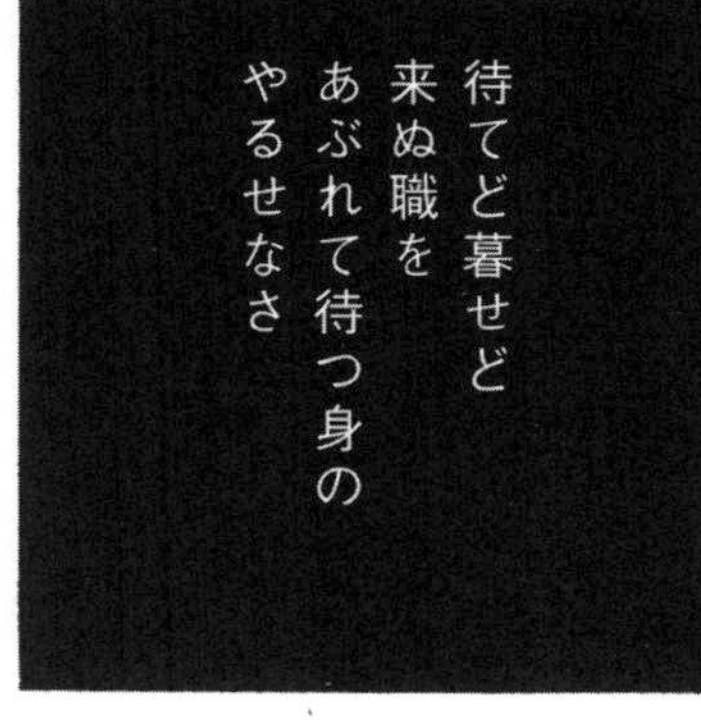

立ちん坊の社会

〔しかも、此処の労働市場――一般にはシマと呼ばれている――には、不文律があつて、シマの実力者である大寅組、酒井組等の了解を得なくては、たつた一人の労働者も求めることができない。若しも無断で其の縄張りを侵すやうな事があれば、それこそ殺されぬまでも、不具になることを免れぬ、私刑を加へられるのである（中略）。

　何がさて夏の魚と一緒で、その日のうちに売つてしまはねばならぬ、労働といふ商売を持つてゐる日雇い稼ぎである。朝起きると歯も磨かず顔を洗ふでもなく、袢纏に地下足袋、小わきに弁当をかかへたり腰にぶら下げてゐる連中は世帯持。宿を我家の独身者は、そこらあたりの一膳めし屋や屋台等で腹をこしらへ、各々の寄せ場・溜りに集まつてくるのである。早い奴だと、四時半位から軒下や電柱の影に、黒くうずくまつてゐる。特に冬の朝など、

寒さに震へるこれら立ちん坊の群が、鳥のやうに身体を寄せあつて、軒下にへばりついてゐる図は陰惨とも何とも名状できない。

市が立つのは、六時から七時までの約一時間、スコッチの外套、組の紋が入つた印袢纏に長靴、それに中折帽を阿弥陀にかぶつた奴など、小頭連中が小さな紙片の束を握つてあらはれる。「杭打ち七人、一貫八百！」「肩曳き（＊荷車ひき）三人、力のある奴はいないか二貫！」といつた具合に、仕事の場所、員数、労銀などを怒鳴り立てる。

声に応じてまはりを取りまいた労働者の群から、たちまち四、五本の手が出て、紙片を奪ひあふのである。それはまことに、殺気立つた風景であって、かうして間もなく、彼等は小頭連中に引率されて、現場へ出かけていく。八時ともなると一片付(ひとかたづ)きして、あぶれた連中が残るといふ仕組みである。

以前、といつても大正七、八年頃は天気がよければ、一人残らず出払つて

しまつたが、此の頃の不景気では毎日おびただしい失業者を出す」

大正十年、富川町の労働市場は大寅こと平井寅吉を筆頭に、酒井組の邦井善三郎、そのほか七名ほどの人夫請負業者がシマを持っていた。浅草区には救世軍職業紹介所（黒船町28番地）、深川区には浄土宗の労働臨済会（門前仲町34番地）、そして社会事業団体として「財団法人」労働奨励会（富川町31番地）があった。

しかし、立ちん坊社会は人夫請負業者に牛耳られて、宗教的なあるいは改良主義的セツルメントは、労働者自体に受け入れられなかったのである。（＊求人数の極少、賃金日払でない、規則が面倒、等により）同じ状況を我々はこんにち、山谷・釜ケ崎の労働市場に見ることができる。娼婦たちの世界と等しく、ニッポン窮民社会の構図は、立ちん坊において、戦前・戦後を一貫している。

一九六八年、山谷・釜ケ崎に〝窮民

社会蜂起〃を幻想した広島大生・船本洲治は、挫折と放浪をかさねた挙句、皇太子暗殺を企てて果さず、沖縄米軍基地ゲイト前で、焼身自殺を遂げた。

そしていま一人の指導者、やはり広島大学出身の鈴木国男は狂気のうちに、一九七六年二月十六日、大阪拘置所で〃怪死〃したのである。この国の左翼と称する党派、マルクス・レーニン亜流、彼ら若き窮民革命の使徒を精神錯乱と切りすてて、一顧だに与えようとしない。だが読者諸君、未来を真に予見し得るものは、おそらく回想なのである。

「大正地獄篇」その混沌に、難波大助の思想と行動に、彼らの死を重ねあわせるとき、おぼろげに見えてこないか？　富川町と山谷・釜ケ崎、十二階下と沖縄〃特殊婦人〃、大阪国内博覧会と「海洋博」、差別と搾取の軛に人間を繋ぐ制度の存するかぎり、歴史はくりかえすのだ、その支配の欺罔を我々は見ぬかねばならない。

〔空手補遺〕

北海翔氏からの手紙

全日本中国拳法連盟会員、北海翔氏からのお便りをかかげる。

〔現代の眼・12月号「水滸伝と拳法」（＊四回）に就き、ご参考までに私見を述べます。　武松の用いた玉環歩・鴛鴦腿は、こんにちも二郎門拳の中にあり、さらには北方に、〝武松脱梏拳〟という門派が現存しております。したがって夢野京太郎氏のいわゆる〝行動拳〟とは、まさに実在の拳法であり、歴史的にも広く行われていたものであると、推定できます。

魯智深の用いた酔拳、及び瘋魔杖に就いて言えば、ご指摘のように酔拳は現在も伝承されております。瘋魔杖も北派では査拳門、南派では洪仏門中に習得している人があります。

燕青拳は白鶴拳ではなく、そのものとしてこれも伝承されているのです。『写真秘宗拳』（姜容樵著、麒麟図書公司

出版）という本を、おそらく夢野京太郎氏は見ておられないでしょう。この書物に、燕青の拳法は詳しく紹介されております。別名を秘宗拳、また迷蹤（めいしょう）芸とも称しますが、これは燕青が〝賊〟であったため師の名を秘めて、韜晦（とうかい）したといいます。松田鉦著『中国武術』（新人物往来社刊）にも、そう書いてございます。

さらに燕青拳は、ブルース・リーとつながります、『ドラゴン怒りの鉄拳』（原題・精武門）という、反日功夫（カンフー）映画の中で、日本人に毒殺される彼の師は、実在した人物であり、秘宗拳の達人でした。あの作品は、つまり史実にもとづいているのです。

〝少林寺拳法〟なるものは、中国の本土には存在しません。これは日本で創作されたものです、中国ではたんに〝少林派〟、または〝少林拳〟と称します。これも念の為、中国では〝少林武当流〟はなく、少林派と武当派とは別ものです。大極拳・八卦掌・形意拳

この三法を指して、〝武当派〟と総称するのです。〝少林派〟には北方系、南方系があります。沖縄に渡ったのは〝少林拳〟南派だそうです」

……ご教示を感謝します。北海氏は「東亜遊侠党」情報局員である、もちろんこれは冗談ではあるまい（左翼に言わせれば精神錯乱だろうが）。

彼の文章を無断引用して、今回の読みきりとする。

「無何有の郷（ユートピア）」には桃の木など無いと云う、其処は桃源郷ではなく、「広莫の町」である。もの一つ無い世界、人ひとりいない曠野だ。唯、一本の何の役にも立たぬ、まがりくねった大木が真中に立っている。

「今、子（きみ）に大いなる樹ありて、其の用いるすべ無きを患（うれ）うるも、何ゆえに、是（これ）を無何有郷（なにものもなきさと）、広莫之野（はてしなきのはら）に樹（う）え、彷徨乎（とらわれなきところ）もって其の側に無為（いこい）、逍遥乎（こころまかせ）にして、其の下に寝臥（ねそべ）らざるや」（荘子「逍遙遊篇」）

負けそうだな、荘周さん。おいらの

想像力、「無何有の郷」まで到達できそうもない。しかし、「無政府の郷（コミューン）」までは翔んでいくつもりだぜ。日本の善男善女は、アジアを日本の便所だと考えているのだろう、「沖縄は汚くて蝿が多いと聞いたから旅行しないわ」（＊大島渚夫人発言への皮肉？）という。

そして、沖縄には石油基地が建設される、シンガポールの海にタンカーが石油をたれ流す（このあたり文章勝手に省略して申訳ない、京太郎敬白）。

沖縄はオリエントなのだ（日本ではない）、そしてニッポンはアジアではないのだ。

「日本は明治維新で、何を得、何を失ったのか？」、これは凄いテーマだ。たとえば日本柔術は近代化され柔道と成るに従って、武術の本質（危険技）を捨てた。少林寺は満州族＝清を倒して、漢族の天下＝明を復興しようとする革命家の拠点となった。さらに、南派少林拳は天地会から太平天国へと連なる。是（これ）が武侠の魂よ、そしてまた

是こそが東洋的の友愛想（仁）であり、社会革命の思想（義）となる、すなわち「具懐仁暮義之心」（孫文）である、ココロの親父（ボス）なのである。*アジアは一つ（東亜連帯）！　是は欧米列強・白人の圧迫から東亜を解放する思想だった。しかし日本国は別の方向に動く、アジアの〝大義〟を捨てて、アジアの植民地を得ようと。

すなわち秩父困民党（コンミューン）鎮圧以後、「自由民権革命」は敗北の坂を転げ落ちて、明治憲法が発布される（天皇制の確立である）。

※　京太郎いわく、「かくて、大正地獄篇（デモクラシー）へと連らなる」

マルクス主義者たちは、「自由民権革命」をブルジョア民主主義革命、と評するらしいな、然（そう）かな？　其れだけかな？　またこれはブルジョア運動、あれはプロレタリアと、明確に裁断ができるのかな？

立ち候　舞方
此方や誰と思て
仕掛きゆみよ
生りてどみちゃる
死事や見だに　ヨーンナ

第九回

公娼撲滅・私娼擁護

奈落にまわれ風車

大正十年（一九二一）――、警視庁調べによれば、東京市内の公娼は五千九百五十五名、これに対して年間の遊客数は四百二十七万一千六百四十五人。稼働三百日として、娼妓一名が一日平均二・六人を客にとり、遊興費は総額二千六十五万五千五百二十九円十一銭、遊客一人が四円七十二銭七厘平均を消費した、という統計が残っている。

これが、昭和五年（一九三〇）になると三円七銭五厘と落ちこみ、さらに八年には二円二十九銭。遊客数は百万人も増えて、五百万人の大台を越えたのに、一日の客は平均一・九八人と激減している。すなわち不況の深刻化と、娼妓になる娘たちが圧倒的に増加したことをもの語るのである。（『風俗警察の理論と実際』昭和9年の版による）

また、警察署の娼妓名簿に〔登録を許されざる者〕

(イ)十八歳未満の少女

(ロ)有夫の人妻

(ハ)娼妓となる相当の事由なき者

(ニ)かつて娼妓となり、廃業後未だ前借金を弁済せざる者

(ホ)誘惑、又は誘拐せられたる者

(ヘ)伝染性疾患ある者

(ト)虚弱疾病で稼業に堪えざる者

(チ)外国人（明治34・警保局長通達）

(リ)朝鮮人（明治43・同）

(ヌ)台湾人、樺太人（明治44・同）

(ル)アイヌ人（大正13・同）

〔……(ハ)は一時の出来心で娼妓たらんとする者を防ぐため、(ニ)は前借金踏み倒しを常習とする者を警戒するため、(チ)〜(ル)の禁止は世人の好奇心をそそるところがあり、かくのごとき特殊なる娼妓が増加することによって、風俗上すこぶる面白からざる結果を招来するからである〕

十二階下に代表される、東京市内の

私娼窟が度重なる弾圧にかかわらず、〝繁栄〟した理由は、すなわち二つの理由による。一つには不況下、公娼の遊興費が比較的に高価であったこと、そしていま一つには、公娼の場合には以上の法的制約があったことである。しかも、吉原、洲崎、品川のいわゆる「三遊廓」に例をとれば、揚代金七割五分を楼主が取り、一割を娼妓の小づかいと弁済に充て、一割五分を前借金するのが不文律であり、〔衣裳化粧品その他の雑貨は、娼妓が支弁するのが通例で、故に前借金を弁済し得る者は極めて少なかった〕

私娼にもむろん前借はあり、女衒（ぜげん）や人買いの手で、寒村避地から狩り集められてくるのだが、返済の義務だけを果せば、日常の生活は自由であった。公娼のように外出を禁止され、奴隷の境遇に置かれることは、少なくともなかったのである。したがって、彼女たちには、自由で奔放な気風があり、

〔浮浪的でしかも、反抗的性格の者が私娼には多く見られ……〕

当局は取締りに手を焼いた、帝都の三大魔窟といわれたのは、十二階下、日本橋郡代（馬喰町三丁目）、そして芝神明である。その他に、麻布笄町、下谷池之端七軒町、同初音町、小石川指ケ谷、早稲田鶴巻町、渋谷百軒店、大塚、王子、亀戸、三ノ輪と、東京の〝私娼地帯〟は明治から大正にかけてひろがっていった。

〔いずれもその雇婦女をして、扮装を凝らして店頭に列座せしめて通行人を呼びとめ、又は引止めて遊興を勧誘。白昼公然嬌態を演じて憚からず、その状況は遊廓妓楼も三舎を避くるが如き有様であった。警視庁は最早黙視する能わず、大正五年五月遂に意を決し、断乎としてこれを撲滅するべく、立ち上ったのである〕

㈠　通行人ヲ呼止メ引止ムルガ如キ行為ヲナシ、又ハナサシムルベカラザル事

(二) 道路、或ハ道路ニ面シタル場所ニオイテ卑猥ナル言行ヲナシ、又ハナサシメザル事
(三) 法定代理人ノ承諾ナキ未成年、及ビ身元詳(ツマビラカ)ナラザル者ヲ、雇入ルベカラザル事
(四) 学生、生徒ヲ客トナシ又ハナサシムルベカラザル事
(五) 雇婦女ヲシテ、芸妓類示ノ行為ヲナサシメザル事
(六) 雇婦女ヲ通勤セシメザル事

〔……命令を発すると共に、各警察に於て銘酒店等営業者、雇婦女を召喚、取締方針を示達、身元を調べてこれを解雇せしめ、同年十二月までに銘酒店二九九、飲食店六三一軒、その雇婦女三千五十七名を廃業せしめた〕

〔併(しか)しこの弾圧の嵐の中にも、根強き反抗を続けて、その残喘(ざんぜん)を保ったのは浅草千束町(十二階下)、亀戸の一団であった。一部は造花屋と変じ、また一部は純然たるしもた家、煙草店等に転向したために……〕

「赤線地帯」への変貌

取締りは従前より困難となり、大正十二年の関東大震災で〔一時期帝都より消失をするまで〕、〝蒼白き巣窟〟は私娼のメッカでありつづけた。弾圧の徒労であることをさとった警視庁は、震災後の十三年三月三十日、千束町を芸妓屋・待合・茶屋の三業地に指定、法律的に売春を許可するのやむなきに至ったのである。亀戸のばあいも明治四十三年秋、二軒の飲食店が開業して酌婦を置いたのを皮切りに、大正十年二七一戸、昭和元年五四五戸と級数的発展をとげていった。

ややおくれて大正八年、水田を埋め立てて開かれた玉ノ井新地また、昭和元年三七〇戸を算えた。遊興費は一泊一円五十銭、深夜十二時すぎれば一円という安値な値段であった。〔稼高の分配方法は、全収入一割を衛生費その他として主人に収め、その残額の前借ある者は四割、なき者は五割を自己の

収入とするのである。公娼と比べれば条件は余程良く、国元に送金したり、情夫にみつないだ上に、高価な衣服等も購入できる」

やがて、亀戸、玉ノ井は浅草千束と等しく官許の売春地帯、「赤線」へと変貌していく。私娼の自由を奪われ、女たちは籠の鳥となる。大正の末期に人間社会の奈落にあった無政府は早い速度で失われるのだ。すでにこの物語りの現在進行形において、その黒い魔手をのばした。添田唖蟬坊らの公娼撲滅、私娼擁護運動は、当局の弾圧に対するプロテストであるのと同時に、〝体制暴力団〟との血みどろの闘争であったのだ。

公序良俗、ポツダム左翼は、かかる底辺のたたかいを、けっして革命とはみとめない、被救恤的窮民・ルンペンプロレタリアの無目的的反抗とこれを切り棄ててかえりみない。左翼・エセモラリズムは売春を人民の腐敗、堕落ときめつけて、娼婦たちを同情という

名の差別で遇するのだ。そう、彼らにとって、私娼の街はかつてのエタ非人居住区に他ならなかった。そこに人間解放の最もラジカルな闘いを、真剣にたたかったアナキストたちに対して、白昼夢よ、妄想よという、悪罵を投げつけるのみであった。

昔も今も、〝疎外の構造〟に変りはない。「娼妓解放戦争」という文学的テーマは、天皇とひとしく日本の既成左翼の理解の外である。たとえ、ある程度の共感をいだいたにせよそれは、いま述べたようにせいぜい同情の域を出ない。大正デモクラシーは、少なくとも無政府主義という、時代の鬼子を生んだ。彼らはあらゆる常識を（体制と反体制とを問わず）否定した、公娼撲滅・私娼擁護というスローガンは、まさに制度の恥部を撃ち、階級社会のはらむ矛盾の根基底に迫り得た。その闘いはとうぜん、都市の最暗黒を支配する暴力に拮抗する〝力〟を、同盟軍としなければならなかったのである。

十二階下を中心とする魔窟、そこには女たちの自由と共存する無頼の群れがあった。読者諸君はやがて、それらの「不良少年」「愚連隊」と呼ばれる、アナーキーな若者たちに出会うことであろう。

さらにまた「テキヤ」、本篇冒頭に登場した人々、いわゆるばくち打ち、あるいは土建港湾やくざと、その成り立ちを根底から異にする彼らは、この〝戦争〟においてどちらの側に立とうとするか？　大正十年秋、アナキスト和田久太郎は沖縄に渡っている。当然フィクションであるこの物語りは、〝史実〟をふまえながら、自由奔放に空想を飛躍させる。「同志との連絡のために」と、和田久は述べているが、その同志が何人であったか、これまで日本無政府主義の正史はつまびらかにしていないのだ(この事についての文献、または知識をお持ちの方はぜひご連絡下さい、——京太郎敬白)。

北一輝と「猶存社」

さて、しばらくの間、記述を右翼にうつしたいと思う。大正八年、玉ノ井遊廓が開かれたその夏、「猶存社」が満川亀太郎の推唱によって発足、大川周明がこれに参加する。さらに上海の北一輝のもとに大川が飛んで、これを説得して同志とする。北より託された『日本改造法案大綱』は、猶存社メンバーによって、騰写版四十七部に刷り上げられたのである。北の帰国は同年十二月三十一日、翌九年〜十年〝宮中某重大事件〟(第三回を参照)、北一輝門下の岩田富美夫は、檀一雄の『夕日と拳銃』で著名な伊達順之助と図り、山県有朋を暗殺しようとする。岩田は日本大学卒、馬賊に身を投じた体験もある直情径行の熱血漢。

伊達は貴族院議員・宗敦(むねあつ)男爵の子であり、馬術と拳銃の名手だった。六郷鉄橋に爆薬を仕かけ、小田原の別邸と東京を往復する山県を列車もろとも、

木ッ葉みじんにしてしまおう、という計画であった。だが、暗殺を実行するまでもなく一件は落着した。翌大正十年二月十一日の新聞は、久邇宮の息女良子が皇太妃と内定した決定に、変更なしという宮内省発表を、いっせいに報じたのである。

北一輝と「猶存社」の名は、天下の所有に帰した。頭山満、内田良平らの「玄洋社」（黒龍会）と並んで、当局要路への影響力を持つ存在となったのである。その大正十年一月、「大日本国粋会」関東総帥・河合徳三郎は、大石良雄の銅像を芝高輪泉岳寺に建立し、忠臣義士の心を労働者の精神とするべく、「大和民労会」を結成して全国に檄を飛ばした。また、この河合なる人物は無類のカツドウ好きで、〝河合プロダクション〟（後年の大都映画）を設立、本篇にも登場するアナキスト・獏与太平を、監督としてむかえ入れている。

大杉栄と北一輝とは、「売文社」の

知己であり、また大杉の書生であったエスペランチスト山鹿泰治は、北家にしばらく居候していた。左右弁別すべからざる状況は、すでにその当時からあった。岩田富美夫の場合も、猶存社別働隊（実力行使のためのグループ）として「大化会」を結成、綱領にいわく。〔吾人は日本の奴隷的なる旧思想を排す、天下何者をも恐れずただ正義の審判もっとも峻厳なることを誓明す〕思想は、かならずしも偏狭な国粋主義ではなかった。岩田は満州からシベリアへ、辺境最深部へと潜入していった。

また、そのころ士官候補生・西田税「青年亜細亜同盟」を結成して、予科生徒らを同志に獲得、やがて北一輝と結びついていくのである。安田善次郎暗殺の朝日平吾も、北一輝を訪問したことがあり、遺言の一通を彼に宛てている。内田良平に心酔して、満蒙独立運動に参加、大正八年の夏に帰国して「平民青年党」「神州義団」等を組織、浅草吉原の女郎屋・大竹徳次郎の店に

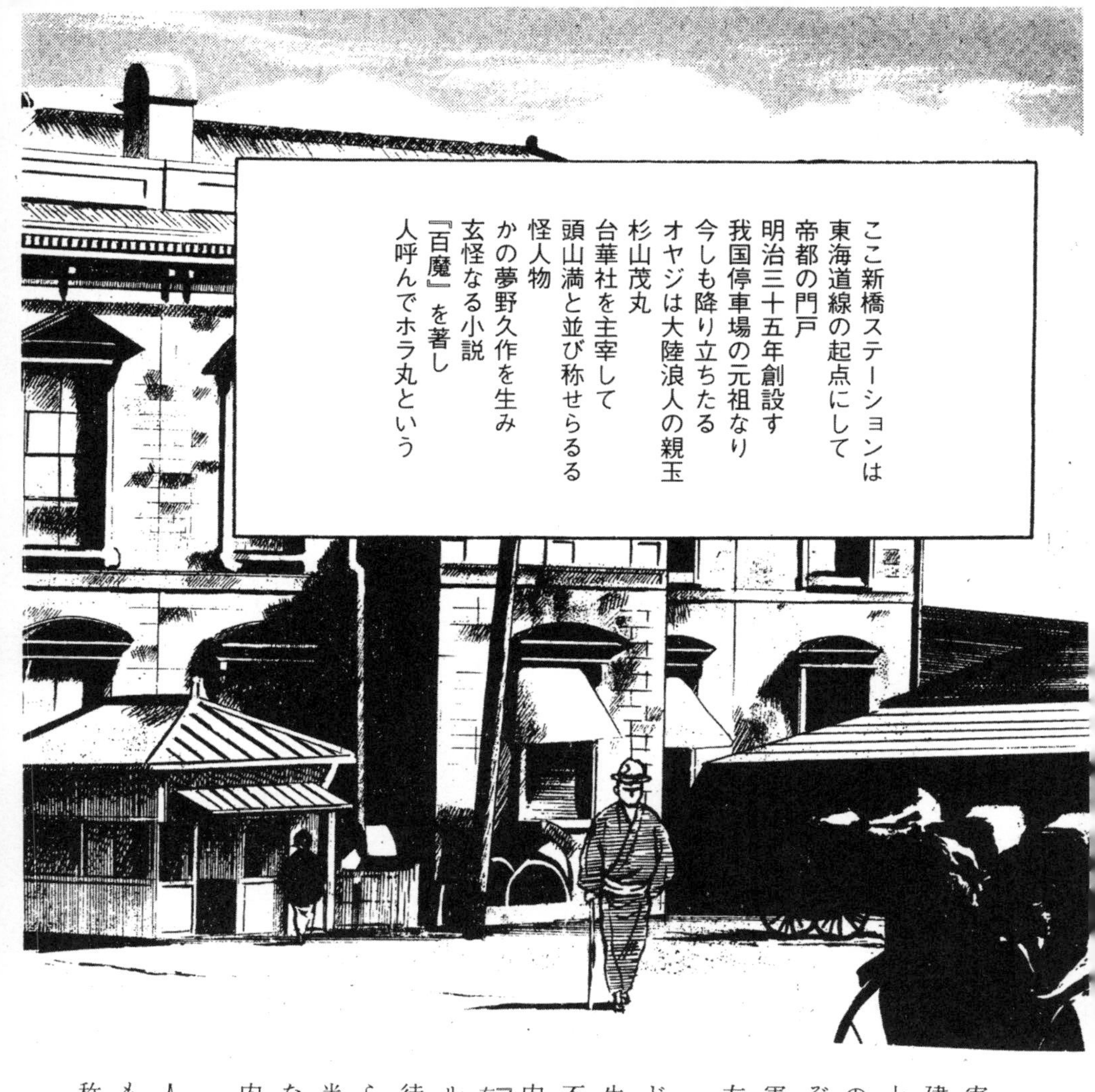

寄宿し、前々述のように〝労働ホテル〟建設を計画する。このようにして大正十年、皇太子の外遊から摂政就任までの小康状態の下で、〝行動右翼〟が勢ぞろいしていく。大陸浪人、任侠集団、軍隊へと影響を拡大する国家主義に、左翼はどう対応したか？

宮中某重大事件以降、〔社会的ムードは、無数の右翼団体をぞくぞくと誕生させた。また博徒やテキヤ、硬派の不良学生や街の愚連隊を、右翼運動の内部に大量に吸収していった〕（奈古浦太郎『日本の右翼』）云々。すなわち右翼の基盤はルンペン・プロレタリアート、無頼の徒であるとする発想——したがって下らぬ連中であるという断定——は、半世紀以上の歳月を経て修正されていない。ましてや、彼らを〝左翼運動の内部に吸収する〟においておや。

ここに杉山茂丸という、不可思議な人物がいる。いわく、〔オレの嫌いなものは、神様と天皇と殿様である〕と称しながらも、彼は頭山満の盟友で

あり、世間からはとうぜん右翼浪人の親玉と目されていた。ところが、その茂丸の邸宅(＊台華社)は大杉栄のアジトだった。中国においては孫文を扶け、ロシアの革命に当っては、レーニンをひそかにペテログラードへと潜入させている。いわゆる右翼の概念で、この怪人物を律することは不可能なのである。

一八六四年(元治元年)八月、福岡藩の士族の家に生まれた。十七歳のとき、時の権力者・伊藤博文を暗殺しようと上京、明治二十七年には大隈重信爆弾事件に連累、この間に頭山満と生涯の友情をむすんだ。その交友の範囲は、山岡鉄舟、後藤象二郎、原敬、軍閥の巨魁・山県有朋と、政財界のあらゆる要路におよび、いっぽう部落解放運動の大江卓、松本治一郎、社会主義者の中江兆民とも親しく、とりわけて東京市長・後藤新平と肝胆相照らした。それらの著名人のみならず、茂丸の顔は博徒やテキヤの世界にも知られ、また無数の女性と関係し、むやみやたらと

庶子をつくった。

行動は出でて意表を衝き、モルガン財閥とアメリカで結んだかと思えば、朝鮮・台湾の独立をくわだて、今日は昼めし代にも事を欠き、一夜明ければ当時の金額で数十万円の運動資金を、右から左に調達してくる。組織を一切つくらず、乾分というものを持たず、生涯一匹オオカミであった。〔何時も無の状況に生きた、妻も家庭も問題にしなかった。それが彼のいちばん強いところでもあった、弱点でもあった。形の上の神も天皇も人も、杉山茂丸は信じなかった〕と、孫にあたる龍丸は書いている。右翼とはいったい何か、何であったのか？　児玉誉士夫・笹川良一とは、どうやらひと味もふた味も戦前の右翼は異なる、その志において風格において、

人呼んでホラ丸

〔彼が右であるか、左であるか、本人以外、誰も判らぬので、彼は彼自身の

したい放題のことをやっているのだ。それは、表向き犯罪として裁判されるようなことは無かったが、良いことも悪いことも、徹底してやってきている人間だ。仕事の範囲も、美術協会から相撲協会、義太夫協会……、テキヤ、露天商、株式取引所、右翼、左翼等の思想、海運、果ては道楽息子の始末、乞食の世話から、彼自身の性欲のはけぐち等々」（＊『杉山茂丸の生涯』昭和45年、思想の科学）

茂丸自身に聞こう……、

「玄洋社の真正直な国粋主義的イデオロギーではダメじゃ。将来の日本は、毛唐と同じような唯物功利の社会をば現出するに決まっとる。そうした、血も涙もない惨毒そのものの如き社会思潮に、日本在来の仁義、道徳をふりかざして対抗しても、敗北するのは当然なのじゃ。この無敵の唯物功利に対しては、それ以上の惨毒をば放射せねばならない。今、天下にそれができるのは茂丸一人しかおらぬ。だから、俺は俺ひとり、ほんとうにただ一人で闘っ

ていかねばならぬ。他人には、決して俺みたいな真似をさせてはならない、どこまでもどこまでも一人で闘うのだ」（＊夢野久作「近世怪人伝」）

人呼んで〝ホラ丸〟、昭和十年七月十九日死す、行年七十一歳。本篇に登場した大正十年には、還暦を迎えたばかりである。

精力は壮者をしのぎ、北一輝らの「行動右翼」、暴れん坊の猛者たちも、ホラ丸の人間離れのした行動力の前には三舎を避けた。いま、彼はある計画をたずさえ、鎌倉の茂丸屋敷から上京したところである。物語は十二階下、深川の富川町から、吉原へとひろがっていく。〝娼妓解放戦争〟場裡において、右翼と左翼とはまじわり、大東京の窮民社会に波紋を呼ぶ。〔彼はあらゆることに関係した、茂丸はみずからモグラと称した、地下工作の名人であった〕

〔彼の正体をすこしでも暴けば、彼が迷路をつくった、明治・大正・昭和の

政治史、思想史のありとあらゆる面が発掘されるであろう」(杉山龍丸)。夢野京太郎の意図はそこにない、ただこの劇画の一個のキャラクターとして怪人物・ホラ丸を、存分に活躍させることで足りるのである。

——杉山茂丸の子、作家夢野久作は次のように記述し、父の思想を補完している。

「吾々がこの資本万能の、唯物的・科学的・社会組織の中で芋を洗うごとく、もしくは洗われるごとく押し合いへし合いして生活していく間に感じる一切の非良心、残忍な勝利感、骨に食い入る劣敗感等々、そのような毒悪な昂憤に、ウッ血硬化せられたる吾々の精神循環系統のある一ケ所を、メスで切りやぶり、その汚血を瀉出しよう。そこからほとばしる血が、もし黒ければ黒いほど、毒々しければ毒々しいほど愉快なのだ」(＊『探偵小説の正体』、昭和10)

「その肉を裂き臓腑をひき出し、ガイ骨を漂白し、血液から糞尿までを分析

して、その怪奇と醜美と悪徳に戦リツするのだ。

吾々は最早、太陽の白熱光だけでは満足のできない時代にいる。否、スペクトルの七色光にも既に満足し得ぬ。紫外線、赤外線はもとより、闇に横たわる暗黒線を創り出す原素の潜在を確認せよ」（＊『探偵小説の真使命』、昭和10年発表等より）

「功利道徳・科学文化の外観を、掻(か)き破らなくてはならぬ。その奈落に恐れもがいている昆虫のごとき人間性を、在るかないかわからぬところの良心を暴露していくのだ。結論として人間、その最深部に潜在する魔性をみちびき出して、良心と純情とをとことん追いつめ驚駭(きょうがい)させ、失神させなくてはならないのである……」

闇の中に闇があり
又闇がある
その核心から血潮したたる

（夢野久作『猟奇歌』）

北一輝、ときに三十六歳
『日本改造法案大綱』を
上海で書き上げ、帰国して
猶存社を結成
宮中某重大事件をめぐって
暗躍明動
国家主義のイデオローグとして
魔王の盛名を馳せていた

第十回
コミンテルンの密使
革命のリアリズムは

昭和三十六年刊、『山川均自伝』の記述にしたがえば――、〔大正九年末（一九二〇）ごろか、大杉が上海に行ってから、コミンテルン*の代表が上海にきていることはわかったが、どういう人がどういう資格できているかはわからなかった〕

〔（大杉栄が上海に行ったときには）日本共産党をつくれというような話はおそらくなかったろうと思う。コミンテルンの最初のやり方は、誰でもいい一番はじめに会った人に金をやって、何かやらせる。そのうち、適当な人をつかめば前の人はすてて乗りかえる、こういうやり方ですね。大杉は帰ってから当時ボルといわれていた二、三の人を仲間にくわえて、『労働運動』という新聞を何号か出しました。これで

（コミンテルンとの）約束をはたしたわけでしょう」

「そういう情勢のところへ、大正十年何月でしたか、シベリアのイルクーツクで、コミンテルンの主催で〝極東民族大会〟をひらく、日本からも代表者を是非参加させてくれという話が、確か中国人でしょう、使いがきたのです。その間の事情はくわしくは知らなかったのですが、堺（利彦）さんのところへ、話をもってきたというのです。そこで堺さんが希望者を募って、数名の人が行くことになった」（傍点、京太郎）

「ところがある晩のこと徳田球一君がやってきて、コミンテルンがこういう申し出をしてきた、誰でもいいから、要するに頭数をそろえてくれ。しかしできれば、所属団体をつくってくれ、団体の肩書きがいる。私は、そのときはじめて民族大会の事を知ったのですが、希望者の大部分がアナキスト系統の人でした」（同書「コミンテルンとの接触」より抜粋）

——徳田球一は山川均の承諾を得て「水曜会代表」の資格で入露、コミンテルンの指命を受けたと称して、帰国後直ちに〝第一次日本共産党〟の結成に着手したのである。〔この辺のことはきわめてあいまい〕である、と山川均は述べている。

これより以前、十年四月にコミンテルン、極東ビューローからの招請で？『労働運動』同人の近藤栄蔵が上海に飛び、活動資金五千円、大杉栄の病気見舞金五百円、及び彼自身の慰労金？一千円、合計六千五百円（現在の貨幣価値にしておよそ、三千万円）を携えて帰国している。ところが近藤は、帰途下関の料亭で芸妓を抱いている現場に踏みこまれ、刑事犯容疑者として逮捕された。おまけに、警察のオトリとも知らずに同房の囚人に通信を託して、みずから馬脚を顕すという、お粗末なテイタラクであった。

だが、ともあれこの近藤栄蔵の働きかけによって、高津正道ら「暁民会」

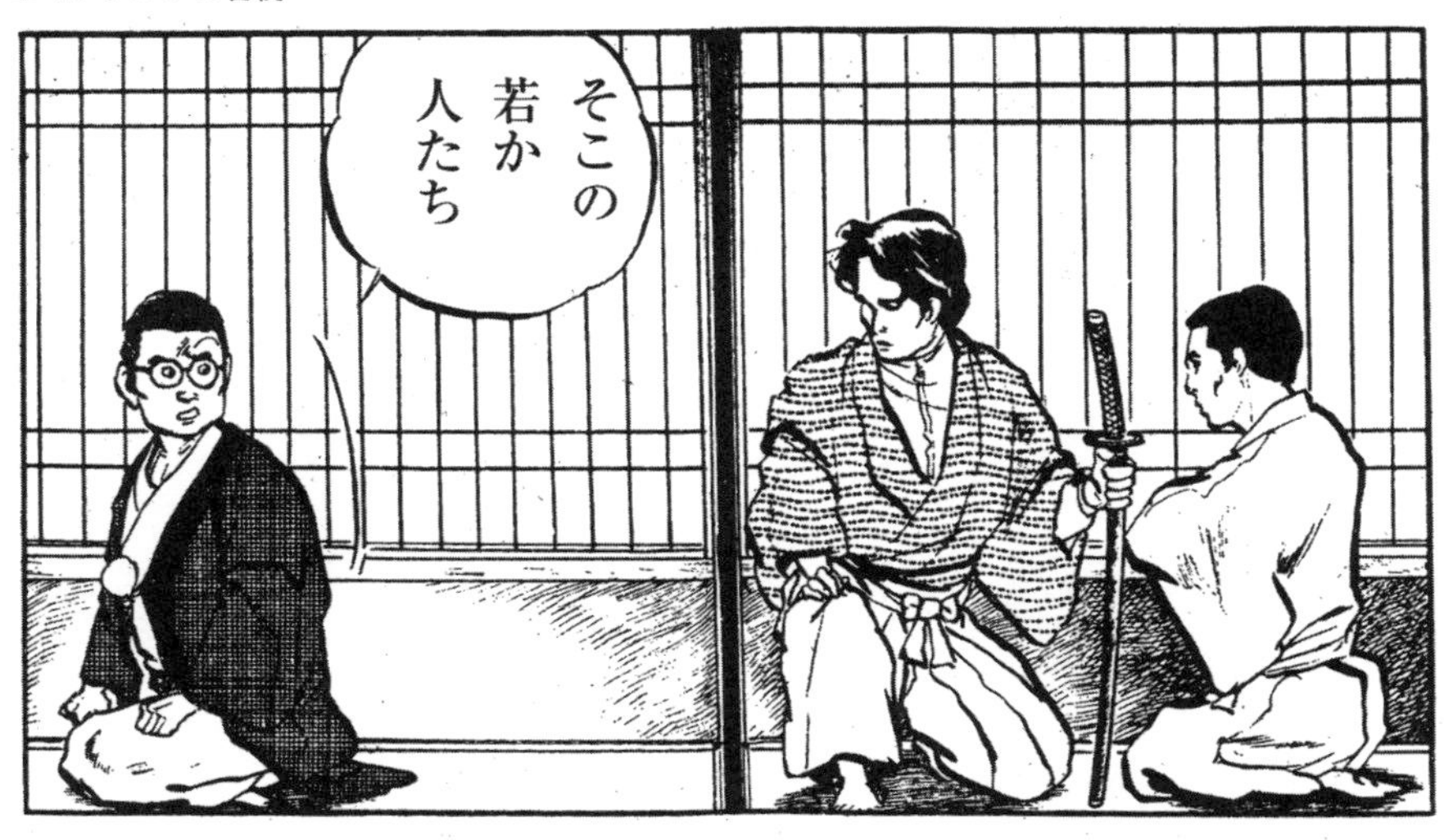

メンバーを中核とする、〝党〟は結成された、いわゆる暁民共産党である。三カ月後の弾圧で一挙に潰滅したこの〝党〟を現在の日本共産党は当然、輝ける正史の先駆であった、などと認めてはいない。また、アンチ日共（＊後年）の立場からも、「（暁民共産党は）近藤栄蔵が上海から持ち帰った、運動費の受取証に外ならぬというような冷語を生むに至らしめた」（荒畑寒村『寒村自伝』）と一笑に付されている。

　寒村によれば、「大杉君は心中、はなはだ平らかでなかったらしい。爾後、『労働運動』誌上で、近藤を「ゴマノハイ」と罵り始めたのみでなく共産党全体にたいして、ますます反目憎悪を強めるに至った……」。油揚げを鳶にさらわれて口惜しがっているようで、「大杉のために惜しむと共に、私たちまで近藤とグルのように取られるのが傍ら痛く感ぜられた」云々。

　日本共産党結成前史をめぐる、さまざまな経緯と関係者の証言について、

疑いをさしはさむのではなく、京太郎思うのである。〝革命〟の内実に純潔無垢を求めること、それ自体がリアリズムではない。人間に恥部ある如く、なべての運動には、あいまいな部分がつきまとう。徳田球一、高瀬清（暁民共産党のメンバーである）らによる、コミンテルンの指令と称する〝第一次日本共産党〟の結成にも、〔あまりに無計画、急ごしらえの粗製乱造的な〕（『山川均自伝』）いきさつがあり、近藤栄蔵的スキャンダルまた、なきにしもあらずだったのである。

……大正十一年の春、モスクワから帰国した徳田球一の報告では、同行の印刷工・小林進に託した運動資金は、当人がノイローゼとなり海中に投じたという。これは眉ツバである、小林は行方不明となり、真偽を確かめようがないのだ。近藤にしても、また徳田にしても女郎買い、芸妓買いの常習犯であり、その意味ではすこぶる人間臭い男たちであった。

中国共産党の影

〝革命〟とはそのような、「ゴマノハイ」をも包摂する事業なのである、断じてきれいごとではないのだ。徳田球一はその当時、弁護士であり株屋の顧問だった。鐘紡でストライキを煽動してもらいたい、そうすれば株が下るから、相場で大金をつかめる。ギブ・エンド・テークである、運動の資金を廻そうと荒畑寒村に持ちかけたという話は、徳田球一の〝人格〟を証明するエピソードとして有名である。

暴言を承知でいう、この国でついに〝革命〟成就しない理由は、そうした徳球的発想に、〔驚き且つ憤慨して〕席を立ったという寒村流の純潔主義にある。誤解を招かぬよう、〝革命〟のマキャベリズムを賞揚するのでなく、単に真実を申し上げておる。この物語りは実務家を主人公としない、ロマンの皮をかぶったマキャベリスト（たとえば宮本顕治のごとき）など、お呼びで

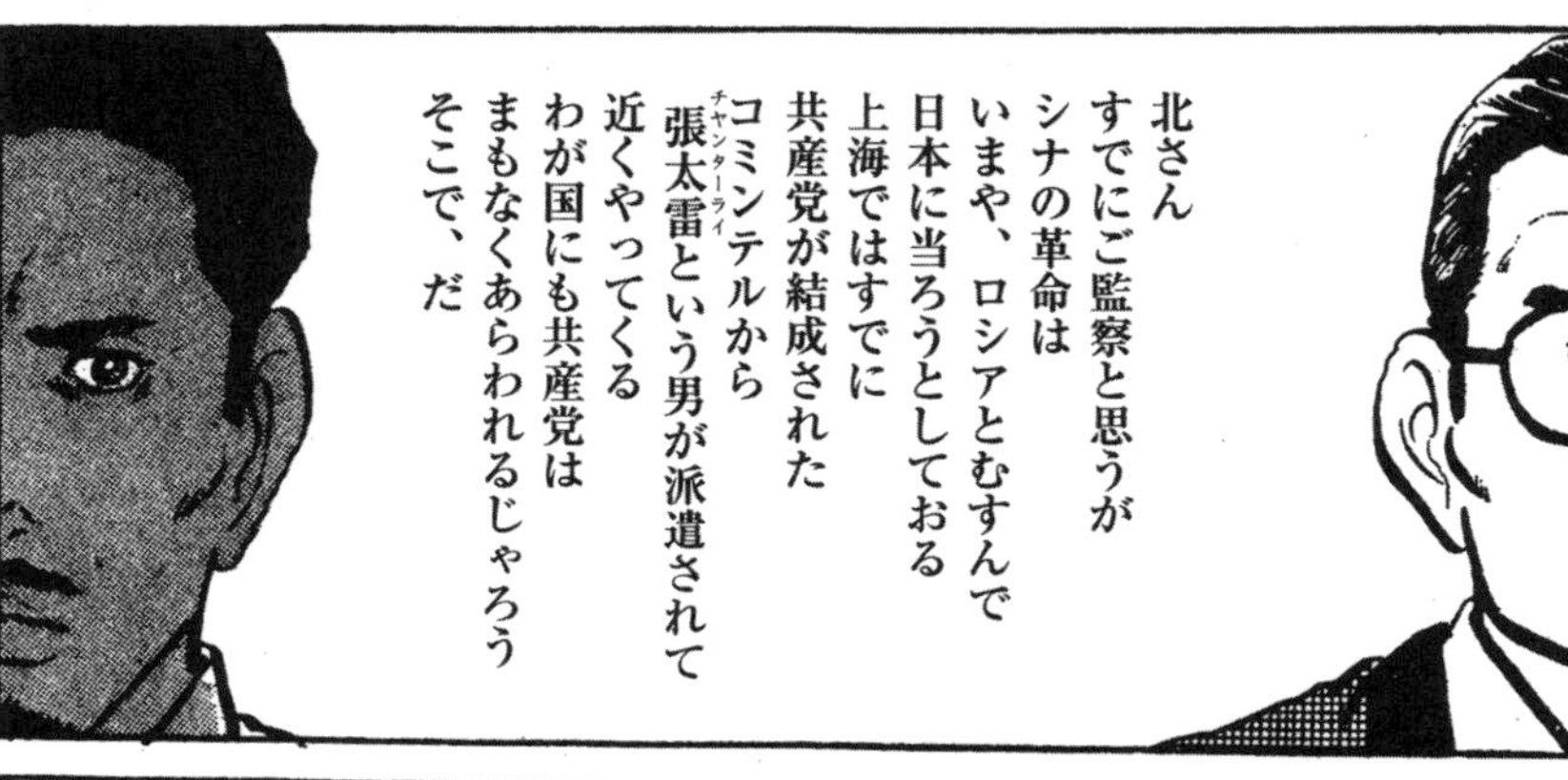

はない。むしろ、その逆の〝人格〟を革命家・徳田球一に我々は見る、大杉栄にも北一輝にも、とうぜん杉山ホラ丸にも。実録・共産党と本篇はぜんぜん関係がない。ただその結党をめぐって、アナボルの決定的対立はあり、「コミンテルンの指令」と称するあいまいな（おそらく、片山潜の個人的サゼッションによると推測される）〝権威〟に領導されて、日本共産党の結党はあったことを理解すれば足りるのである。

さて、『山川均自伝』中に〔中国人でしょう〕と記される〝極東民族大会〟の使者は当時二十二歳、張太雷（チャン・ターライ）という白面の青年であった。彼は大正九年夏、すなわち中国共産党の創立に先立って入露、上海社会主義青年団を代表して、モスクワにおける青年共産党同盟インターナショナルに参加した。十年七月、コミンテルン第三回大会に非公然の中国共産党代表として出席、〝窮民革命論〟＝毛沢東『中国社会各階級の

分析』（一九二六・一二）の萌芽というべき演説を行なっている。以下に要約すれば――

〔私の時間は、あまりにも制限されている、極東における運動の意義を示すのみにとどめよう。〝第一次世界大戦〟いらい、日本はアメリカ、イギリスと同様に強力な帝国主義国家となった。現在、日本が華北に為している帝国主義的支配を、中国の全土に及ぼすなら、それは世界革命に対する重要な障害になるであろう〕

〔かかるがゆえに、コミンテルンと西欧諸国の共産党は極東における運動に、支援を惜しんではならない。日本帝国主義の崩壊は、とりもなおさず世界の三つの資本主義的支柱が崩れることを意味する。そのときはじめて、我々は世界資本主義を打倒することができ、すなわち世界革命はその事業を達成し得るのである。〕

〔……ところで、ルンペン・プロレタリアートは中国住民の大部分を占めて

いる。彼らは、階級意識に目ざめてはいないが、革命的なのである。彼らを隊列にくわえることができるならば、それは我々の事業を非常に進捗させることになろう。我々が彼らに注目し、連帯することをしなければ、彼らはかえって我々にとって、危険な存在になるだろう。ちょうどロシア・フランスの帝国主義者によって、塹壕掘りに使われたり、日本の帝国主義的政府によって、満州や山東省に対する侵略に利用されているように」（傍点京太郎、大意に沿って抄出）

同年十月、まさに「コミンテルンの密使」として日本を経由、十一月帰国して社会主義青年団中央書記となり、一年たらずで全国重要都市十七に支部組織をつくり上げ、共産主義青年団と改称する。昭和二年（一九二七）五月、武漢における第四回大会では、実に百万に上る団員を獲得、〔青年労働者・農民・学生を、革命軍に糾合せよ〕（中央局指令）とアッピールした。

同年七月、〝国共分裂〟緊急事態に当って、いわゆる五人常務委員会（李立三・瞿秋白・周恩来・李維漢・及び張太雷）メンバーとなり、『全党員に告げる書』を起草、湖南の農民運動、南昌蜂起と武闘をひろげる。中共中央臨時政治局拡大会議は、十一月九日、十日、中央政治局常任委員、譚平山の党籍剝奪（第三党結成の陰謀を理由とされた）、臨時政治局候補委員である張国燾の資格停止（暴動路線反対）、湖南省派遣政治局候補委員・毛沢東の解任（秋収蜂起の失敗）という、きびしい処分を決める。

十二月十一日、張太雷の指導による「広東コンミューン」（いわゆる広州蜂起）、（植民地革命運動において、たとえ三日間に終ったにせよ、労働者自身が自己の力量でソヴィエト政権を獲得した一事は、世界無産運動史上にパリコンミューン以上の、重大な意義を有する）（鈴江言一『中国解放闘争史』）

歴史のイロニーとして

翌十二日、広東市中華路・黄黎巷の路上で張太雷暗殺される、満二十八歳。

〝正史〟は彼について、ごくわずかな手がかりしか与えてくれない。『中国共産党史史料集』の広州蜂起に関する文献には、ソ連にいて不在のままコンミューン主席に推された蘇兆徴（中国総工会長）の名は讃えられているが、張太雷の死について何の記述もないのである。ましてや、「コミンテルンの密使」としての彼の役割りは、まさに日共誕生のフィクサーでありながら、歴史の迷宮に葬られているのだ。夢野京太郎、そこでトクキュウ徳田球一・北一輝との出会いという、荒唐無稽のフィクションをでっち上げる。

なぜなら、一九二一年すなわち大正十年、モスクワ・上海への〝回路〟は左翼の側にではなく、大陸浪人・杉山ホラ丸の手中にあったからだ。孫文と親交を結び、レーニンのロシア潜入を

援助したこの怪人物もまた、〝歴史〟と無縁である。本人が自称するように「モグラ」に徹した、張太雷の場合は一将功成って万骨枯る……、〝毛沢東神話〟がつくられる過程で消されたのだが、茂丸はみずからおのれの足跡を拭きとってしまった。

　さよう、いうならば彼はその一切の行動、いや全存在があいまいなのだ。まさしくホラ丸は、どのような歴史も（党史はむろんである）、ついにあいまいでしかない事への痛烈なイロニーとして、現代史に屹立している（倒立しているというべきか？）のである。この人物の前では、〝革命〟の大義によって倫理道徳を欠落している、かの徳田球一ですらまともに見えるから、明治・大正のジジイってもな、ケタが外れていたのだ。

　暁民共産党に記述をもどせば、大正十年十一月、東京一円の陸軍大演習のさい、高津正道&ちよ子夫妻をはじめとするメンバーは、反軍・反戦ビラを

撤布したかどで一網打尽となる。ともかく彼らは闘ったのだ、そして第一次共産党結成にも、あらためて参加している。近藤栄蔵のひきおこした金銭的スキャンダルと、暁民共産党の（みじかくも長くも）〝歴史〟とは、別ものなのである。

アカデミック（？）に革命運動史を語りたがる、文献派ポツダム左翼*の眼に、本篇などはゴシップ・レベルの巷談としか映るまい。だがくり返していう、〝正史〟なんてもな、コトバの正確な意味で存在するわけがない。張太雷、杉山茂丸、暁民共産党、往時は茫々として光陰の速きを知るのみ。ともあれ一九二一年、アナVSボルの抗争は六千五百円の使いこみからはじまったと、下世話に括ってさしつかえなく、また右翼と左翼、その〝革命〟の路線にも弁別すべからざる状況があったのである。トッキューがホラ丸を乗せて走ったって、［驚き且つ憤慨する］こたァちっともないんであります。

アナキストの側もまた然り、大杉の〝変節〟、ボルとの協同（日本社会主義者同盟の結成、第二次『労働運動』同人）に反対して、宮嶋資夫（すけお）、高尾平兵衛、吉田一、久板卯之助らは『労働者』を発刊している。しかし、その大杉がボルと袂を分かつと、高尾平兵衛、吉田一らは、コミンテルンの招請に応じて入露した。山川流にいうなら、その辺もまたきわめてあいまいなのである。『寒村自伝』で小林進と書かれているれいの運動資金を海に投じた男は、アナキスト側の記録では「正進会」の小林進二郎とある、姓名すらあいまいである。

和田久太郎は終始一貫して、大杉と行を共にしたが、妻・伊藤野枝と近藤憲二、『労働運動』の同志はわずかに四人となり、不離不即の好意的中立を守った村木源次郎を一統に加えても、寥々たる孤塁であった。本篇にアナキズム労働運動のいわゆる闘士たちが、ほとんど登場せず、もっぱら啞蟬坊や

獏与太平といった無頼の芸術家たち、〝美的浮浪者の群〟が活躍する理由はそこにある。大正十年の夏、大杉栄は実に孤立していた。ようやくかつての盟友である、小説『坑夫』の作家宮嶋資夫が今回登場する。同行の不良少年マチャアキ、いま美貌の大泉黒石は、日露混血児でかのトルストイと郷里を同じくする。

彼らはいま和田久のもとに、危急をきいて勢ぞろい、応援に出かけようというところなのである。え？　これも〝正史〟とはまったく関係おまへん、唖蟬坊らの「公娼僕滅・私娼擁護」の運動があり、救世軍の自廃（自発的な意志による娼妓廃業）、和田久太郎の十二階下の恋人はたしかに実在した。北一輝は吉原通いを愛し、宮嶋資夫は私娼窟・玉ノ井のヌシであった。大泉黒石、辻潤、獏与太平、テキヤ社会の傑物といわれた山春（山田春雄）と、これだけタマがそろって、〝戦争〟がおきなかったら嘘になる。

浮かれ女のストライキ

そもそも唖蟬坊、〃廃娼運動〃には批判的で、こんな演歌をつくっております。〽幸いおまえの論が立ち、一時廃娼するとても、ついにはどうしょうこうしょう(公娼)と、後悔するはしれたこと……

それが決然と立って公娼撲滅運動に乗り出したのは、前章でも述べた通り、〃自由の貧窟〃である十二階下、私娼たちの働く権利を擁護するためにほかならなかった。〔一カ月の収入が叩き分けで六十円以上、通勤が多く亭主でなければ情夫を引込んでいる。情夫は壮士、俳優が多数を占めているということである〕(田村栄太郎『浅草・吉原 隅田川』/楊弓店)

〔それよりもなお一層激しいのが銘酒屋で、半時間に一円を投げすて、十分間に五十銭を抛って、得々然たる客の愚に驚く次第だ。職人あり、商人あり、職工あり、垢面蓬頭(アカヅラフケアタマ)の者共も、三十銭または五十銭を

投ずればわけ隔てなく、数でこなして四分六の契約〕
〔その銘酒屋で風俗カイ乱、営業禁止となれば、鑑札無用の碁会所となる。碁器あって内に石なく、例えあっても土を固めて白と黒に塗りたくり、腕に筋金入ったこの道の莫連もの（大ベテラン）、醜業博士の金冠をいただき、警察は敵だと、はなからきめこんでいるから始末に悪い……〕

〝廃娼運動〟など、私娼窟ではナンセンスだった。救世軍も対象にはしていない。そのホコ先はもっぱら国家と法の庇護の下にある？公娼制度にむけられ、とりわけ日本最大の廓（くるわ）、吉原に攻撃のマトはしぼられた。〔救世軍は西洋の社会党のまわしものだぜ〕と、楼主たちから蛇蝎のごとく忌み嫌われたが、これまた左翼の眼から見れば（おのれの小児病はタナに上げて）、〝革命〟とはかかわりのない、児戯でしかなかったのである。

沖野岩三郎『娼妓解放哀話』（中央公論社刊）

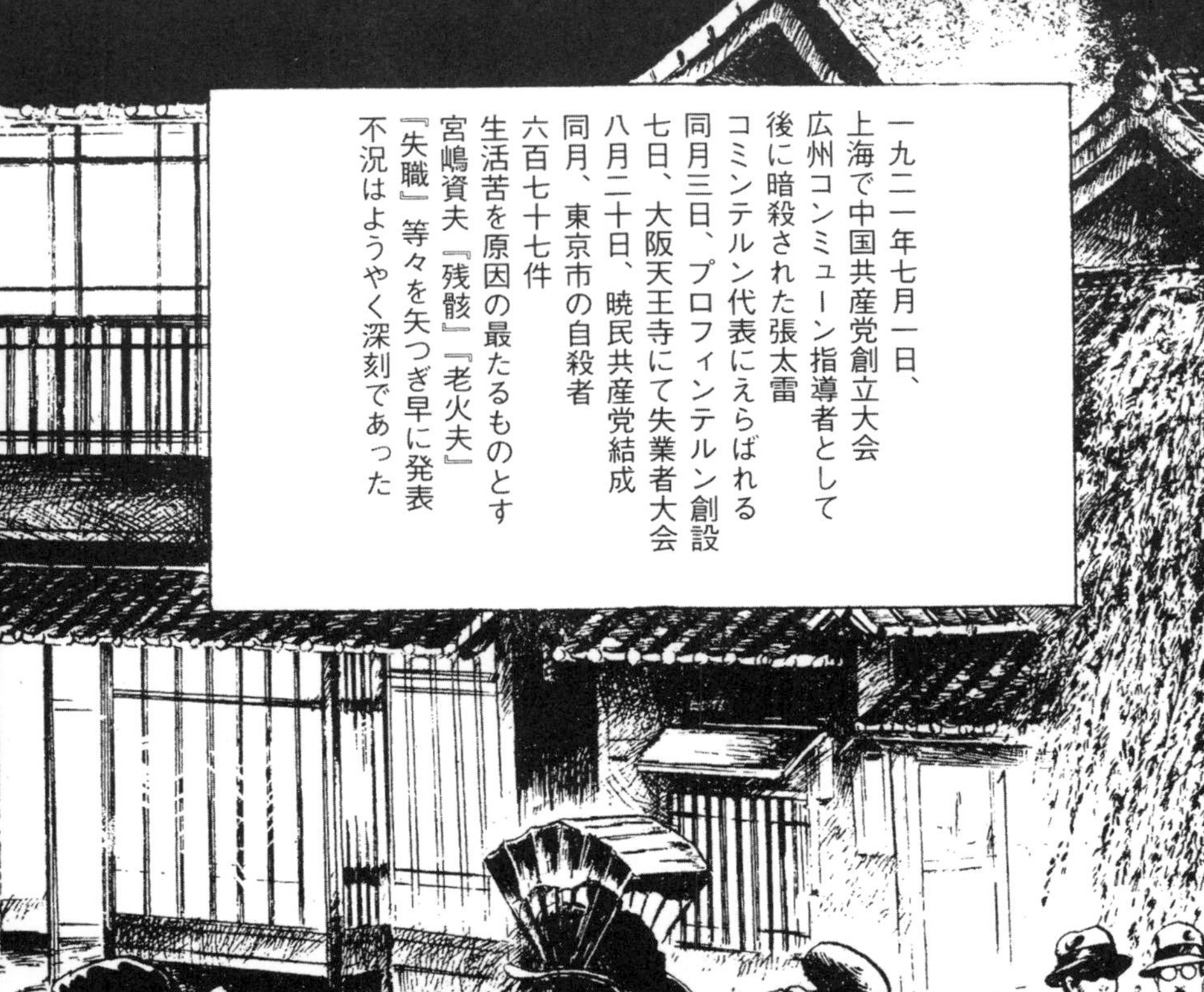

一九三〇年）によれば、救世軍の士官・伊藤富士雄は、実に九百八十七人もの娼妓を廃業させている。この回のラストにかかげた〝廃娼のうた〟も、この人の作詞である。「大君の赤子に畜生道を」という信念で、お女郎千人斬り、いやさ自発的意志による廃業を達成した。伊藤富士雄においてエス・キリストへの信仰と愛国心は、〝絶対矛盾の自己統一〟を遂げたのである。いささか冗長の嫌いはあるが、『廃娼のうた』全詞を収録する、マキャベリズムか、それともロマンチシズムか？

天照す女神の建てし国
皇統連綿みちとせと
世界に誇る日のもとに
破倫不道の習ひあり
紅燈ひるをあざむきて
絃歌の声の湧くところ
活ける死骸の嬌々と
肉をひさげる浅ましさ

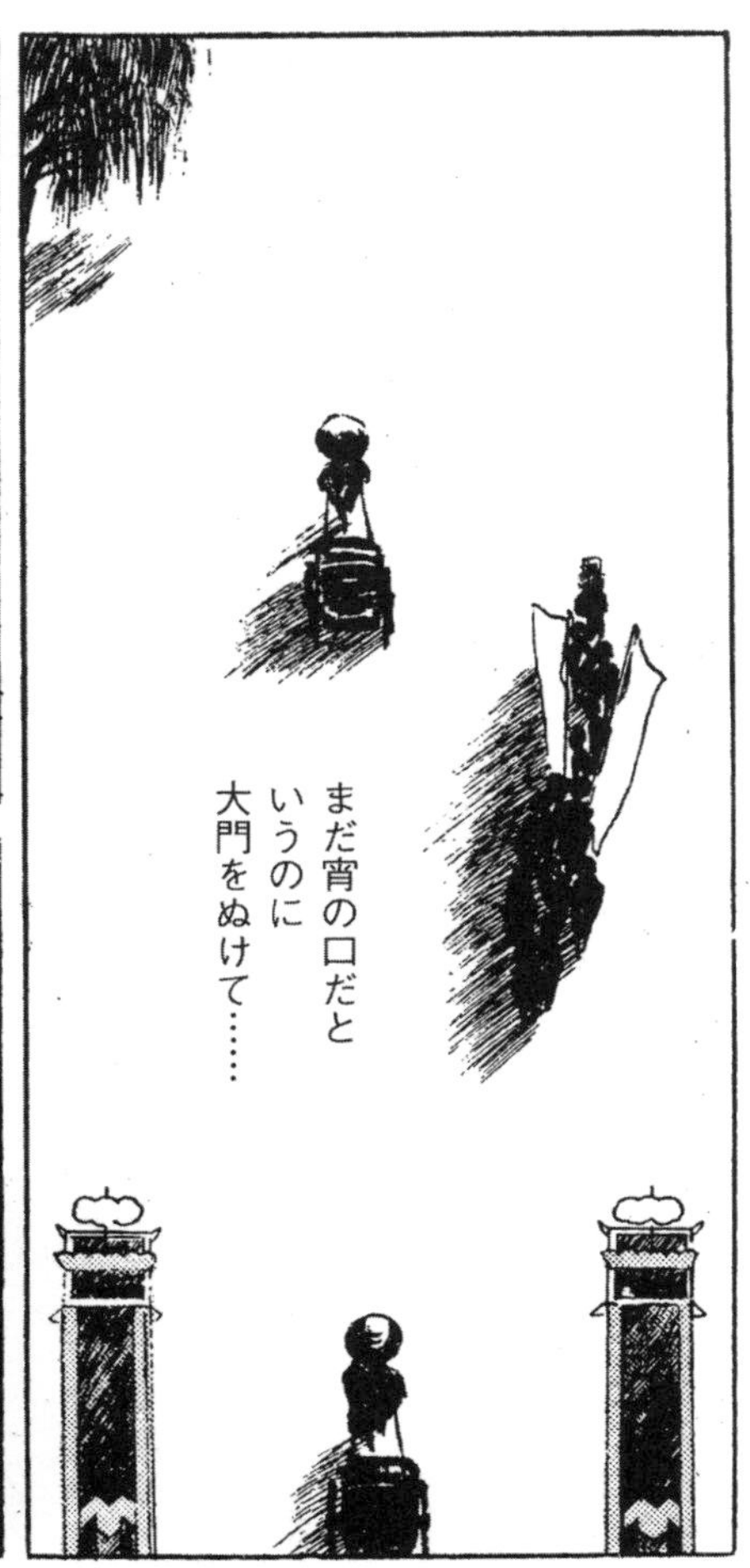

神より受けし人格の
自由を金の枷にかけ
牛馬に劣る憂きつとめ
身は人にして人ならず
昼と夜との区別なく
肉は喰はれ血は吸はれ
死にまさりたる活地獄
無告の涙は千秋の
恨はあれど女気の
弱きがままに日に月に
自暴の淵に溺れ行く
ああ大君の赤子をば
畜生道に堕し置き
斯くて天下に直やある
斯くて天下に法やある
立て心ある人々よ
自由博愛貞潔の
正義の精兵動員し
いざたたかはん世の為に

自由を金の枷（かせ）にかけ
身は人にして人ならず
ああ大君の赤子をば
畜生道に堕（おと）しおき
かくて天下に法（のり）やある
（救世軍歌『廃娼のうた』）

第十一回
何が私をかうさせたか?
金子ふみ子と救世軍

一九〇四年、横浜で生まれた。本籍山梨県、金子ふみ子の両親はいわゆる浮浪人であった。ために、満七歳まで無籍者として育ち、朝鮮の祖母にひきとられて尋常高等小学校を卒業。大正九年、十六歳の春に上京、新聞売子をしながら自活する。極貧と差別の少女時代は、本能的に彼女を反逆の思想に傾斜させていった。アナキスト・高尾平兵衛、「不逞社」の朴烈らを知り、関東大震災後、大逆事件の被告として死刑の判決を受ける。無期懲役に減刑されたが獄中縊死を遂げ、二十二歳の生命を終った。

金子ふみ子が救世軍の一員であったことは、あまり知られていない。獄中手記『何が私をこうさせたか?』から、信仰に入っていったくだりを引くこと

これなるは
一勇斎国芳（くによし）の妖怪図
水野越前守の
いわゆる天保改革による
〝粛清〟の犠牲者群を
百化けになぞらえた
風刺画でおじゃりまする
およそ地獄の
釜のフタってもな
非政・悪政によって
ひらくものと
「水滸伝」一百八の
妖星いらい
相場がきまっております
（夢野京太郎敬白）

にしよう。（＊原著は旧かなづかい）

新聞店を追い出されて途方に暮れた雨の夜、〔上野松坂屋の入口の石畳の上にしょんぼり立って、私は迷った。やっと思いついたのは、救世軍の伊藤を通じて一、二度会ったことのある黒門町の小隊長秋原さんを訪ねて、とにかく今夜一晩を泊めてもらおうということだった。傘がないので私は、着物の裾を端折って、低い日和下駄でぴちゃぴちゃと泥をはねながら家々の軒下を伝って、小隊を訪ねた〕

〔私は伊藤に案内されて婦人席の方に腰をおろした、……説教がおわると、讃美歌がまた歌われた、そのリズムは大浪のうねりのように澎湃（ほうはい）としてまき起ってくるような力を持っていた。何かしら自分もその波の上に乗ってどこか広々としたところへ、つれて行かれるような気に私は襲われた〕

〔ふと気がつくと、私はもう小隊長の脚下（あしもと）の床に突伏（つっぷ）していた。ただわけもなく泣いていた、酔えるもののごとく

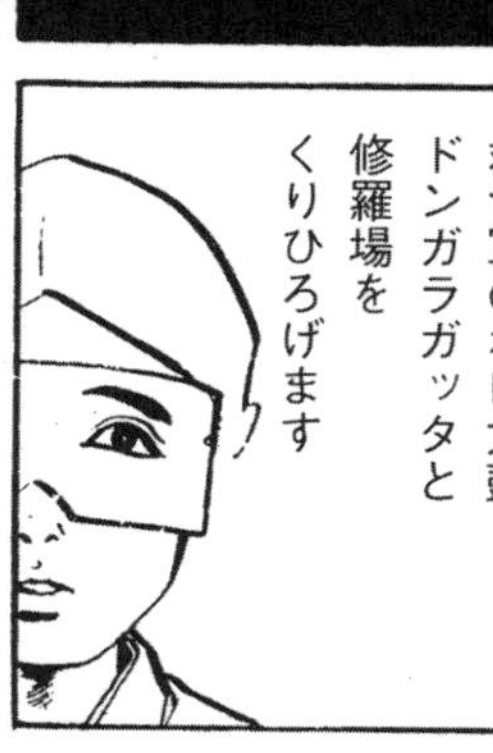

一切の苦悩を忘れて、みんなと一緒に私も神を讃美していた。そうして私はいつの間にか、クリスチャンの仲間に入っていたのだった」

大正八年三月一日、いわゆる〝万歳事件〟が朝鮮全土にひろがり、日本国政府は軍隊を出動させてこれを弾圧、十万人余を殺した。金子ふみ子が東京へ出てきたのはその翌年であり、朴烈もまた京城普通高等学校（日本の中学校）を中退、大正九年初頭に上京した。東京では郵便配達夫となり、日本政府に迎合する留学生らに制裁を加えることから、彼の無政府主義革命運動をはじめる。その性格は勇猛果敢、腕力は抜群であり、しかも機略に長けていた。在日同胞の同志を糾合した「黒濤会」解散の後、『不逞鮮人』なる雑誌を発行、禁止されるとタイトルを『太い鮮人』と改める等、非合法すれすれの活動を展開。芥川龍之介、有島武郎、豊島与志雄らの作家知識人の資金援助を得て、その存在は

いちゃくクローズ・アップされた。(もちろん当局にもである)

だが、アナ・ボル両派ともに朴烈のあまりに大胆不敵な言動を危ぶんで、一定の距離を置いた。大正十二年秋、挙行される予定だった皇太子(摂政宮裕仁)の結婚式に、爆弾を投テキして皇族大官をみな殺しにすることを計画したという〝大逆事件〟については、裁判所のでっち上げとこれまでされてきたが、アナキスト山鹿泰治の証言はニュアンスを異にする。〔七月の初めごろ、不逞社をつくっていた朴烈が、ひそかに山鹿を訪ねて、「上海でコレ(パチンコ)とコレ(バクダン)とを買うことはできないか」という、身ぶりでの相談だった。容易ではないという山鹿の答えにありありと失望の色をみせて、帰っていった〕(向井孝『山鹿泰治——人とその生涯』)

実行行為は予定されていた、そしてこの爆弾テロに生命を賭けようとしていたのは、朴烈よりもむしろふみ子であったと思われる。彼らが爆弾による

暗殺を企てたのには、理由がある。万歳事件の責任をとって長谷川好道（陸軍大将）が朝鮮総督を辞任、元海軍大臣斎藤実が新任されて、京城に赴任したのは大正八年九月二日午後五時。官邸へとむかった馬車に爆弾が投げつけられ、斎藤夫妻、ならびに同乗していた政務総監水野錬太郎（米騒動鎮圧に当った内務大臣）夫妻、四人が危うく死亡という事件がおこっている。

爆弾を投じたのは、キリスト教徒の姜宇奎という、六十六歳になる老人であった。〔朝鮮二千万同胞ヲ、窮地ニオトシ入レントスル怨敵ナルニヨリ、一命ヲ賭シテ新任総督ヲ殺害シ、以テ朝鮮人ノ熱誠ヲ表白シ、内外ノ同情ヲ受ケ、朝鮮独立ノ承認ヲ獲ント欲シ〕（判決理由）た行動だった。朴烈、ふみ子のテロリズムは、この老いたるキリスト者・姜宇奎に触発されたのである。無政府主義に転向しても、なお金子ふみ子は、イエスへの信仰を追う救世軍の少女であった。

キム・トレス哀愁出船

そもそも万歳事件は、キリスト者によって領導された。〔客年（かくねん）（＊昨年）末来、京城市内におけるキリスト教徒の中には、外人宣教師に対し朝鮮独立の可否を問い、また中等程度以上の学校生徒中には教師に対して、暗に朝鮮は帝国の羈絆を脱して再び独立すべきや否やを問う者あり〕（『斎藤実伝』二巻）

……娼妓解放戦争今回は、しばらく売笑の世界を離れて、朝鮮人に対する差別・収奪、彼らがなぜ万歳事件後の日本へ大量渡航してきたかに、照明をあてる。「大正地獄篇」の背景には琉球朝鮮・台湾植民地があり、満州・中国大陸から、北方はソビエト・ロシア、南方は東南アジア、インド亜大陸へとひろがる汎亜州の流動がある。ここに一人の朝鮮人労働者を登場させよう。彼はまさしく無告の窮民である。夢野京太郎は一九七三年、沖縄で彼キム・トレスの回想を聞いた。明治四十一年

生まれ、当時六十五歳であった。

×

日本の名前はな鈴木千吉や、沖縄に来てから村城盛徳、朝鮮にいたときはキム・トレス、三つも名前を変えた。どう書くのかて？　ああ、キムはねえもと巨人軍の金田、あれと同ちだよ。お金のカネ、トレスこれはむつかしい、東と書く、はけしと書く。は・け・しわからん？　チュウユウキレス（＊忠勇義烈）というでしょう、そうそう烈と書く。金東烈と書くんだよ、朝鮮語ちゃないんだ。日本語、わたしはもう国の言葉知らんものねえ、アリランは唄えるが母国語すっかり忘れた。

十三歳（＊かぞえ）だったんだよ、日本へ稼ぎにやってきたのは、大正九年や。朝鮮と日本と戦争をしたんだ、それで属国になった。承知できんからバンジャイをやったんだよ、バンジャイ、独立マンセイ、朝鮮では万歳のことをマンセイというんだ。日本みたいに両腕を上げないで、歩きながら拳固で

天を突く、マンセイマンセイ、学生や若者たちが多勢して、朝鮮の旗を持って歩いた。

大正八年三月十一日、三月一日ちゃないかて？　それは京城ではじまった日だよ、慶尚南道の釜山では十一日に騒ぎがおこったんだよ。キリスト教の女学校の先生が旗をつくって、生徒に持たせてな、バンジャイいいなさい、朝鮮は独立国ですといったんだ。ああえらい騒ぎだったよ、晋州やら東萊に飛火してな、きょうは三千人も出た、あすは五千人も集まったと、だんだん増えていった。

それで、とうとう日本軍の砲兵隊が出動したんだ、子供やったけれどよく覚えてるよドカーン、ドカーン。パチパチと、銃や大砲を撃ってな片端から殺したんだよ。つかまった連中はな、首にナワつけられて、女の先生などはすっ裸にされて、アーメン、アーメンいいながら街をひきずりまわされて、オマンコに銃剣突き刺されて、ほんで

殺されたんだ。嘘ちゃない、ほんとの話だよ、この眼でちゃんと見たんだ。非道い目にあわされたけれど、日本は強い国だから行ってみたい、金持ちになれるちゃないかと思ったんだ。うん朝鮮の貧乏人の子供はな、裸で歩いていたんだ、上だけ服着てなチンチンを出しとるんでしょう、貧乏丸出しだよハハハ。それで、日本にやってきた、釜山の警察に内地の巡査がいて、ヨボどこへ行くのか？　トシはいくつか？と聞かれた、十五歳だと嘘ついてな、おれ内地に渡るんですよ、ヨボ内地に何をしに行くか？

ヨボ、ヨボというんだ、これは朝鮮言葉で「もし」、丁寧にいったらヨボセヨ、人を呼ぶときの敬語なんだよ。しょっちゅう使うから、内地から来た連中は、朝鮮人を軽蔑してヨボと呼びすてにする。手紙のあて名まで何丁目何番地ヨボだよ、野菜商ヨボ、古物商ヨボ、名前を知っていても「朝鮮人に姓名などもったいない」というんだ。

火事になっても消防車こない、来ても「何だヨボの家か、ブタ小舎燃えろ」と引返してしまうんだからな、冗談でないよ、ほんとの話だよ。病院だって診てくれないよ、活動（＊映画館）にも入れない、百貨店行けば突き出される、ヨボは不潔だから、シラミがいるからって、ニンニク臭いからって、まるでハエを追うみたいになシッシッというんだ、シッシッと。

日本に行ったら、天皇ヘイカのいる東京なら、そんな目にあわされないと思ったんだよ。勅語が出たろう、うん日本人と朝鮮人はおなじ赤子である、小学校で暗記させられたよ、いまでも忘れていないよ。チン、ツトニチョーセンノコーネイヲモッテネンネントナシ、ミンシューヲアイブスルコト、イッシドウジン。テイコクシンミントシテ、シューゴーノサイアルコトナク、よう憶えているでしょう。チョーセンチンチョーセンチンパカニスナ、テンノーヘイカミナオナジよ。

お話し変りまして
ここは両国橋
江東新天地を
開くさいに
架けられました
東京最初の歩道鉄橋
当時、国技館はまだ
建てられておりません

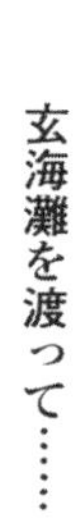

玄海灘を渡って……

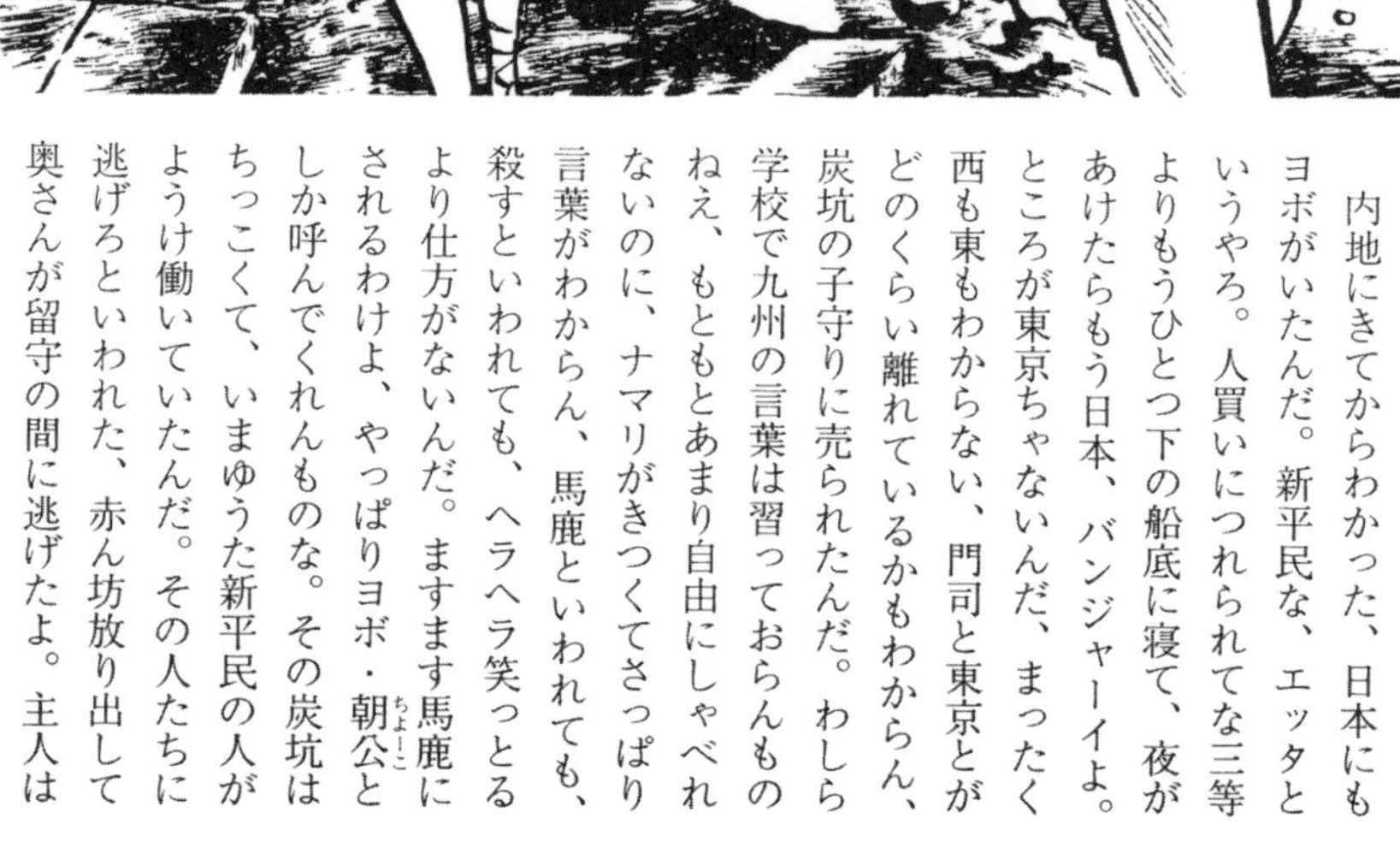

内地にきてからわかった、日本にもヨボがいたんだ。新平民な、エッタというやろ。人買いにつれられてな三等よりもうひとつ下の船底に寝て、夜があけたらもう日本、バンジャーイよ。ところが東京ちゃないんだ、まったく西も東もわからない、門司と東京とがどのくらい離れているかもわからん、炭坑の子守りに売られたんだ。わしら学校で九州の言葉は習っておらんものねえ、もともとあまり自由にしゃべれないのに、ナマリがきつくてさっぱり言葉がわからん、馬鹿といわれても、殺すといわれても、ヘラヘラ笑っとるより仕方がないんだ。ますます馬鹿にされるわけよ、やっぱりヨボ・朝公（ちょーこ）としか呼んでくれんものな。その炭坑はちっこくて、いまゆうた新平民の人がようけ働いていたんだ。その人たちに逃げろといわれた、赤ん坊放り出して奥さんが留守の間に逃げたよ。主人は

飯場の親方でヤクザ者だ、捕まったら片輪にされるか、殺されると思った。もう冬だったからな、寒いし日はすぐ暮れるし、ハラペコだしな。

　泣くまいとしても涙が出よる、声が出てくるんだよ、まっくらな田んぼのワラ積んだのにもぐってな、アイゴーチュゲソーと大きな声で泣いとった。それでお百姓に見つかって、駐在所につれていかれた。バンジャイを憶えているから、ああもうダメだと思った、懲役にやられる、と。「悪うごじゃいました」とあやまってな、これまでのことをちぇーんぶ。全部話したんだ、腐ったメシ食わされたことや、ムチでたたかれたこと、親には支度金を十円しか渡さんのに三年タダ働らき、年季奉公させられることやな。どうせ懲役なら、鬼のような主人夫婦にウラミを晴らしてやれと子供心に考えたんだ。そしたら巡査が怖い顔して、裸になれといいよる。おそるおそる着物を脱いだら、前からじっと見て後に廻って、

「うーん、おまえの話は嘘ではない」と信用してくれた。たたかれて、つねられてアザだらけでしょう、おまけに栄養不良で骨と皮に痩せとったから、あったかいメシ食わせてくれて、その晩は駐在所に泊まったんだ。

　本署につれていかれた、直方（のおがた）警察署やった。そこに、孫さんという通訳の人がおって、うん朝鮮の人だよ、多勢働きにきておったでしょう半島から、それで警察に通訳がいたんだ、労務係やっとったんだ孫さんは。この人は、大邱でバンジャイやってな、牢に入れられたけど、監獄でよく勤めたから、許されて警察の通訳になった。戦争が終ってから、大阪でばったり会って、一緒に商売もやったんだ、朝鮮総連の役員になったが、スパイだというんで殺されてしまったんだ。その話はまたあとでしょうな、この人に口をきいてもらって、徳山の海軍燃料廠（しょう）の飯場にメシタキに雇われた。月給十五円だ、百円たまって東京へ出ていった、大正

十年の夏のことだ。かぞえで十四歳、体もまだ一人前ではなかった。深川の富川町な、あそこの労働下宿に寝起きして、土方のまねごとやら使い走りで金をかせいだんだよ。

救世軍を知っているか、ここで金をあずかってくれる、郵便貯金の通帳をつくってくれるんだよ。集会に行ってアーメン、アーメンというていたら、兄弟のようにしてくれる、病気しても診てくれるしな、金子ふみ子？　さあそんな人はいたかどうか、伊藤富士雄さんなら知っている。これは立派な人だった。お女郎の解放運動な、ノボリ立てて吉原へ行って、いつも演説していた人でしょう。朴烈か！　朝鮮人で知らんものはないよ、あの人の女房か金子ふみ子は、救世軍にいたのか！朴烈は皇太子殿下殺そうとした、バンジャイ事件の怨みだよ、なんで天皇を狙わんかったか、頭がおかしくなったヒト殺しても仕方ないでしょう。

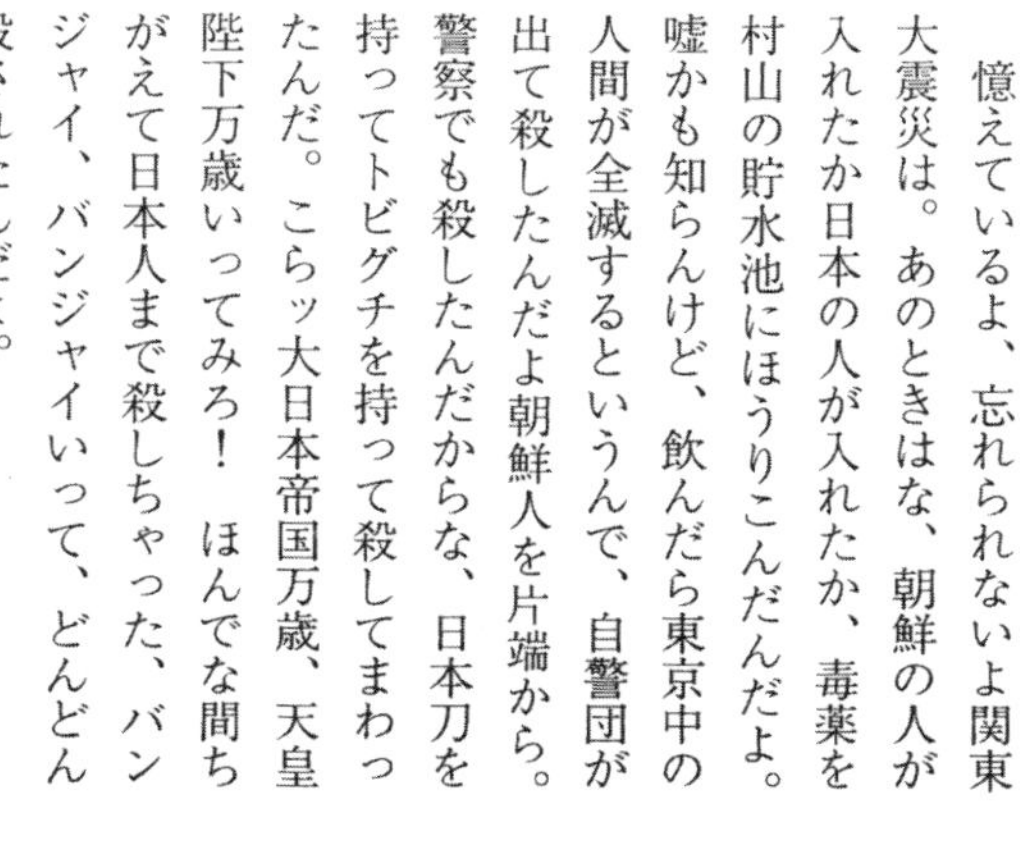
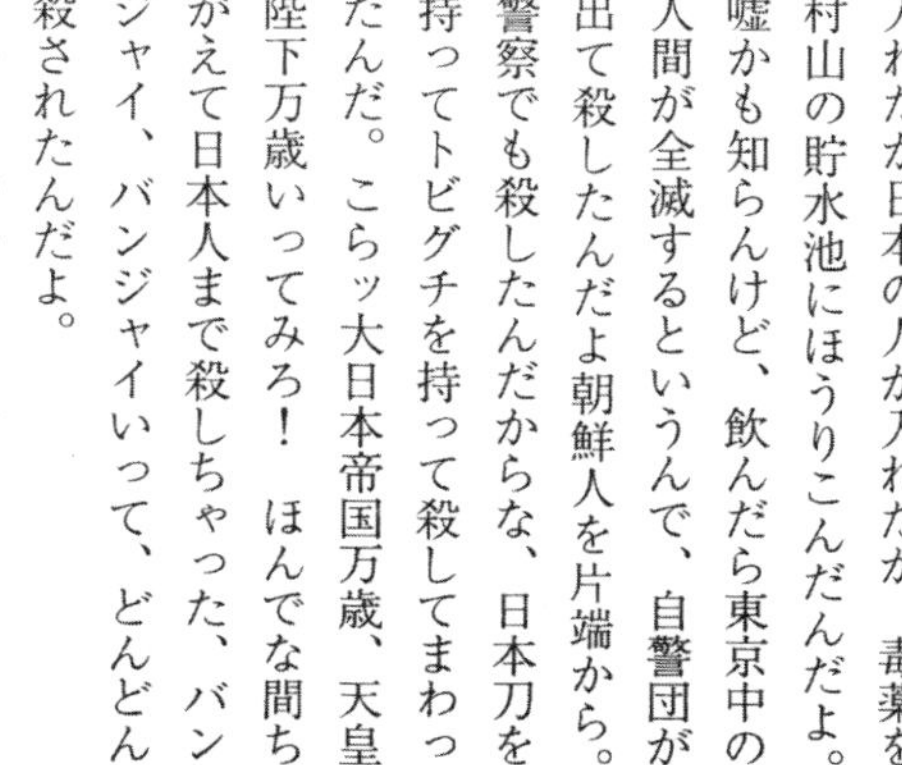

関東大震災と朝鮮人

憶えているよ、忘れられないよ関東大震災は。あのときはな、朝鮮の人が入れたか日本の人が入れたか、毒薬を村山の貯水池にほうりこんだんだよ。嘘かも知らんけど、飲んだら東京中の人間が全滅するというんで、自警団が出て殺したんだよ朝鮮人を片端から。警察でも殺したんだからな、日本刀を持ってトビグチを持って殺してまわったんだ。こらッ大日本帝国万歳、天皇陛下万歳いってみろ！　ほんでな間ちがえて日本人まで殺しちゃった、バンジャイ、バンジャイいって、どんどん殺されたんだよ。

わしは若かったし、力もあったから逃げられた、走って横浜へ逃げたよ。途中で自警団につかまって、隙を見てパーッと走った、後からトビグチでなざくっとやられたんだよ、ほらこれを見なさい、頭に大けな傷が残っているやろ。何人殺されたか、見当もつかん

ことだよ、朝鮮人も中国人も沖縄人も見さかいなく殺したんだよ、川の水がまっ赤になったんだからな血で。天皇陛下の命令が出て、朝鮮人を殺しちゃならんということになったが、遅すぎたんだよ、もう。

兵隊が多勢馬に乗ってきて、わしら朝鮮人をかり集めて、二人ずつ荒縄でひっくくって、大けな檻みたいな箱にほうりこんで馬車に乗せてな、積んで引いていったんだ。天皇陛下の命令が出ていることなど知らんから、これはみな殺したと思ったよ。多摩川の橋の上で馬をとめて箱をあけた、まわりに自警団がいて、ああもうこれはダメたと橋の上から飛び降りて、死んだ者もようけおった。観念していたらパンをくれた、兵隊のパンだよ、石のように堅いカンパン、あれを食わせたんだ、雨はじゃんじゃん降ってくる、寒いのと怖いのでカタカタして、嚙んだって歯が立たない。

そこへ憲兵がやってきて、国に帰り

上御一人は気が触れている
日本は何という国だろう

たい者がおったら手を挙げろという、だけども少なかったな、みんな稼ぎに日本へきたんだから帰らない。性根がすわっとるんだ、もうわしらは亡国の民だと、どこへ行こうがバンジャイ、バンジャイでいじめられるものと肚をすえとるんです。あきらめじゃない、何とか生き残って金をためよう。そう決心しておったんだ。え？　たまらんかったけどな、敗戦後の大阪では芋を煮つめたアメを売ってもうけた、悪銭身につかずや、沖縄の女と結婚してなここへ流れてきたんだ。

五年前に女房に先立たれて、ひとりぼっちだよ今は、うん伜が大阪におるからね、死ぬときがきたら内地へいくつもりだよ。海の見える釜山で育ったから、沖縄からはなれられなくてね、ここのジャミセンも習ったし、呑気でいいよこの土地は。百姓のまねごとをして、豚飼って暮しているでしょう、泡盛り飲んで島うたを唄って、何国人やら、さっぱりわからんようになって

しもうた。

まあ、十三歳から五十年以上日本とつきあってきたんだからな、もう一花咲かせたいと思うが、いまでも差別はひどいんだろう。国も南と北に分れておるしね、暮しにくいんだよ内地は。沖縄におったら、日本人のふりをすることいらんものね。村城盛徳と名乗ってはおるが、朝鮮人の金さんで通るんだ、ヨボちゃないんですよここでは。さあ唄おうねえ、日本語のアリランしか知らんが、聞いてください。それから『哀愁出船』、これは美空ひばりのとちょっと言葉がちがう、キム・トレス作詞や。朝鮮人はみんな歌がうまい、亡国の民やからね、自慢できることはそのくらいのものですよ。

〽アリランアリラン　高い木はよ
いつか斬られて電柱になるよ
アリランコンダルコン
綺麗な娘(こ)はよ
いつか売られて　女郎になるよ

ヒマの実よ　みのるなよ
十六処女(おとめ)が売られていくよ

アリランアリラン　アラリヨ
アリランコゲロ　ノモカンダ
一銭五厘の端書(はがき)でさえも
千里万里の旅するに
恋し母さん　便りないよ

女将(かあさん)死ねと願ったら
母さん死んだと便りきたよ

遠く別れて　泣くよりも
金をもうけて　帰りたい
うしろ髪ひく　玄海灘に
涙かみしめ　ゆく潮路

そうよ　いつかは戻ってくれる
せめて偲い　空だのみ
釜山港は　哀愁出船
どこの異郷で　果てるやら

不逞社
不逞社
同志・労働者諸君
俺は不逞朝鮮人・朴烈（パクヨル）であるっ

第十二回
仮想の翅をのばせ!
百八の妖星未だ半ば

種蒔き車を
引き出して
黒種、赤種、ふり散らせ

辛いこの世の
血のしずく
生えろ、血の種、赤い種

燃えろ、苦の種、黒い種
街には昏い
日が燃えて

〔……私たちは一杯飲むと、この詩にフシをつけて、大声で歌って歩いた。黒種はアナーキズム、赤種はボルシェヴィズム、いわゆる「アナ・ボル同居時代」であった〕(佐々木孝丸『風雪新劇志』)

大正十年(一九二一)九月、やがてこの

日比谷公園は
明治三十六年六月に開園
面積五万四千八百三十六坪
六方に門あって出入自由
花壇あり、噴上げあり
運動場あり、音楽堂もあり
惜しむらくは近時
青春男女の密会所となって
しばしば汚さるるを
……と、博文館発行の
『東京みやげ』にございます
いまも昔も
人情に変りはないようで

物語りに登場するであろう『種蒔く人』、創刊号を出す同人、小牧近江（こまきおうみ）・金子洋文・今野賢三（いずれも秋田出身）、画家柳瀬正夢（やなせまさむ）、新劇俳優佐々木孝丸。ともあれ外題『水滸伝』、とうぜん人物は一百零八、まだまだ出てくる。このへんで交通整理、目まぐるしくも遅々たる、「大正地獄篇」の展開に、いちおうのメドをつけておこう。

〔画面・登場順〕

——ゴシックは百八人に数えず

七人の若者たち（身許不詳）
皇太子裕仁親王殿下
師範学校生徒・屋良朝苗
琉球青年・喜納弘一
同・伊波新助
琉球少女・豊里奈美
竹久夢二（絵画のみ）
オペラ作者・獏与太平＝古海卓二
唯一者・辻潤
香具師・山春（山田春雄）
演歌師・添田唖蟬坊
三階松四代目・飯島源次郎

コマ廻し・松井源水
十二階下の女・堀口直江
新聞配達員・難波大助
大杉栄
アナキスト・和田久太郎
同・村木源次郎
逮捕された・堺真柄
救世軍士官・伊藤富士雄
河上肇（書物）
芥川龍之介
漫画家・小生夢坊（群衆の中）
大助の友人・歌川克己
大正天皇&皇后・三人の皇子たち
摂政宮殿下（御真影）
大寅組・尾藤政吉（通称キズ政）
岡田嘉子（ポートレート）
バンツマ（同）
大陸浪人・杉山ホラ丸
北一輝
護衛の若者（岩田富美夫）
徳田球一
文士・宮嶋資夫
混血美貌の不良少年・大泉黒石

シチョウサンタラ
ケチンボデ
パイノパイノパイ

なんて、真逆！
実はこの外人
タダモノでは
ございませんが
それは
また後のお話……

救世軍の少女・金子ふみ子
警視庁警務部長・正力松太郎
特高課長・纐纈弥三
上御一人（晩年の肖像画）
小杉勇（『都会交響楽』写真）
不逞朝鮮人・朴烈（バクヨル）

……この章では、コズロフ・クララ夫妻、伊庭孝・高田保、河合徳三郎、吉原太郎、林鳳権、ラシック、そしてジノヴィエフを加える。さらに次回、大杉の盟友近藤憲二、「水平社宣言」起草者西光万吉、**内閣総理大臣原敬**、後年の映画監督内田吐夢、スター岡田時彦、刺客中岡艮一、伊藤野枝、**作家久米正雄**etc。あらたな人物が登場して、舞台は関西へ。

そこには、京都黒色連盟の任侠アナキスト笹井末三郎、ギロチン社の古田大次郎、中浜哲らが待ちうける。一百零八の星は半ばをかぞえ、〝テロルの回路〟を錯踪して、大正デモクラシー終焉の地平に輝やくのである。

こらーッ
鎮まれえ！

検束、
検束ーッ

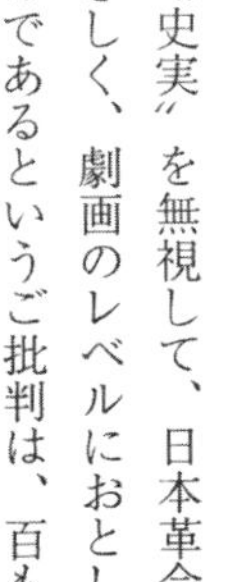

怪漢・吉原太郎

〝史実〟を無視して、日本革命史をまさしく、劇画のレベルにおとしめるものであるというご批判は、百も承知二百も合点。前に述べたように、夢野京太郎テンから、〝正史〟なんてもな無視しとる。画面は目下乱闘シーン、ちよいと道草をして、ムダをいわせていただこう。佐々木孝丸の回想にあるように、赤い種と黒い種と選別されぬ時代がまずあった、アナ・ボル連合を割って、抗争にみちびいたのはコミンテルンである。

大正十年四月——、「大杉栄の代理として」上海に送られた近藤栄蔵は、〔かつて片山（潜）と約束した、日本共産党結成の地下工作に進んでいた。堺（利彦）山川（均）と、大杉栄には秘密に連絡をとって、党結成の工作にかかっていた〕（『コムミンテルンの密使』——近藤の手記、要約）

そこへ上海から、林という朝鮮人がやってきて、〔日本の共産主義運動は

国際的連絡を持たねばならないこと、自分は上海のコミンテルン代表部から日本の同志との連絡に来たものであること、かねて連絡のある大杉はアナキストであるからモスクワでは彼を承認しないということ、しかし山川も堺も煮えきらなくて困っていること」等を近藤に告げた。

かくて、日本共産主義者団（コミンテルン・支部準備会）正式代表、という資格を近藤は得た。しかし、表面上はあくまで、病中の大杉の代理人として上海に渡るために、林が近藤の推薦を大杉に依頼するという芝居をうった。

〝裏切り〟は当初から用意され、黒い種は整除されるべく、工作されたのである。いっぽう、極東民族大会には、アナキスト・グループから、一本釣りされた和田軌一郎、高尾平兵衛、小林進二郎、通称ピン公・吉田一らが出席して、一部はボルシェヴィキ・党への転向を遂げた。

その人選にあたった中に、吉原太郎

、、、、、という名を、荒畑寒村は挙げている。〔彼の素性についてはまったくわからない、ただ自称するところによれば、米国で左翼的労働組合のI・W・Wに加わり、首領ヘイウッドのもとで活動していたが、ロシアにはいってコミンテルンから革命的労働組合を、日本に組織しろと命じられてきたというのである。大男ではないが頑丈な体格で、片頬に大きな傷痕をとどめているツラ構えは、いかにも米国の荒っぽい移民労働者運動で鍛えられた人間、という印象を与えた〕(『自伝』下巻)

吉原太郎は、「特別使命のため独自行動が必要だ」と称して、右翼団体の内情を探るため黒龍会に出入したり、満洲・中国を往復したり、〔変幻出没ほとんど端睨すべからざる〕怪人物であった。斗酒(としゅ)なお辞せず、トランプを手品師のようにあやつってみせ、大小数十個のダイヤモンドを、革命資金と称して持ちあるき、中山博道〔最後の

剣聖といわれた人）と親交をむすび、ともかく得体の知れぬ人物だった、と寒村は語っている。

　まともな歴史家は、こういう人物を相手にしない、近藤栄蔵はともかく、林鳳権と名乗った朝鮮人や、その前に来日している馬某、あるいは張太雷（チャン・ターライ）、「コミンテルンの密使」たちを、革命運動史に位置づけず、毛ほどの評価も与えまいとするのである。そのような視点からは、杉山ホラ丸とレーニンの回路を見ることができず、右翼の岩田富美夫が信任状をたずさえ（偽造ではあったが）、共産主義者として入露を果したことの（大正十一年秋）、マカ不思議に到底できない。

　――大道は無門であり、迷路は四通八達する。十二階下・玉ノ井・亀戸の私娼窟のごとく、玄海灘も上海航路も雪の国境もヌケラレマス。さて、吉原太郎とは何者か、国際共産主義運動の波は、大正・昭和余年のアナキズム、そしてもろもろの非マルクス主義革命

思想をば、何処へ、どのように攫(さら)っていくのでありましょうや？　いま少々駄弁を弄することを、今回はおゆるしいただきたい。（いまさら何を、毎度ムダばっかり並べてだって、真面目にやってるつもりですぞ）

　ナニガナンダカ判ラヌモノ、それは福本イズム。佐々木孝丸風にいえば、〔折衷主義だ俗物主義だ、否々千度も否！　全無産階級的政治闘争意識だ、御筆先(おふでさき)だ、社会の構成・並びに変革の過程を過程せよ、弁証法だ、止揚だ、現段階だ結合だ分離だ、正だ反だ合だ丁だ半だ、なんじゃもんじゃ、これをようするに言葉の渦巻き〕

　左翼イデオローグを挙げて、抽象的大混乱におとしいれた、福本イズムというお化けも、コミンテルンの一喝で退治されてしまった。まことに、革命御本山の権威は、出来たてホヤホヤの日本の前衛にとって、あらたかであり絶対であった。

『坑夫』と大杉栄

宮嶋資夫が大杉と袂をわかち、久板卯之助、高尾平兵衛、和田軌一郎らと、『労働者』を発刊したのは、思想上の分裂というより、〝葉山事件〟（大正五年、葉山日蔭茶屋に滞在中の大杉を神近市子が刺した、伊藤野枝との三角関係のもつれからである）以降、彼の同伴者に対して感情的に許せぬものがあったからだろう。〔葉山で野枝君を彼の枕頭で俺が殴った時も、大杉君は黙って、彼自身を罵倒している間も、じっと眼をつぶっていた〕（『追憶断片』、世界文庫版大杉栄全集／六巻・月報所載）

その年一月、『坑夫』を発表。この小説はたちまち発禁となり、単行本の紙型を押収されて、戦前はまったくといってよいほど読まれず、したがって大杉が書いた序文も、巷間に知られることがなかった。夢野京太郎思うに、『坑夫』という小説は、プロレタリア文学と呼ぶより、真正な意味でのごろつき小説、やくざ小説である。東映は

なぜ、この作品を映画化せぬのか？主人公石井金次は、腕のよい流れ者の坑夫である。足尾銅山でストライキがおこり、大暴動に発展したとき誰より勇敢に闘った。

　だが（これから先が小説のテーマである）、暴動は軍隊に鎮圧され、彼は流浪の生活を送る。かつての仲間や、〝前科〟を知る者たちは、彼を恐れて冷たくあしらい、何とか口実を設けて追払った。味方に裏切られ、鉱山主やその手先たちよりも、激しい憎しみを彼は労働者に対していだく。「喧嘩と酒と嬶盗ッ人」、自暴自棄にもっとも危険な作業場ではたらき、暴力三昧に明け暮れる、そしてついに殺される。飯場頭の地位を狙う男と争って、その用心棒に刺されたのだ。血潮と泥土にまみれて、仲間の坑夫たちからツラア見ろと足蹴りを浴び、石井は息絶えていった。

　大杉栄は感嘆していう、「はじめて此の原稿を読んだ時、僕はその夜中、

亢奮に襲われ、いろいろな事を考えている間に、ゴリキイを読んだときの、それと同じ亢奮であったことを、思い浮かべた（略）。その経歴に於ても、気質に於ても、甚だゴリキイと相似た宮嶋君が、此種の作品を続けるなら、盲目的であっても、さらに進んでは、自己叛逆者を、またさらに多種多様な及び周囲の人々の、意識的叛逆をも、立派に描き出すことが、出来るだろうと思う」（文序）

こうして、同志の友情を結んだ宮嶋資夫と大杉栄とは、まもなく日蔭茶屋事件をめぐって絶交状態となる。その真の原因は、冒頭述べたように主義・主張とは別のところにあった。宮嶋はつまり、伊藤野枝という女性を好きになれなかったのだ、ここでピン公こと吉田一を登場させると、宮嶋の感情は明らかになる。

ピン公は鍛冶屋の職人で、無学まるだしの男であった。大杉の家に遊びに

くると、火鉢にペッペッと唾を吐く、泥足で廊下を歩く、風呂場で流行歌をうたう、買ったばかりの籐椅子で傍若無人に昼寝をする、ついにはシラミを背負ってきて、「これをイヤがるようじゃ、労働者じゃない……」

野枝はそういうピン公が、大嫌いであった、露骨にイヤな顔をする。デリカシイのない男、どこか不自然に誇張してふるまっている、「無邪気ないい男なんだ」と大杉はいうが、野枝にはそう思えなかった。他人の心をのぞきこもうとする一種の狡猾さと、好意につけこむ狎々(なれなれ)しさを、労働者ピン公に彼女は嗅ぎとったのである。

……果せるかな、ピン公は極東民族大会に参加して入露すると、たちまちボル派に転向する。宮嶋資夫も、この男が好きではなかった、付和雷同する欠点、労働者を金看板にしているが、天下の怠け者であることをも、宮嶋はみぬいていたのだ。だが、『坑夫』の作者にとって、労働者とはピン公的な

狡猾さ、自堕落さ、ご都合主義、ありとある汚辱に、〔肉体だけではなく、魂も煤煙にまみれて〕存在する。善人なおもて往生す、いわんや悪人をや、伊藤野枝のように潔癖に(?)人間労働者を純化するのは、鼻持ちならぬプチブル・インテリゲンチャの偏見であり、差別である。

お上品ぶるな、自分だって〝情痴の刃傷ザタ〟、はっきりいってしまえば三面記事の女じゃないか、と。高尾、和田、アナキスト仲間からキリストと呼ばれた、柔和な人格者の久板までが大杉を離れたのは、野枝という女への反感（裏返していえば先妻堀保子への同情）に、最も大きな原因があったと思われるのである。

ボルシェヴィキ極東民族大会への代表を、『労働者』グループは、ピン公・吉田一をふくめて数多く送りこんでいる。そして第三次『労働運動』発刊、大杉栄がボルシェヴィキとの対決にふみきった大正十年十二月、同人は

たった四人。和田久太郎、近藤憲二、彼自身と伊藤野枝、まさしくアナキズム運動の絶対少数派に孤立していたことは、すでに記述（＊第十回）した通りである。

ここで、「新しき女」伊藤野枝論を展開するつもりはない、彼女に対する評価はまた別のテーマである。ともあれかくもあれ、コミンテルンの標的は、『労働運動』の大杉栄とそのグループでは、もはやなかった。極東民族大会開催準備のために来日した、中国人・張太雷はどのようなルートを通じたのか、日本・社会主義運動史の文献は明らかにしない。

山川均の自伝から再び引用すると、

［ある晩のこと、徳田球一君がやってきて、こんどコミンテルンから、こういう申し出をしてきた。その条件は、誰でもいいから頭数をそろえてくれという。しかしできれば、何々団体から送られたという肩書をつくってくれということだ］

この年、七月十七日
バートランド・ラッセル来日
通訳として同行した
ロシア系アメリカ人・コズロフは
I・W・W会員であり
すでに大正六年に渡日して
堺利彦「売文社」の客員となり
大杉栄・近藤憲二らと
親交をむすんでいた
謎の日本人・吉原太郎とは
赤色労働組合当時の同志であり
極東コミンテルンへの
日本代表を選出する
橋渡し役として白羽の矢を
立てられたのである

空白のノートを――

〔それで自分も行くことにした、ついては、水曜会の名前を使わしてくれ、こういう話があったのです。私はそのときはじめて、民族大会に代表を送る話を知ったのです（略）。とにかく、出発までは絶対に秘密にせねば、日本から出られないという事情でしたから誰にも相談をせず、私の独断で承諾を与えた〕

一つのルートは、片山潜の作成した「在米日本人社会主義者団」である、ほぼこれはまちがいない。近藤栄蔵も組織の一員であり、猪俣津南雄、鈴木茂三郎、前田河広一郎などが中心メンバーであった。極東民族大会には鈴木ほか四名が派遣されている。怪人物・吉原太郎もこの系統に属する。アナキスト・グループの連絡は、大杉栄らと親交があったコズロフが当ったものと思われる。大杉は極東民族大会開催の計画をコズロフから聞き、（儀礼的な

一九二一年六月二十二日
モスクワにおいて
第三回コミンテルン世界大会開く
「大衆の中へ！」のスローガンを
満場一致で採択
ここに掲げるは初代議長
ジノヴィエフ氏の勇姿であります

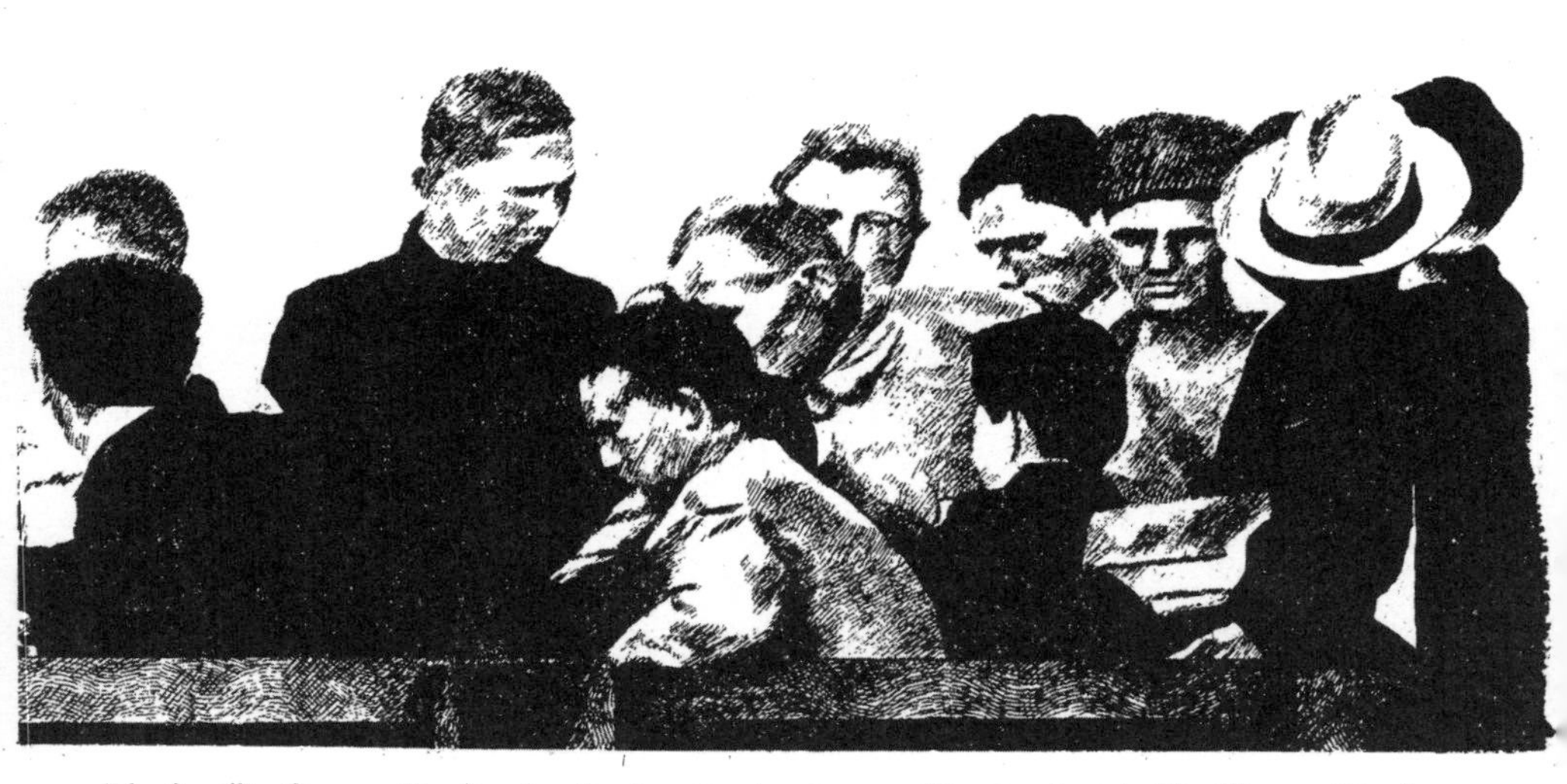

ものであったのだろうか）参加要請を断わっている。

暁民共産党の高瀬清、これも近藤が担当したのだろう。だが徳田球一は？　戦後になって本人が語っていることはアテにならぬ。当時〝まっとうな社会主義者〟連中の鼻ツマミであり、株屋の三百代言であった徳田に、誰がお座敷をかけたのか？　往時は茫々としている。〝正史〟は何も語らない、「コミンテルンの神話」はついに説き明かされることがない。ただ、確実にいえることは、日本共産党結成はコミンテルンの指令によるものであり、そのインストラクションズは、どこで誰が（どのような機関が）作成したものか、実にきわめてあいまいだ、ということだけである。

その点、アナキストの運動は愚直なまでに、（感傷をまじえていうなら）悲しくなるほど、限りなく透明なのである。この国の無政府主義者たちは、歴史に暗黒の部分を持たない、饒舌と

いうよりも虚心である。女出入りでも略奪(リャク)でも、強盗殺人であっても、たんたんとすべてを語り尽して、絞首台に上り、あるいはみずから生命を絶っていった。空白のノートは、甘粕大尉による大杉栄・伊藤野枝・橘宗一、虐殺事件の真相にある。彼らを殺したのはしんじつ、甘粕だったのか？

そう、もはやフィクション（虚構というまい、宮嶋資夫の好んでもちいた言葉をひくなら仮想）でしか、空白のノートは埋められぬのだ。難波大助・大杉栄・伊藤野枝、〃非命〃に死んでいった人々は語らぬ以上、我々は能く多弁であり、（見当違いとののしられようと）伝説しなくてはならぬ。如是我聞、（歴史家とは広範囲にわたって噂話をやらかす輩）（ビアス『悪魔の辞典』）である。

ならば歴史とは、「現在にとってはおおむね重要でない過去の出来事を、未来に向っておおむね間違って伝える記述」であろう。劇画レベルに、忸怩とすることはないのダ、ホラ丸よ行け仮想の翅をのばせ！

宮崎滔天作詞
『馬賊の唄』のひとくさり——

昨日は東　今日は西
流れ流れてうき草の
果てしなき野にただひとり
月を仰いで草まくら

長白山の朝風に
剣をかざして俯し見れば
北満州の大曠野
僕の住家にゃまだ狭い

み国出てから十余年
いまじゃ満州の大馬賊
アジア高嶺の間から
くり出す手下が数千人

海のむこうには
琉球も朝鮮も支那も
ロシアもある……

Ⅲ 幽霊、西へ行く

十月の澄みきった空を眺めて
私がまず第一に思い浮かべるのは
鎌倉の秋だ
大正十年（一九二一）
東京監獄を満期放免になって
そのころ鎌倉にいた大杉のところに
寝ころんでいた
大杉のうちにいたのは
のちに福田大将狙撃事件で捕えられ
無期懲役中に秋田刑務所で死んだ
和田久太郎と
やはり同じ事件に連座して
予審中に死んだ村木源次郎とだった
とびまわり屋の和田は
ほとんど鎌倉にいなかったが
村木はたいがい家にいた

（近藤憲二『思い出すまま』）

第十三回

僕は腸断つ思い

大正十年秋たけて

〔まずは年表風に……〕

9・28　朝日平吾、安田財閥の創設者善次郎（天保九年生・83歳）を大磯別邸に襲い斬殺。

9――　生糸価格上昇。

10・1　大日本労働総同盟友愛会創立十周年記念大会、「友愛会」を除き日本労働総同盟（略称・総同盟）と改称する。

10・4　大正天皇病状悪化公式発表によって株式・綿糸相場・米穀相場等急落。

10・12　首相原敬、海軍大臣臨時事務管理を兼任、陸軍挙げて文官による軍務掌握に反対。

10・22　柳原白蓮（燁子）、北九州の炭鉱王・伊藤伝右衛門と離別、宮崎龍介のもとへ走る。

10―― 大本教祖出口王仁三郎、教典『霊界物語』口述開始。オペラ作者獏与太平、映画『伏魔殿大本教』を製作、内田吐夢・女優紅沢葉子らと京都へ去る。

11・4 原敬（安政三年生・65歳）、東京駅頭にて中岡艮一に刺殺される。

11・5 内閣総辞職。

11・7 川崎造船所神戸工場で、戦艦加賀＝三万九千トン進水。

ローマでファシスタ全国大会。

11・12 ワシントン軍縮会議（加賀は航空母艦に改装と決定）

尾崎行雄ら、全国普選断行同盟を結成する。

11・13 高橋是清内閣成立。

11・14 政友会議員総会＝総裁就任。

11・17 日銀総裁井上準之助、〝消費節約運動〟を提唱。

11・21 ファシスタ行動隊（黒シャツ党）ボローニャ市会を襲撃、社会党市政権崩壊。

詩人クローデール、フランス

駐日大使として着任。

11・24 東京天文台設置。

11・25 北一輝、『支那革命外史』を発表する。

皇太子裕仁、摂政となる。

11・30 東京帝大・新人会改組して、学生のみの団体となる。

12・5 マルクス著『賃労働と資本／労働』『価格及び利潤』（合本・河上肇訳）出版。

12・8 辻潤『自我経』（シュティルナー『唯一者とその所有』訳稿）

12―― 銀座の柳、銀杏の並木に植え替えられる。歩道の赤煉瓦も撤去。中里介山原作『大菩薩峠』を新国劇明治座初演。

『流浪の旅』『船頭小唄』流行、亀戸・玉ノ井に私娼窟出現。この年の全国自動車台数九千六百四十八、小作争議千六百八十件（十四万五千八百九十八人）、同盟罷業（ストライキ）は二百四十六件（五万八千二百二十五人）。

――銀行合同、会社の解散・減資

激増する。年末統計で資本金計五億七千百三十九万円「解散」、同じく二億三千二百五十五万円「減資」、普通銀行四十五行、貯蓄銀行三十行合併、不況ようやく深刻。

12・18　コミンテルン、労働者の統一戦線戦術を提起。

「大正地獄篇」今回からは、季節(とき)の流れにしたがって、物語りを展開していく、すなわちこの章は十月である。『現代の眼』の月号にあわせる、当然多少の時間的ズレはあるが、たとえば関東大震災は第三十五回（一九七八年九月号）、難波大助の摂政暗殺未遂は第三十八回（同・十二月号）、そして和田久らの福田大将狙撃は第四十七回（七九年九月号）、大団円をくわえて計四十八回、完結となる。

筋の運びが悠長にすぎる、いつまで大正十年で道草を喰っているのか？　とお叱りをいただいたが、時代とその情景、登場人物のキャラクター等々、

まずは浅草十二階下に低徊して、娼妓解放戦争の一鎖。大正十年（一九二一）、ようやく秋たけて、おれは河原の枯れすすき、不景気風は吹きわたる。柳原白蓮女史失踪事件から、世相は急テンポに転換していくのである――

〔筑紫の女王とうたはれ、女流歌人として、白蓮の驕名をほしいままにした柳原燁子は、過日来良人伝右衛門氏とあひたずさへて上京、日本橋数寄屋町島屋旅館に滞在してゐたが、去る十月二十日、午前九時三十分東京駅発特急列車で良人を福岡に見送り、その足で姿を晦ましてしまつた。この不可思議なる行動の裏面を各方面調査すると、そこに、驚くべき近代的戯曲の情景が傷ましくも、展開してゐたのである。

白蓮女史悩みの果てに新しく得たる愛人は、支那浪人滔天氏の息で、六つ歳下の法学士・宮崎龍介君であつた。名門柳原家の姫と生まれ、貴族院議員当主義光伯の妹、美貌あり教養もある白蓮女史にとつて、良人伝右衛門氏は

余りに老ひすぎ無学であつた。鉱山王百万長者の豪奢なる生活を、われから脱却して、弁護士としても開業早々の貧しき支那浪人の子に、熱烈な愛着を傾けたとき、奇しき運命のたたかひといはねばならぬ。夫人が突如として、身を隠したについては、宮崎君と諒解あること云ふまでもあるまい」（『読売新聞』大10・10・22）

異端からも異端とされ

拗(す)ねて曲れば礎馴(そな)れの松よ
風のまにまに流れて来たが
親分なしの子分なし
一本独鈷のはぐれ旅

（作詞・貘与太平）

貘与太平(ばくよたへい)――本名古海(ふるみ)卓二は、明治二十七年福岡県八幡生まれ。製鉄所の工員となり、左手人差指を切断して、十八歳のとき上京する。演歌師、新聞記者、オペラ作者として転々、浅草をねぐらとして、唖蝉坊・伊庭孝・小生

夢坊・辻潤・石井漠・高田保ら〃美的浮浪者の群れ〃と親交を結ぶ。また、無政府主義者大杉栄・近藤憲二・和田久太郎・村木源次郎を知り、大正七年米騒動以後、当局の〃要注意人物〃となった。この年、俳優山本礼三郎らと「日本バンドマン一座」を結成、座付作者兼舞台監督、『サロメ』『アルトハイデルベルヒ』など翻訳劇、パントマイム『虚無より暗黒へ』等々発表。同八年、浅草観音劇場で文士劇『夜の宿』を佐藤惣之助・辻潤出演で公開、さらに『トスキナア』（逆さに読めばアナキスト）『ネオ・ミリタリズム』など、反権力諷刺劇を演出。

　大正十年、『大本教・伏魔殿』（記録劇映画）を製作するが、妻紅沢葉子の所属していた、谷崎潤一郎・トーマス栗原の大正活映株式会社左前となり、俳優の内田常次郎（吐夢）、高橋英一（岡田時彦）、栗井饒太郎（後の井上金太郎）、江川宇礼雄、二川文太郎、鈴木澄子、渡辺篤らを同伴して、京都マキノキネ

マに都落ちする。いわゆる日本アナキズムの〝正史〟には、古海卓二らについての記述が、まったく欠落している。

岡本潤の小詩集『罰当りは生きている』に、「S――に」とうたわれる笹井末三郎、不世出のシナリオ・ライターといわれた『浪人街』『首の座』作者山上伊太郎ら、京都黒色連盟の面々も。

ボルシェヴィキと等しく、〝歴史の純化〟を、アナキストもまた志向しているのである。なぜなら、獏与太平はその名の示すように、浅草のペラゴロ（与太者）であったからだ。そして、笹井末三郎は京都千本組のやくざ者であり、山上伊太郎もまた娼婦の世界に身をもち崩した、無頼のカツドウヤにすぎぬからなのであろう。われら夢野京太郎・かわぐちかいじ然り、正統と称するアナキスト諸氏から、ひたすら忌み嫌われ、ひんしゅくをすら買っている。文筆浮浪者、ルンペン劇画家、ゴロツキ・ルポライターなど、異端の

ものの数にも入らない、ゆえに拗ねて曲ってオル。あやしげな半面つけて、せめて画面にうろちょろと、登場することで、ウサを晴しちょる。

　前回でも申し上げたが、世の中にはヒマな人がいて、「正史とちがうではないか、朴烈は大正十年夏の時点では〝不逞社〟を結成していない」等と、編集部にご指摘のむきもある。そりゃ野暮というもの、『太い(フテ)鮮人』を太い(フト)とルビを振ったのは担当者ミスだが、朴烈をあそこに登場させたのは、金子ふみ子が出てきたからで、何カ月の前後(あとさき)は二百も合点。

　目くじらをお立てめさるな、これはマンガ、いやさ劇画なのであります。正確に調べた事柄も、実はわざとブチ壊しております。重箱のスミなどつつかずに、気楽に読んでいただきたし。さすればかえって、ウヒョーこういう〝史実〟もあったのかという、発見があるってものでゲス。この場面にチラと顔を見せている、テキヤの山田春雄

＊こちら高田保

(山春《ヤマハル》)、このお方は京都でつい最近亡くなった。嵐寛寿郎がNHK『雲のじゅうたん』で扮している、坊主頭のクリカラモンモン、やくざの大親分は山春がモデルであります。後年転じて国粋右翼となりますが、二十代のこのころは、もっぱらアナキストづいて、宮嶋資夫の用心棒みたいなことをしておりました。いうならば暴力団にも、「左右を弁別すべからざる」未分化の状況が、当時はあったんで。

早い話が白蓮女史、柳原家のお姫ィ様が、支那浪人の伜と駆け落ちして、自由恋愛女権拡張の、シンボルとなっちゃった。余談であるが吾輩京太郎、福岡県の出身で、伊藤伝右衛門が白蓮女史のために建築した、宏壮なる〝銅(あかがね)御殿〟の隣りに、微禄したわが家はあった。一九七六年の現在、この御殿なるものは、別府のパチンコ大尽で、もと共産党の市会議員だった人物に買いとられ、料理旅館になって

いるらしい。おいらの生家？　そんなもなとうのむかしに、ビルの下敷きになってしまった、ただ見る池塘春草のゆめ、とも参らないのである。往事は茫々として、光陰の速きを知るのみ。この物語りといえども、わずかに五十五年、半世紀と少々の歳月をしか経ていないのである。しかも、古海卓二、笹井末三郎、山上伊太郎らは、アナキズム運動史から抹殺され、すでにして幽霊である。

――せめても、かれらに襤褸の衣をまとわせよ、異端からも異端とされた無頼の魂たちを、魔界・外道から呼びもどせ、限りなく透明に純化していく〝正史〟の欺罔を、ガランスもて塗りたくれ、猥雑な実存に替えよ！　さて辻潤・添田啞蟬坊らは、しばらく幕の背後に隠れる。ここは堅田の浮御堂、宮嶋資夫と辻潤のこもった、比叡山にほど近い琵琶湖畔、日本刀をかついだ青年はイバ・タカシである。京太郎、〝浅草オペラ〟創始者の伊庭孝を想定

いずれにもせよ
僕たちはまず
襤褸の生活に落ちて
ゆかねばならぬ
然り、しこうして襤褸の人よ
襤褸そのものをも
脱ぎすてよ

したが、かいじ旅行中にて打ちあわせちと食いちがい、父・想太郎風の刺客と変身してしまったのである。ままよこのキャラクターで、活躍の場を与えねばなるまい、こうしたハプニングも間々おこるのである。

村木源次郎のこと

アナキスト村木源次郎は、明治二十三年(一八九〇)、横浜に生まれた。貿易商喜太郎の長男である、家は早く没落して、十三歳で写真屋の見習いとなる。父は熱心なキリスト者であり、その感化を受け、源次郎もまた信仰の道に入る。同じ教会に荒畑寒村、服部浜次らがいて、「青年修養会」「平民結社」と社会主義に傾く。満十七歳で大杉栄とともに赤旗事件に連座、懲役一年に処せられた。このときから村木源次郎は、深く熱烈に大杉栄に傾倒、和田久太郎・近藤憲二らと、最後まで形影あい伴うのである、物語はかくて〝正史〟と交差していく。

〔近藤憲二の回想〕（要約）

……「で、相手はだれだ？」「原敬だよ」

村木はちょっと話をきって、さびしそうに笑った。「ピストルで狙った、奴の屋敷のあたりも歩いた、役所の中へも入って見た、今日こそはと思って東京駅へ行ったこともある。が、どうした事かぶつからん。そのうちに僕は疲れてきた、この通りの体だからね、ええ糞ッ！　という気になって、温泉に行ってひっくり返って来た、なかなかうまくいかんものだよ」

それから数日して私は郷里に旅立った、なにはともあれ親たちに、達者な顔を見せたかったからだ。大杉はそのころ、ファーブルの『昆虫記』を翻訳してから虫に興味を持ち、村木のすすめるままに、岐阜にある名和昆虫研究所に、野枝さんと一緒に出かけていたのである。

私の郷里は丹波だ、ちょうど京都で乗り換えのときに、ホームで立売りの

新聞を買うと、折りこみ号外がある。報じていた。加害者の名はなかったが「原首相暗殺さる！」と、デカデカと場所は東京駅とある、ギクリとした。私は大いそぎで駅をかけぬけて、公衆電話に飛びこんだ、電話帳で新聞社の支局を探し、友人を電話口に呼び出すまで、どんなに気ぜわしかった事か。村木ではなかった、私は安堵して旅をつづけた。

鎌倉にもどってきたのは、十一月も終りに近かった。村木を見るなり私はいった、「おい心配したぞ！」

彼は笑って答えた、「野郎早いことやりやがった、先を越された」

大杉はたまたまその日、出版社から急ぎの原稿の依頼で、神奈川の鵠沼(くげぬま)の東屋にいた。作家久米正雄氏がやはり仕事で居あわせ、二人でいるところへ号外がもたらされた。こういうとき、大杉はどんな顔をするかと、謀反人が時の権力者の暗殺にぶつかったとき、どういう態度をするのかと、久米氏は

作家としての興味で、大杉を観察していたのであろう。だが彼は、私と同じことを直感したに違いないのだ、村木源次郎という男を、私たちは骨のズイまで知っていたからである。

　暗殺者村木源次郎、……おそろしい物騒な奴だと思われるだろうが、彼はやさ男だった。いつも貧乏だったが、柔らかいものをきちんと着て、履物もまさ目の通った、汚れないのをはいていた。いわゆる「なりをくずさない」男であった。彼ほどやさしい、人なつこい、親切な男はいない。他人のいやがる面倒なこと、厄介なことは大てい一人でひきうけていた。仲間の誰かが監獄に入れられる、彼はさっそく方々歩きまわって、金や本を集めては差し入れる。そのころ仲間で、彼の世話にならなかったものがあるだろうか！　誰かが病気になる、すると彼がすぐとやってきて看護をしてくれる、ロハの病院を交渉にいく、台所の手つだいをしたり、使いに出たりする。

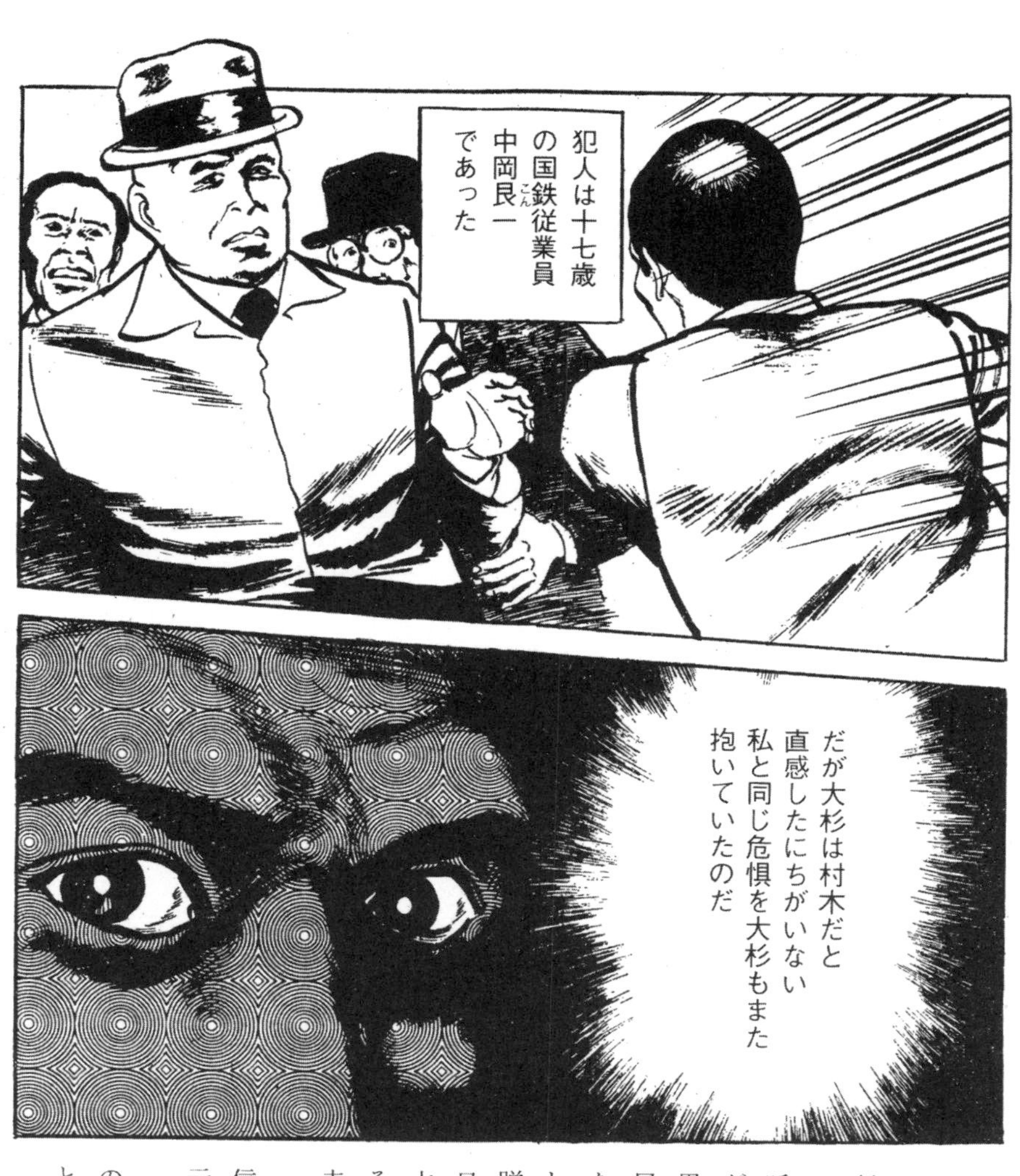

一身上のことで、他人には打ちあけにくい事でも、村木になら話すことができた。和田久のいい人の事だって、村木にだけはすべてを相談していたのである。「ご隠居」と彼は、仲間から呼ばれていた、隅のほうに坐っているだけで、みなが安心できた。そういう男であった、大杉の長女魔子は、〝源兄ィ〟と村木を呼んで、誰よりも慕いなついていた。彼は神を捨てていた、しかしクリスマスになると、子供らに贈物をする習慣を忘れなかった。ある日のこと、労働運動社の一室でみなが火鉢を囲んで雑談していた、和田久はそばにあった古雑誌をめくっていた、赤インキで書きこみがあった。聖書の一節である、「汝、もし芥子粒ほどの信仰あらば山に命じて、海に入れと」云々という……

　和田久はいった、「なるほど人間ものぼせあがって、こんな気違いになると天国へ行けるんだろうな」

　すると、台所の横の三畳に寝転んで

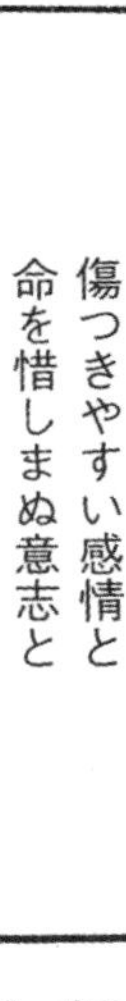

いた村木が起きてきて、和田久に向きなおっていった。「君には判るまい、だから君は労働運動だけに、一所懸命熱中したり、大杉の白紙主義にかぶれたりするんだよ。これが無政府主義の真髄なのだ、革命家はみんなこういう信念をもっているよ」

　いつもの「ご隠居」、飄々たる村木源次郎ではなかった、和田久はポカンとした。「いや失敬した、まあ大いに語りたまえ」と、村木は炬燵へさっさとひきあげて講談本を読みつづけた。一瞬ギラリとする男だった、売文社の高畠素之が幸徳秋水を嗤ったときに、黙ってピストルをとりだし、まっ青になってひっくりかえった彼に、「ナニ冗談です、弾丸は入っちゃいない」。いらい高畠は、村木に頭が上らぬ事になった。

　同志、渡辺政太郎納棺のとき、骨が硬直していて、小さな坐棺におさめることができなかった。すると村木は、薪ざっぽうでも折るように、ひざ頭で

死体の手足を、ポンと折るのだった。涙を頬につたわらせながら、最も長く親交のあった同志の屍をこわす。私はこの涙の中に彼の半面を、そしてこの無残な行為にもう一つの半面を見た。二つが相い混合するところに、村木の全貌を見るような気がした。

（『思い出すまま』、筑摩書房〈現代日本思想大系・十六巻〉）

夏のお日様かんかん　照らす
僕の友達ミケツ（未決）といって
赤い煉瓦のお家の中で
独り静かにご本を読むよ
夏のお日様かんかん　照らす
僕は汗だく埃（ほこり）にまみれ
赤い煉瓦のお家をさして
一人よぼよぼご本を運ぶ

……弁舌の人でなく、文章の人でも彼はなかった。貧困と病毒に蝕まれた肉体を、ただ無私の革命にささげた。一人よぼよぼご本を運ぶ、理論的には

かならずしも大杉と同調しなかった。ただ村木は、「彼奴には彼奴の仕事がある、黙って見ていたまえ」という、大杉の友情に殉じた、村木源次郎もう一つの詩をかかげておく。

マコよ、独りで泣くのはおよし
僕も一緒に泣かしておくれ
パパに、よく似た大きなお目に
露を宿して歔欷く時は
僕も一緒に泣かしておくれ
パパのよく云った戯言に
俺が死んでもゲンニイ居れば
マコは安心　大きくなる、と
マコよ、独りで泣くのはおよし
小さなお胸に大きな悩み
秘めて　憂いの子にならぬよう

マコよお前は頷くばかり
涙見せない頷くばかり
涙見せない可憐しさに
僕は腸断つ思い
（大杉栄葬送の日・魔子へ）

ピュウウウ
あらわれ出でましたるは
またしても一個の幽霊
これはそも如何なる人物か
次回のおたのしみ
服部時計店

ここは京・三条大橋
東海道五十三次、双六の上がり
ギボシに柳は王城の商標(トレードマーク)
幕末のころ各地より入洛する
浪士、過激派の監視に
隠密の目が光っていた場所で
文明開化、大正デモクラシーの
この時代にも
橋のたもとにはちゃんと
交番がございました、が――

第十四回
断ジテ其処ヲ退カズ
昭和九年、寒さの夏

新聞・TV報道は、東北地方冷害をつたえている。日本農業の歴史はすなわち、凶荒の歴史であった。今回は、劇画進行と関わりなく、再びかならず襲うであろう〝食糧危機〟、大飢饉のすさまじい状況を、括(くく)って置きたい。まずは昭和九年『岩手県凶作誌』(昭和12＝一九三七年発行 非売品)より――

〔本県は由来、春暖遅く、秋冷早きを以て、農作物の生育期間短かく、且つ海流及び山嶽の地形的関係に依って、気象の激変生じ易く、動もすれば穀菽(こくしょう)登熟を阻害され、凶作饑饉招来するを常とす〕

元和元年(一六一五)、南部利直が封建の治所を盛岡に定めてから、昭和初年に至る約三百年間に、この地方を襲った凶荒はおよそ五十回を算える。

とりわけて、元禄・宝暦・天明・天保とくりかえした飢饉の餓死者は、その度々に数万人に上る。だが、昭和九年（一九三四）、この年の凶荒は史上のいかなる規模をもこえ、実に未曾有の惨害をもたらした。

七月、平均気温は十八・一度、日照一日二・九時間（一日平均三時間余）、その前年死亡した宮沢賢治が、『春と修羅』でうたった〝寒さの夏〟、岩手八十万農民を襲う。〔冬季の積雪は、三月十八、九日頃冷え尽し、やうやく温暖に向うたが、同月二十一日夜遽（にわか）に暴風雪、突如冷寒地獄の状態となり、四月三十日尺余の降雪。為に農作物は凍傷・腐敗して、夥（おびただ）しき損害を被（こうむ）るに至ったのである〕

……五月二十三日白昼、三郡十七カ町村に鶏卵大の降雹、農耕中の負傷者続出して、大小麦は刈り取ったように截断。果樹の幼果はほとんど地に落ち、蔬菜類も収穫皆無、苗代（なわしろ）もまた全滅に瀕した、被害総面積一千三百余町歩。

以降数度の降雹がくりかえして、八月七日これも白昼、和賀郡の穀倉地帯に重量十二匁内外（梅の実大）、二時間あまりの豪雹が襲った。穂孕期の稲はことごとく倒伏、一千五百町歩折損。さらに五月三十一日には、山間に霜が降りて、桑畑の推定九十パーセントが凍害をこうむる。

七月中旬より全県下霖雨、二十六日夜半集中豪雨となり、北上・和賀両川氾乱、五郡二十余町村の耕地を水没。〔稲熱病発生著しく、殊に晩生種殆ど収穫を見ず、遂に史上其比を見ぬ深刻激甚の凶作となった……〕

総体からいえば、米作の減収前年比六割一分、だがこの年の凶荒、九戸郡実に平年収穫の九割二分減という局地の被害において、〝東北飢饉史〟最悪の状況を招来したのであった。以下は、『岩手県凶作誌』・「雑纂」による凶荒犠牲者、窮民地獄図絵の記録である。

〔紫波郡古館村の日雇業（耕作潰滅のため土方・人足・出稼ぎは岩手一県で

三十万余と記録にある、京太郎注）、菊池徳次郎・四十三歳は、六人家族をかかえて仕事もなく、空腹を訴え泣く子供らの哀れさに、ついに精神異常を来して、鎮守様の神楽殿で縊死した」（新カナ使いに改める、以下同）

［同郡不動村の小作人某は、此の度の凶作で収穫零の惨状、僅に貯えた麦も喰い尽し、剰さえ妻は病床に臥して起てず。乳呑児ら数人の子女を抱え、食もなく灯もなき一家にやがて大晦日が来た。年貢の米は！　薬餌の料は！　お正月の支度は！　律義者の彼は思い余ってついにその夜、妻子を道連れに死出の旅路に上ったのであった。石黒英彦県知事、此の惨事を聞いて傷心限りなく、翌々一月二日親しく悲劇の家をおとない霊前に焼香すると共に、並み居る部落の人々へ、上には至仁の聖明在しまして、下には暖かき同胞の救援がある、隠忍して強く生き凶歉（＊飢饉）の克服に、不撓不屈の努力を励むべき旨を諭し、帰庁した」

時代劇映画発祥の
マキノ等持院撮影所の
全景であります
この年六月、
「個人よく大会社に
拮抗して」牧野省三
教育映画製作所を設立

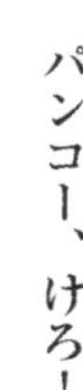

パンコー、けろ!

〔九戸郡葛巻村江田サダ・四十二歳は自宅裏畑で縊死した。原因は十一人の家族の生計立ち難きにも拘らず、夫は自暴酒に狂っている為、死を以て是を諫めんと覚悟の上の自殺であった、と言われている〕

〔和賀郡小山田村の菊地喜太郎・年令不詳は、自宅納屋で縊死。原因は常々負債を苦慮していた折からの凶作で、返済の見込みが立たなくなり、精神に異常を来したためである〕

〔気仙郡赤崎村山口某は、かねて肺を患っていたが、凶作と貧困を苦にして猫イラズを嚥下して死にきれず、カミソリで咽喉を切って自殺した。枕許の遺書には、家族が喰えぬを病床で見ているのは辛くて、申訳無いとの意味が書き残されていた〕

〔宮古町料理店更科方雇人・渡辺某女二十五歳は、盛岡発山田線鉄路にて、宮古へ向う途中大志田駅の付近にさし

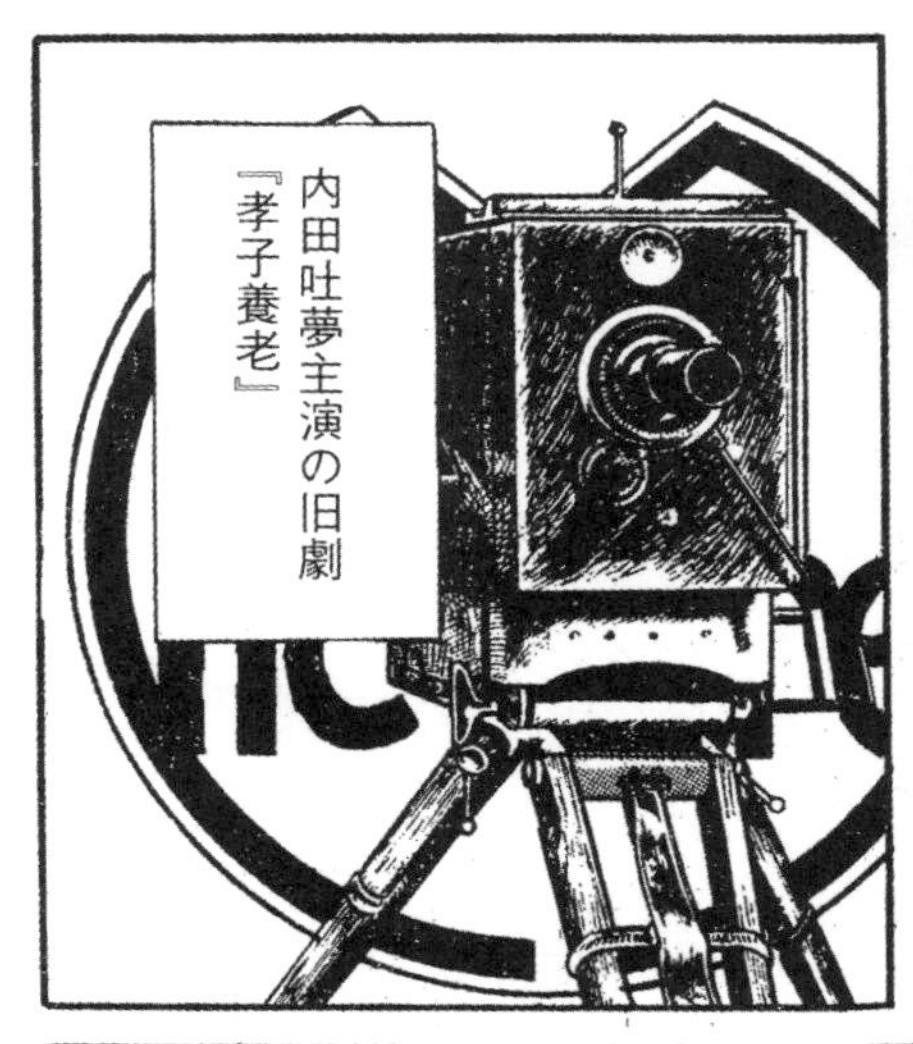

かかるや、突然半狂乱の態となって、背負っていた三歳の吾が子を進行中の列車の窓から投げ捨てた。警察当局の調べによると、生活苦のため夫と離別、料理店の女中となったが子供連れでは仕事が出来ず、夫に養育方を交渉したところ、凶作を理由に拒絶されたので始末に窮したと判明〕

〔下閉伊郡、花輪尋常小学校高等科の一年生岩浅某は、裏の桑の木畑で縊死。家が貧しく、学校を帰ると毎日仕事の手伝いをさせられるのだが、此の度の凶作で充分食べることができぬので、思うよう精を出して働けず、母親から怠けると叱責されたのを子供心に悲嘆したためである〕

……飢えは、もっとも弱き者、まずしき者を、確実に死へと攫っていく。耐えがたい空腹の中で、発狂する者もかず知れなかった。〔上閉伊郡大槌村中村某、生活苦から精神異常を来し、毎日屋根の上に登り、天を睨んで罵り叫んでいたが、「此の凶年を回復する

ためには焚火をしなくてはならぬ」と唱えて、近隣の住宅付近や庭前でどんどん火を焚きはじめ、危険なので釜石警察署に監置された」

［東磐井郡矢越村の小作人某は、娘を同村の青年某と許嫁にしてあったが、春以来の繭の安価と、ひきつづいての水害のため両家共すっかり困窮、且つ小作米を容赦せぬ非道の地主に納米をするため、涙を嚥んで娘を身売奉公に出すことになった。青年は之を聞き、「一倍働いて来年必ず納めるから」と極力嘆願したが、納米怠れば小作地を没収すると地主は聞き入れず、ついに金百二十円で身売りしてしまった。愛人を失った青年は気が狂い、凶作を呪い地主の非道を咀いつつ、娘の後を追って家出した」

『岩手県凶作誌』の発行は同県庁である、いわゆる官製出版物であるが、編者はしだいに激しい憤りを、記述にあらわにしていく。とりわけて農民の流亡離散、娘たちの身売り、残された

老幼の悲惨を克明につたえる。読者の入手しにくい文献であると思うので、いま暫く引用をつづける。〔飢餓と寒威とのために、農民の惨状がいよいよ急迫の度をくわえた一月下旬、江刺郡愛宕村巡査駐在所に、「夫をさがして下さい」と哀願をしてきた、みすぼらしい女があった。この女は同村貧農の妻で、夫は凶作のため仕事がなく毎日ふさぎこんでいたが、突然妻子三人を残して家出をしたということであった。扶養の義務に堪えかねてか、それとも余りの悲惨に気が触れてのことかは、もとより知る由もないが、幼き子等の手足にまとうては、働こうにも働けぬ妻の心情は、いかばかり無惨な限りであろうか……〕

〔胆沢郡小山村佐藤某は、凶作のため生活苦に喘いでいたが、飄然(ひょうぜん)と家出、後に残された母と妻と三人の子供等は狂気のごとく、息子、夫、父親を探し廻っているという。この一家は、既に飯米を食い尽してしまい、母と妻との

マキノ出入りの荒虎
千本組の若親分
笹井末三郎、二十歳
同志社大学に在学中
無政府主義思想に
惹かれて
京都黒色連盟を結成
アナキストやくざの
異名をとる
つきしたがう付人は
永田雅一、後年の
大映社長
満十五歳であります

＊右・山春、左・鼬のようなお付き永田（画コンテより）

漁網の繕いで、わずかに其日の糊口を凌いでいる」

〔××郡××村の一女性は、幼時父を喪って貧苦の中に成長、我身の婚期も顧みず、弟と二人で年老いた母に孝養つくして来たが、不測の凶作で其日の生活不如意となった折も折、働き手の弟が徴兵され入営することとなった。手内職では到底暮しが立たず、前借金百五十円で水江町の料亭に身売奉公をして、母を養い弟の銃後を守ることとなった〕（以下傍点・京太郎）

……おそらく、この「雑纂」（凶作余譚）の執筆者は、教育関係の人物と思われる。〔一関町下駄緒製造、黒沢某の長女サカエさんは、昭和九年春、一関小学校を優等で卒業し、然も田村子爵賞まで授与された秀才少女。が、父の営業不振から女学校に行くこともできず、家事手伝いに日を送っていたところ偶々此の度の凶作、打ちつづく不況のため、その日を凌ぐ生業資金に窮して、万策尽きた父親は可憐な我が

娘を身売り奉公に出そうと決心した。一校の羨望を集めた、名誉の身を哀れ苦界の淵に沈めんとする少女よ、想い察して誰人か、一掬の涙なきを得るであろうか！」

「盛岡を午前十一時に発車する、東北本線急行列車が、奥中山駅の稍南方を徐行する時、きまって食堂車から残飯果物屑が掃き捨てられるので、此処は犬や鳥の楽しい饗宴場になっていた。ところが、この犬や鳥を脅嚇し彼等の馳走を奪うもの、それが万物の霊長を誇る人の子であると、誰考えよう！だが沿線一望の凶作である、米は一粒無し稗も食べ尽して、栃の実すら最早腹中には入らぬのである。餓えきった農家の子は、食堂車の掃き捨てられる残飯を、犬や鳥を追い立ててむさぼり喰らうのだ！ パンコーけろ（パンをくれ）、パンコーけろ！ と車窓に群がり寄る子ら、此の浅間しくも哀れな姿を見よ！」

コノ従順ナル東北民ガ

〔稗貫(ひえぬき)郡某村小学校・高等科一年生の一児童が、凶作に苦しむ父を助けたいという動機から、教員室入口に脱いであった或る訓導の洋服から、金一円を窃取したことが発覚、司直の手で取調べの上、一件書類を送検となった。罪は罰となって現れよう、この児童はまがいもなく罪人なのである。左様、掟の前にはいかなる処分をも彼は甘受せねばならぬ、だが世の人は大衆は、この児童を悪人よ罪人よと、痛罵冷嘲し去れるだろうか？　彼の心理を想い彼の貧苦を察するときに、親たるもの誰が心を暗くせずにいられようか！　嗚乎！　稀有の凶作はかくて無慙(むざん)にも童心をむしばみ、幼き魂を堕地獄へと誘う、痛恨の限りである〕

昭和十年、〔冬季の気候はおおむね温暖、晴天の日々続き、四月中旬には既にして初夏の状態をあらわし、桜の

開花を促した。盛岡地方は二十九日、宮古地方は二十六日満開、望みを今年農饒に期待する農民たちは、ひとしく其意を安じたが……〕

四月三十日、前年と同じく気温急に低下して、県中部以西に降雪・降霰。七、八月またしても、〝寒さの夏〟がおとずれる。〔……老幼争うて山野に入り、楢の実、蕨の根、いけま・やどりき等を採りて食用に当て〕、昨年の凶荒をくりかえす惨状は、小作・貧農のみならず、中農・都市生活者にまで及んだのである。

「九戸郡晴山村の一人夫が、匡救事業（今日でいう失対事業）に出て、砂利運搬中に昏倒し、人事不省に陥った。同僚が付近の民家に担ぎ込み、介抱を加え漸く蘇生させたが、卒倒の原因は涙をそそった。彼の家は赤貧であり、蕪菁に小麦粉と馬鈴薯を混えたものを常食としていたが、昨年より打ち続く凶荒のため、一家の柱である自分は、そのカブラ飯さえ遠慮して、充分には

食べなかったというのであった。仕事さえあれば食えるだろうと、為政者は思うだろう、その心尽しの仕事に出て働き得ないほど虐げられた人々、与えられたパンさえ握りしめる力も失せた人々」

〔上閉伊郡沢村・佐々木某一家は妻と長男、その妻子の六人暮しだが、伊助夫婦は既に老衰、長男は昨年八月怪我をして労働不能となり、弟はまた心臓病に罹(かか)って、長男の妻が土工等に出てやっと一家を支えていたが、冬になって仕事もなく、製炭に職をもとめたが、これも積雪のため中止となり、最早ただ救恤(きゅうじゅつ)を待つのみ、この厳寒に布団一枚という惨めさである〕

しかもその窮状に、容赦なく疫病が襲った……。〔江刺郡広瀬村千葉某、病母と妻と弟妹など七人家族、小作や日雇で辛うじて生活していたのだが、妹の一人が腸チフスに罹り、病母と妻と他の妹三人に伝染、加うるに凶作のため、餓死に瀕している〕

悲報はこもごも至り、〝為政者〟はけっきょく、手をこまねいていたのである。昭和九年十一月、第六十六帝国議会において、代議士中野正剛熱弁をふるう。〔東北今日ノ窮状、是ハ唯ニ一時の天災ノミニヨルモノデハナイ。アノ一毛作シカナイ、アノ半年氷雪ニ閉ジコメラレ、天変地異屢々至ルコト旧幕時代ヨリ分リキツタ東北ニ対シ、何ラ考慮ヲ払ワザリシ結果ト云ワネバナラナイ。根底ニ存スルノハ、封建ヲ偲バシムル土地制度……。奴隷制度デアル。政府ノ施策ヲ見テオッテ、私ハ大塩平八郎ノ乱ヲ思ウ、大塩ガヤムヲ得ズ激発シタノハ、当時ノ幕府ガ悪イカラデアル。アナタ（後藤文夫内相を指す、京太郎注）ノヤルコトト、実ニヨク似テオルジャナイカ〕

〔金持チニモ随分悪イノガオル、而シ歴史的ニ見ルト、役人ノホウガモツト悪イ、下手ノ芝居デ道具立バカリダ。冷害ニ対スル防止法、東北ニ蒔クベキ種ノ考慮、或ハ気象観測所ノ設置等、

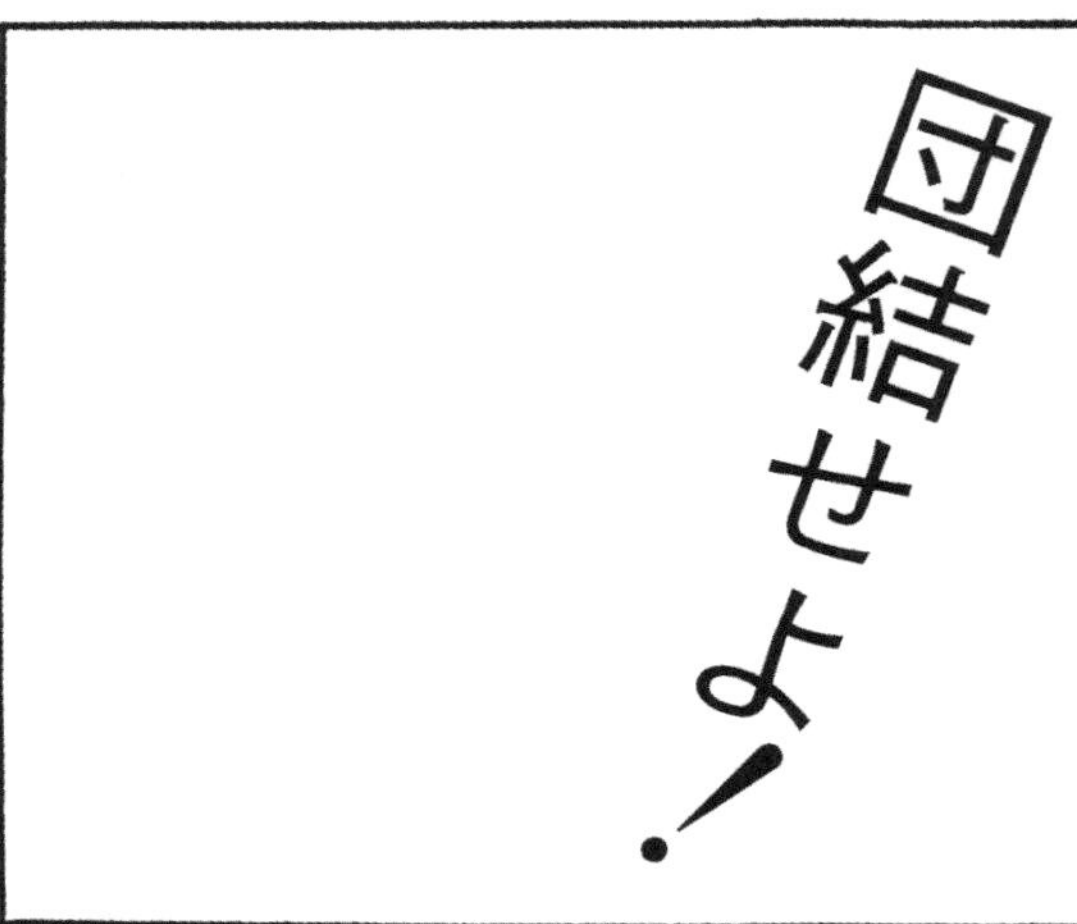

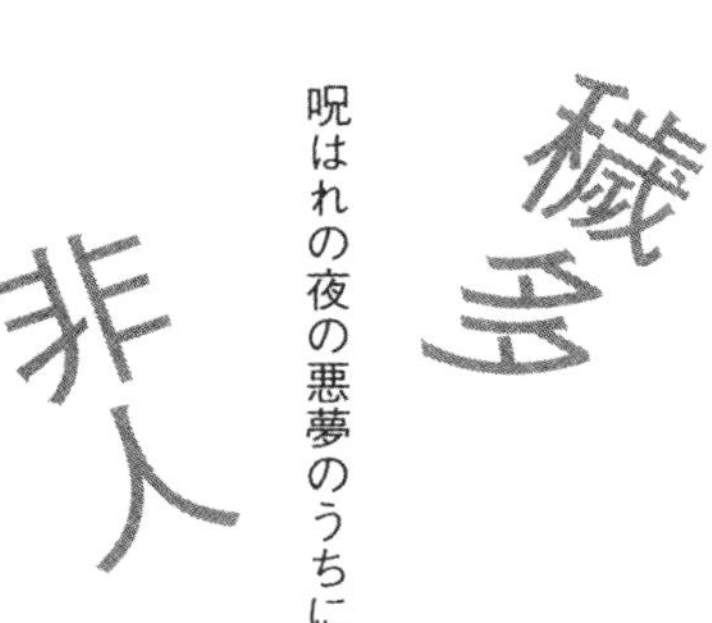

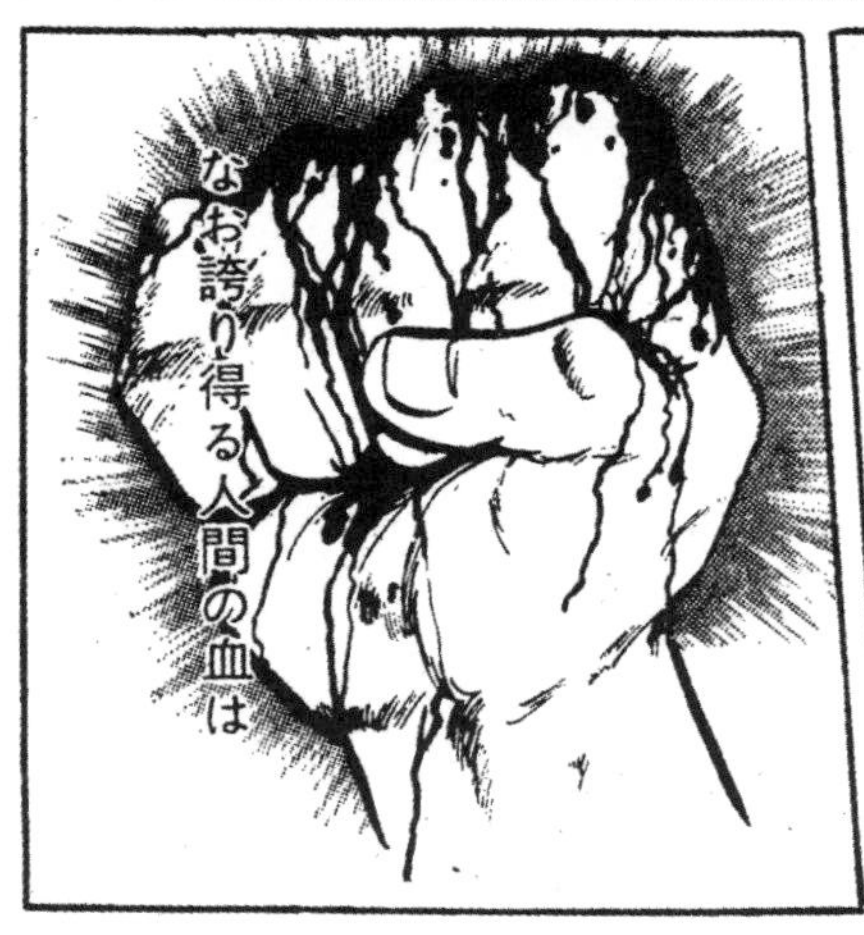

コンナ案ニハ何ノ価値モナイ。根底ノ対策ハ奴隷的・封建的制度ノ打破ダ、東北ハ全日本農村窮乏ノ前駆、コレヲ放置スレバミナ東北ノ轍ヲ踏ムノダ。土地法、小作法制定コソ、今日急務デナクテハナラヌ〕

同じく代議士松岡俊三、〔東北民ハ権利ヲ主張シマス。政府ヨリノ施米ヲモラオウトハ思ワヌノデアル、対策ヲ抜本的ナ対策ヲト要求スルノデアル。弱クシテ温和(オトナ)シクシテ、腹ガ空イテモタダ黙ッテ耐エ、役人(オカミ)ニ向ッテ従順ニ是ヲ聴キ、兵ニ出デテハ飽クマデソノ任務ヲ果スベク断ジテ其処ヲ退カヌ。ソノ様ニ東北民ハ従順デアル、シカシ吾々ハ乞食デハナイ〕

〔今次凶荒ニ遭ッテ、薄(ススキ)ノヨウニ風ニ吹カレテイルアノ稔ラナイ稲、アレヲ眺メテモ、政府ガドウニカシテ呉レルモノダ等トイウ考エハ、東北民ハ持タナイノデアリマス。ソレ程マデニ実ニ純情、幼稚ナノデアリマス。シカルニ政府ハコノ東北民ニ、口ヲ開カセヨウ

トシテオル。合法ノ手段デハイケナイナラ、非合法ノ手段ニ訴エヨトバカリ挑発シテオラレル。何一ツトシテ無為無策ノ状況、一揆暴動ヲ起セトイワンバカリデハナイカ」（国会速記録から要約した）

……一揆暴動は起らなかった、そう、彼らがその土地に餓え、〝パンを握りしめる力すらない〟農民である限り。昭和十一年二月二十六日、叛軍に結集した兵士たち、そのほとんどが東北の出身であったことを思え！ 手に銃を握りしめたとき、無告の農民は初めて断ジテ其処ヲ退カナカッタ。

〝餓え〟は、たったいま……

子供を生みながら
前の子供のぼろ着物を綴り合せ
ながら
一家のあらゆる不満や欲望を
負いながら
わずかに粗渋な食と
年中六時間の睡りをとりながら

黒いかつぎした女の人たちが
耕すのであります。
この人たちはまた
ちょうど二円代の肥料のかわりに
あんな笹山を一反歩ほど
切りひらくのであります
そしてここでは蕎麦が二斗まいて
四斗とれます。
この人たちはいったい
牢獄につながれた革命家や
不遇に了えた芸術家
これら近代的な英雄たちに
果たして此肩し得ぬ
ものでございましょうか。

――『春と修羅』より

〝奴隷のごとく従順な〟農民大衆の魂から、強権への畏怖をとりのぞき、弾圧にたじろかず、みずからの運命を未来にきりひらく展望を与え得ると、「前衛」は確信した。が、階級底部に埋没する反乱のエネルギーを、ついに組織することは、アナキストにもボル

シェヴィキにも不可能だった。就中、岩手の農民たちは、蜂起のイメージに遠かった。いわゆる「遅れた大衆」として、この土地の人々は革命派からもチベットとされた。

日本の左翼は、ついに宮沢賢治から学ばず、二・二六事件から学ぼうとはしなかった。大正七年の〝米騒動〟、関東大震災をはさんで、昭和初年世界恐慌に至る間、幾度もくりかえされた〝革命前的状況〟において、「党派」左翼は組織された都市プロレタリア、もしくは「〝自由連合〟による下から上へのサンジカリズム」という教理でしか、行動しようとしなかった。日本革命の根幹は、餓え迫る東北農村から小作争議という形ではなく、都市へと落層流入するルンペン・パニックに、「地逋げ」の流砂的状況に、兵に出デテハ軍隊内造反に、黒いかつぎした貧苦の農婦たち、非行化していく少年たちに、なべて不定型の整合されざる「小反乱」「小暴動」に（むろん個別

テロルをふくめて)、連鎖反応を煽動することにあったのである。

一九七六年――、〝餓え〟はたったいまこの秋、始まったばかりである。昭和九年の修羅を、おそらく再びくり返すことのない伝説として、あるいは窮民革命の幻想としてしか人々は受けとらぬであろう。だが、確実に飢饉はやってくる、昭和初年の農村凶荒を、たとえばこの物語りの大正十年、誰も信じてはいなかった。米価暴落して、一石当り前年四十四円二十八銭、当年三十円八十九銭、その理由は朝鮮米と台湾米の移入にあったのである。このテーマは、次回でも補足展開したいと思う。ここではただ、日本人が飢えを知らぬようになってから、十五年しか経っていないのだ、ということだけを述べておこう。

――大正七年〝米騒動〟から、昭和大飢饉まで十五年間。

舞台、西へと移ります
米騒動以来
またしても暖冬、冷夏
飢饉、襲わんとする
大正末年
秋も霜月、末つ方。
ゴオ゛ッ

第十五回

ヤジロベエはぐらり！と揺れ

「大正維新」の提唱下

小野武夫『近代日本農村発達史論』より——要約

〔若し夫れ累年増加して止まざる国内人口は、大正年代に入って著しく其の圧力を示し始めたが、人口圧力は遠く明治初期にも見え始めて、爾来連続し来ったものである。蓋し人口増加は、農村地域に於ては土地飢饉を招来する結果となり、農民離村乃至人口の都市集中問題を惹起して、日本全体の社会経済、思想上に多様の波紋を描くのであった〕

〔此の間、国内の矛盾抗争に常に牽制を加えて熄まざる、一つの〝高層社会群〟を我国は持っていた。それは日本国家の最高表現たる皇室の権威を笠に着る、厳たる陸海軍勢力だった。去る明治二十七、八年乃至三十七、八年、

両戦役にはくしたる大勝利が、陸海軍奮闘の成果であった事は国民の均しく脳裏に記憶するところだった。

しかし大正時代に至り労働者農民層の人間的自覚を基調とする所謂「大正維新」提唱下に労働争議・小作争議がひんぱんと起るに連れ、不生産社会層たる厖大陸海軍の存在するを必要とせずの声は上がった。かくして軍備縮少実行やむなきに至り、軍人の失業する者が相次ぐ。此事が大正末期、軍人に与えた影響は深刻であった」

〔更に、日本経済の癌症とも言うべき人口過剰に基く生活難問題が、二重、三重になり重って、領土拡張欲が何時とはなしに一部指導者、特に陸海軍人脳裏に萌え始める。爾来、各種の政治経済研究機関において之が実行準備のため、地理的、経済的、思想的調査研究が行われ始めた。大正農村の歩む姿は、斯かる時代的な潜流の存在を見ることとなくしては、把握することは出来ぬのである」

大正十年、いわゆる三段（＊＝反、約100㎡）百姓・農地所有五段歩未満四九・三％、一町歩未満二四・二〇％、七割の農民が猫の額ほどの土地を零細分割して、絶対的窮乏下に置かれていた。

ご用とお急ぎのない向きは、本篇のバック・ナンバーをとくとご覧じろ。明治新政府の地租改正は、半世紀後の日本農村を、自立不能の苦境へと追いこんだのである。同年の農事統計表をみると、自作農に対する小作農の比、四五・一％、およそ半数が土地を所有せず、〔しかも逐年、自作農は土地を失うて小作農に転落した。切言すれば当時の実情として、年々の欠損と耕すべき土地の不足よりして、中小地主が次第に小作農の田畑を取上げ、土地を持たぬ百姓達は賃労働者化していった傾向が指摘されてよい〕

――かくて、流離の人々は生まれた土地を去っていった。この物語で見てきた十二階下、〝蒼白き巣窟〟の住人たち、深川寄場にうごめく立ちん坊、

〝地の群れ〟人足・土方はそうした制度の悪、「天皇制資本主義」＝窮民差別・収奪の犠牲であった。京太郎、前回で昭和九年・東北大凶荒の悲惨を述べたが、農業問題専門家はおそらくいうだろう、「そんな程度の知識なら誰でも持っている、いまさら何をとりたてて」と。

〝史実〟として、作者は凶荒を語るのではない。その悲惨のうちに標的を定めることができず、コミンテルンの教条的指導の下、あるいは西欧直輸入サンジカリズムの図式でしか、革命を把握できなかった大正＆昭和初年の「前衛」、無産者運動の挫折を描こうとしているのである。「大正維新」の潜流とは、すなわち農民から兵士への回路であった。そのことを見すえて、実行行為に移したのは、左翼ではなく少壮将校をイデオローグとする軍人・右翼だったのである。一言で総括するなら彼らは、「天皇制資本主義」から「天皇制社会主義」への奪権を、企図

したのである。

ニッポン革命の根本問題は、〝農民戦争〟である。という認識において、五・一五、二・二六反乱は、まったく正しかったのだ。だが、ヤジロベエの一端に重錘（おもし）をかけすぎれば、頭も共に落ちる。「上御一人（将軍）封建制」以来のバランス、〝国体〟を不変とし、〝政体〟を可変とするからくりにより、左右の振動を収斂して、またこの国の支配者たちは、上御一人クーデターである右翼軍人の反乱を、むしろ奇貨とした。錦旗を捧ずる者は錦旗を奪われる、天皇の兵士は国賊の名の下に処刑されて、「天皇制植民地主義」の人柱と終った――

ヤジロベエはぐらり！と揺れ、傾斜したまま、人口問題解決＝領土拡張、まやかしの〝世界農民大戦争〟（五族協和・大陸解放・大東亜共栄圏）へと滑走していくのである。そして敗戦、支配のバランスは回復する、「天皇制民主主義」象徴帝国・国体護持・人間

＊右・杉山茂丸、中央・徳田球一

宣言、、、、、、、……在位五十年祝賀。ボルシェヴィキの末裔は、戦前・戦後を分けて見せて、半ばの擬勢と半ばの恭順とを示している。咄！　〝高層社会群（エスタブリッシュメント）〟と退廃、ダ落した「前衛」!!

あめゆじゅ、とてちて……

宮沢賢治のうたえる——
『永訣の朝』（抄）

けふのうちに
とほくへいつてしまふ
わたくしのいもうとよ
霙（みぞれ）が降って表は変に明るいのだ
アメユジユ、トテチテケンジヤ
（飴雪を取つてきてくれる？）
うすあかく
いつそう陰惨な雲から
霙はびちよびちよ沈んでくる
ああ、とし子
死ぬといふいまごろになつて
私を一生明るくするために
おまへは頼んだのだ

ありがたう　私の健気な妹よ
透き通るつめたい雫にみちた
このつややかな松の枝から
私のやさしい妹の
最後のたべものを貰つていかう
私たちが一緒に育つてきた間
見なれた茶椀のこの藍の模様にも
もうけふ、おまへは別れてしまふ
オラ、オラデ、シトリエグモ、
ウマレデクルタテ
コンドハコタニ
ワリヤノゴトバカリデ
クルシマナアヤウニ
ウマレデクル
おまへがたべるこの二椀の雪に
私はいま心から祈る
どうかこれが
兜卒の天の食に変つて
やがておまへとみんなとに
聖い資糧をもたらすことを
私のすべての幸をかけてねがふ

（一九二二・一一・二七）

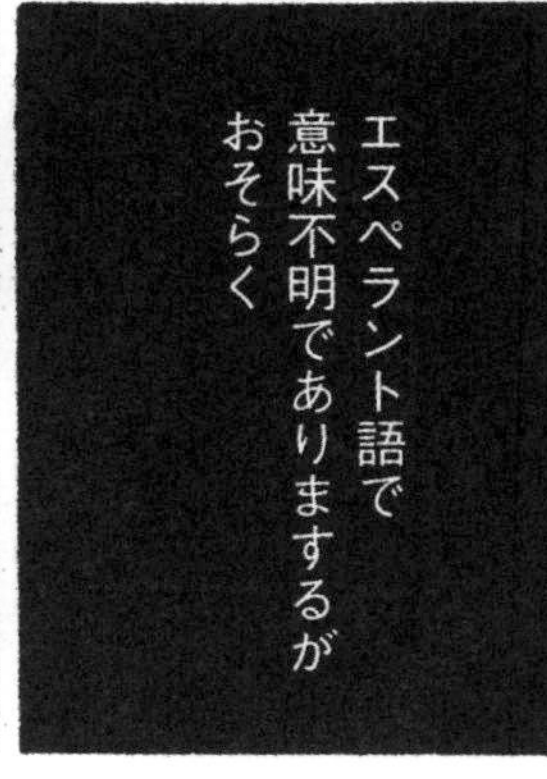

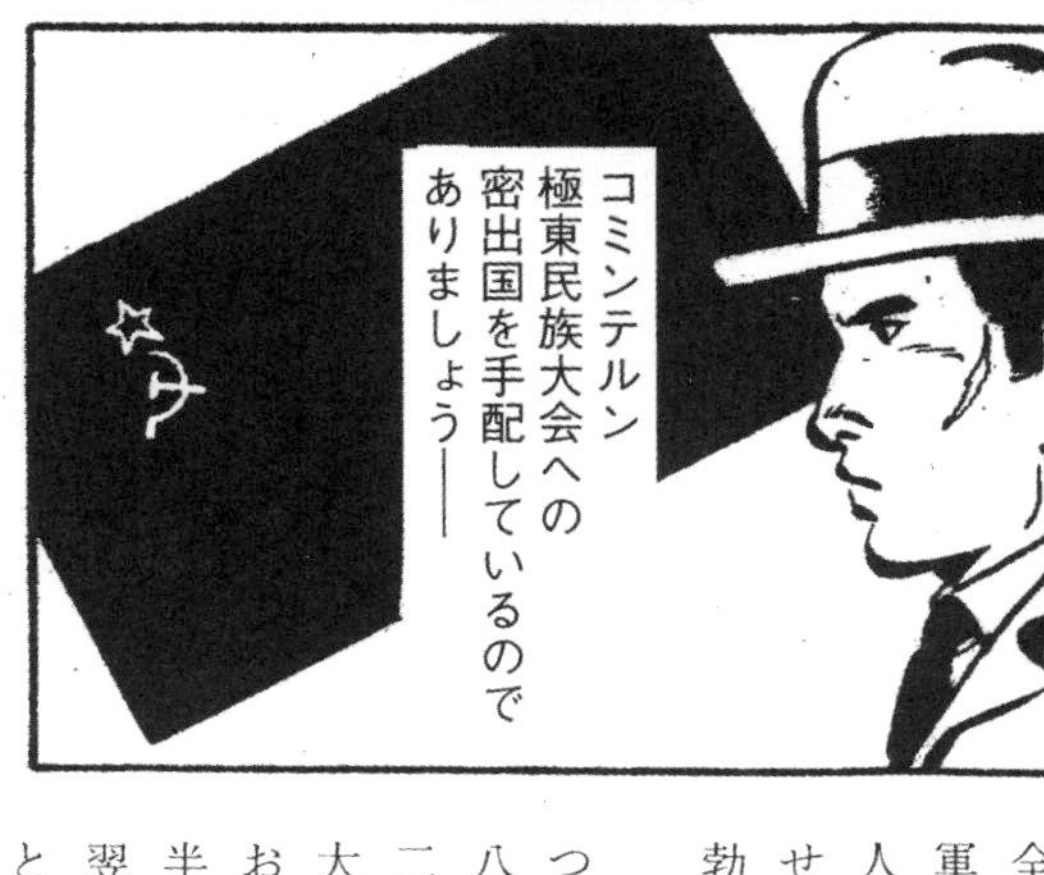

〔……其頃既にして、全体主義的思想運動が軍部を背景に行われていたが、未だ小作人大衆の地主糾弾を圧殺するまでには至らなかった。何となれば、農村小作人階級の子弟が多く陸海軍に召集せられて、彼らの郷家の生活が略如何なるものであったかを、青年将校達はよく知っていたからである。

だが小作人の階級的思想も、其後全体主義運動の強化せらるるにつれて軍部より嫌悪され、結局地主及び小作人を一丸とする農村体制の確立を強要せらる事となったが、それは日華事変勃発の昭和十二年以降のことである〕

大正七年米騒動から、なおも高騰をつづけて、同八年末に石当り五十三円八十七銭にまでハネ上った（七年一月二十三円八十四銭）米相場は、第一次大戦終了による不況の襲来と同時に、おそるべき暴落を示した。大正九年末半値の二十六円三十六銭におちこみ、翌十年に入って、農村はパニック状態となる。〔米価下落の原因に台鮮米の

影響を見逃してはならない、嘗て血を流して領有した新附の版図であるが、それが今や却って、日本内地の農家を困窮せしむる原因となった〕

大正三年には、それまで僅か二十万石であった朝鮮米移入。この年実に二百九十万石、十三年には四百五十、さらに昭和二年五百九十、二・二六事件の十一年にはいちやく八百九十万石とハネ上がる。台湾米も同じく移入激増、この年に百万石、昭和十一年には四百八十万石という数字を示した。いうならば日本人が餓死しなかったのは、これら植民地から収奪した、移入米のおかげだったのである。そしてそのことは、さらなる絶望的窮乏を、内地の農村にもたらした。

〔滔々たる時代風潮は農村青・壮年をして、鍬をハンマーに換えしめ〕、子女は紡績女工、娼婦に身売りを余儀なくされた。百姓地遁げ流亡、ヤジロベエをささえる指先はまさに痙攣していた、十二階下からの反乱を！〝農村戦争〟は

都市窮民、下級兵士たちを、その健気な妹たちの悲惨に奮起せしめるべく、準備されていたのである。

〝国体〟を射程に入れよ

〔明治四十五年七月を一期として明治天皇崩御、大正天皇が即位せられた。けれども智と徳は父皇帝に及ぶべくもなく、屢々天皇の行状として〝聴くを欲せざる〟流説さえ伝わるのだった。若し日本国家が真実の天皇親政国家であったならば（傍点・京太郎）、斯かる支配者を上に載く日本の社会綱紀は、自然弛廃して、寒心すべき結果を招来したに相違ないが、大正十年十一月、青年皇太子裕仁親王が摂政となり其の局面を糊塗したることは、日本政体の実相を側面的に露呈した〕

この分析は圧倒的に正しい、「将を射るために馬を」でなく、〝政体〟をうち崩すためには、〝国体〟を射程に入れねばならなかったのである。難波大助の無智を嗤い、妄想のテロリズム

神と称し、君主と称しているのだ

と呼ぶ者よ、小野武夫『近代日本農村発達史論』をカビの生えた古本にすぎぬと、弊履（へいり）（＊ボロぐつ）のごとく捨て去って顧りみない者どもよ！〝革命の教典〟は、至るところに存在する。〔然も翌々大正十二年極月、山口県出身の一青年難波大助なるものが帝国議会行幸中の摂政宮を、東京市虎ノ門に擁（よう）して（＊さえぎって）射殺せんとする事件を惹起した〕

〔……其原因について、世間は種々と取沙汰なしたが、思想そのものは去る明治四十三年の幸徳秋水・大逆事件と連関を持たせてよく、一般庶民大衆の対天皇心理、なかでも青年層が天皇を始め皇族の行状、殊に情事関係私行に就き批判的となって、天皇・人民共に平等であり、日本国体の不変ではありえないことを覚ったのである〕

農村に餓死者横たわり、人民の娘は女郎に売られ、兵士は戦場に野曝しとあるのに、上御一人は「天上の淫楽にふけっている」。狂えるミカド、宮中

女官をフリチンで追いかけ、その伜も似たようなものだと。難波大助事件の〝真相〟は、彼の愛人であった少女を摂政宮が犯したからだという噂話が、市井巷間には流布され、信じこむ者が多かったのである。

昭和天皇がはじめて、一夫一婦制を皇室で採用したのは、そうした世論、ヤジロベエの正体に気がつきはじめた下々に、〔厳正なる人倫綱紀を、上下相携えて実践に当るべきこと〕を誓う告示であった。裏返していえば、ことそれほどに天皇の株は下落していた、人民をして、強権の畏怖より解放する好機が到来していたのだ。難波大助のテロリズムは、そうした草莽の情念に最も近いところにあった、彼を無智と嗤うものは、すなわち真人民の率直な天皇観を嘲けるものである。

即位五十年、半世紀前〝即位礼〟のとき、「ソクイたァ何だね」「飯粒を練ったものよ」「道理でヘラを持ってい

らあ（笏のことである）」、という落しばなしをつくって、不敬罪二年の懲役を受けた一市民があった。人々はゴク潰シ、米喰イ虫と天皇を呼んだ、そして五十年、「天皇制民主主義」は奥崎謙三を牢獄につないでいる。彼のパチンコ玉狙撃を、天皇・ミッチーの合成ポルノ写真を諸君は嗤えるか。百万だらの天皇戦争責任論より、かの稚拙にして猥雑なるパンフレットは、上御一人の欺罔を暴いて見せているのである、ラジカルなのである。

凶荒、修羅の絵図

昭和初年――、凶荒は岩手のみではなく、東北一帯を襲った。六年青森、〔飢餓にひんした農民等は、如何なる代用食を以て命を繋いだかと言うに、五穀類を食い尽した彼らは、シダミという楢の実を喰い、またわらびの根を澱粉化して空腹を充し、籾殻の着いた儘の粃を南瓜や馬鈴薯に混ぜて喰べ、娘を娼婦・公娼に売るのは普通のこと

となり……」

作家・下村千秋によれば、「人肉を喰らったのは昔の人ばかりではない、儂達もつまりは喰いあっている。子を生かそうとすれば親の肉を、また親を養おうとすれば、かわいい子らの肉を喰らわねばならない」（『中央公論』昭和3年2月号）

八年・三陸大海嘯、九年・欠食児童東北六県五万人、十年冷夏再び。くりかえす惨害、夢野京太郎作『浪人街／天明餓鬼草紙』シナリオより、修羅の絵図。

T（タイトル）　時に天明四年春三月
十代将軍徳川家治の治世
老中田沼意次、権勢をふるう
高官・政商結託して
賄路（まいない）白昼公然たり
O・L（オーバー・ラップ）
T　東北に飢饉うちつづき
疫病（えやみ）、全国にひろがる
天下に大乱の兆（きざし）……
F・O（フェイド・アウト）

京都は重宝な町で……
至るところ
物干しづたいに
退却できることに
なっております
幕末の志士たちも
〝臨検〟のさいの
飄客（ひょうかく）諸公も
これで、ずいぶんと
助かりました。
さて、河上肇いわく
「私は最初から人に
十点つけます
人間はみな美しいと
思いこむのです
だから、よくあとで
失望します」

● F・I（イン）（ゆっくりと）
● 餓鬼草紙
燃ゆる空、色褪せて絵草紙
〔ふゆ〕
M（ミュージック）　声明（しょうみょう）滅々と、合唱
〽いま末法の時にして
行もさとりもかなわねば
釈迦牟尼（むに）仏のみおしえは
海の底にぞかくれたり
津軽鰺ケ沢あたり、むら消えの雪
浜路である。
海、玄々（くろぐろ）とひろがり
波頭立たず。
宙天に蒼き太陽
うす墨を流した、空である。
破船、つぶれかかった納屋一軒。
流木を焚き炎を囲む家族……
生魚を喰らう婆
うつろに海を見る夫婦
網を繕ろう手をやめて眺める爺
かたわらに指さすわらし。
……その手のむこうに
地遁（ちに）げさすらい百姓、鍋釜を背に

子供らを抱きかかえ手をひき
わやわやと砂丘をこえてくる。
餓えさらばえて、幽鬼のように
ひとつなぎの襤褸のごとく
苦惨の行進である……
その列、果てるとも知れず。

T（絵の上方・インポオズして）
子歳・卯歳と暖冬
天明三年正月、南風吹く
津軽一帯、稲みのらず
麦雑草のごとく
魚影消えて、凶荒ようやく迫る
餓えより脱れんとして
百姓先を争って逃散す
これを、地遁げという　O・L

〔はる〕

M　声明コーラス・オフ
〽時の濁りのいやまさり
邪悪の業のいやまして
この世に生きる人びとは
悪鬼羅刹のごとくなり

T（ふゆ・と同じく）
修羅の春であった。

奥州一円地獄絵図
餓死者、津軽藩八万一千人
南部藩六万五千人
仙台藩三十九万人
ヤマブキ、しとど雨に濡れて
春雨に勾へる色もあかなくに
香さへなつかし山吹の花
……とある。（ズーム・ダウン）
これは卒塔婆の下
男女の屍、はらわた散乱して
犬、烏めが喰ろうておる
見はるかす雨の野山に
展開する、修羅の図である……
累々と横たわる屍
中に、まだ虫の息の者もあって
虚空を摑む、手、手、手。
走る蓬髪の少年
悪鬼の形相で追う一団
少年の手にあるもの、野鼠。
馬を殺し、人を裂く。
肉片をしゃぶり
血を啜っている、貌。
F・O ――真紅に

F・I

おぼろに、最後の絵を浮み出す。

〔あき〕

M 声明一人となり

またコーラスとなって

〜悲しからずや、泣かましや

生者必滅（しょうじゃひつめつ）、会者定離（えしゃじょうり）

この世に死せる人々は

修羅六道にふみ迷い

（リフレイン）

この世に死せる人々は

修羅六道にふみ迷い

この世に生きる人々は

悪魔外道のごとくなり

カノ春の野山、夕景である。

萩乱れ、風立つすすき

人みな白骨と化して、秋蕭条（しょうじょう）。

点々とからくれない

卒塔婆の下、（ズーム・アップ）

男女のむくろ、曝（しゃ）れこうべ

眼窩より一輪の彼岸花、朱く咲く。

O・L……

白骨の陵（おか）より秋草生い出でて

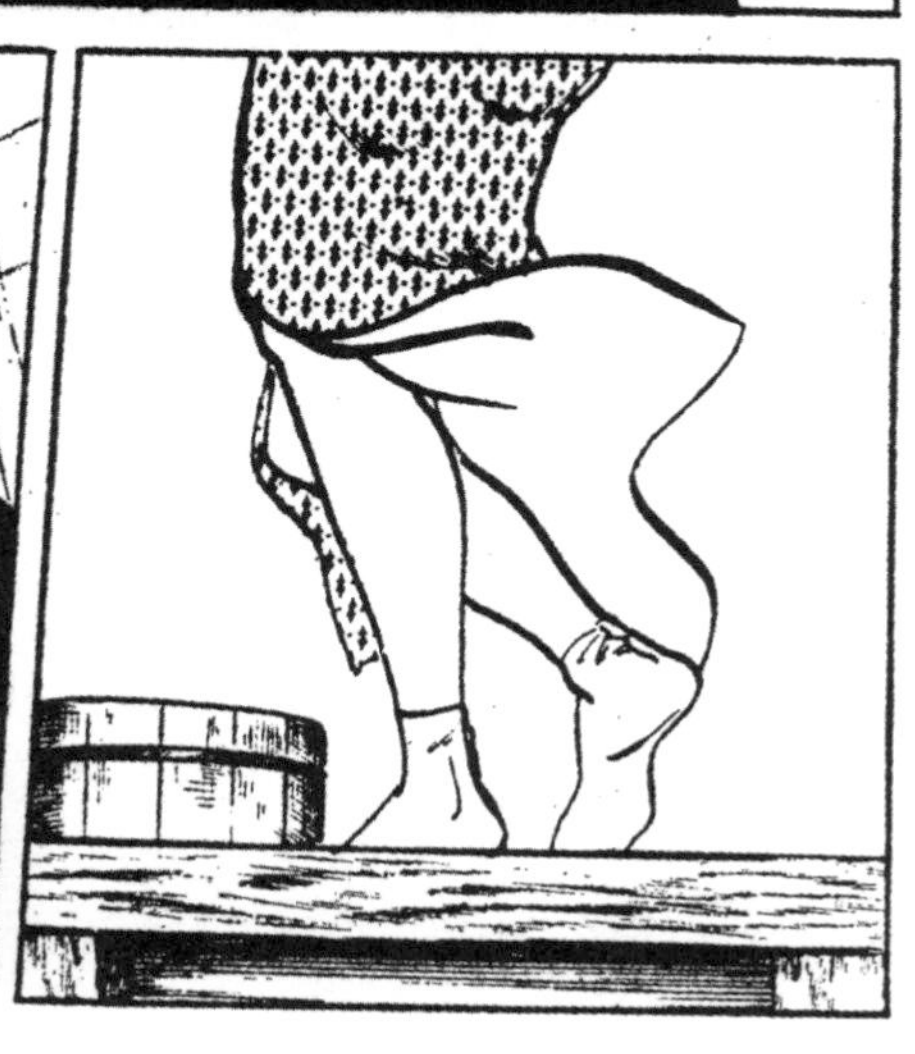

男郎花、おみなへし
ききょう、みずひき、吾亦紅
……淡彩に乱れ敷く野面に
怪鳥のごとく影躍る、二つ三つ。
うずくまる一人
いましも仏から掠めたゼニを
ニタニタと、眺めているのだ
人喰って生きのびた
血をすっていた、彼奴！
その眼、もはや人でなし。
橙々色の満月が
いま、昇ったところである。

天明七年、全国にうち壊し。田沼の金脈政権はたおれ、松平定信クリーン内閣、ここでもヤジロベエ上御一人はそのまま、次代将軍家斉大奥の妻妾に五十五人の子を孕ませる。文化文政、またしても退廃、走資派去り、文革派来り、去り、制度を以て制度に換え、窮民の修羅は終らず、真人民の平等と自由は来らず――

ばっ

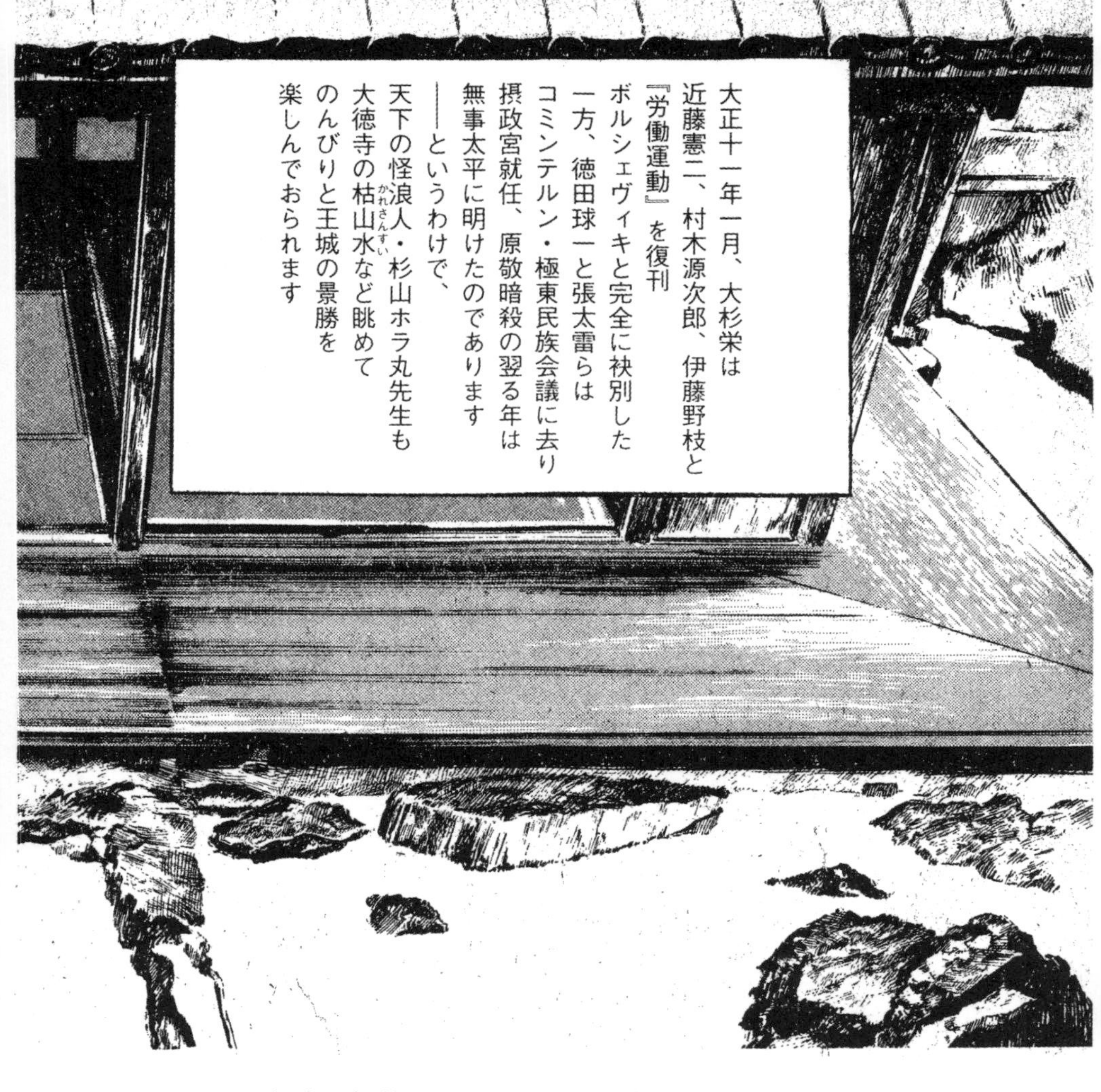

第十六回

薔薇の畑に村山槐多

京太郎、受難の巻

おそらく、シネマ・マンスリー（＊現代の眼・連載コラム）子もこの件に触れるであろうが、『キネマ旬報』白井佳夫編集長が十一月十一日付け、社長命令で解任された。同誌経営者は上森子鉄＝健二郎、人も知るロッキード事件の黒幕・児玉誉士夫のいちまきとして、ちかごろマスコミを騒がせた人物である。そして、何回か後に本篇に登場する予定であった。というのは、彼・上森健二郎はやはりアナキストの系列に属して、故・梅原北明の『文芸市場』、公然&非公然の出版における発行人として活躍した経歴を有する。

日本アナキズムの正史は、いわゆる「転向」のテーマを、おろそかにしている。本篇に杉山茂丸を登場させて、〝仮構の舞台〟を設定したのは、その

伏線なのである。「熔鉱炉の火は消えたり」、八幡製鉄争議の指導者としてアナルコ・サンジカリジムの狼火を、九州の一角に挙げた浅原健三、無政府主義労働運動最初の勝利をかちとったこの人物について、正史はほとんど語ろうとしない。なぜならば浅原は一国社会主義に転向して、満洲浪人にダ落した裏切り者だからである。

——同様に、すでに劇画中に登場の獏与太平（古海卓二）、彼もまた九州文学報国会に敗戦時在籍した、という〝前科〟によって、アナキズム運動の正史から葬られている。夢野京太郎の血族である画家・竹中英太郎は、もと熊本水平社創立委員、無産者同盟書記であった。彼は無政府共産の理想に、その青春を賭けた、だがやはりアナキストの墓標を持たぬ。なぜか？　杉山茂丸の子・夢野久作の挿絵を書く等、〝右翼〟に接近して、これも一国社会主義（プロレタリア的・汎アジア主義と称するべきだが）に傾き、二・二六

事件の被逮捕者となった前歴を有するからである。

ちなみに英太郎は、本篇タイトルに実に度々登場している。第Ⅱ部扉絵も、かわぐちかいじによる英太郎原画の模写である。彼は甲州に隠棲して健在、庭の一隅に墓を造り、「せめて自らにい、、、、、恥なく瞑りたい、と」碑銘を彫っている。

＊一九八八年急逝、享年・八十二歳

ほんらいアナキズムは人間の気質に関わる、真の無政府主義者に、「転向」ということはあり得ないと京太郎想う。何が彼らをして、〝右翼〟への道をあゆましめたのかを明らかにすること。その営為なくして、アナ・ボルの協同分裂、大杉虐殺以降の日本無政府主義運動の〝歪んだ軌跡〟に、理会をすることはできない。

ボルシェヴィキと等しく、転向者を切り棄て、カット・アンド・ドライに裏切り者の烙印を押す、いわゆる純正アナキズム史観に異議を申立て、人間にとっての自由とは、その過程に奮迅

する闘争とは、すなわち革命とは何かを問い直すことがこのもの語りのテーマである。過日の「北明忌」に、（上森健二郎をふくめて）巷間無頼の徒と目される輩を招かなかったのは、純正アナキスト諸君の良識と呼ぶべきなのであろうか？ このさいは、梅原北明自身が無頼であったではないか、なべての異端を包摂する思想がアナキズムではなかったのか、という批判もさておかねばならぬのか？ 下世話にいう臭いものに蓋をして、純化された「神話」の祭壇に戦士を弔うことのみが、残された者のゆいいつなし得る、運動であるのか!?

さて、上森子鉄＝健二郎。老いたるもとアナキスト・梅原北明の同志は、その友人の血縁である京太郎の分身・竹中労の文章を、キネマ旬報誌上から抹殺した。前章に一部転載の、『浪人街／天明餓鬼草紙』脚本完結をもって、十五年間の大河連載を契約した『日本

映画縦断』は、中断を強制されたのである。これと同時に、斎藤正治『日活ロマン・ポルノ裁判レポート』をはじめ、矢崎泰久、山藤章二、落合恵子、和田誠、秋山邦晴、永六輔などの連載もキネマ旬報から一斉に姿を消すこととなった。

＊殆んどの書き手が、間もなく復帰した。

上森自身が語った理由は、思想的な偏向であり、営業的な各方面の圧力であり、これをようするに無頼の徒には誌面を提供できぬ、というただ一言に尽きる。背後にどのような圧力干渉があったかを、推測することは容易い。この数年間にわたって、キネマ旬報（＊＝『日本映画縦断』）がきびしく批判してきたのは、日共系に乗取られた映画資本とそれに連なる文化官僚であり、もう一方には権威主義的オールド・タイマー評論家であった。

過激派・やくざ・ポルノ、「三悪」のボク滅という一点で、左右の公序良俗主義は野合したのである。上森は突き

上げられた、いや怪物を自認する彼としては、ロッキード事件でマスコミの〝標的〟とされ、鳴りをひそめている無聊に耐えかねたのだろう。雀百まで踊り忘れず、彼のために弁ずるなら、それもまたアナーキー(アナキストともはや呼ぶべきではない)の属性なのである――

かつて、北明のポルノ出版の同志であった上森健二郎、まさに営業右翼とダ落して、代々木モラリズムの片棒を担ぐ。むざんであり滑稽である、だが嗤えるか、アナキズムの正統を称する諸君、その退廃において「北明忌」に無頼の徒を招かなかったあなた方は、老い呆けた上森健二郎と、えらぶ所がないのだ。そう、あなた方自身すでにアナキストではなく、単に原理・学問としての無政府主義を(然も安全圏にいて)、信奉しているだけのことだ。上森が処世の術として、アナーキーに無頼にふるまってみせるのと、それは同じことなのである。

白井佳夫の編集長解任、連載の一斉中断という事態に、京太郎は「言論&表現の自由」という論理で対応しようとは思わぬ。また、ロッキード事件のあの悪玉がといった、〝市民運動〟のレベルで関わることもしない。資本の走狗といい、日共の謀略に乗せられたピエロと罵るのには、相手は老い呆けすぎて、むしろ憐憫の情すらを抱いてしまうのである。上森健二郎は、ゼンマイの切れかかった猿の人形である。彼はなぜ飽きもせず、シンバルをけたたましく鳴らして躍り続けるのか、七十五歳にして乱を好み、人に憎まれようとするのか？

〝下等物件〟ではあっても、これはアナキズムにおける、「転向」の症例として絶好の対象なのである。言論の自由などという矮小なテーマを、上森健二郎の〝暴挙〟は、みごとに越えているのだ。老いたる無頼漢よ！　夢野京太郎はあなたを実に軽べつするが、いささかも憎しみを覚えない。アナキ

ストとしての礼を尽すつもりはない。だが敬老精神をもって、無頼の墓場に埋葬して進ぜる。目には目を、歯には歯を、ゴロツキの仕業にはゴロツキの作法でこたえるのが、せめても無政府主義者の条理、右や左の旦那サマに破落戸（テロリスト）の啖呵ときこえても、あなたはそのことをみずからの過去と、現在に照らして理解できるだろう。

※　キネマ旬報事件・真相報告通信を出す。神奈川県箱根町、竹中労内『浪人街』通信（カンパ・送料共500円）

上森健二郎はもうよい。本篇の登場人物として、またお目にブラ下る節があるでしょう、とだけ。さて、本筋に戻ります。チラホラと出没しておる、カノ徳田球一、これが三百代言の卵であったころ寄宿していたのが、やはりアナーキーの気が多分にあった画家・小杉放庵の邸で、同じ居候に不思議な青年がいた、村山槐多（かいた）という。

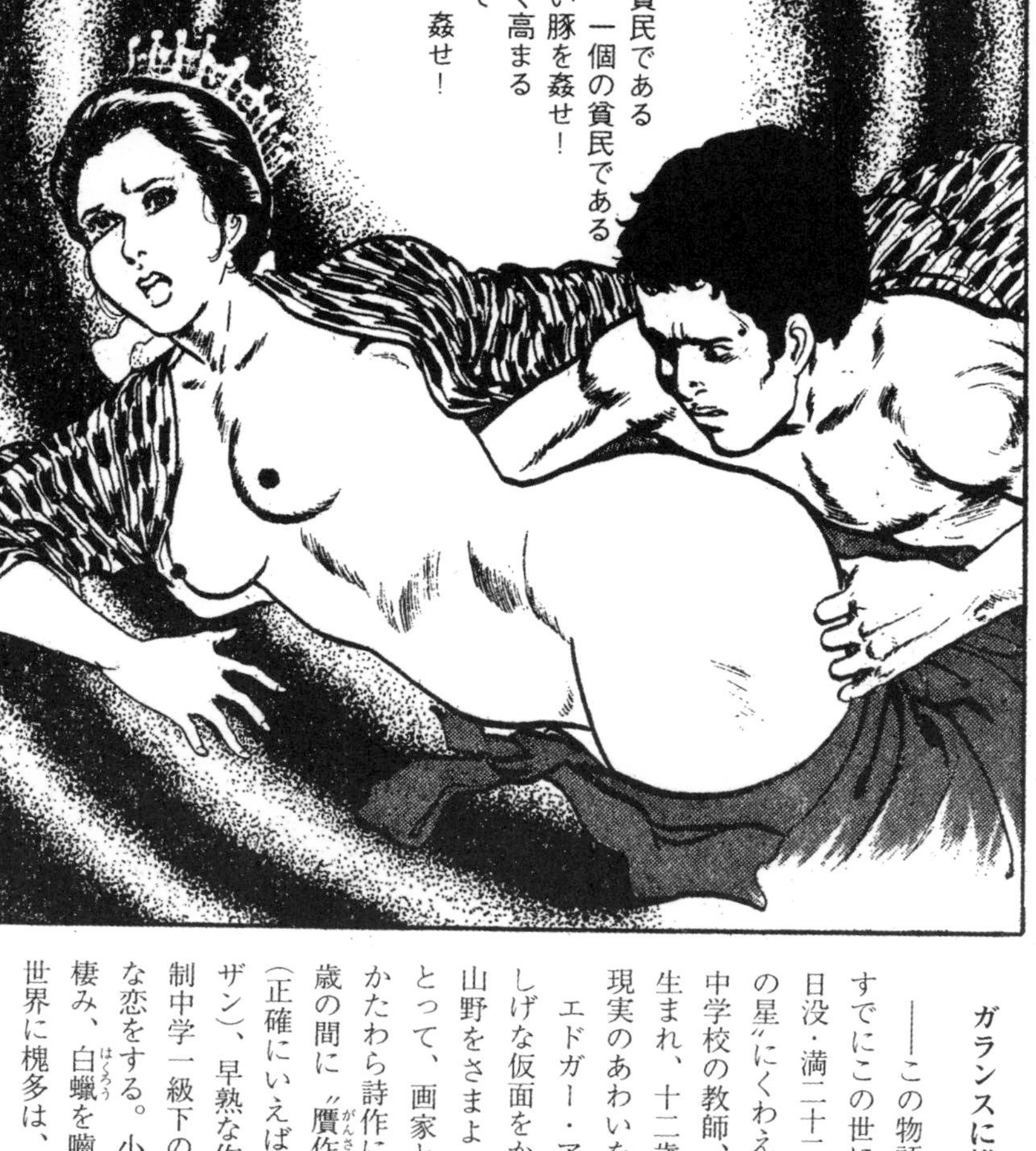

ガランスに描き奉れ

——この物語りが始まった大正十年すでにこの世にはなく（八年二月二十日没・満二十二歳）、残念ながら〝百八の星〟にくわえられなかった。京都第一中学校の教師、村山谷助の長男として生まれ、十二歳で文学に耽溺、幻想と現実のあわいを彷徨する。

エドガー・アラン・ポーに心酔、怪しげな仮面をかぶり笛を吹き、街頭や山野をさまよった。十三歳で絵筆をとって、画家としての生涯を志した。かたわら詩作にふけり、十五歳〜十六歳の間に〝贋作〟として本篇に掲げた（正確にいえば抄略、多少の字句の改ザン）、早熟な作品を書く。この間、旧制中学一級下の美少年にプラトニックな恋をする。小窓一つしかない土蔵に棲み、白蠟を嚙みながら、詩と絵画の世界に槐多は、夢のように生きた。

アナキズムは気質に関わる。槐多の生涯はそのことを、まさに実証する。

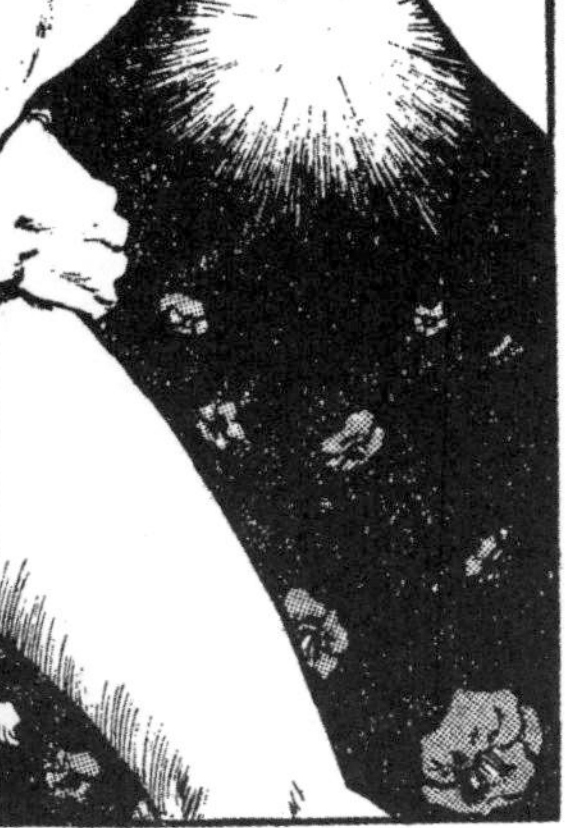

大正三年三月、父親が教鞭をとる府立一中を卒業した彼は、「未来の生命に行け、生命の薔薇畑に突入せよ、花と荊(いばら)の中を！」と宣言して上京、放庵邸に寄寓した。同宿の徳田球一を辟易させたのは、この怪少年が真紅の絵具(ガランス)をべろべろと甜めながら、キャンバスに終日むかっていることだった。さしものトッキュウ先生、気味が悪くなって小杉家を逃げ出したのである。ものもろくに喰わないで、裸同然の姿でいる槐多に、「身体に気をつけた方がよい」と放庵が見かねて忠告すると、「僕は親切は嫌いです」という言葉がピシャリと返ってきた。

このガランスは一本が
二円ちかくした
だがこれを
ぎゅっとしぼり出すことは
何たる快楽だろう
二円はどぶの中へとんでしまえ
このガランスが千円しても

高くはないぞ
これをぎゅっとしぼり出す事は
女郎買いより快楽だぞ
二円で酒が一本ついて
一晩まわしがなかったより
たしかにガランスは徳だ
ガランスの快楽は善い
ためらうな、恥じるな
まっすぐゆけ
汝のパレットを直角に突き出し
まっすぐしぼれ
そのガランスをまっすぐに塗れ
生のみに活々と塗れ
一本のガランスをつくせよ
空もガランスに塗れ
木もガランスに描け
草もガランスに写せ
魔羅をもガランスに描き奉れ
神をも……
ためらうな、恥じるな
まっすぐゆけ
汝の貧乏を
一本のガランスにて塗りかくせ

十八歳、酒に溺れる。『六本の手のある女』『尿する裸僧』等々、真紅に燃える絵を描きまくり、第二回美術院展覧会で院賞受賞。だが彼の作品は、まったく一枚も売れなかった。極度の貧窮に迫られ、デカダンスと餓えとに肉体は蝕まれていた。お玉さんというモデルに惚れ、彼女が十二階下の女に淪落したことを知ると、日本堤に居を移して日参する。だがけっきょく失恋。

二十歳、寝るにふとんもない生活の中で、第二の恋がある。芸者あがりの四十女であった。肉体的関係はなく、「をばさん」と呼んでいたその女性の暮しを助けるため、槐多は絵を犠牲にして工場労働者となり、給料をすべて彼女に与えた。むろんおのれは飲まず食わず、『乞食と女』は槐多と彼女の〝自画像〟である。二十一歳、結核性肺炎に襲われ、友人たちの手で千葉県九十九里浜の漁村に転地させられる。大正七年十月、槐多は病院から徒歩で

脱出を図る。一日に二、三里ずつよろめき進んで七日目の夕方、彼はついに倒れる。木賃宿にもぐりこんで喀血、酒屋にかけこみ有金をはたいて一升を買い、海岸の岩の上で酒をあおっては血を吐き、吐いては飲みつづけ、潮の満ちてくる中に、静かに死を待った。このときは宿の主人に救われる。

尽きよ尽きよ、わが生命

だが翌大正八年——代々木のあばら屋で、槐多は生命を終る。狂ったようにガランスの真赤な絵を描きつづけ、二月十八日夕刻、雪まじりの雨の中を戸外にとび出していった彼は、草叢で瀕死に呻いているのを発見された。二日後の二十日午前二時、「白いコスモス・飛行船のものうい光」という、謎めいた言葉を残して昇天。

またしても、純正アナキストたちはいうにちがいない。村山槐多は単なるヴァガボンドであった、と。無政府の思想と彼とは何の関わりもない、夢野

京太郎は誰でもアナキストにしてしまわぬと気が済まぬらしい。それは三好十郎を無政府主義の系列に入れた松田道雄の錯誤よりも、さらにオコの沙汰である云々。そうかな、くりかえしていおう、アナキズムとは気質である。人間の根源の自由の謂である。槐多のデカダンス、〝破滅への意志〟こそ、その時代の青春が直進した、無政府の彼岸に通ずる。村山槐多と難波大助、二人の間に共通する気質、ガランスで描かれた短い生涯と、老残仮装者の影をひくもとアナキストたち、「北明忌」の主宰者、あるいは上森健一郎、その絶望的な距離を想え！　青春とは未完の人生ではない、生命と自由とをひきかえにして、自己完結を成し遂げ得る意志をいうのである。

喜びあれなげきあれ
楽あれ苦あれ
かくして尽きよ
私は死を怖れない

風邪で労働運動社に一人
留守番をしていた。
そこへ夕刊だ、何の気なしに
妙な記事が目に止まった。
伊豆天城山の猫越峠の雪中に
油絵の道具を持った
四十四、五歳の銀ブチ眼鏡の男が
凍死していたという。
久板さんだ、キリストだと
直感した通りだった。
同士・久板卯之助は二十一日夕刻
湯ケ島から修善寺への道で
吹雪の中に死んだ、行年四十六歳。
（『思い出すまま』より）

私はもう死んでいるから
私は何も怖くない
私はその底それ自身
虚無だ
私はなにだろう
私は空気だ
私はどこにもある
どこへでもゆく
美しい女の唇にも舞っているし
殺人犯の黒い肺にもとびこむ
そうだ、人を殺すために動く腕の
血の中にも……
天にも地にも私はある
私はそれ一つですべてだ
私は天下御免の者だ

久板卯之助の死

いま一人の死について語ろう、久板（ひさいた）卯之助（うのすけ）、〝キリスト〟〝西洋乞食〟と仲間から呼ばれていた求道者。京都の木屋町の旅館に生まれて、同志社大学神学部にまなぶ。これもまた本篇登場人物のひとり、伊庭孝と親交を結んで、

和田久太郎はまだ南の島から帰らなかった

〝同志社反逆組〟の一員となり、中途退学して社会運動に入る。トルストイアンからアナキストに移行した彼は、村木源次郎よりもさらに、キリスト者としてのストイックな生き方を、死に至るまで貫徹した。

女を抱かなかった。ふかした玄米を常食としていた。酒を飲まずタバコを吸わず、ふとんを持たなかった。あるだけの衣類を着て寝るのだ、労働して得た金はことごとく同志のためについやして、恬淡としていた。新聞紙法で投獄された彼は、数カ月の監禁生活を了えて出てきたとき、仲間たちにこういった。「君、監獄とは暖い所だよ、ふとんを着て寝るんだ、汗が出て困ったよ……」

そのストイックな生きざまを、彼は決して他者に強制せず、おのれにだけ課した。衆知の自由恋愛主義者・エピキュリアン大杉栄と、久板卯之助とは〝終生の同志〟であり得たのである。そのような人間関係を、今日の党派の

中に求められるだろうか？　規律とは自己を内から得るものであるという、無政府主義者の倫理を、彼ほど厳格に（すなわち他者には寛容に）実践した人物はいなかった。彼にとって個人的趣味は写生旅行のほかになく、健脚にまかせて、油絵の道具を肩にあちこちと歩きまわるのが、ただ一つの楽しみだったのである。

大正十一年一月二十二日、伊東から南下して（当然すべて徒歩である）、日暮れちかく、天城山麓の宮ノ原に着いた彼は、茶店の老婆が夕刻であり山は雪も深いことだからと、しきりにひきとめるのを、「……いや僕は雪が大好きですから」とほほ笑んで、山へ登っていった。峠をこえて湯ケ島から修善寺方面に出ようと、彼は計画していたらしい。だがその夜は吹雪が荒れ狂った。翌日の午後、御料林の山番が凍死体を発見し、部落から戸別に一人ずつ集まった四十余名の村人の手で、胸までつもった雪の山道を、運びおろ

されたのである。

〝キリスト〟にふさわしい、清浄な死であり、信じてやまなかった農民に（彼は大学をやめると、ただちに牧夫になって労働した）、手厚く葬られる幸福を末期に持つことができた。久板卯之助には、輝かしい闘争の経歴も、アナキズムの理論的著述もない。だが彼はまさに空気のように、同志たちの裡に生きて、無頼そのものであった。これもくりかえしていう。いまアナキストを自称する人々は、久板卯之助のやさしさ、そのかぎりなく誠実な魂を持っているだろうか？

〔大正十一＝一九二二年・略年譜〕

1・22　久板卯之助死亡の同日、普選断行市民大会、赤坂で開催。

極東民族会議、モスクワにて開かる。片山潜、徳田球一、高瀬清ら〝日本代表〟として出席。

2・1　山県有朋没、八十四歳。

2・6　ワシントン会議、日本は海軍

軍縮条約等に調印。
2・23 普選要求の群衆数万人、抜刀警官隊と衝突。
2・27 孫文、中国・桂林で北伐開始。
3・3 全国水平社創立。
3・10 〝産児制限〟運動のサンガー夫人来日、山本宣治通訳に当る。
4・9 日本農民組合創立。
4・20 治安警察法改正、公布。
5・12 石川島造船所二千五百名サボタージュ。(19日、従業員側敗北)
5・20 堺利彦訳『共産党宣言』
6・16 孫文、北伐に失敗。
6・20 摂政宮裕仁、久邇宮良子との婚約を勅許さる。
6・24 シベリヤ撤兵、発表。
7・× 水曜会、暁民会、建設者同盟合議なり、日本共産党非合法に結成。(正確な日取りは確定できず、共産党正史を参照のコト)
※ 11月に至って、コミンテルンは日本支部としてこれを承認。

大正十一年一月
野枝は四女ルイズを
みごもっていた

Ⅳ 狂乱と覚醒のそのとき

第十七回

和田久、帰る

教条者たちに告ぐ

咄！　またしても、京太郎・史観に異議あり。匿名の書簡一通飛来して、「熔鉱炉の火は消えたり！」八幡製鉄争議を、勝利とは何事かという。大正九年二月五日から算えて僅々三日間、浅原健三を指導者とする日本労友会の幹部、ことごとく検束されて罷工打ちきりとなる、瞬発的・一揆的の闘争にすぎなかったのではないか、と。さらに二十四日、再びおこったストライキは自然発生的罷業に止まり、「秩序なきその隊伍」は憲兵・警官隊に蜘蛛の子と蹴散らされ、暴力団に紛砕された。

　労友会は見るも無残に潰滅して馘首二百二十四名、起訴六十三名の犠牲を払い、かち得たものは何であったか。月収七円の昇給、拘束十二時間・実働十一時間を、それぞれ一時間の短縮と

いう、〝温情〟を資本から与えられただけであった、と。

——これをようするに、炭坑夫出の野心満々たる驕児・浅原健三、ときに二十二歳。労働運動社の和田久太郎に影響をうけて、当時流行のアナルコ・サンジカリズムに走り、売名のための争議をただ煽動したのである。浅原はすでに当時から、労働ブローカー的な性格を有し、加藤勘十、麻生久などと組んで、たちまち社民的労働運動家に退廃をしていった、云々。

京太郎、聞き飽きている。そういう紋切り型の〝正史〟、左翼国定教科書ふうのくり言を打破するために、この連載を書いているのだ。「キミは八幡製鉄争議について、どれほどのことを調べているか？　知っているか？」とおっしゃる。答えよう、前章で述べた夢野京太郎血族・竹中英太郎は、日本労友会指導者の一人であり、八幡製鉄争議以後は浅原健三と共に検束され、タコ部屋の坑夫となって、筑豊炭田に

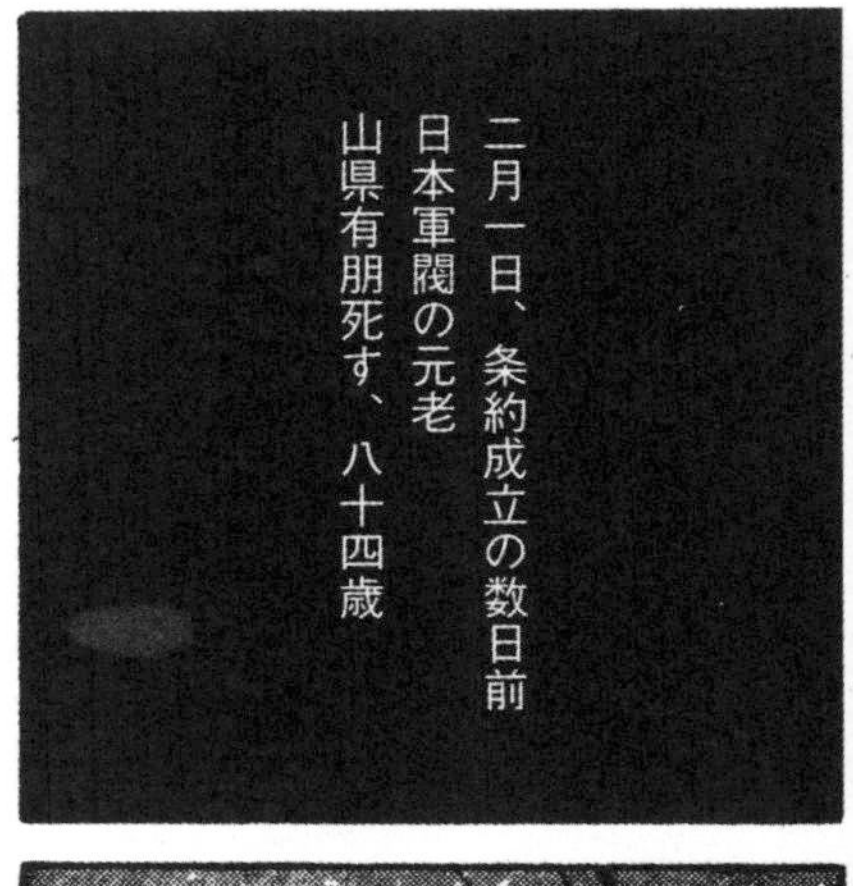

潜入した。これもまた日本労働運動の〝正史〟からはぶかれている、炭坑夫労働者同盟のオルグに、まさに地底で挺身したのだ。調べているのか、知っているかだとシャラ臭い、「北明忌」の一件で頭に来ておられるか知らぬが、くだらないイチャモンは、つつしんでいただきたい。

さらにまたいう、純正アナキズムと称するのは、たとえば岩佐作太郎や、八太舟三の理論を指す。それは、一九三〇年代における、〝労働価値説〟の排撃（ひいてはアナルコ・サンジカリズム全否定に至る）。いわゆる〝階級闘争〟によるのではなく、少数尖鋭の分子によって革命はなし遂げられねばならぬとする、クロポトキンの思想の純化をいうのである。夢野京太郎は、ここでも何もわかっちゃいない、アナキズムを論ずるなど笑止千万である。おまけに事実誤認、村木源次郎は一九二二年一月、労働運動社には加わっていない、和田久が琉球から帰ったのは

もっと早い時期であり、堀口直江との恋もその後に属するのである、えとせとら・えとせとら。

　あたしゃ、どうでもいいの。そんな詮索にかかずらわぬ——、くりかえし記述しておるが、本篇はノン・フィクション・フィクション。筋立ての都合よろしきよう、百も承知で話をつくり変えているンであるからして、気楽に読んで下さりゃ結構、何をいったってムダである。今後はこのような、イヤがらせの投書は無視する、お腹立ちのむきは、そちらさんもたかが劇画だと黙殺していただきたし。

　とまれ熔鉱炉の火は消えた（ネンを押しておくが当時は熔ではなく鎔鑛爐と書いた、これまた二百も合点で字を直しているのだ）、明治三十四年二月五日、第一熔鉱炉に点火してから実に満十九年間、天皇制資本主義の象徴と吐きつづけた火は、同月同日大正九年二月五日にハタと熄んだ！　真人民の勝利とこれを呼ばずに、いったい何と

いえばよいのか？　そしてこの革命的瞬間は、まさに予告したのである。ニッポン軍閥の冬の時代を、宮中某重大事件は軍縮と見合い、〔一つの〝高層社会群〟、日本国家の最高表現たる、皇室の権威を笠に着る、厳たる陸海軍勢力〕（小野武夫）の危機をまねく。すなわち革命派にとって、千載一遇の好機であったが、前にもいった通り、炯眼（けいがん）に来るべき〝分裂の時〟を見ぬき得たのは、陸軍幼年学校出身の大杉栄ただ一人であった。

ニッポン軍閥の冬

アナ・ボル協同の大戦略、さらには、、、、、民族派をも包摂する、いうならば革新自由連合を、国家権力に対置しようとした大杉の構想は、同志たちにすらも理解されず、さらにはコミンテルンに盲従するボルシェヴィキ、その陋劣な裏切りによって夢想と消えた。アナ・ボル協同を、大杉生涯の汚点であると単純否定する人々には理解できまい。

開催中の第四十五議会に
過激社会運動取締法案提出
第一条にいわく
無政府主義、共産主義其ノ他ニ関シ
朝憲ヲ紊乱スル事項ヲ宣伝シ
マタハ宣伝セントシタル者ハ
七年以上の懲役、マタハ禁錮ニ処ス
前項ノ事項ヲ実施スルコトヲ
勧誘シタル者
マタハ其ノ勧誘ニ応ジタル者
罰、前項ニ同ジ

二月二十三日
議会傍聴席より
ヘビが投げこま
れる！

彼は決してボルだけを見ていたのではない。米騒動以降、年々深化していく天皇制資本主義の矛盾、第一次世界大戦後における軍国主義の閉塞状況に、〔目ざめつつある多くの日本人、殊に旧い日本を根本的に変革して、新しい日本を建設しようと云う有力な愛国者たち〕（『労働運動』29号社説、大10・1）に注目していた。

新日本人と旧日本人の分裂、〔行きづまりの結晶である其時、画然としてくる分裂、日本そのものの分裂〕を、大杉栄は見すえていたのである。左翼連合からさらに突き進んで、なべての異端過激と手を組み、〔多少好ましくなくても、いま眼の前に迫っている、此の分裂に与かるべきか？〕と、この革命家は考え、実行にうつそうと画策したのだ。清潔な思想とは呼べまい、大杉自身もそれを放棄した。だがこの国の革命家の中で、かくも巨視的で、具体的な、可能性としての日本革命のヴィジョンを、彼の他に誰が持ち得ただろう？

なぜかこの国では、太田竜のごとくひたすら純化を遂げていく営為しか、革命の思想とは呼ばぬのである。ミラボオ、ダントン、いずくにありや？大杉のいわゆる分裂の思想はニッポン軍閥の冬の時代、日本革命のもっとも有効、かつ基本的な大戦略となり得たばかりではなく、さらなる分裂から、汎アジア・世界革命への展望を、きりひらいたであろう。まずは、日本そのものの分裂を、しかして過激の輸贏（しゅえい）（＊勝敗）を争う「其時」を——

さて、大正十一年冬、未曾有の寒波は日本列島を襲った。とりわけ裏日本の雪害は、軍隊が出動して救援防災に当ってもなおかつ、親不知トンネルの大惨事、僻地における餓死者・凍死者の続出を、如何ともすることができなかった。いうならば、田中角栄・十七万票の重みは、越後の雪の重みである。

たかだかロッキード事件ぐらいのささやかな炎で、凍土・窮民の歴史を

溶かすことは、とうてい不可能なのである。こんどの総選挙結果は、汚職が自民党を惨敗させたのでもなければ、〝中道革新〟とやらを求めて、民衆は新自由クラブ・民社・公明を選んだのでもない。大杉のいう〝分裂の時〟が、まさにいまおとずれようとしているのだ、人はそれを期待している。早い話が新社会クラブとか、共産新党を名乗って分裂しさえすれば票は集まる、あるいは革新自由連合*風の党派に非ざる党派を、新たに結成すればよいのだ。

越後の雪の中から、かの田中角栄を復活させた、最大の功労者は検察庁である。これはパラドックスではない、拘置所に収監されて、自民党への離党届けを書いたときすでに、大量得票は約束されたのだ。司直の手で鼠小僧となり、ゼニを盗んで人々にわけ与える〝義賊〟のイメエジを背負って、田中角栄は郷里に帰った。越後人民がどうして、この英雄を支持しないでいられようか！　おらが総理時代と拮抗する

票を、田中角栄に投じた新潟県人は、実に賢明なのである。反体制であり、無政府である、国家社会・公序良俗の埒外に、無何有郷の自立と共和を宣言したのである、善哉（よきかな）！

普選と〝過激法案〟

閑話休題――、大正十年下半期から顕在化しつつあった相場師・石井定七（石井商店）の破産は、十一年の二月二十三日に及んでついに銀行共倒れという、最悪の事態を招いた。高知商業銀行はじめ、住友・野村など大銀行をふくむ、実に四十二行の不正貸付けが白昼の下に暴露された。軍備の縮小は圧倒的世論であり、政友会のいわゆる積極政策は行きづまって、現状打破の声は巷に満ちていた。しかもニッポン軍閥は山東・シベリアに出兵、第一次世界大戦終了後も占拠をつづけ、国際的非難を浴びていた。

軍部の中にすら、元老・山県有朋を頂点とする武断派に反対して、軍備の

拡張は国力の充実あってのことだと、その意味での粛軍を唱える、革新派の存在は侮り難かった。ワシントン会議日本全権・加藤友三郎海軍中将もその一人だったのである。山県有朋の死によって、武断派は大幅に後退した。

彼の死の翌日、〝陸軍縮小建議案〟が四十五議会に上提される。兵役年限を縮小し、諸機関を整理して四千万円の経費を節減せよ、と手きびしく軍部を掣肘する案が与党から議会に図られ、可決されたのであった。かくて、海軍将校・兵七千五百名を減じ、造船所等職工の馘首は一万四千名に及ぶ、予算四千六百余万円を削減。しかし軍縮に反対する勢力、なお多数をしめていた陸軍は、兵員五万四千・馬一万三千を減らしたものの、在営期間は四十日の短縮、経費の節減を二千四百余万円にとどめたのである。

いずれにもせよ、軍縮はさけがたい現実であり、海軍ではすみやかに断行され、陸軍もまた徐々にしたがわねば

ならなかったのだ。ここにいま一つ、重大な社会問題が惹起される。不況の巷に投げ出され、凶荒の農村に戻っていかねばならぬ失業軍人・工員たち、二・二六事件の種は、実にこのときに蒔かれる。社会層の至るところ亀裂は確実にひろがり、民衆の不満は急速に醸成され、その最大公約数的あらわれとしての普通選挙*要求の運動が、はげしく盛り上ってくる。〔民衆の強要により社会組織を破壊する勢いをつくらば、国家の基礎を危くするもの〕と、大正九年に原敬は考えたが、彼の暗殺間もなく、その危惧は現実となった。

――普選それ自体ではなく、民衆の意志によってそれが行われることを、支配層は恐れたのである。〝過激社会運動取締法案〟は、まさに普選要求の高まりの中で、司法省緊急勅令により公布されようとした。これは、ロシア過激派と連絡する日本赤化運動防止、及び朝鮮独立運動取締りを目的とすると説明された。反対の立場を明らかに

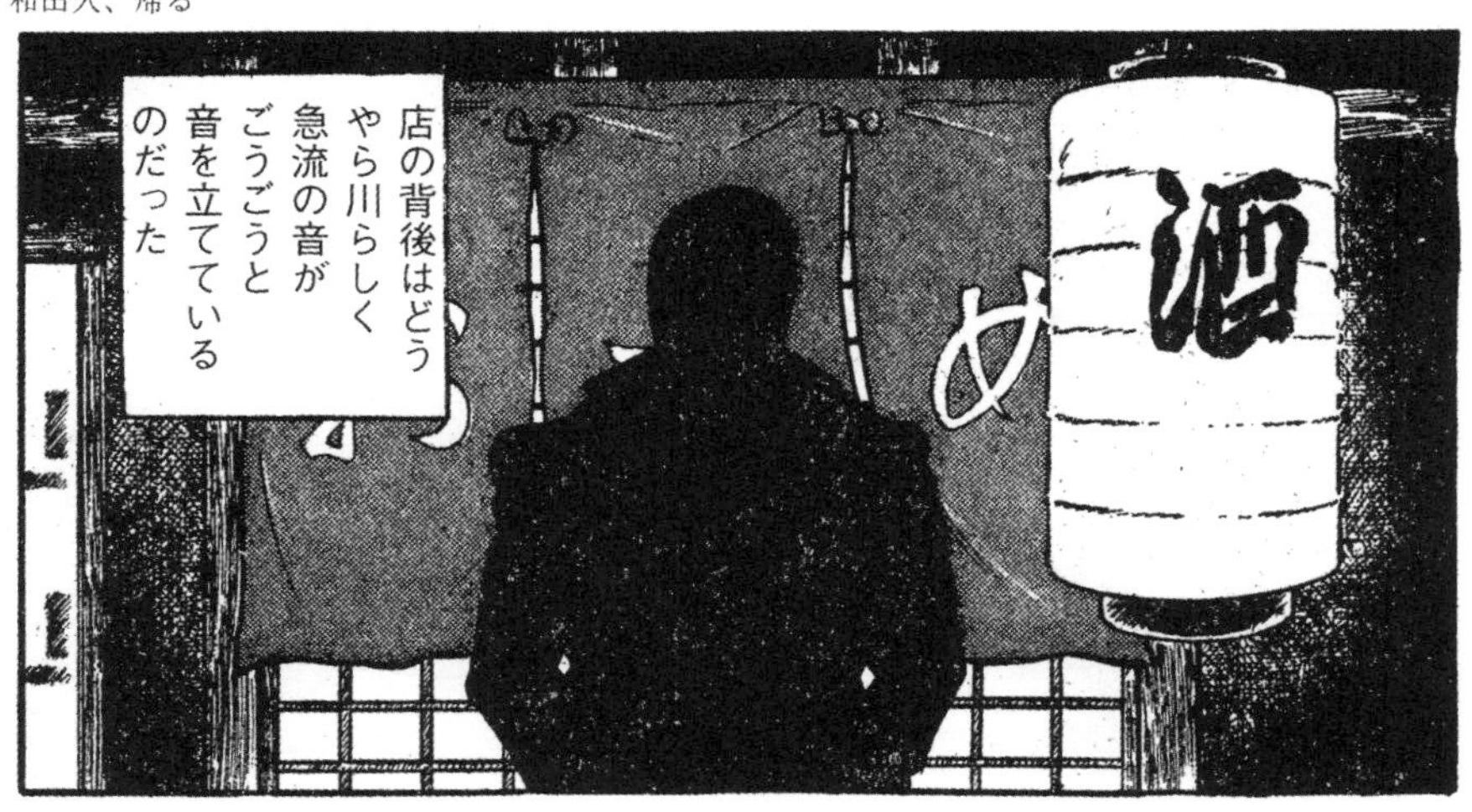

したのは、労働組合、社会運動の団体より、むしろ言論機関だった。新聞・通信二十社の代表は、こえて三月三日反対同盟を結成、同法案は審議未了となる。このようにして大正十一年冬、状況は流動的であった。まぎれもなく〔日本そのものの分裂〕へとむかっていた。しかも、上御一人は脳を病み、民衆の嘲罵の的とされていた。摂政宮就任によって、辛うじて局面の糊塗はなったが、天皇制資本主義は大いなる危機を脱してはいなかったのだ。

〝過激社会運動取締法案〟は、国家権力にとって、まさに緊急必要事項であった。この法案を上提するに当り、伊井敬（近藤栄蔵）、高津正道、平田晋作ら、いわゆる暁民共産党事件の予審が決定され、大々的に新聞に発表された。内容はとるに足らず、〝過激社会運動取締法案〟のつまりはキャンペーン、政治的意図によるものでしかなかったが、赤露の手先という印象を人々にあたえる目的は、ある程度果し

得たのである。〝暁民共産党事件〟の特徴は、その呼びかけの対象を真先に軍人に置いたことが挙げられる、国憲紊乱の文書とされた、代々木大演習の兵士に配布されたビラの内容を、左に要約して掲げる。

軍人諸君！　兄弟よ！

君等は、忠君愛国とは何のことだか知っているか？　それは、詐欺と掠奪とに依って生存している支配階級に、忠なれ、その犠牲となれということである。軍人の本分を尽せとは、つまり資本家の国家——岩崎・三井・安田・古河・鴻池、及び彼らと結託し民衆の背に跨っている政治屋等の国家のおんために、生命を捨てろという事だ！

目覚めた中岡艮一は（傍点・京太郎）けなげにも、此の浮世の様を憤慨して単身一刀の下に、国賊原敬を殺した。君等は日夜精鋭な武器を腰にし、肩にしながら何をしているのだ、目覚めよ軍人諸君、兄弟よ！

共産党本部

まことに稚拙である、だがここにも右翼少年・中岡艮一を英雄とたたえ、原敬を国賊と呼ぶなど、左右弁別すべからざる当時の状況が反映している。〔多少好ましくないが〕と留保しつつ愛国者を評価する大杉よりも、むしろべったりと（それが軍人むけのビラであるにもせよ）、国家主義を肯定し、謳歌さえしているのだ。誤解なきよう断わっておく、そのことを嗤うのではない、むしろ評価するのである。昔は共産党もまともだった、軍人をオルグすることから革命運動をはじめる、という時勢・大局を見る眼は、すくなくともあったのだ、と。

変幻出没・和田久太郎

ボルとの袂別以後、大杉の周囲には妻・伊藤野枝、近藤憲二、そして和田久太郎、村木源次郎と、寥々たる数の同志しかなく、第三次『労働運動』を文字通り出直しの一歩からはじめるに当り、「神出鬼没の和田久」がになった

〝任務〟は、全国のアナキストたちに急きょ連絡をとって、組織を建て直すことであったに相違ない。いま一人の神出鬼没、山鹿泰治が上京するのは、やや遅れてこの年六月、彼はただちに上海に渡り、国際アナキズム運動との連絡をとるのである。

山鹿泰治については、また別の回で詳しく触れよう。本章ではアナキスト以前の和田久太郎について、概略記述しておく。明治二十六年（一八九三）兵庫県明石に生まれた、父は魚問屋の帳付け。十二歳で、大阪北浜・株屋の丁稚、そのころより俳句に親しんで、同人誌『紙衣（かみごろも）』を十九歳で発刊、東京に出て道路人夫、陸軍砲兵工廠（こうしょう）の臨時雇い、芝浦製作所職工、東京市電気局人夫など、肉体労働を転々。人間一匹四円五十銭の足尾銅山坑夫となって、〝底辺からの革命〟を志すが、落盤で負傷、タコ部屋から九死に一生の逃走。

大正五年、アナキスト渡辺政太郎の研究会（北風会の前身）に参加、近藤

憲二、村木源次郎らを知る。大杉栄と亀戸の労働者街で同居、本格的にアナキズム運動に専念するようになったのは大正七年の一月、このときにも久板卯之助と共同生活をしている。

　寄席・芝居をこよなく愛し、将棋や連珠（＊碁遊戯）の名手であり、花札をひかせれば博徒はだしであったという。頭を五分刈りにして、薄い不精ヒゲを生やし、冬は木綿の洗いざらしのドテラ、夏は白いかすりのゆかた。レーンコートを着物の上から羽織って、朴歯の下駄をひきずり、鳥打ちを無造作にあみだにかぶっている。それが不断のすがた、一丁羅はルパシカで、コール天のすりきれた背広も得意のいでたちだった。村木源次郎の江戸前のお洒落とはまたちがった、ダンディな粋な男であった。

　変装の名人だったことは、この劇画ご覧の通りである。人力車夫で鍛えた健脚を誇り、『水滸伝』でいえば神行太保戴宗風の遁走術で、尾行の私服を

きりきり舞いさせるのが常であった。〔さっき浴衣の着流しに、経木(きょうぎ)の海水帽子をかぶってきたかと思うと、その次には半天に地下足袋であらわれる〕変幻出没、〔労働者の集会とか、ストライキ、デモのあるところ、和田久の姿を見ないことはなく、争議本部にもかならずいた。指導者として行くのでなく、つねにただの協力者として立ちはたらくのだ、どの労働組合でも彼は久さんと親しまれた、ボルの連中でも彼の悪口はいわなかった。労働運動と社会主義運動とを結びつけるために、和田久太郎の果した役割は、まことに大きかった……〕(『思い出すまま』より)

さて、〝過激社会運動取締法案〟のスケープ・ゴートとして、アナキストたちもとうぜん対象とされた。総同盟大阪支部急進派の応援にかけつけた、「労働運動社」一党が全員検束されたことを、新聞は大々的に報道したが、実際はその翌日釈放されている。山内司法次官は、「過激派運動取締の弁」

と称する公式談話を発表、危険思想の筆頭に無政府主義をあげた。

いわく、〔本案の第一条に、無政府主義とあるはこれ、国家の存在を否認するの主義。共産主義とあるは、財産私有制度を否認し、社会の基礎を破壊せんとするものとす（中略）。その他これに類する過激の思想により、わが国憲を紊乱する事項を、宣伝しまたは宣伝せんとする者を取締らんとするのである。第二条は朝憲紊乱（すなわち不敬）事項を実行する目的を以てする者は勿論、これを宣伝する結社集会、または多衆運動をなす者は、その国家社会を害することに極めて大なるものであり、これに重刑を課す〕

〔第三条は暴動・暴行・その他の不正手段によりて社会の根本組織を変革、改造すべきことを宣伝し、宣伝せんとする者、またこれも重刑に処する必要あり（中略）。女子も私有すべからずと謂うがごときも、わが国社会組織と相容れず、これら皆然り。第四条は、

そのころ、労働運動者一党は
大挙して大阪へ
総同盟大阪支部急進派が
指導者・賀川豊彦を排斥せんと
演説会を催すと聞き
応援に出かけたが
市外今宮の旅館で全員検束
〃ところ払い〃とあいなる
仕方なく京都の街でも

金品を供与するがごときは、しばしば過激派の運動を促進するがために執られる手段にして、故に本条は第三条の犯罪の従犯たるものなるも、特に正犯と同一の刑に処す」

〔第五条、過ちを改むる者を罪するは刑事政策上かえって害ありと見なし、（一般刑法の場合より）自首者を寛容せんとす。さらに第六条、本法の罪は国外に於て犯される場合においても、本法によって処罰することを明らかにするものにして、極めて重要なる規定とす」云々。

　この成案は、暗殺された前首相・原敬の指示によって、すでにつくられていた。きっかけは近藤栄蔵（伊井敬）がコミンテルンから大金を持ち帰り、発覚した事件だった。国家権力の側でも、アナ・ボルを弁別することなく、赤露につながる異端過激の同類と判断したのである。〃治安維持法〃はこうして軍縮の冬二月、プログラムに載せられた。

川端食堂
川端食堂
さて、"異端過激"のお歴々……勢ぞろいとございます
物語りいかが展開して参りますやら次回のお楽しみ

第十八回
人の世に熱あれ!!
クロダコー、よかばい

サア、何歳じゃったか？ 成年にはなっとらん、黒田長政侯の三百年祭があって、そんときがくさ博多ドンタクといっしょじゃ。西公園の山の上に、士族どもがようけ集まって、酒盛りばしょっとですよ。私たち町人平民は、いっちょん愉快じゃなか、黒田侯なんちゅうモンは、下々ばいじめチからに栄耀栄華ばしよった。こげな殿さん、有難がるものは一人もおらん。なんか士族どもばやっつける知恵はなかなチいわれて、よし大ダコばつくれ。竹で張子の蛸ばつくって真ッ黒に塗って、八本の手が町人ばつかまえとる、何が三百年祭か、クロダコークロダコー、よかばい、こん畜生チいうて町の中ば練り歩け。

それでやりよったら、士族の連中が

宣言していう――
全国に散在する吾が特殊部落民よ団結せよ!!
兄弟よ、吾等の祖先は
自由平等の渇仰者であり
実行者であった
……………………人の世に熱あれ、人間に光あれ!!
（西光万吉の起草による）

怒り狂うて、山の上から本剣ば持ってつかみ倒しにきよった、血の雨が降りよりました。博多のモンな、ワルソー（根性ワル）じゃありまっしェんが、そぎゃん嫌がらせばする。デモのはじまりちゃア、外国でもあろうけれど、博多もいまでいうデモ、示威運動やら抗議運動の盛んなとこやった。それが二輪加（にわか）とむすびついとる、これを忘れちゃアいかん。

やはりそんとき、松本治一郎先生が「筑前叫革団」ば結成して、県知事ば糾弾したとです。黒田侯の三百年祭に県民から税金（じぇいきん）ば取り立てよる、これに真向から反対した。〝叫革〟すなわち侠客、そのころの松本治一郎ちゃア、博多から筑豊炭田の川筋まで、知らんもののなか暴れん坊で、やくざモンも右翼も避けて通りよりました。九州は差別のはげしかところで、炭坑夫やら地主の奉公人、子守、女郎は部落民と相場がきまっておったとですよ。飯は土間で喰わされる、表玄関からは入っ

その血を享けている
人間が

ちゃならんぞ、そげな差別をしょったとです。税金ばこういう人たちからも取り上ぐっとか、旧藩主の法事に何で貧乏人がゼニば出さねばならんかと、黒檀(こくたん)の六角棒ばふりまわして、県庁に乗りこんだ。

警官隊が守っとるところへ、単身で罷り通って、知事をギュウというメにあわせて税金ば撤回させた。私たちは胸がスカッとした、博多のモンなそのことがあってから松本治一郎、あれはエタの親分じゃ、新平民の暴力団だというものは一人ものうなった。少年のことじゃけん、大いにあこがれたもんですばい、カッコよかですもんなア、自分も部落民に生まるればよかった、と思うたことでした。

（平田汲月・二輪加ばなし）

……みずからを賤民と呼び、社会の最下層に立場を置こうとする思想は、センダラ（旃陀羅、インドの四姓(カースト)外の最下級の層）の子と称した、日蓮にさかの

ぼる。明治においては、「昔日、公等の穢多と呼び倣わしたる人物なり」と断言して憚らなかった、かの中江兆民があり、また宮武外骨がある。かつ、その最初の組織として、玄洋社の領導による〝九州平民会〟が挙げられるのである。

いわく、〔新平民諸子は依然として旧来の陋習に安んじ、更に此の文明の社会に身を投じて、もって天賦の自由と固有の権利とを伸暢せん事を、企図せざるは抑、また何の故ぞ〕〔余輩、ことに感ずるや久し、因て今回諸子の為に原動者となり諸子と共に相謀り、時勢に適する運動の端緒を開き、漸次九州より全国に及ぼさんとするの雄心勃々として止まざるなり〕(「福岡県下・新平民諸子に告ぐ」明治23＝一八九〇年・4月)

その主張の根幹には、〔至仁至徳の我天皇陛下、同胞四千万の衆庶をして各々其所を得せしめんとの御叡慮〕すなわち明治四年、太政官布告〝賤民解放令〟、上御一人の赤子として四民

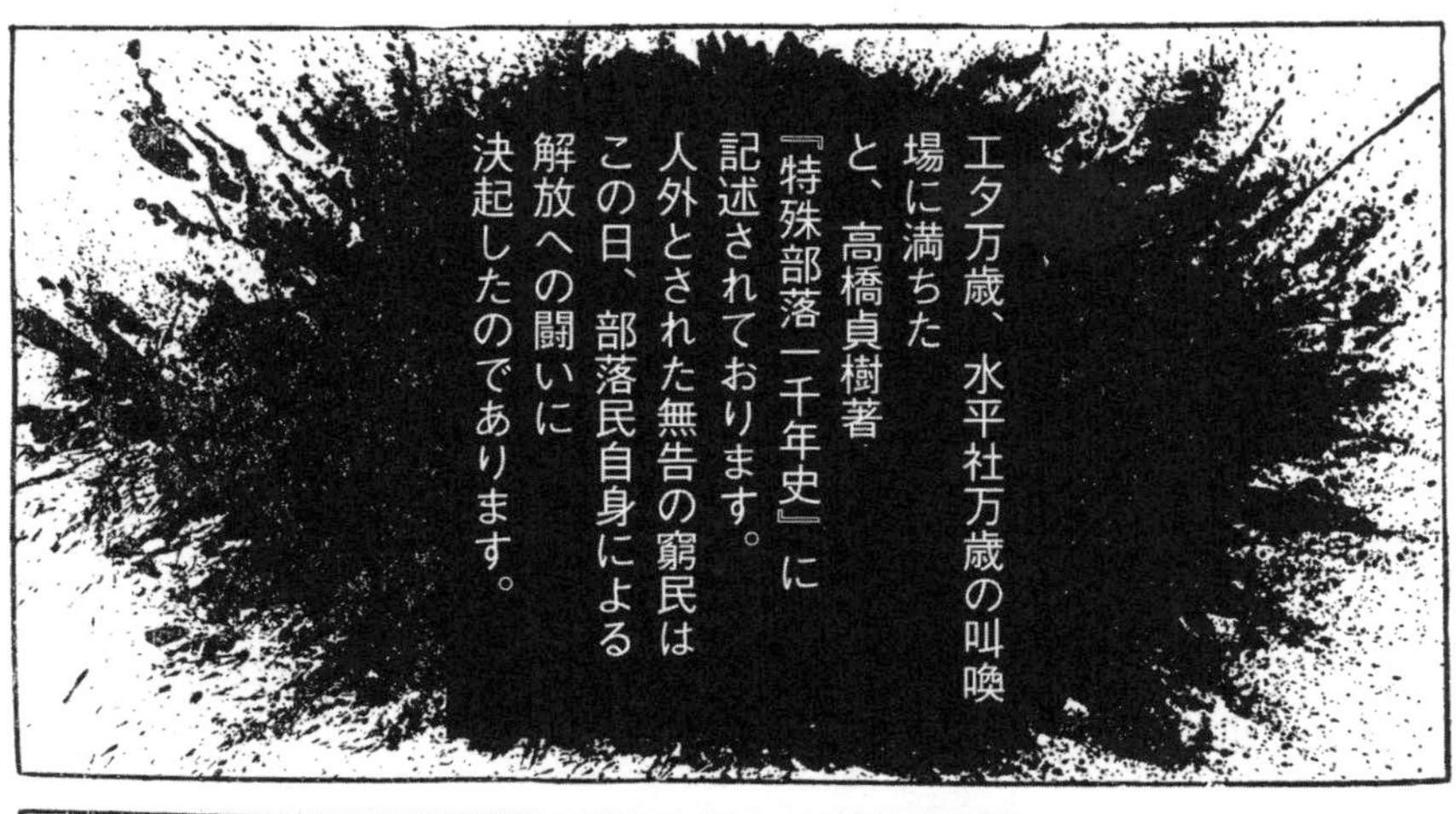

*モスクワ、東方勤労者共産主義大学

平等であるという、天人合一＝錦旗のマナイズム*が置かれた。「君臣一如・赤子（せきし）一体・天業翼賛」のスローガンのもと、水平運動が国家新体制に順応、解散の道をたどった（昭和15＝一九四〇年、第十六回大会）理由は、実にここに存するのである。左翼史観の最も大きな錯誤は、戦前部落解放運動は国家権力の弾圧によってゆきづまり、〃みずから闘争をすてて〃社会ファッショに転向した、帝国主義に屈伏したとする、紋切型の総括にある。

大方の異論を、京太郎承知で申そうなら、水平運動がその初源に胚胎した右翼的体質に照明をあたえ、頭山満の玄洋社、杉山茂丸の台華社等々の影を見出すこと。より具体的には、〃部落解放運動の父〃松本治一郎その人を、カリスマとしてではなく、真に一個の人間的英雄・好漢として（したがって弱点も誤ちをも糊塗することなく）、再評価すること。無限の巨人伝説から彼自身を解放しなくては、部落解放の

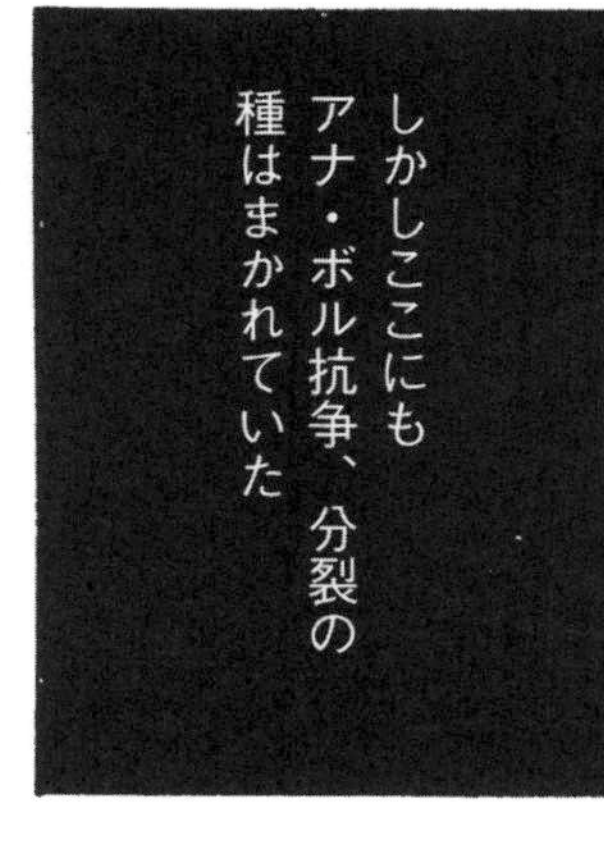

運動の現在、未来に展望はない。ここで全面展開の余裕を持たぬゆえ、問題提起にとどめて置くが、二・二六事件直後の昭和十一年四月二十六日、無産議員統一を図る全国水平社主催の懇談会の席上で、松本はいわゆる叛乱青年将校の問題について、加藤勘十に次のように述べている。（内務省警保局参考資料『昭和二～十七年における社会運動の状況』）

錦旗革命と部落解放運動

警保局資料より、原文のママ（傍点京太郎）。「青年将校等に依る、純情なる経済的社会的改造の意見に対しては、全面的に反対すべきではなく、之等の思想は、或場合はこれを利用して無産階級の解放を期せざるべからず。而し軍を中心とする議会否認の独裁政治は、断乎反対せざるべからず」

……この年、最盛期より約一万名を減じたが、全国水平社（＊以下、全水）の加盟人員は略三万八千名を算える。松本治一郎領導する福岡県連は、その

四割に近い一万四千三百余名という大勢力を占めて、戦闘力でも財政力でも他の加盟三百七十八団体を圧した。

二月衆議院選挙に当選、〔選挙事務長には従来の水平社特有のセクト主義を排し、専ら当選を第一条件として、水平社員外の弁護士三好孫六を選任し指導統制に当らしめたり〕（同資料）

政界に打って出ると、ただちに彼は無産議員の統一を呼びかけ、あっせんしている。しかも、天長節に無産議員一同が賀表を提出することをまとめ、加藤勘十・黒田寿男ら左派系の労働者無産性議員に、〔徒らに左翼的言辞を弄し、実効の伴わぬ観念的運動方針は改める必要ありと反省を促し〕、柔軟というも愚かな、〝実際家〟としての円滑ぶりを示しているのだ。

かくて翌十二年（一九三七）の七月、日中戦争が勃発すると、九月全水拡大中央委員会は、「事ここに至った以上、国民としての非常事態に対する認識を正当に把握、〝挙国一致〟に積極的に

参加する」と運動方針を改める。

さらに十三年六月中央委は、「国体の本義に徹し国家の興隆に貢献し国民融和の完成を期す」と綱領を変更、いわゆる国家新体制、大和報国運動へと雪崩れこむ。これをファシズムへの転向、軍国主義・帝国主義への屈伏と呼ぶのなら、とうぜん中央委員長・松本治一郎の責任はきびしく追及されねばなるまい。この間の言動を点検すれば、水平社の体制化を最も積極的に推進したのは、他ならぬ委員長夫子自身である。

だが、〝正史〟はこの問題を避けて通ろうとする、一九六八年出版『部落の歴史と解放運動』（部落問題研究所）から引用すれば……〔松本治一郎は、水平社の解散に反対した。だが幹部は特高の圧力に屈して「我等は水平社を解散する決意を有する、全力を挙げて大和報国運動を支持する」と申しあわせた〕云々と、松本治一郎上御一人を免罪する。その一方では、〔これより

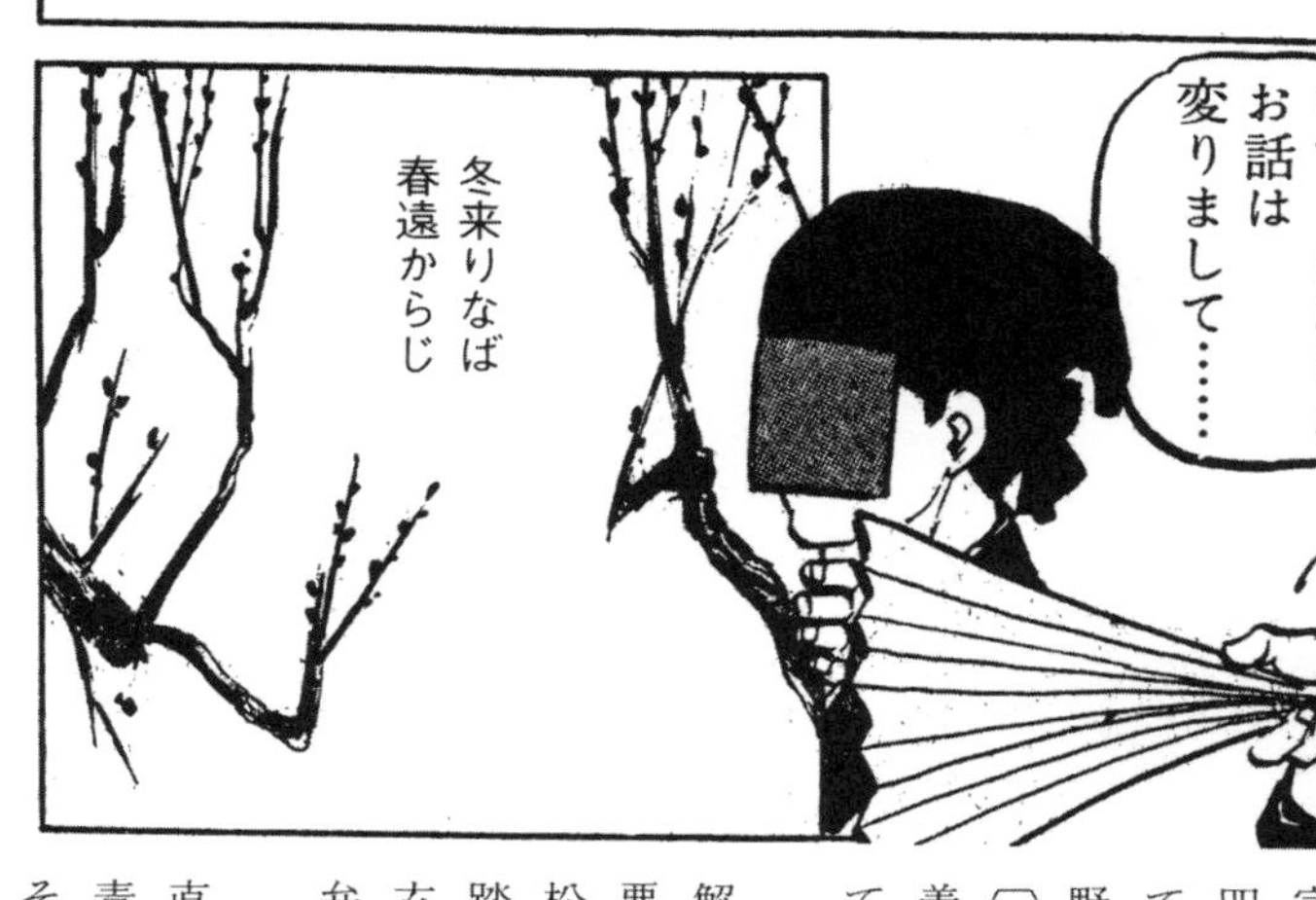

はやく国家社会主義による部落解放を主張し」、軍部ファッショ建川美次、橋本欣五郎らとつながって、右翼団体「大日本青年党」に参加した（本人の遺稿によればそれは事実ではない）、水平社宣言起草者の西光万吉。昭和十五年四月、「部落厚生皇民運動」をおこして除名された朝田善之助、北原泰作、野崎清二、松田喜一らの〝全水左翼〟は、〔みずから闘争をすてて、日本帝国主義の侵略戦争に協力した〕と批判されている。

このような叙述を改めぬ限り、部落解放運動の歴史は、〝左翼天皇制〟の悪しき例証として後世の批判を招き、松本治一郎その人の志をすら、泥土に踏みにじる結果をもたらすであろう。玄洋社の影をむしろ肯定的に、左右を弁別せぬ自由民権、言葉をかえるなら〝東洋的革命〟の精神伝統として捉え直すべきではないのか？　二・二六の青年将校に対する松本治一郎の共感、それを単純に、志に殉ずる者への熱い

思い入れ、とのみ理解するのは早計である。被差別の修羅を歩き通してきたこの人物は、したたかにリアリストであり、思想よりも運動に忠実だった。屈折しながら純粋であること、状況に応じてどこまで闘えるかというのが、郷党の同族一万数千人を率いた、親分としての責任であり、面目であった。断わっておくがそのことを、京太郎は賞揚するのではなく、やむを得ぬ仕儀だったと理会するのである。

　戦争に協力したかしないか、という尺度ではかるから、そもそも話はおかしくなるのだ。〝戦犯〟に指定されるほど、ぬきさしのならない極限まで、運動を背負いつづけ、おのれの力量に恃(たの)むところがあったのだと、いい直すべきである。〝獄中十八年〟*などまったく尊敬せぬ京太郎としては、敗戦後生きて伝説の人となった松本治一郎、カニの横ばい事件（参議院の副議長として天皇拝謁を拒否した）、民主連合内閣の首班に擬せられたことよりも、舵を

みずから右にきって、ぎりぎりの地点まで、満身創痍の水平運動を持ちこたえた戦前の執念を、革命家として評価する。

すくなくともこの人物は、〈同じく被搾取階級との間に連帯の心理が極めて少ない〉(高橋貞樹『特殊部落一千年史』)部落セクショナリズムを、完全に脱却していた。ゆえに、中江兆民的・宮武外骨的な自由無頼の思想とあい容れ、冒頭にかかげた二輪加ドンタク、博多町人の反権力の精神とも、共鳴を持ち得たのである。

水平運動〝分派〟闘争

さて大正十一年、全国水平社創立の〝宣言〟起草者西光万吉は、昭和三年三・一五事件(＊共産党関係者いっせい検挙)で投獄され四年十一ケ月を独房囚として監禁される間に、同胞愛と財産の共有に繋がれた古代社会への復帰、——日本的・高次的な高天原(たかまがはら)の展開という思想転回を遂げる。

これも詳述する枚数を持たない、「人の

世に熱あれ、人間に光あれ!!」（宣言）と謳い上げるその文章は、宗教的回心をもとより有していたのであろう。西光万吉は理想家だった、松本治一郎的な実際家ではなかったのである。右翼に彼が接近したのは、純粋に内心的転機からであった。

遺稿『略歴と感想』で西光はいう、

〔私は水平社創立後、間もなく農民運動に移った、それは素より封建的な農民の生活と観念が変わらぬかぎり、われらに対する賤視・差別も消えないからである〕

〔共産党に加わったのは、純粋なマルクス主義者としてではなかった。当時の不正横暴なる政府・政党に対する反撥、組合や無産党員のふまじめさへの不満からである。私は貧しく苦しい生活の中で、いちづな運動を、懸命に続けていたのだ。けれどもその頃から、友だちの家でしばしば多量の酒を飲むようになった〕

〔私は小さな小作争議にまで、天皇制

打倒を持ち出そうとする、党の方針に反対した。そんなことをすれば、いたずらに争議を悪化させるのみならず、大衆を離反させるおそれがある。純然たるマルキストに、私はなりきれないものがあった、ついに上級機関に私は日本の国体問題について再検討を要求した。その他のことでも、党の指令に服しかねる場合が少くなかったので、私の行動はすでに、共産党員としての行動ではなかった……〕

濤書房版『西光万吉著作集』（一九七二）を読むと、これほど謙虚な自己省察の人はいないと思われる。しかし〝正史〟は西光万吉を、水平社からの脱落分子と切りすてるのである。創立大会で委員長にえらばれた南梅吉は、まさにダラ幹となり、有名無実の日本水平社を昭和二年に設立、もらい屋に堕落をした。

だが、その直接原因は、大正十三年七月、九州水平社の〝徳川家達（いえさと）暗殺未遂事件〟で、松本治一郎外二名が逮捕

され、スパイの嫌疑を南と平野小剣がうけたことに端を発する。既出『部落の歴史と解放運動』は、〔関東水平社はアナーキスト平野の指導下にあり、彼は警視庁のスパイであった〕と断定している。また、〔警視庁のスパイで、『同和通信』を発行していた遠島哲雄が南、平野らに金をあたえて〕とも明記してある。

だが、これは真実だろうか？　水平社内部では当時、アナ・ボル両派対立があり、事態は本部役員総辞職にまで混乱していく。ボル系水平社青年同盟が本部理事をにぎり、十四年の第四回大会では、〔マルクス・レーニン主義の立場にたって〕宣言草案を採択した。アナ・ボルの対立は激化して、第五回大会では、部落出身者ではないことが暴露された、青年同盟のリーダー高橋貞樹（＊共産党員）を除名処分。平野の影響下にアナ派は、水平社青年連盟を結成（＊大14・10）して烈しくボル派を攻撃、その抗争のただ中に、全水議長

として松本治一郎が登場する。

大正十五年、いわゆる福岡連隊爆破事件のでっち上げで、松本は再び検挙され、三年六カ月の刑に処せられた。その間に静岡県の浜松市で、日本楽器争議が発生、大化会（岩田富美夫）、黒龍会（内田良平）等々の右翼団体が乗りこみ、さらに朝鮮人の相愛会と、日本労農同志会がこれに加わり、静岡水平社の執行委員で博徒の斉藤忠助がからんで、ボル派の三田村四郎が指導する争議団とまんじどもえ、複雑怪奇な様相を呈した。

〝正史〟はここでも、〔斉藤忠助兄弟が同志会と手をにぎって、争議団に暴力的威圧を加え〕と記述している。ようするに悪玉はいつもアナであり、〝大義〟はボルにある点で、まさに一貫している。このような予断と偏見に基く、「部落解放運動史」は、徹底的に書きあらためられなくてはならぬ。げんに斉藤氏は名古屋に健在であり、真相を語ることができるのだ、すくな

くとも〝弁明〟の機会を彼に与えるのは、歴史を書く者の義務ではないか。やつがれ、南梅吉・平野小剣らスパイ嫌疑を実にあやしむのは、〝正史〟にはこの種の断定があまりにも多いからなのである。

　水平社内部に分派闘争はなく、ただ裏切者、スパイのみ去って行ったなどというおめでたい神話を、今どき誰が信じるものか！

「窮民大連合」の構想

　この劇画連載で、京太郎・かいじは十二階下の私娼たち、地の群れ人足、朝鮮人流民、凶荒下の農民と、〝日本窮民〟列伝を描いてきた。大正地獄篇とはすなわち、混沌たる無政府の民を叛乱へと結集し得ず、革命をみずから逸した人々のもの語りである。僅かに水平社、その数万にもみたぬ組織に、「窮民大連合」の可能性は萌芽としてあった。それをブチ壊したのは党派、とりわけてボルシェヴィキの組織乗っ

右翼、大陸浪人のお歴々
こちらも勢ぞろい
どうやら物騒なことに
なりそうで……

取り、主導権奪取の戦術である。その反省を欠落したまま、〔戦前から一貫して、共産党は部落解放闘争の先頭に立ってきた〕と称し、〝朝田一派〟〝日本のこえ一派とこれに結びついた反共分裂主義者〟〝トロツキスト〟等々、十年いや五十年一日のセクショナリズムをくりかえす。これに対応する部落解放同盟主流派（？）も、同対審ものとり闘争と、*左右どころか敵味方の区別もつかぬ差別糾弾にしがみつき、「自由、平等の渇仰者であり、実行者であった」（*宣言）初心をうしなっていく。この間の日共との争いで解同からぬけ落ちたのは組織でもなければ、思想でも理論でもなく、ただ志なのである。

神話の時代は終った、幻想はもはや消え去った。いまはもう誰も、部落を怖れかつ憧れはしない、松本治一郎の時代、九州各地を燎原の炎と席捲した水平社に、「自分も部落民に生まれていればよかった」と、恍惚とした平田汲月の述懐を、いま日本のどこに聴く

ことができるだろう？

大正十一年三月三日、全国水平社の結成から半世紀余りの歳月は流れた。その日、人の世に熱あれ、エタ万歳を叫んだ部落民は、〝よき日〟を迎えているか？　同じく被搾取者、被差別者であるなべての窮民と、部落解放同盟との連帯は完敗したのか？　戦後民主主義の欺罔は、「むかし水平社はかく闘えり」という〝正史〟だけを残し、部落解放運動の内実をモヌケのからにしたのではないか？

このテーマをさらに展開し深化する必要を、京太郎痛感しているが、予定紙数が尽きつつある。次回はまた別の主題を追わねばならない、「窮民大連合」の構想はさらなる拡がりを、一九二〇年代の荒野に求める。時計の針を戻そう、大正十一年三月末〝過激社会運動取締法案〟は貴族院を通過した。

そして四月、暁民共産党の未公開審理開始。近藤栄蔵（伊井敬）、高津正道等は禁錮八カ月、堺真柄（さかいまがら）をはじめ婦人

被告一同は無罪となる。主謀者の一人高瀬清は、徳田球一らとソヴィエトに潜入しているため判決を除外された。量刑の意外の軽さに世間は驚き、したがって〝過激社会運動取締法案〟への警戒もしだいに薄らいだ。

大杉栄の一党は、『労働運動』社の本拠を、暁民共産党・近藤栄蔵経営の「売文社」に移すこととなった。開店休業中を押借りして、彼らが立退くとさっそく、「近藤栄蔵はゴマのハイ」とボル派への砲撃をはじめる。戦端はかくて開かれ、アナ・ボルの対立は、まず熾烈な言論闘争から始まり、労働運動のあり方と、ヘゲモニーをめぐる争いへとエスカレートしていく。全国水平社が舞台となるのは、関東大震災以降、つまり大杉栄が虐殺された後に属するのである。

もし、彼が生きていたならば、松本治一郎との出会いは日本革命の局面を変えていたか？

杉山ホラ丸の
予言のごとく
大正十二年五月一日
全九州水平社は
創立され
その構成員は
遼原の炎とひろがり
たちまち一万五千名
余に達した
解放!!

V　ああ、革命は近づけり

第十九回

労農政府を支持せず

徳田球一・予審訊問調書

大正十一年（一九二二）の春――、極東民族大会に出席した、〝日本代表〟徳田球一は、モスクワから帰国の途にむかう。五月日本到着、当年二十八歳。

以下、昭和五年一月二十八日・治安維持法違反事件、『予審訊問調書』を要約する。

＊かぎ括弧は原文のまま、傍点・京太郎

問（予審判事）第一次、共産党ノ生成、準備期間ト云ウノハ？

答　一九一七年（大正6）十一月七日ワガ無産階級ノ祖国、ロシヤ社会主義革命ガ打チ建テラレルヤ、ソノ影響ハ全世界ニ波及シテ、一九一九（大正8）ゴロ、「アメリカ」ニ於ケル共産主義運動内ニ、同国共産党日本人部ヲ設立セシメタノデアリマス。

活動ハタダチニ日本ニ及ンデ、近藤栄蔵が使命ヲ帯ビテ来リ、国内ノ社会主義運動グループニ共産主義的影響ヲアタエ、サラニ一九二〇年（大正9）、「コミンターン」ガ極東ニ於テ活動ヲ開始シマシタ。中心人物ノヴォイチンスキーハ、日本ノ社会主義者堺利彦、山川均ニ会見ヲシマシタガ、久シキニワタル革命的不活動デ、彼ラハ「ブルジョワ」的ニナッテ居リマシタノデ、国外ニ出ヅルノ危険ヲ恐レテ、コレニ応ジナカッタノデアリマス。

同志・ヴォイチンスキーハ、ヤムヲ得ズ無政府主義者ノ巨頭タル大杉栄ト上海ニテ会見シタルモ（略）、「アナキスト」ト堺・山川一派トノ提携ハ、一九二〇年十一月、「社会主義同盟」結成トナリ、続イテ二一年週刊雑誌『労働運動』ノ発刊トナッテ、主幹ノ大杉ノモト、近藤栄蔵（伊井敬）、高津正道ガ加ワリマシタ。

シカルニ、数ケ月ナラズシテ両派ハ衝突ニヨリ破綻シタタメ、ソノ使命ヲ

ジノヴィエフ・処刑

カーメネフ・処刑

トムスキー・自殺

全ウスル事ガデキズ、日本共産党組織準備委員会トイウモノガ成立シタノデアリマス。

問 ソノ準備委員会ノ構成ハ？

答 共産主義者諸分派ノ首領デアル堺利彦、山川均、荒畑勝三（寒村）、近藤栄蔵、高津正道、橋浦時雄、近藤憲二ノ七人デアリマシタ。

シカシ、近藤憲二ハ元来無政府主義「グループ」ニ属シテイタタメ、何ラ共産主義者トシテノ行動ヲナサズニ去リ、彼ヲ除イタ六人ガ党組織ノ基礎トナリマシタ。近藤栄蔵ハ一九二一年ノ春、上海ニオイテ朝鮮ノ同志ヲ仲介シテ、「コミンターン」ト接触シ、各首領ハ自身ノ影響下ニアル分子ヲ糾合シテ、主トシテ研究団体ノ各自デ「グループ」ヲ組織シマシタ。

私ノ属シテイタ「水曜会」ハ、山川均・菊栄夫妻ノ外、西雅雄、西タイ、横田千元、中曽根源和、田所輝明ラニヨッテ創立サレ、漸次労働者ヲ吸収、杉浦啓一、金子健太、葉山嘉樹、寄田

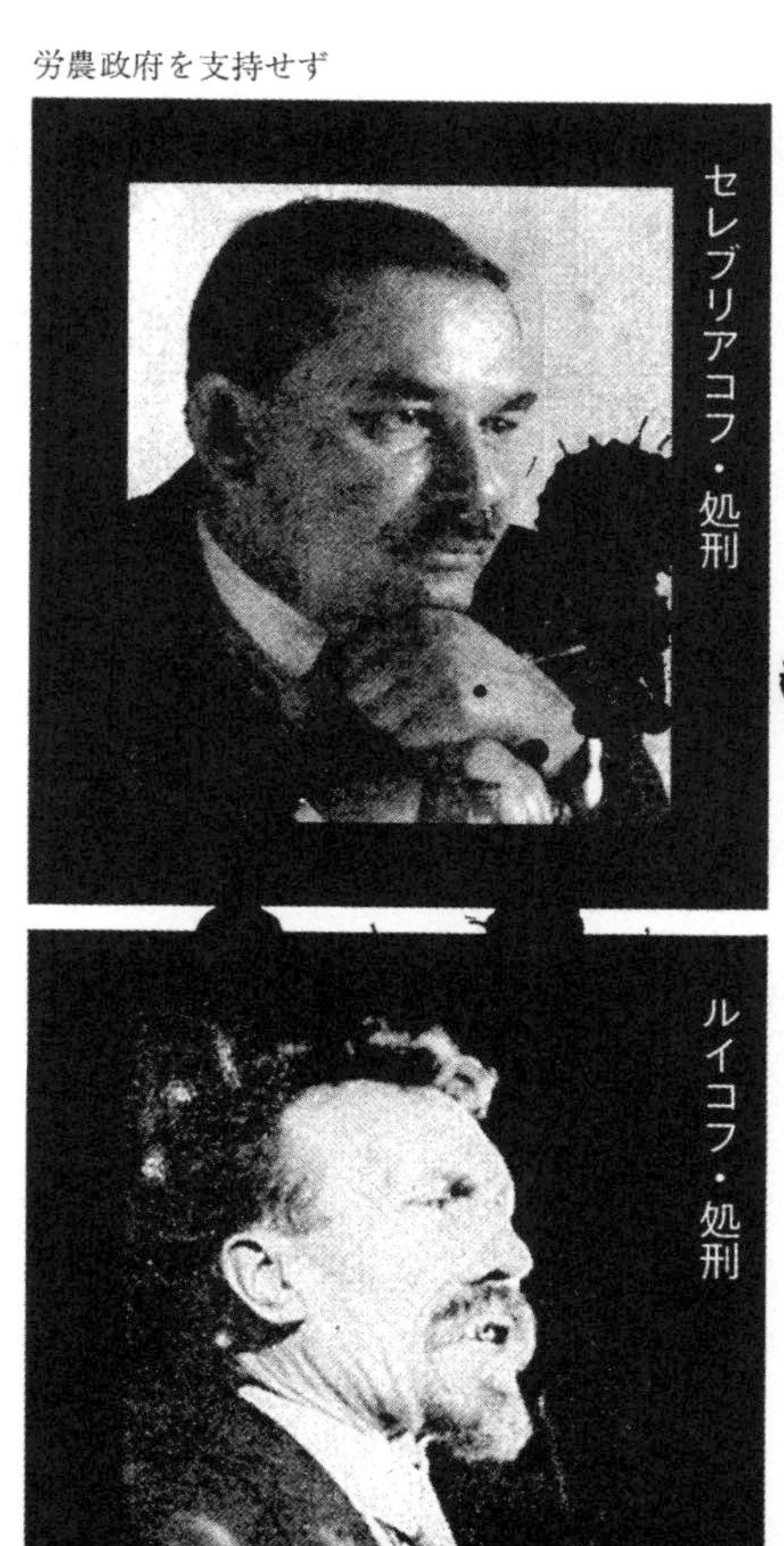
セレブリアコフ・処刑

ルイコフ・処刑

ピヤタコフ・処刑

ラデック・処刑

春夫ナドヲ加エ、マタ学生分子デアル浅沼稲次郎、稲村隆一、現ニ共産党ノ幹部デアル高橋貞樹、上田茂樹ラモ「水曜会」ノ出身デアリマス。ココニ一大転機ヲ画シタノハ、一九二一年ノ十一月、「ワシントン」ニテ開カレタ軍縮及ビ支那問題ノ会談ニ対抗シテ、「コミンターン」ニヨッテ開催サレタ極東民族大会デアリマス。

問　ソノ目的ハ？

答　第一ハ、「ブルジョワジー」ノ極東再分割ニ対スル、革命的労働者、貧農及ビ被搾取民族ノ抗議的示威運動デアリ、第二ハ極東ニ於ケル共産党ノ結成デアリマス。

問　イツ、何処デ開カレタカ？

答　「ワシントン」会議ト同期日ニ「イルクーツク」デ開催ノ予定デアリマシタガ、準備ガ間ニアワズ、翌一九二二年一月カラ二月、「モスコー」デ開催シマシタ。

問　会議ノ出席者ハ？

答　支那共産党、国民党、蒙古青年

赤軍政治部長・ガマルニク
参謀総長・エゴロフ
極東司令官・ブリュッヘル
軍隊内粛清・射殺

トハチェフスキー元帥・射殺

陸軍人民委員フルンセ
行方不明

国民党、朝鮮共産党、独立党（内地・在満・上海三派）、上海、広東、青島ナドニ於ケル労働組織。

日本カラハ、共産主義者各分派代表トシテ、暁民会（高瀬清）、私、アナキスト一分派トシテ雑誌労働者同人（吉田一、和田軌一郎）、無政府主義労働組織・正進会（二名）。

米国共産党日本人部（片山潜、田口運蔵、鈴木茂三郎ほか）

※　徳田球一は、「正進会」代表の個人名を挙げていないが、小林進次郎（帰国後行方不明となった）、北村英以智である。アナキスト団体から、一足遅れて高尾平兵衛、水沼熊、北浦千太郎ら七名が入露した。ちなみに、支那＝中国共産党代表は張太雷、本篇第十回に登場した、れいの〝コミンテルンの密使〟チャン・ターライである。

問　同会議デハ、日本ニ関スル事ガ協議サレタカ？

答　吾々日本代表ハ、数度ニワタリ、、、、、、、、、、、、、、、スターリン、ブハーリン、ベラクーン

メイエルホリド・暗殺
（妻も虐殺さる）

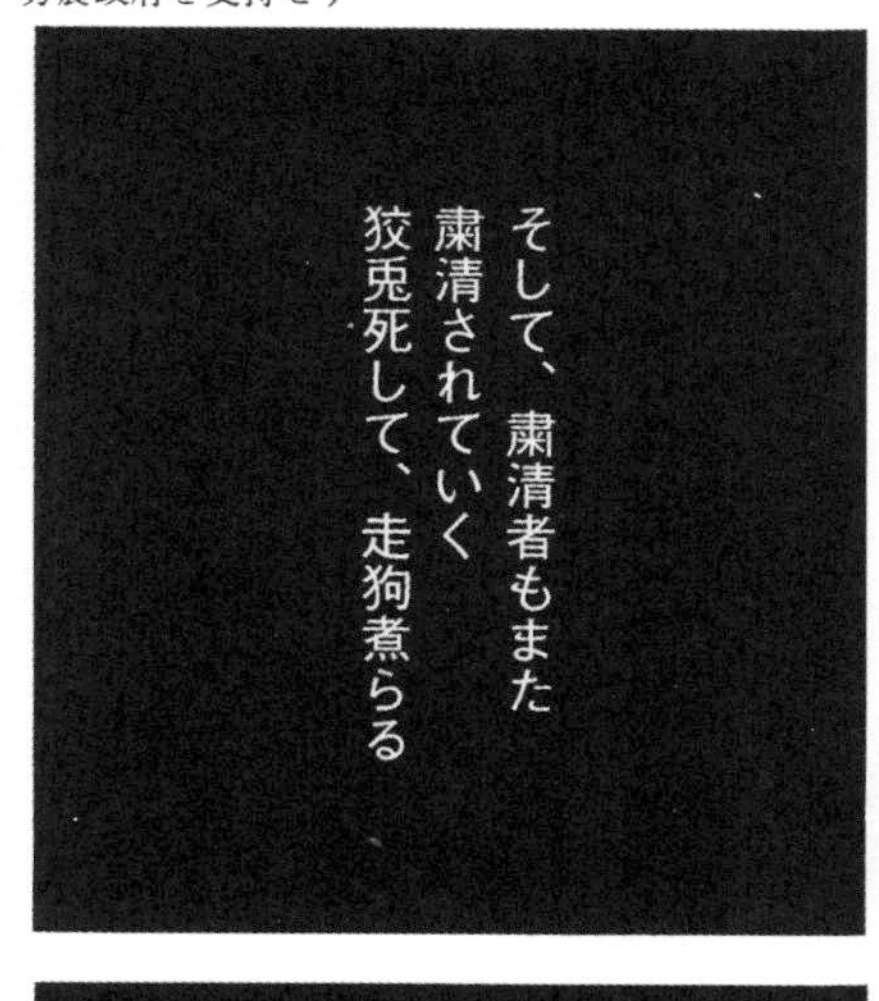

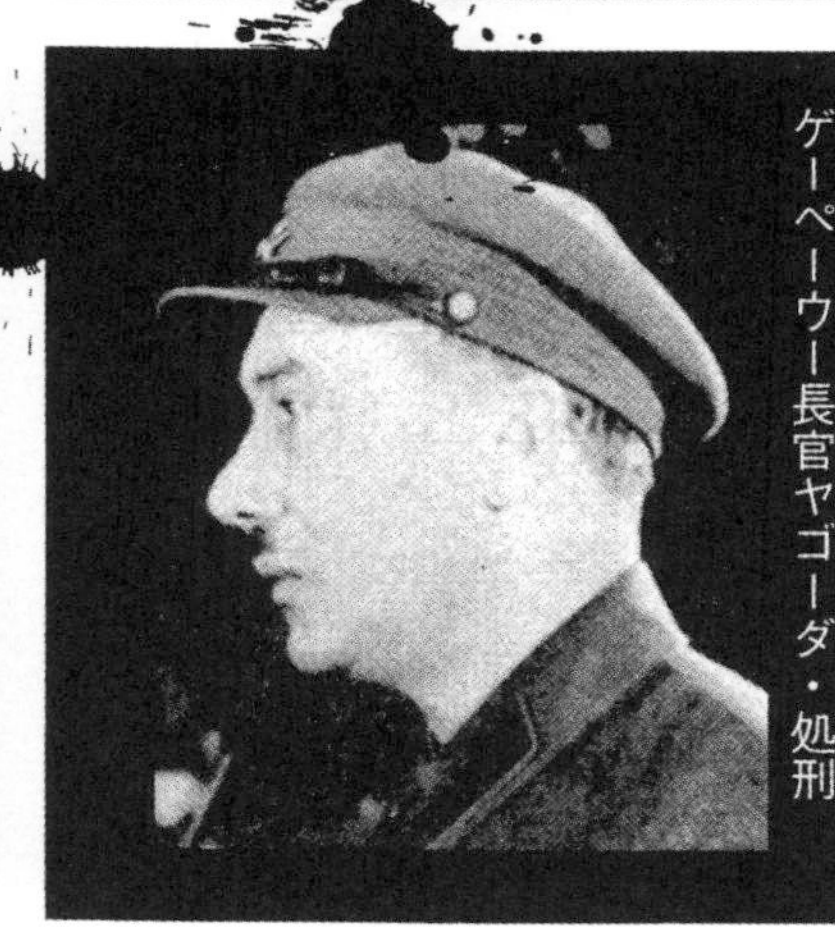
ゲーペーウー長官ヤゴーダ・処刑

同じくエジョフ・処刑

ト会談シマシタ。ソノ内容ハ、日本ニ於ケル政治・経済情勢ヲハジメ、共産主義、無政府主義ノ運動、労働組合、農民及ビ学生運動ニツイテ日本代表ガ報告シ、コレニヨリテ前述ノ同志ラガ批判検討シテ、日本に於ケル共産主義運動ノ指示ヲ与エマシタ。

スターリンの指令

問　ソノ指示ノ内容ハ？

答　タダチニ、党組織運動ニ全力ヲ傾注シテ、ソノ年秋ニ開カレル第四回「コミンターン」大会ニ於テ、日本ノ党ガ承認セラルベク努力ヲセヨトイウコトデアリマシタ。

特ニ、スターリンハ無政府主義ノ小「ブルジョワ」性ト、ソノ非組織的、非革命的事実ヲ強調シテ、ツイニ吉田以下四人ヲシテ、彼ラノ誤謬ヲ改メ、共産主義者タル声明ヲ為サシメタノデアリマス。マタ、ブハーリンハ我々ニ適確ナ「プログラム」ヲ、次ノヨウニ指示シマシタ。

(1) 日本ニ於ケル政権ハ、半封建的デアリ、シカシテ地主即天皇ノ覇権ノ下ニアルコトヲ前提トシテ、「ブルジョア・デモクラシー」ノ徹底ガ、当面ノ政治政策デアルト断ジ、ソノ「スローガン」トシテ——

(2) 天皇ノ廃止

普通選挙権ノ獲得

言論、集会、出版、結社ノ自由ヲ挙ゲマシタ。

次ニ経済政策トシテ——

(3) 天皇、大地主、及ビ社寺ノ〝土地無償没収、ソノ国有化〟

高度ノ累進所得税ノ賦課

——等ヲ挙ゲタノデアリマス。

問 被告等ハ、イツ帰国シタカ?

答 私共ハ右ノ指示ヲ受ケテ、一九二二年三月ニ「モスコー」ヲ出発シ、五月ヨリ六月ノ間ニ、出席者ノ全員ガ帰国シマシタ。

問 被告等ノ帰国前、準備委員会ハドノヨウナ活動ヲシテオッタカ?

答 一九二二年十一月、準備機関紙

『前衛』ヲ発行、ソノ前後ニイワユル暁民共産党事件ガオコリマシタ。マタ労働組合運動ニ於テハ、共産主義者ノ影響ノ下ニ、日本労働総同盟ニ左翼ノ擡頭ガアリマシタ。

コレガ、一九二二年（大正11）ノ九月三十日大阪デ開カレタ、労働組合全国総連合創立大会ニ於テ反無政府主義ノ勢力ヲ進出セシメ、社会主義的綱領ヲ採用セシメル事ニナリマシタ。

問 被告ハ帰朝後、党形成ニツイテ如何ナル活動ヲナシタカ？

答 私ハ吉田一ラト、高瀬清ヨリモ一足先ニ帰ッテ、党組織準備委員会ニ極東民族大会ノ報告ヲ行イ、タダチニ党ヲ結成スルコトニナリマシタ。マズ「アナキスト」トノ提携ガ問題トナリマシタガ、コレハ目的ヲツイニ達スルコトガデキマセンデシタ。ソノ理由ハ無政府主義者ノ代表デアル吉田一ハ、イワユル旧式ノ町工場出身ノ鍛冶工デアッテ、甚シク非組織的デアルタメ、彼ヲ共産党ニ加入セシムル事ハ、党ノ

統制ニ非常ナル困難ヲ及ボスデアロウ事ト、カツ彼ノ帰朝後ノ呼ビカケハ、「アナキスト」的労働者間デマッタク奏功シナカッタ事。

マタ、無政府主義経済組合ノ代表トシテ入露シタ二名ハ、ロシアノ国境ヲ突破シ、支那変乱地ニ入ッテ帰国スル危険ニ耐エラレズ、ツイニ精神異常ヲ来シテ、一名ハ入院シ一名ハ運動カラ逃避シテシマイマシタ。シタガッテ、コレラ労働者ト、準備委員会ノ提携ハ不可能ニ終リマシタ。（後略）

運動カラ逃避シタ、とあっさり切り棄てられているのは小林進次郎、この人は帰国してから、ぷっつりと動静を消してしまうのである。荒畑寒村氏の『自伝』によれば、〔コミンテルンの執行委員長（常任委員長の誤り）〕、ジノヴィエフは当時、日本の共産党は小さくこそあれ、ヨーロッパのように社会民主党から分かれたのではないから、改良主義的な伝統に汚されていないと

三高の受験に失敗した
難波大助は
早稲田の専門部に合格をして
再び上京をいたしました。

評したそうだ。（中略）徳田の報告によれば、モスクワから持参をした運動資金を同行の小林進に、安全のために托しておいたが、帰りの船中で恐怖の余り、海中に投じてしまったという。だがその小林は帰来、杳として消息を絶っているから、真偽をただすことは不可能で、どうも釈然としない」

これをようするに、徳田が猫ババをしたのだろうと、寒村老としては実に疑っているのである。トッキュウ予審訊問調書は、〝資料〟としてかなりの価値を持っているとされるが、京太郎一読するにずいぶんいい加減である。第十回徳田『予審訊問調書』（前出）から一ケ月後に行われた、荒畑寒村の調書を見ると――

問　第一次・日本共産党組織ノ過程トシテ、被告人徳田球一ハコノヨウナ中立ヲシテ居ルガ如何？
（コノトキ判事ハ、被告人徳田球一ノ第十回予審調書ヲ読聞セタリ）

答　私ハ徳田君ノイウヨウニ、近藤

栄蔵ガ米国共産主義運動日本部カラ、使命ヲ帯ビテ帰朝シタトイウ、コトノ真否ヲ存ジマセヌ。

　マタ、徳田君ノイワユル〝極東民族大会〟トイウモノヲ、私ハ全然存ジテオリマセヌ。綱領ノゴトキモ、極メテ、簡単ナ公式ヲ採用セルニスギズ、私ノ知ッテイル限リデハ、第一次共産党ハツイニ正式ノ綱領ヲ持タナカッタノデアリマス。

批評の自由を留保して

　判事の追及に対して、黙秘を守ろうとする配慮を計算に入れても、徳球が述べ立てている第一次・日本共産党の成立事情と、寒村調書とは喰い違い、なにやらまぼろしめいている。（マタ徳田氏ノイウゴトク、スベテノ行動ガ予定ノ計画ニ基イテ行ワレタ、例エバ共産主義ト無政府主義者ノ提携セル「日本社会主義同盟」ナドモ、共産党組織ノ予備行為ダッタトスレバ、ソノ同盟ガ内部闘争ニヨリ解体スルハズガ

アリマセヌ。何故ナラ、無政府主義者タチハ、当時ハ共産主義者ノ方ガ共同戦線ヲ拒ンダノダト、一様ニ非難シテイタカラデス〕

大正十一年春——、〝血の粛清〟を予告してスターリン権力の座につき、徳田球一以下、まぼろしの〝コミンテルン指令〟をたずさえて、日本帰国の途につくとき、アナ・ボルの抗争は、ジャブの応酬から。「売文社」を占拠した大杉一派は『労働運動』(＊第三次)誌上に、ボル活動家の綽名集を載せて挑発を開始した。

〔このごろはまた、バカ松キャツ磨というのがある、ことわるまでもなく、赤松克磨君のことだ。そして、これはバカではないが、意味は同じでアホウ久しい(麻生久)、というのがある。バタバタ・キャンソン、これは分らんかも知れないな、荒畑寒村のことだ。佐野無学はちと平凡であるが、吉田のピン公、「俺のオヤジはえらいよ、たった棒一本ひっぱって、それで立派な字に

なっているのを名前にしてくれたんだからな」と、ご本人は大喜びだ。加藤パン十これも古い、パンだか饅頭だかわけの分からんところから、俗にパンジュウと称する菓子があるが、勘十君も八幡の争議以後は鳴りを潜め、ちかごろ多少復活しかけている。社会主義の人格者とかいわれている人を、けしからんことに山カン均と称するものがある。ホラ近というのもあるが、これは近藤があまり多いので、とくに一人を区別したのだ」（＊コラム「愛嬌名」大正11・8・1号）

直接的には、大杉栄の代理人として上海に渡った伊井敬コト近藤栄蔵が、コミンテルンからの運動資金を持って帰る途中、下関で芸者を買って官憲に嗅ぎつけられるという、みっともないスキャンダルから、アナ・ボル協同に亀裂が生じた。その資金で組織化された暁民共産党にしても、徳田球一、高瀬清を〝日本代表〟とする極東民族大会への参加も、まことにマユツバではある。〝輝ける日本共産党〟は、とも

あれこの年の七月結成され、偉大なる同志・スターリンの指令にしたがって、労働組合、左翼団体からのアナ系排除に、全力を挙げて狂奔する。無政府主義側も、負けじと実力行使におよんだ。

〝アナ・ボル抗争〟は、大正十一年の春をさかいに、はげしくエスカレートしていくのである。

〔協同の敵には協同して当らねばならないと云うこと、これには一応ボクも賛成する。協同の敵——、即ち一言にして資本家制度とたたかう時、ボクは労資協調論者から、個人主義的無政府主義者に至る、あらゆるものと協同をあえて辞さない。ただ、その間に保留しておきたいのは、ボクの批評の自由である、互いに協定した戦線の内外における行動の自由である。そのことが許されさえすれば、ボクはどんな嫌なヤツとでも、協同の戦線に立つことを我慢しようではないか〕

〔が、ボクと他のいろんな社会運動者との間はどうかと云うと、最近ボクは

同じ主義以外の殆んどの方面からも協同を望まれたことがない。かえってボクのほうから望んで、特にボルシェヴィキにそれを申しこんだことは数回あるが、いつも体よくかあるいはこっぴどくハネつけられてきた。そして、まれに一緒になっても、結果はカムレエド・シップをも友情をも、手ひどく裏切られるのが落ちだった」

アナ・ボル激突！

「ボクは今、ここで愚痴を述べたくはない、ただ最初に誤まってボルシェヴィキと協同の可能性を信じ、それを主張しそれを実行して、そして見事に彼から、背負投げを食わされたという ボクの愚を明らかにして、後から来る人々の戒めにして置けば足りるのだ。日本のボルシェヴィキを、ボクはいまたとえば山川にせよ、堺にせよ、伊井敬にせよ、荒畑にもせよ、みなゴマノハイのような奴等だ、と心得ている。ゴマノハイなどとの協同戦線は、まっ

ぴらご免をこうむる。が、ここにまだつけくわえて云って置きたいことは、奴等が本当に資本家階級と闘う、そのときにはボクも、やはり奴等とおなじ戦線の上に立って協同の敵と戦う事を辞さない、と云うことだ〕

〔ボルシェヴィキ、ロシア労農政府に対する抗議！（＊復刻世界文庫版では、「批評」）ボクはずいぶん長い間、それを遠慮していた。ボクばかりでなく、世界の無政府主義者の大半は、そうであった。また革命の最初にはみずから進んで、共産主義者等との協同戦線に立ったものも少なくなかった。ロシアの無政府主義者は、殆んど皆がそうであったと云ってもよい〕

〔ロシア以外の国では、無政府主義者たちは一つには真相が判らなかった、そして反革命が実際嫌だった、だから彼等は充分に同情を以てロシア革命の進行を見ていたのだ。が、真相はだんだん知れてきた、労農政府即ち労働者農民の政府それ自身が、革命の進行をスリだあ!!

妨げるものである事すらが、ようやく分ってきた。ロシアの革命はだれでも助ける、だがそんなボルシェヴィキの政府をだれが助けるものか」(大杉栄『何故、進行中の××を擁護しないのか』＊大11・9・10、労働運動)

××は、とうぜん革命である。ボルシェヴィキの政府を助けるものか、と言いきった大杉は、この年二月に浅原健三に招かれ、八幡製鉄争議の二周年記念講演に出席して以降、東奔西走の活動を開始、ついに極月にはいわゆる〝日本脱出〟を敢行して、国際アナキスト大会参加を図る。また、その筆もはげしく奔(はし)り、〝アナ・ボル論争〟の重要文献はこの年にほとんど集中している。

いわく、『トロツキーの協同戦線論』『労農ロシアの労働組合破壊』『組合帝国主義』等々。前回で述べた松本治一郎の〝実際家〟ぶりと、大正十年冒頭、『日本の運命』で大杉がほのめかしている、愛国者との提携については、新右翼理論機関誌・愛国戦線に載せた

京太郎の分身、竹中労による講演記録『〝日本の運命〟を論ず』をご覧いただきたい。（＊『竹中労の右翼との対話』に収録）

ともあれ大正九〜十一年、大杉栄は左翼大連合（アナ・ボル協同）から、労農ロシア弾劾に転回する。クロンシュタット＊叛乱を鎮圧したボルシェヴィキ政権に、きたるべき〝血の粛清〟を、彼は見ていたのか？　ボルへの袂別を宣言したのち、日本革命の協同戦線をどこに求めていたのか？　おそらく、〝左右を弁別すべからざる〟新日本と旧日本の分裂、――「其時」を大杉は愛国者とのベクトルにおいて、捉えていたのではないか？

〔……多くの日本人はいま目ざめつつある、其の資本主義と軍国主義の行きづまりに気づきつつある。そして殊に注意をしなければならないのは、若し此のままで行けば、亡国の外はないという所から、此の旧い日本を根本的に変革して新しい日本を建設しよう、とする思想が、有力な愛国者の間に起り

つつあることだ。此の〝新日本人〟と〝旧日本人〟との分裂が、先にいった行きづまりの結晶である『其時』に、劃然としてくるのだ、日本そのものに分裂がくる〕（『日本の運命』、＊大正10・1・29 労働運動、傍点は京太郎）

日本は最後に革命のおこる国だ、と大杉は考えていた、いわゆる先進国の中では、と。〔日本には、社会革命の前に政治革命がくる、もう二十年とは持たない、という声が聞こえてきた。世界大戦一、二年前には、フランスにすぐにも革命が起きそうに思われた。が、戦争はロシアに革命のさきがけをさせた。そしてそれと共に、中欧から西欧にと直ちに、世界革命が来そうに見えた。そしてボクはそれがざっと四、五年続いて、最後にアメリカから日本へ来るだろうと予想をしていた〕

だが、〔去年の秋（大正九年）から、ふいと僕の頭に、二、三年説が湧いてきた……〕（『□□はいつ来るか』＊大正10・2・10、同）

さまざまな貧しい人々と
その生活に触れることによって
以前のように狂信的、かつ観念的な
ことではなく
革命は私に身ぢかなものとなり
確固たる信念となりました……

第二十回

混沌は自由を前触れる

新・旧分裂の「其時」

大正十一年五月——、大日本帝国はまさに、新・旧分裂の「其時」を迎えようとしていた。原敬が暗殺されて、大蔵大臣であった高橋是清、政友会の総裁に選ばれ、総理の座に就いたが、閣内不統一の弱体を露呈して、早くも崩壊の危機に瀕する。山県有朋の死によって、天皇側近の元老政治は大きく後退したものの、後継首相の決定権は依然として、西園寺公望、松方正義、清浦圭吾（枢密院議長）など、君側にあった。彼らは政友会内閣にかえて、憲政会内閣をもってする、政党政治の定石を踏まず、ワシントン会議全権・加藤友三郎海相を、後継内閣の首班に推した。その意図はとうぜん、軍縮の実務遂行を、加藤の責任において果たさせるところにあった。

シベリアからの撤兵、戦艦安芸&薩摩以下十四隻の廃棄処分等々、第十七回で述べた軍備縮小は、かくて着々と進んだのである。世論の風潮は挙げて、反軍国主義へとおもむくかのように見えた。普選実現の要求は再び高まって、日本農民組合の創立・小作争議の激発を背景に、農民たちの間に政治への関心をひろげていく。一方、全国（日本ともいう）労働組合総連合結成の準備がすすめられ、ロシアから帰った徳田球一、高瀬清らは「コミンテルンの要請」と称して、日本共産党創立を、堺利彦、荒畑寒村、山川均、高津正道らに呼びかける。

山川のいわゆる無産階級運動の方向転換、〔大衆の中へ〕〔政治闘争へ……〕階級意識に目ざめた、組織労働者を中核・前衛として、都市二百万の工業労働者を革命の本隊とする。さらに、農村無産階級三百八十万の小作農民と結んで、政治闘争をすすめる。ただし改良主義的議会政策はこれを採らず、

小ブルジョア普選運動には、期待するべきではない、云々。コミンテルンの指示は、山川テーゼよりも〝柔軟〟、かつ便宜的であり、普選獲得を過渡の目標として、この闘争のヘゲモニーをにぎることによって、労農同盟の道を開くべきであるとしていた。

いずれにもせよ、現状打破の世論はほうはいとして各層におこり、「ああ革命は近づけり！」。大杉栄の言葉をかりれば、「今日か明日にもの、大々的急進論者もあるようだ。うっかり乗れないが、馬鹿にも出来ない」（『□□はいつ来るか』）流動的な情況に、日本は置かれていた。そして、その揺れ動く情況を、「社会革命の前に政治革命が来るにちがいない、日本はもう二十年ももたない」と大杉は捉えていた。すなわち、前章で述べた〝日本の運命〟、新・旧分裂の「其時」を、彼はロシア革命の幻想をぬぐい去った、〝左右を弁別しない〟眼で、たしかに見すえていたのである。

コミンテルンの指示とは意見を異にしていたにせよ、山川テーゼもまた、労農ロシア革命を教典とする、レーニズムのひきうつしに他ならなかった。今、すこしく大杉栄自身の〝論策〟に依拠して、記述をすすめよう。

〔労農ロシアの承認だって？ そんな事は、どうだっていい問題じゃないか。いったい労農政府が、無産階級の新国家とやらがだ、資本家政府に承認を求めるなんざ、余りに矛とんな（矛盾した）意久地のない話じゃないか。ボルシェヴィキ革命などと云うニセの革命に驚かされて、封鎖だの武力干渉だのとさんざん手を焼いたあげくに、とうとう其の正体が分った旧資本主義の各国は、新資本主義のこの労農ロシアと早速手を握るがいいじゃないか。

資本金を貸してやって、新しい儲け口をつくるがいい。お仲間だよ、なんの遠慮があるものか、そしてこの新資本主義国家を助けて一緒になって、本物

の革命の来るのを、防いだらいいじゃないか」（『労農ロシアの承認』＊大正11・10・1、労働運動）

反間苦肉の日ソ友好

シベリア撤兵について、日本政府は前年夏から、極東共和国（ソビエト・ロシアと後に合体、連邦となる）との接衝をすすめていたが、この年の四月交渉決裂。六月、加藤内閣成立と同時に、十月までに撤兵を完了することを一方的に声明、ニコラエフスク事件（＊二十五回参照）賠償を求めるための北樺太駐兵をのぞいて、これを実施したのである。

大杉のいわゆる正体見たり、〝赤露の脅威〟は過激思想取締法案（すなわち治安維持法）という鬼子を生んだが、日帝支配階層は、むしろ労農ロシアと友好を結び、懐柔の方針へと転換する姿勢にかたむいていった。これを対露非干渉・ロシア餓民救援運動といった民間世論の影響に帰して、「社会主義国家ソ連の発展をどうすることもでき

なくなって、革命運動の源泉とソ連を敵視しながらも、現実にはなんらかの関係を結ばねばならぬ羽目になった」（中央公論社刊『日本の歴史』第23巻／大正デモクラシー、今井清一著）

……などという、おめでたい幻想に昔も今も、〝左翼〟は陥没している。

加藤友三郎首相の了解のもとに、東京市長の後藤新平がソビエト極東代表・ヨッフェを日本に招いたのは、この年九月、すなわち彼・ヨッフェが上海に亡命中の孫文と会談して、共同声明を発した直後であった。大杉栄が早くも指摘していた、「（中国）南方政府とロシアの間の同盟」を、日帝の支配層は深く危惧したのである。

後藤新平は、中ソが連合して日本の敵となることを防止すべく、労農ロシアに反間苦肉の塩を送ることを、画策した。対ソ貿易を熱望する財界、北洋漁業資本を味方に抱き込み、出漁問題を解決する好餌をヨッフェに託して、後藤はその〝私的外交〟を、日露国家当局間のレベルに乗せることに、成功

小島清子と申しまして
当時の新しい女、リブであります
広島県立女子師範卒
芳紀まさに二十歳
辻潤『唯一者とその所有』序文に
ひたすら痺れて上京、
大正十一年五月某日
月島労働会館で行われた
アナ系・社会思想研究会の講師として
ただいま出席しようとする
あこがれの辻潤センセイを
恋慕尾行しちょるところであります

この女性
その晩にもう
辻潤先生と
デキちまった
んで

ジロリ……

したのである。
〝右翼〟は彼の私邸を襲撃し、ヨッフェ来日に反対するキャンペーンを、大々的にくりひろげた。〔後藤新平でさえ右翼につけねらわれるという事態でもわかるように、民主的な運動に対する右翼の攻撃は暴力的な、血なまぐさいものに〕（前出、『日本の歴史』以下傍点は京太郎）なっていったと称する、いったい何が「民主的な運動」であるのか？

佐藤栄作の沖縄返還、田中角栄の日中国交回復で描かれたのと同じパターンを（＊〝革新〟側スローガンの簒奪）、ここに見ることができる。経団連乱入事件の野村秋介が、河野一郎の私邸を焼いたことの意味もまた、そこに連鎖するのである。大杉栄の言葉は半世紀余りを経た今日も、なお千鈞の重みを持つ。ソビエト・ロシアを独裁国家、新資本主義国家と断言して、彼は憚らなかった。そう、〔お仲間だよ、国家資本主義への後戻りのざまはどうだ。何んだって？　ロシアでは、まだ共産

主義を実行するだけ、資本主義が成熟していないって。そんな生はんかの唯物史観論なんか、よせやい！　え？　前進のまえの後戻り、そんな屁理屈はどうでもいいや〕

〔……それより、労農ロシアすなわち労働者と農民のと称する足許を見ろ、新経済政策の下で、ロシアの労働者と農民がどんなになっているかを見ろ。その労働者と農民とが、レニンを始め首領等を革命の裏切者として、革命のやり直しを叫んでいるのを見ろよ！　精神錯乱だって、馬鹿！　ほんとうの革命家が、どこの国だって権力者からキチガイだっていわれなかったことがあるかい〕（＊『労農ロシアの承認』）

物語りはいささか前に走る。この年十一月三日、明治節に「赤化防止団」結成。主宰者は弁護士・米村嘉一郎、機関紙『大鵬』を発行して、おおいに反ソ・反共を鼓吹した。いわく――、

〔労働運動は爾来社会主義との連結により、多くの誤解を受けたり。しんに

労働者の叫びたるとき、何人がこれに反対せん、本会は極力労働運動と社会主義との分離を期す」

ヨッフェ来日阻止行動を、もっとも尖鋭に展開したのはこの団体であり、後藤新平辞職を要求して、市庁に押しかけるなど、示威をもっぱらにした。ヨッフェが来日したのは、あくる大正十二年二月一日。とうぜんボル派と、その影響下に置かれた総同盟は、同年メーデーのスローガンに〝労農ロシア承認〟をかかげて、「日本北洋漁民の安全操業」「ソ連労働者との友好」を高らかにうたい上げた、万国の労働者団結せよ、と。

ここにおいて、プロレタリアートの連帯は、〝国益〟に包摂される。そのからくりを見抜き、真の革命とは縁もゆかりもない、いや逆に志を国家権力に売りわたす謀略であると喝破したのは、アナキスト大杉栄と、〝右翼〟北一輝だった。「赤化防止団」とは別個単独に大正十二年五月九日、北一輝は

公開状三万部を、全国の要路・識者に配布して、覚醒をうながそうとした。

しばらく、彼の言を聞こう。〔敬愛すべきヨッフェ君……、君はいま革命ロシアの承認とそれに付帯せる外交的接衛のため日本に来た。病軀を担荷(たんか)に横たえて(ヨッフェ名目上の〝来日目的〟は、熱海温泉での病気療養)敵国に乗りこむ信念と勇気だけにおいても、すでに君の歴史に悲壮なる幾ページをくわえている。交渉の相手と君がしている後藤新平君らの階級、及びそれを中心として愚論を渦巻いている我国の知識階級とに対照する時、拙者は実にお恥しい次第だと思っている。しかしながら〕(『ヨッフェ君に訓うる公開状』一部要約)

革命後に権力を握れる者が

〔君がいま相手としている後藤君及び世論は、君らの政府が革命のはじめにおいて投獄し銃殺したる、地主・貴族階級の同類でないか。全体貴公は何の理由ありとして、日本に露国の承認を

こと、志とちごうて
孫文はどうやら
負けいくさのごとある

求めに来られたのか、ロシア対列強の承認交渉において、その非を彼に塗りつけてきた君らの言分は先刻承知している。事理弁別の能力あらば答えよ、ヨッフェ君、……君らがロマノフ皇帝領土権の継承を主張することは、ソビエト政府がロマノフ政府の延長であるという法理の上に立つのか。すなわち君ら自身の革命を、根本から全部抹殺するのか？〕

〔よろしい、親殺しの息子だが相続を承認するとしよう。ただ、オヤジ様の借金はどうなさるか。敬愛すべきヨッフェ君、諸君はこれに何と答えて来、また答えつつあるか。いわく英米仏は資本主義国だ、金貸しである、我らはプロレタリアートであり、社会主義である、父祖の資産は相続するが負債を負うことは迷惑である、と。……ああヨッフェ君、諸君は革命の後に権力を握れる者が常に堕落して、天の斧鉞に亡びた史上の戒めを見ぬのか〕

〔日本がシベリアを計算する時、仏人

英米人被害幾百万なるかを思考せよ、仏国の律義者は露国債券の紙片を蔵し餓えている事を忘却してはならぬ」と北一輝は説く。日本の債券三億円など計上する必要はない、どこに革命家のキンタマを下げているかと、舌鋒鋭く弾劾しているのである。彼のこの挙を見当違いと批判して、「日本帝国こそ北の鼓をならして責むべき敵手」（田中惣五郎著『北一輝』）であったとする意見が、当時も〝右翼〟の側に存在した。大川周明と北一輝の反目は、そこに端を発する。ヨッフェ来日中に「猶存社」を北は解散、大川との袂別であった。

その間のいきさつに就いては、この物語りの後半部で、再び触れることになるであろう。ここでは、アナキスト大杉栄と〝右翼〟北一輝の間に、労農ロシアをめぐって、ほとんど〝弁別すべからざる〟意見の一致が成り立っていたことに、ご注目をいただきたい。

「……もともと誰が、国交を断絶させたんだい。ツアーの帝国を倒しケレン

スキーの民主国を倒して、其のあとにロシア社会主義連邦共和国をおこしたレニンの労働政府が、ツアーやケレンスキーの各国への借金を踏みたおした事に始まるんじゃないか！　もっとも労農政府は、当時直ぐにもヨオロッパ諸国に、ロシアと同じ革命が勃発するものと予想していたろう。が、それがちょっと見込みが立たないとなって、しかも自分の国でも思惑通りにうまく行かぬとなって、国家資本主義にまで後戻りをしてみせて、どうです元通りつきあいをしてくれませんか？　古い借金は幾分か証文でお返し致しますところで現ナマをいま少し貸してくれませんか？　それでないと、とっても私のところはやっていけませんから、なんてよくも云えたもんだ。そんな風だから、どこでどう威張って見せても資本主義に降伏したといわれるんだ」
（『労農ロシアの承認』）

孫文の裏切り、〝赤露〟との提携に対して、北一輝はその大アジア主義者

たる立場から、怒りを燃やしている。逆説的にこれをいえば、彼のヨッフェ来日反対は、新・旧日本の分裂――、革命の好機を先手を打って摘みとろうとする、日帝支配層を労農ロシアとの野合を痛撃する大杉栄の論法と、まさしく合同するのである。そもそも北と大杉との関係は、明治三十九年にはじまる。北一輝の弟・昤吉のフランス語個人教授が大杉栄であり、「老壮会」「革命評論社」の同人としての接触があり、さらには孫文をいただく「中国革命同盟会」に所属していた亡命アナキストたちを介して、親交は深まっていったのである。

　大杉の盟友であり、すでに本篇にも登場した、〝神出鬼没〟海外版の山鹿泰治は、北家に居候をしていた。その山鹿が上京して、本郷神明町あたりにアジトをかまえたのはこの年の六月、彼を仲立ちにして、日陰の茶屋事件のあとしばらく途絶えていた大杉と北の連絡が再び持たれる。両者の関係は、

日本アナキズム史研究の故意の盲点であり、とりわけて正統を称する無政府主義者にとってタブーとされてきた。

これをようするに、〝右翼〟甘粕正彦憲兵大尉に虐殺された大杉栄が、そのいちまきである北一輝と親交を結び、〝日本の運命〟と労農ロシア反革命について、一致した見解をいだいていたなどという論議は、もっての外ということである。夢野京太郎、ついにその〝右翼〟の正体をあらわした、と納得される向きもあるやと思うがままよ、物語りは歴史のパラドクスを、次第にあきらかにしていく。

〝左右〟、その脈絡と回路を

経団連乱入事件を、一場の茶番劇と笑殺することはやさしい（新聞ジャーナリズムのレベルでなら）、武士の情などと称して、手錠を拒否する「美学」なんざブタに喰わせろ、甘ったれるなと吾輩も思う。しかし彼らの思想ではなく、志操をも嗤えるか？　無何有の

革命幻想とこれを呼び、精神錯乱という者はまさしくYP体制*、ヤルタ・ポツダムの目瞞し、戦後民主主義の欺罔に、あらゆる発想をからめとられているのである、かつて、日本土着の革命思想は、なべて現状打破の志向を持つ人士を糾合して、〝左右を弁別〟しなかった。

　労農ロシア一国社会主義、――その〝国益〟を守ること、コミンテルンの指導方針はとうぜんこれを越えることなく、むしろ他国の革命にブレーキをかけることに役立った。日本の場合もしかりである、左右の対立はもとよりあったが、これを決定的に激化させた契機はヨッフェ来日であり、知識人、合法左翼、とりわけてボル派の売国的仰合ぶりであった。そしてまた、利潤追求のためにこれと協調する政治家、企業の資本無節操に、〝右翼〟は反撥したのである。

　いわずもがな、本篇で〝右翼〟と、括弧を付して京太郎がいう理由は、

保守党や財界の用心棒、飼犬と化している、おおかたの営業右翼と混同せぬためである。経団連に乱入した四人は、半世紀の歳月を閲して、いささかの反省もなく、売弁への道をたどりつつある〝日本の運命〟、唯物功利の退廃に一石を投じた。その意味で、彼らの赤心と行動とは評価されねばならず、チンピラ右翼のハネ上がりと、紋切型にきめつけてはならない。

歴史は何を物語るのか？　大正デモクラシーの終焉、それは後藤新平流の国益マキャベリズムに、知識人・左翼陣営がまきこまれ、狡兎死して走狗煮らる。日露の友好成るや、待ち受けていた（いやみずから呼びこんだ）ご用済みの大弾圧によって、もたらされたのである。ポツダム左翼知識人、ボルシェヴィキの末裔である日本共産党、社会党協会派*ともどもに、その反省はついになく、今日の教訓とする姿勢もむろん皆無である。彼らは左右の基準で、保守と革新とを分けることしか

できない、新自由クラブから〝江田新党〟に至るまで、まずは政治力学の表層からひび割れをはじめた、新・旧日本の分裂の「其時」に、あくまでも鈍感である。

　おそらくこの号が活字になり、発売されるころ、ニッポン低国の情勢は、さらなる〝分裂〟を呼び、流動の度をくわえるであろう。大杉栄のごとく、あるいは北一輝のごとくに、〝日本の運命〟を考える者、なきにしも非ずである。さて、ヨッフェ来日に際して、他の誰よりも過激であり、三万部ものパンフレットをばらまいた北一輝は、突如その鋭鋒をおさめる。それは彼の門下生であり、「大化会」（猶存社の実力行動部隊として結成された）会長である岩田富美夫が、満蒙の曠野からシベリアに共産党員と称して潜入し、労農ロシア軍に逮捕されるという、ハプニングがおこったからだった。

　岩田はチタの監獄に、スパイ容疑で投獄されたが、ヨッフェからの要請で

釈放されたと伝えられる。とうぜん、北一輝の攻撃中止と、岩田の釈放との間には、何らかの〝因果関係〟が推測されるのである。ここにも、〝左右を弁別すべからざる〟脈絡と回路とを、かいま見ることができる。そして岩田富美夫は後年、大杉の葬儀を襲って、その骨壺を奪い去り、花で飾って返却したというエピソードを持つ。

　往時は茫々として、わずかに埋没する記憶を掘りおこせるや。しかしこれまで語りつがれてきた大杉栄〝神話〟に、ある修正をほどこさねばならないことを、状況証拠はもの語る。本篇はもとよりフィクション、今回の辻潤と「うわばみお清」こと小島清子との、いささか奇矯な恋の出会いも、作者のデッチ上げと思っていただいて結構。かくて登場人物の大半勢ぞろい、日本アナキズム外伝は、いよいよますます乱調子、緩急の呂律よろしく修羅場へ走るのでアリマス。

いつの世にも、かかる女性は存在し
男を詩人にしてくれました
右も左も頑張っていたわけで
大正ってのは、かなりよき時代なので
ありました

大正十一年六月
和田久太郎にさそわれて
四年ぶりに上京した山鹿泰治は
「労働運動社」と目と鼻の先
本郷神明町にアジトを構え
山路と変名して地下生活に
入ります
いらい三年間
官憲は彼の消息をつかみ得ず
天に舞ったか地に潜ったか
かいもく見当もつきません
で、いったい
〝神出鬼没〟の山鹿センセイは
何をしてたかってえと……

第二十一回

上海バンスキング血史

共産党一全大会

中国共産党創立メンバーの一人、陳潭秋(ちんたくしゅう)回顧録によれば、一九二一年の七月下旬、上海フランス租界蒲柏路、私立博文女学校の二階に集った九人の来訪者は、〔いずれも上海語がしゃべれず、あるものは湖南口調、またあるものは湖北口調であった〕

すなわち——

長沙代表＝毛沢東、何叔衡(かしゅくこう)
武漢代表＝董必武(とうひつぶ)、陳潭秋
済南代表＝王尽美、鄧恩銘
北京代表＝劉仁静(りゅうじんせい)
広州代表＝包恵僧
留日グループ代表＝周仏海

この九名に加えて、いま一人の北京代表張国燾(ちょうこくとう)、上海代表の李漢俊、李達、広州からさらに陳公博。事実上中国共産主義者の領袖であった二人・陳独秀

と李大釗は参加不能、また社会主義青年団の張太雷、惲代英、彭湃、といった若手もなぜか、〝第一回全国大会〟には出席していない。

＊コミンテルンより派遣されたマリーンやニコルスキーも、参加。

……このメンバーの内、〔劉仁静はトロツキーの手先となって除名され、今では国民党の特務で働き、もっぱら共産党に刃むかっている〕〔留日共産主義グループ代表周仏海は、広東時代その行動が党の綱領にそむいたために除名〕〔広州代表包恵僧は国共分裂の後で、国民党に投降し周仏海にすがりついて生活している〕

〔李漢俊は一貫して右翼日和見主義的観点を持続するとともに、北洋軍閥や政客と結託して党の立場を放棄した。ところが彼はなおも、〝共産匪〟なる罪名によって、広西派の軍閥に銃殺を余儀なくされた〕〔李達は〝五・三〇運動〟以後、偉大な革命の潮流の戦闘列外に押し出されてしまった〕

れいの徳球と
極東民族大会に出席した
アナキストで

そして、〔もう一人の陳公博は、陳炯明（けいめい）が孫中山（＊孫文の号、字（あざな）は逸仙）に背いてから、陳炯明を援ける側にまわった。党は度々警告を与えたが、彼はついに聴き入れずに、党籍を剝脱されることになった。ところが、すると一変して（孫中山側の）国民党の要人となった〕

〔陳独秀は第一回代表大会に出席さえしておらず、その当時広東の陳炯明の部下として教育長をやっていた〕

ちなみに済南代表の王尽美は、革命運動中に早く病死、鄧恩銘は反動派に捕えられて銃殺されている。張国燾も後に除名され、けっきょく〝同志〟と呼ぶべき幾人が残ったか？

それはさておき、京太郎ここで読者諸君の注意を喚起しておきたいのは、陳炯明なる人物についてである。最近誤植チラホラ、前号でも伊達順之助を準之助とあやまったりして、まことに汗顔のいたり。今回は陳サンが何人も登場する。原稿キチンと書いて置く、

編集部も校正のさいなるべくご注意のほどを——。

アナキスト山鹿泰治、吉田ピン公をともなって上海渡航の大正十一年初夏から、一年をさかのぼって中国共産党創立のさい、闘わされた論議の最たるものは、〝孫文革命〟に如何に対処をするかをめぐってであった。

李漢俊、陳公伯、李達らのいわゆる「合法マルクス主義派」は、〝当面のプログラム〟を文化・宣伝工作を重点として、ブルジョア民主革命（つまり孫文革命）に協力する、綱領決定は時期尚早であると主張した。これに対して、「極左派」の劉仁静から猛烈な反論が行われた。いわく、〔武装暴動を以て政権を奪取しなくてはならぬ、プロレタリア独裁を樹立することの他に真の革命はない。いっさいの議会主義的、改良主義的思想に反対する。国民党の孫文と協同するなど、まさに反革命であって、絶対に容認できない〕

包恵僧がこれに同調する、陳潭秋の

回顧録によれば、〔大多数の代表は、両方のあやまった意見をきびしく批判して〕、〝孫文革命〟への基本的党の態度を（すなわち国共合作の方針）、打ち出すことになるのである。しかしこの回顧録は一九三六年という時点で（とうぜん中ソ論争以前に）、しかもコミンテルン機関紙のために書かれた。すくなからず、粉飾されているといわねばならない。

トロツキー派の劉仁静、包恵僧だけではなく、張国燾も同意見であった。そして、毛沢東もである。〔北洋軍閥に対するのと同様、いやむしろ中国人民大衆に欺瞞的な幻想をあたえている、孫中山に対してはさらに厳しくこれを敵としなくてはならない〕と、執拗に主張した劉仁静、包恵僧らによって、コミンテルンが用意した綱領は、次のように書きあらためられた。

〔中国共産党は、孫中山先生の革命を賛助する。だが我らは、もちろん共産革命の実現を究極の目標とするもので

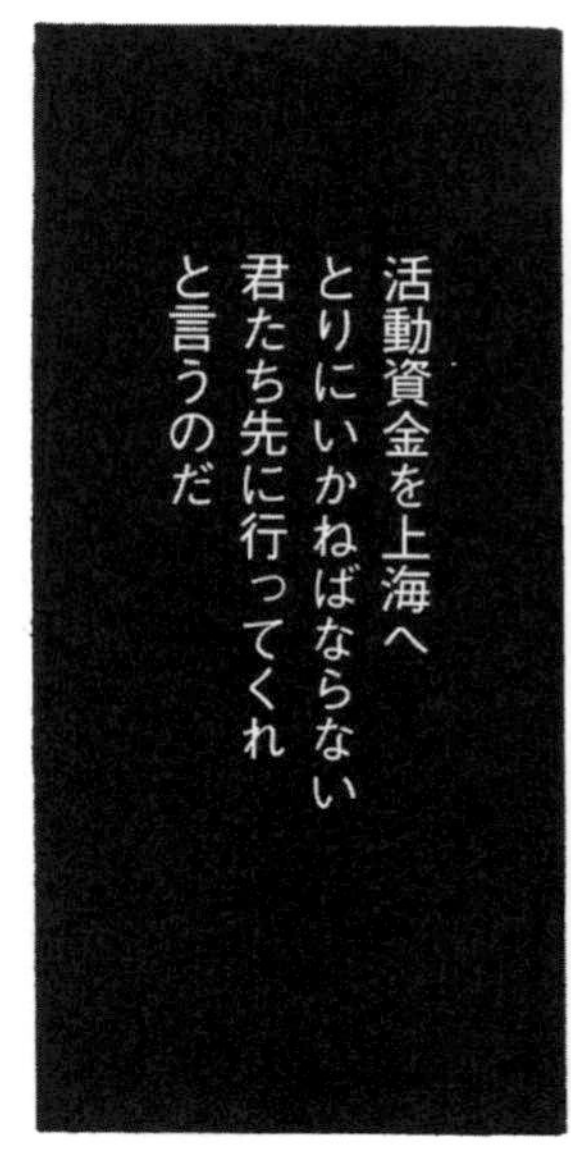

あって、共産党の社会革命と国民党のそれを混同するものではない」

″ホエ″と辛亥革命

……そもそも、″国共合作″を強く希望したのはコミンテルンであって、中国の共産主義者自体ではなかったのである。ここに、陳炯明なる三合会、秘密結社（会党）の親玉であり、広州軍閥の巨頭である策謀家が、クローズアップされてくる。

中国革命における会党、″ホエ″の役割について、賀龍と哥老会の関係（エドガー・スノー『中国の赤い星』等々にくわしい）など、肯定的にとりあげられている部分もある。しかし、陳炯明についての記述（中国共産党の文献に悪役として彼はじつに度々登場する）は、徹底して否定的である。

黄興と並んで、陳炯明は孫文の片腕といわれた。辛亥革命（一九一一）のさい、彼は孫文をたすけて活躍した。その手兵となったのは、珠江の流域に

ひろがる、三合会（天地会、あるいは三点会とも称する）である。詳述する余裕はないが、〃ホエ〃は『水滸伝』梁山泊の英雄好漢になぞらえた、秘密結社。

明末・清初に勢いを得た〃ホエ〃に白蓮会があり、哥老会があり、本篇でとりあげる三合会がある。宗教結社で本来は政治目標を持たぬ白蓮会から、満州馬賊の各派をはじめ、遊侠を旨とする大刀・小刀・紅槍会が生まれた。「反清復明（はんしんふくみん）」の急先鋒であった哥老会は、揚子江沿岸一帯にそのテリトリーをひろげ、太平天国の乱の残党を吸収して、構成員には武闘派が多かった。「紅幇（ホンパン）」と呼ばれるのは、哥老会各派の総称であり、「青幇（チンパン）」と対置される。

三合会は珠江の流域、広東を中心とする農村地帯における被差別の窮民・流民群、ルンペンプロレタリアート社会に潜在する結社である。いわゆる〃猪仔貿易（ビッグ・トレード）〃＊で、南洋各地に散在する華僑の間にも組織をひろげ、ハワイ、

アメリカの洪門会等、これもまた太平天国の乱の残党を構成員としている。辛亥革命のさい、孫文が資金の援助を得たのは、シンガポールを拠点とする南洋三合会であり、洪門会であった。三十六誓・二十一則・十禁十則などの〝宣誓〟によって、同志終生の血盟を結ぶのである。

この〝宣誓〟、会党の誓いを中国のアナキストたちは踏襲している。孫文亡命の東京で結成された中国同盟会もまた、〝ホエ〟の一種であったということができる。哥老会の「紅幇」と、「青幇」とは趣きを異にする。正確にいえば安清幇（アンチンパン）、もしくは靖幇（チンパン）である。これは日本でいう馬借・車借、塩米の運搬人の間におこった結社だったが、清朝倒壊とともに上海にその全勢力をうつして、阿片売買・殺人請負・賭博開帳等を一手に独占する、文字通りの〝黒社会（こくしゃかい）〟を形成した。蒋介石はこの暴力組織の首領（ドン）の血脈をひく、つまり上海マフィアである。

鈴江言一は孫文を、「会党中毒」と評するが、まさに然りであって、彼の革命運動は一貫して、〝ホエ〟に依拠している。孫文は陳炯明と、任侠社会でいう兄弟分の仁義でつながり、陳の持つ武力を最大限に利用しようとしたのであった。

辛亥革命における功績で、陳炯明は都督・省長・陸軍部長・総司令という権力を手に入れて、「将軍府」を設置、広東王を僭称するに至った。こうして中国共産党正史にいうところの反動、最悪の軍閥としての盛名（？）を確立するのだが、果して彼は単なるボス、悪代官にすぎなかったのか？　正史は（おそらく故意の）欠落をあえてしている、ジェローム・チェン＝陳志譲著『毛沢東』第四章には、以下の重大な記述がある。

〔中国共産党一全大会（創立・代表者会議、前出）において、広東人の代表陳公博は、孫逸仙とではなく陳炯明と同盟せよという見解を表明した。その

そのころ、徳田球一は堺利彦、山川均、荒畑寒村らと日本共産党の創立を東京で画策していた
「粗暴で無智文盲で、とうてい仲間に入れられる男ではない」
ピン公をきり離す厄介ばらいの一石二鳥と二人を上海くんだりにまずは追っぱらったのである
山鹿は一計を案じて〝右翼〟に化けることとした
北一輝の密使といつわってＩという海軍中佐から辛うじて旅費をせしめたが

理由は、陳炯明がロシアと接触して、陳独秀を招いて広東省において（共産主義の）宣伝・教育活動を組織しようとしたり、彭湃（海豊コンミューンの指導者である）を政府の役員に任命したりしていること。また特に、陳炯明の軍事力の優越性を認識しなくてはならぬこと」云々。

……コミンテルンは、華中の大軍閥呉佩孚と、広州においては陳炯明と、ひそかに情を通じていた。一方、北京政府とも孫文（＊広東政府、21年樹立）とも、二股をかけて接近し、アジアに対する西欧諸国の影響、そして日本の沿海州への侵入にそなえたのである。〔ボルシェヴィキは単に革命家であるだけではなく、ロシア人であることを示した〕（ジェローム・チェン）、大杉栄流にいえば、労農ロシアは一国社会主義の〝国益〟のためには、反動派に同志を売ることも憚らなかった。

すでにして一九二〇年、極東ソヴィエト代表のマリーンは北京に入り、

各方面の接触を開始している。上海、さらに広州へ飛んで、孫文と連絡するかたわら、陳炯明の意向を打診するという狡猾ぶりであった。上海からまねかれて、陳独秀が広東政府教育委員に就任したのは同年十一月。省長兼内政部長の陳炯明の下で、教育会長をつとめていたのが汪精衛（兆銘）だった。陳独秀はただちに譚平山、陳公博らのマルクス青年、アナキスト区声白らを糾合、革命グループを結成する。社会主義青年団の彭湃らも、その指導下に農民運動を開始するのである。一口にいえば、陳炯明は広州赤化の大スポンサーであった。

中国共産党創立代表大会に陳独秀が出席できなかったのは、広東政府への辞表が受理されなかったからであり、陳公博を代理としてさしむけることとしたのである。一方、李大釗もまた、奉職する北京大学の公務多忙を理由として、劉仁静・張国燾らの若者たちを代表に推した。

中・ソの権謀術策

コミンテルンの指令に、唯々諾々と従って、〝党〟を粗製乱造した（荒畑寒村の言葉）日共とはちがって、一本背筋が通っている、といえばいえる。しかし、陳独秀の代理である陳公博が孫文にかえるに陳炯明を推薦したり、李大釗に派遣された劉仁静が左翼公式主義をふりまわしたり、マーリンとは対立関係にあったといわれる上海派の李漢俊・李達（これも、陳独秀派）が、〝国共合作〟派にまわったり、裏面の思惑はかなりのものであったようだ。包恵僧が広州代表の立場で、劉仁静に同調した真意も、あるいは孫文の追い落しにあったのではないかと、京太郎うたがうのである。

コミンテルンの権謀術策は、ともあれかくもあれ、もっとも利用価値のある時の実力者と連合することを、まずは目標としたのである。一九二〇年夏、北洋軍閥と結んだ広西の陸栄廷、兵を

福建に入れる。陳炯明はそれまで対立していた、同省督軍の李厚基と和睦、ただちに広東に兵をかえし、陸一派の岑春煊・莫栄新を討つ。十月二十日、広東を奪還して孫文を迎える。さらに翌二十年六月に梧州、つづいて南寧を破り、龍州を陥して陸を安南に追う。かくて勢いを得た国民党軍は、孫文の大号令一下、第一次北伐を開始。もし成功すれば、陳炯明に広東・広西二州を与えることを約した。〔民国の存亡、この一挙にあり！〕

しかしすでに、陳炯明は広東の王になろうとする野心を匿さず、孫文へのクーデターを企てる。かくして、一九二二年六月十六日、陳の部下葉挙は、孫文の首に二十万元の懸賞金をかけ、総統府を襲撃した。孫文は変装して、珠江上の砲艦・永豊に逃れた。艦上で彼を迎えたのは蒋介石、ともに危難を脱した汪精衛と、孫文は上海に去る。労農ロシアの特使・ヨッフェが北京に到着するのは、それから二カ月の後と

こうなる。

陳炯明のクーデターは、国民党内の内ゲバであった、と正史は規定する。だが、麾下に陳独秀をむかえ、孫文にとってかわって、ロシアと結ぶ野心は陳炯明になかったのか？　珠江流域の三合会秘密結社、〝ホエ〟に君臨する彼の組織力・軍事力を、労農ロシアも魚心あれば水心、十二分に受け入れる用意があったのではないか？

張国燾『わが回想』に従えば、一全大会に広州代表として乗りこんできた陳公博は、美しい夫人を同伴して、他の代表たちとは別に、大東旅社という租界のホテルに泊り、〔モダンな青年政治家といった風采であった〕。いったい彼の役割、陳独秀（もしくは陳炯明？）に托された任務とは、如何なるものであったのか？　葬られた過去は語らず、往事は風雪に飛散しきれり。だが、すくなくとも、コミンテルンがらみの権謀術策、中国古来の表現で

いえば、〝合縦連衡〟の舞台裏の工作があったことはまぎれもない。

そしてまた他方には、アナキズムの影がある。辛亥革命成功後、帰国して国民党の指導メンバーとなった張継、同盟会から逆に脱退して心社を興した劉思復（師復）、パリで無政府主義の巨頭として重きをなし、のち国民党に参加した李石曾、彼の盟友であり共にアナキズムの最初の会党というべき、進徳会に拠った汪精衛、中国社会党の江亢虎など、など。

一九二一年秋、やはりアナキストの呉稚暉によって計画された、いわゆる〝リヨン大学〟の金主はこれもまた、陳烔明なのである。これに入学を許可されず、押しかけて強制的に退去させられた留学生の中に蔡和森、李立三、陳毅など、後年の共産党大幹部たちの名前がみえるのだが、それはさておくとしても、陳サンたるや中国革命史の至るところに顔を出して、話題の人となっているのだ。

……京太郎この仁を指して、単なる悪役に非ず、ひょっとすると中国版のホラ丸ではないかと考えるのは、理由なしとしない。今回は、ちょいとニッポン離れ、青天黄土のかの大陸に遊んだが、やはり「水滸伝」元祖、ご本家ぞなモシ。話のケタがはずれている。奇々怪々チャンポンメン、権謀策術のお国柄である。ソヴィエトとよい勝負であるな、そこへいくと日本低国は実にナッチョラン、日ソ交渉の態たらくは何ぞね！

スケトーダラごときで、やれ国難の主権侵害の、挙国一致で馬鹿まる出しとくら。高い魚を食わされる人民は、まことに迷惑である。ヨッフェの来日から半世紀、かつて労農ロシアの太鼓持ちにうき身をやつした革新陣営は、反ソと変貌しちょるらしいが、ロスケ一流のマキャベリズムにふりまわされとる点では、まったく進歩しとらん。ホラ丸いずくにありや、歴史に少しはまなんだらどうだ。

北一輝の孫文ぎらい

閑話休題——、孫文の革命に日本のいわゆる志士・愛国者たち、頭山満、福本日南、内田良平、宮崎滔天、山田良政、平山周ら、多くの日本人が彼に協力して、中には生命までなげうったものすらある。

北一輝もまた、東京で結成された中国同盟会にすすんで身を投じた。明治四十三年(一九一〇)、幸徳秋水らの大逆事件の参考人として取調べられた北は、中国大陸に渡ることを決意。盟友の宋教仁(同盟会の幹事)がその年秋、故国での決起に上海へと旅立つのを見送る。

翌一九一一年の十月、武昌に蜂起の狼火(のろし)上る、「いよいよ挙兵!」の報に北一輝は勇躍大陸へ。南京の攻城戦に参加して、みずから砲爆弾雨を潜り、中国革命に彼は挺身した。ついに南京陥落・十二月十四日、欧州から孫文が帰国したのはそれから十一日後、上海

埠頭を埋めつくす民衆の、嵐のごとき歓呼をあびて、革命の英雄は戻った。「世界の誤認によって後光に包まれた孫文」と、北一輝がこれを見たのは、ある意味で当然だった。おのれは手を汚さず、血を流さず、革命成就の暁は元金を三倍にして返却しよう、地位も与えようともっぱら宣伝、資金工作の安全地帯にいた〝革命家〟に、生理的反感を彼は抱いたのである。

いわく、〔本国同志より前に、まず日本浪人団数十人が、彼の脚下に礼拝合掌する。池享吉君は太田海軍大佐、中村進午法学博士ら、数十名の「振中義会」の会員を指揮して、彼・孫文のわきに、侍従長のように立っている。宮崎滔天君は遊侠人たち数十・百人の頭領として孫文と黄興の間に（略）、革命党の諸氏は、日本の後援がかくも孫文に集中していることならば、ますますこの英雄を擁立しなくてはならぬと早合点して〕（『支那革命外史』）投機的、商売的、狂熱的声援を孫文に送っているの

である、と。

そして大正二年（一九一三）、三月二十日夜・上海駅頭、宋教仁は拳銃の狙撃をうけて瀕死の重傷を負う。翌々二十二日永眠、享年僅かに三十二歳。

北一輝はその棺をになった。真犯人はだれか！　南方革命派すなわち陳炯明将軍麾下にあった、広桂馨・武士英、一般の定法となっている袁世凱の刺客ではなかった。

〔袁は主犯にあらず、暗殺の主謀者は宋教仁とクツワを並べて革命にしたがいし陳其美（上海都督）、さらに一人の従犯は驚くなかれ世人もっとも敬すべしとせる、孫逸仙なるぞ。ああ人、権勢に眩するとき、万悪為さざるなき。遂にここに至る〕と北一輝は断言している。

真偽は問わず、陳其美が先に挙げた「青幣」、上海マフィアのボスの一人だったことを、記述にとどめて置く。北はその〝真相〟に激怒して、孫文の責任を追及しようと図り、暴露文書の

四女、ルイズ誕生
「私どもの恋は、ずいぶん呪われました。
が、空花ではありませんでした。
美しい実を結んだのです」(伊藤野枝)

配布を準備する。かくて日本政府より退去命令、四月八日強制的に上海埠頭から帰国の船に乗せられるのである。ときに毛沢東・二十歳の春、湖南公立第四師範学校に入学。かつて、同郷の革命家宋教仁の編集する『民力報』(民立報とも)に感奮興起して、辛亥革命の一兵卒となった彼・毛沢東は、孫文ではなく〝湖南派〟、闘いの中道に斃れた黄興、宋教仁、譚人鳳らの影を踏んで、「土着の革命」に歩み入っていくのであります。

第二十二回 豆満江岸、狼火あがる

アナキスト・朴烈

本年八月一日発行ノ東亜日報（京城版）ニ、「日本ニテ朝鮮人大虐殺」ト題セル記事を掲グ。スナワチ、〝信越電気会社〟工事請負人が朝鮮人々夫ヲ虐待酷使シテ、逃亡セントスル者又ハ罹病者ヲ拳銃ニテ射殺シ、百名以上ニ達ストイウ。タダチニ朝鮮人各団体ノ代表二十余名合同協議ノ上、「新潟県朝鮮人虐殺事件調査会」ナルモノヲ、東京留学生ト呼応シテ組織セリ。

調査担当者ヲ実地ニ送リ、ソノ真相ヲ究明セント称シ、未ダ事実明白ナラザルニ以之（コレヲモッテ）、日本ノ朝鮮ニ対スル圧迫ノ確証ナルガ如ク宣伝シ、報告演説会ヲ開催シテ、非人道ト不法ヲ鳴ラシ、朝鮮人ノ日本人ニ対スル敵愾心ヲ煽リタル事ヲ、詳細ニ報道セリ。（略）

独立運動失敗ノ結果（一九一九年、

大正十一年七月——
〝軍縮〟、その緒に就いて
加藤友三郎内閣
陸・海軍備制限計画を発表
一方にシベリア撤兵を宣言
大日本帝国と〝赤露〟の和睦は
プログラムに乗せられます
「ああ、革命は近づけり!」
右や左のお旦那衆も
このところ、ご多忙でげして
上海に左の山鹿泰治が飛べば
右も負けじとここは大連
ダルニー、植民地のしき石道に
バラライカは流れる
……なんて詩を、ご存知かな?

〝万歳事件〟＝三一暴動を指す)、社会ノ不平欠陥ニ乗ジ、革命ノ運動ヲ試ミ、破壊的言動ヲ弄(ロウ)スル傾向アリ。又、近時社会主義ノ勢力、漸次増大シツツアル世界的情勢ニカンガミ、日本ニ於テモ国体崩壊スベシ、コノ機ニ乗ジテ朝鮮独立ノ目的ヲ達スベク、内地人主義者ト結ビ、社会革命ノ思想ヲ普及スルヲ得策トスト称シテ、共産主義思想漸次濃厚ナラントス。

西比利亜(シベリア)各地及ビ上海方面ニ、露国過激派ト連絡シ、独立ノ目的ヲ達センストスルモノ、客年春「高麗(コウライ)共産党」ヲ上海ニ組織セル状況アリ。又、在東京朝鮮人ノ間ニ、思想問題ヲ研究スルノ傾向アリ。「黒濤会」「同友会」等、主義的雑誌ヲ刊行シ、内地人ノ結社ニ加入スルモノ少カラズ。朝鮮ニ於テモソノ影響ヲ受ケ、内地朝鮮人諸団体ト結合シテ、〝労働同盟会〟ヲ組織セントスル運動起レリ。コレラハ一、二ノ野心家ガ露国ノ共産党宣伝費ヲ得、着服セントノ欺罔手段ヨリ出デテ、何ラ勢力ヲ

有スルニ非ズト雖(イエド)モ、ソノ言動タルヤ青年学生ノ思想ヲ悪化スルコト尠(スクナ)シトセズ。マタ、徴兵後ニ於ケル西比利亜地方ノ形勢ノ変化ハ、ソノ将来ニ就(ツイ)テ深甚ノ注意ヲ要ス。（朝鮮総督府警察局『大正十一年治安状況』）

――今回は上海の埠頭から、舞台を満州・朝鮮に移す、前章絵の末尾近く〝信濃川事件〟に触れたが、十一年夏から暮にかけて、在東京朝鮮人過激派間に、アナ・ボルの分裂はなかった。

朝鮮総督府警務局『大正十二年治安状況』にしたがえば、（内地ニ於ケル主義団体トシテ、ソノ主ナルモノハ、十一年十二月「黒濤会」ヨリ分裂セル二派アリ。一派ハ無政府共産主義者・朴烈、申栄雨、除相一、洪鎮祐等々、十数名ノ組織セル「黒友会」、機関誌〝太い(ママ)鮮人〟ヲ発行シテ宣伝ニ努メ居タルガ、十二年八月会員ノ権勢争イヨリ内訌(ナイコウ)ヲ生ジテ、遂ニ解散セリ。他ノ一派ハ、ボルセヴイキノ組織セル「北星会」ナルガ（略））

話は戦後にとんで、一九四八年五月

二十五日付、東西出版社発行『旬刊ニュース』43号に、「在日朝鮮人の動き」という記事が載っている。朴烈の消息をつたえるくだりを要約抜萃すれば、

〔在日朝鮮人の政治団体として、〝連盟〟と〝民団〟がある。朝鮮人連盟は構成員六十万と称する最大の団体であって、議長団五名、中央委員十八名を指導部として、朝鮮人及び日本人共産党員が幹部をしめている。つまり、ボル系の団体である〕

〔朝鮮居留民団は、終戦後釈放された朴烈氏を会長にいただき、団員三十万と号する。朴烈氏は南鮮の李承晩氏と緊密に連繋しているといわれており、李氏が南鮮で政府を組織すれば、枢要な地位に就くことが予想される。本来、〝民団〟はアナ系の朝鮮建設促進青年同盟と、新朝鮮建設同盟を合体して、ボル系の〝連盟〟に対する戦線統一を策したものであるが、促進青年同盟は参加しなかった。この〝同盟〟は会員二十万を擁すると称して、関西方面に

勢力を以ている」云々。

その朴烈、李承晩の大韓民国にではなく、ボルシェヴィキの朝鮮民主主義人民共和国に帰って、天寿を全うした(といわれている)経緯を、詳述する余裕はない。ただ、朴烈は敗戦直後、依然アナキストであり、ボル系に拮抗しようとしていた事実を挙げ、李承晩とのいわゆる連繋は、大正八年の三一暴動から一貫して〝光復〟(独立)の二字に関わり、朝鮮独立運動の志士としての共鳴であったことを、理解していただけば足りる。

京太郎この連載で、既成のポツダム左翼史に対する、さまざまな疑問をば提出しておるのだが、朴烈の評価また然り。アナとボルの抗争は、〝民族独立〟のテーマを、その間隙において、捉え返さなければならない。たとえば朴烈が皇族・大官の虐殺を計画して、爆弾の入手を依頼した上海「義烈団」とは、そして関東大震災のさいに彼が北一輝に庇護を求めたのは、いかなる

人脈によるものか？といった秘史を、本篇はしだいに明らかにする。今回は「高麗共産党」について、大正地獄篇汎アジア版、前章〝疑・孫文伝〟の後をうけて赤い夕陽の満州、西比利亜の曠野へと展開つかまつります。

〝民族〟高麗共産党

李東輝、旧韓国武官学校出身、陸軍参謀として活躍。日韓併合の際、国軍解散に抵抗し蜂起を計画、一九一一年シベリアに亡命。キリスト教の布教師となるが、在露朝鮮人を糾合、ソ・満・朝の国境地帯に独立義勇軍を組織して日本軍と闘う。三一暴動の年、上海に樹立された〝大韓民国臨時政府〟軍務総長、さらに李承晩失脚により国務院総理に就任し、同年「韓人社会党」をウラジオストックに結成する。

すなわち、「高麗共産党」の前身である。コミンテルンの直接指導下に、帰化朝鮮人によってつくられた「全露共産党」にさきがけ、「中国共産党」

よりも早く、〝共産党〟をイの一番に極東では名乗った。その檄にいわく、

〔一千九百十九年三月一日ハ、高麗ノ革命者・大衆ガ、日本ノ侵略的圧迫ヲ免レ、自由ヲ得ント世界ニ宣伝シタル日ナリ。此時ヨリ今日迄、カノ怨讐ノ銃ト剣ニ生命ヲ犠牲トシタル者、幾人ナルヤ。

同志ヨ想ウベシ、三千里領土ハ倭奴（ウェノム＝ニッポン人）強盗共ノ巣窟ト化シテ、同胞二千万ノ生命ハ侵略者ノ奴隷ナルコト、スデニ十一年。コノ苦痛ヲ耐エ、コノ艱難（カンナン）ヲ忍ビタルハ何ノ故ゾ、衣食ノ為ニカ、死ヲ恐レテカ。否、タダ無産者（貧賤階級）ノ（ママ）覚醒スルヲ待チ、革命ノ機ヲ待チ居タルノミ〕

〔而シテ今日、貧賤階級ノ革命電光ノ如ク輝キ、世界ノ変覆ハ雷ノ如ク来ル。同胞ヨ今コソ起チテ、日本ノ侵略者ヲ撲滅スベシ。日本ノミナラズ、世界ノ侵略者ヲ葬ランガ為、高麗ノミナラズ世界ノ革命者ヨ団合セヨ！

進メヨ、世界革命ノ道ニ！

撲滅セヨ、我等ノ怨讐ヲ！
起タシムベシ、無産者ノ特権ヲ高麗半島ニ！
高麗共産党万歳!!
高麗革命党万歳!!
〔一九二一年三月一日〕

生粋の武人であり、李王朝に誠忠を尽すことを本分としていた、愛国者の李東輝をして、共産党結成へと跳躍させた理由について、日本官憲は次のように分析している。（間島＝＊吉林省東部総領事『高麗共産党組織ニ関スル報告』）、

〔同党ニ於テハ、共産主義ハ独立事業ヲ達成スル階梯ノ手段トシテ、一時的仮面タルヲ免ガレザルモノナリ。且ツ幹部ハ、「韓人社会党」当時ノ人員ガ依然トシテ其ノ位置ニアリテ、名称ヲ異ニシタルノミ〕

その実証として、〔在露国ノ党員ノ大部分ハ、非帰化朝鮮人ヲ網羅シタルコト、彼等ハ露国帰化ヲ屑シトセザルモノ〕であることを挙げ、ひっきょう

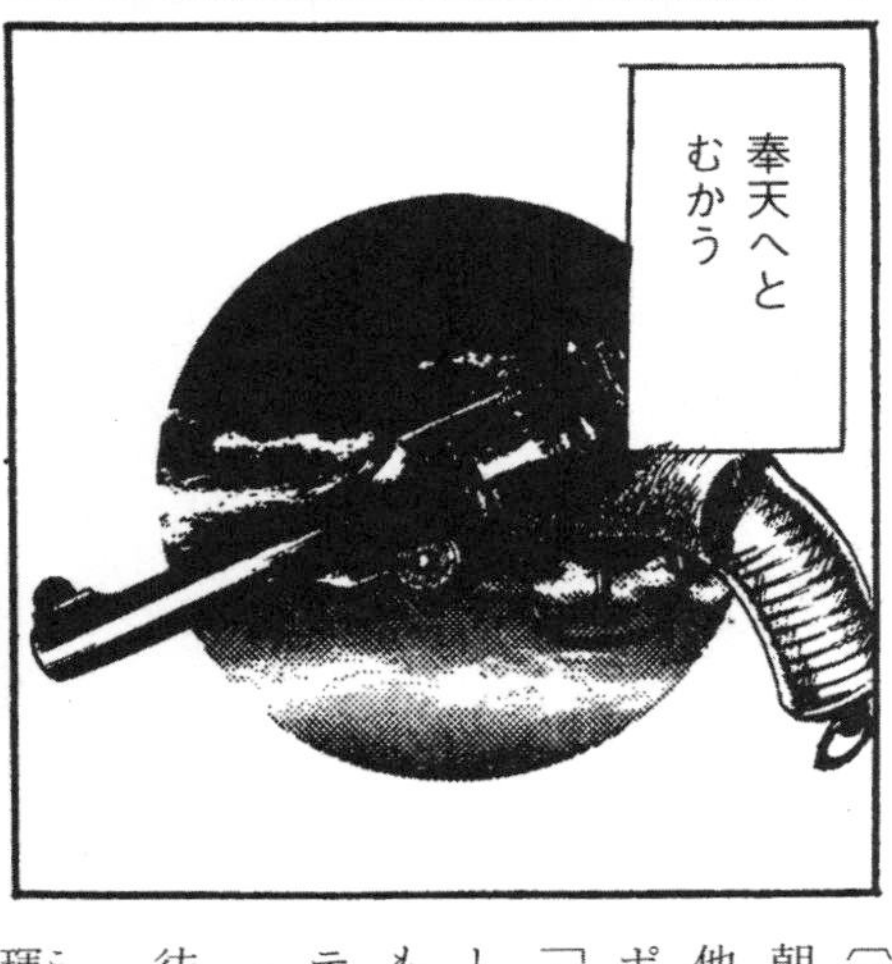

〔労農政府ヲ利用シ、援護ヲ受ケテ、朝鮮ノ独立事業ニ資(ヨ)セムトスルモノニ他ナラナイ」としている。この見解はポツダム左翼の発想とまさに一致し、「高麗共産党」は歴史の暗黒に異端として葬られる。極東の一角において、もっとも勇敢に日帝と闘争し、コミンテルンの私兵となることを拒んだ七千〝民族派〟共産党員は、無告の曠野に彷徨するのみ。

一九二〇年、李東輝は豆満江北岸の琿春(こんしゅん)県に、三千のゲリラ部隊を擁していた。この年二月一日、「一世党」の張道政（道定・斗正）、金震、李在益らは、ウラジオストック革命軍司令部をおとずれ、〔共ニ相(アイ)提携シテ、日本ノ軍国主義ヲ破壊センガ為、鮮人革命党員ニ武器ヲ供給スルコト」を請うた。

「一世党」は、前年の秋に結成された独立運動の秘密結社であった。これに対して、〔張、金、李ノ徒ハ単ニ一部鮮人ヲ代表セルニスギズ、鮮人間ニハ夙(ツト)ニ国民議会ナルモノアリテ、上海ノ

臨時政府ト連絡シ、革命運動ニ従事シツツアリ」と、李東輝の父親・李承喬（李撥）を中心とする、国民会議派が異議を唱え、両派の合同による「韓人社会党」が成立した。

そもそも、張道政なる人物はロシア無政府党と連絡があり、アナキストであった。そして、李承喬は前年の五月三十一日に京城に潜入して、〃老人団事件〃をおこしている。これは、韓国独立を日本の天皇に直訴する計画。伊藤博文を暗殺した、安重根の伯父・安泰純をくわえた団員五名は、太極旗（旧韓国旗）をかざし万歳を叫んで、李がみずから咽喉をかき切るという凄絶なデモンストレーションを、京城市内の広場で敢行した、ときに老人七十一歳。

これをようするに、両派とも〃共産党〃とは無縁のところで、民族独立を闘ってきたのである。それがまさしく一夜にして、ボルシェヴィキと結んだ理由は日本官憲のいうごとく、資金・武器を手に入れるための利用主義でも

あったのだろう。しかし、根本的にはロシア革命、〝無産者の勝利〟という一点に、故国を追われた窮民・流民、亡命者、プロレタリアート、在露朝鮮人たちの希望はつながれたのである。

狡兎死して走狗煮らる

一九二〇年三月一日「韓国独立宣言記念会」議事録（書記・全一）より。〔……韓人社会党ノ代表金震ノ演説ガ了ルヤ、同人指揮ノ下ニ建国歌斉唱、大韓民国万歳、露国革命軍万歳ヲ三唱（此ノ時軍楽隊ハ、革命ノ譜ヲ奏ス）。右畢テ行列ニ移ル〕とある。かくして李東輝のゲリラ部隊は、さらなる在露朝鮮人の志士をくわえて七千に及び、夫子みずからも社会主義者への転向を遂げて、軍即党となる。建国・建軍・建党路線は貫かれ、高麗共産党が創立されるのであります。

　宣伝部長となった全一は、このとき二十八歳、大韓国民議会議員であり、韓人新聞社の編集長であった。「高麗

共産党」のイデオローグ、ゲリラ将軍李東輝のフトコロ刀としての活躍は、残念ながら、ほとんど資料として記録されていない。さよう、世界革命運動の歴史に、「高麗共産党」自体、泡沫のごときエピソードとして、黙殺されているのだから――。

だが、京太郎叙述するこの物語りの大正十一年（一九二二）夏、日共創立の緒につき、中共は揺らんの段階にある時、すでに「高麗共産党」は、アジア最大最強の赤軍として存在したのだ。これを潰滅させ、歴史の闇に葬り去ったのは他ならぬコミンテルン、彼らが革命の守り本尊と信じた無産者の祖国、労農ロシアであった。

全一と並んで、「韓人社会党」秘書部長となった朴鎮淳は、旧帝政時代のモスコー大学政治科を卒業した、党中きっての理論家であった。一九二〇年六月、コミンテルン極東宣伝部長のクレコルノーブ（ボリショフともいう）の信任状を得て、彼はモスコーに行く。

レーニンと会見して、四百万ルーブル(露貨)の運動資金を受けとり、八月中旬帰途に就く。同月二十八日、帝政派白軍はクレコルノーブを捕えて処刑、朴はそのことを知らずにイルクーツクに到着した、九月十日であった。

するとわずか五日前に派遣されたと称える、新任宣伝部長スミヤノスキー並びに、〝全露韓人共産党〟を名乗る金哲勲、呉河黙らが待ちかまえていて、「韓人社会党」はコミンテルンが認めた正式機関ではない、資金はこちらに寄越せと強奪する事件がおこった。〔由来、全露派ハ手兵僅カニ数百ヲ出デザル〕帰化朝鮮人の小集団であったが、この事件をきっかけに、〝共産党〟正統を称するようになる。

李東輝はこの事件に激怒して、再びモスコーに朴を送り、「全露共産党」(＊通称・イルクーツク派)との対決をコミンテルンに請願した。同年十月、〝不逞鮮人討伐〟に日本軍出動、無差別殺リクのローラー作戦を展開する。

いわゆる間島事件である。

　琿春県のゲリラ部隊は潰滅的打撃をうけて、ソ満国境に撤退する。李東輝は上海にあり、十二月ゴビ砂漠を横断して朴は李のもとへ、モスコーからの運動資金四十万元（中国貨）をあらためてもたらした。翌二十一年二月十日、「韓人社会党」は正式にコミンテルン支部となり、「高麗共産党」（＊通称・上海派）と党名を変更する。すなわち、中国や日本の場合と等しく、李東輝はコミンテルンの両天秤にかけられた。しかも共産主義の正義を信じて、疑わなかったのだ。

　その間にシベリアでは、独立義勇軍三千の残兵を率いて、李東輝の腹心・李鏞将軍が孤軍奮闘していた。「全露共産党」呉河黙は、甘言を以てこの部隊を黒龍（アムール）州スラブスカヤ・方四里の〝自由市（スオボド）〟に囲いこみ、コミンテルン指令と称して、武装解除の挙に出る。独立義勇軍はこれを拒んだ、呉は赤軍正規兵の出動を要請、三千名中の一千

五百余名を銃殺・投獄し、一般の兵卒一千四百八十名をイルクーツクに押送、「全露共産党」軍に編入した。李東輝はかくて、その最精鋭の部隊を失うに至ったのである。

日本軍閥と「全露共産党」に北方の道を閉ざされ、要注意人物として旅券給付を受けることができず、李東輝が再度の脱出行を試みて、ようやくモスコーに到着、レーニンと直接会って、〝自由市〟事件を告発したのは、一九二二年五月十日であった。事件から、すでに一年半が経過していた。「全露共産党」側は、「高麗共産党」の真の目的は朝鮮の独立にあり、コミュニズムとは関わりがないという宣伝をこの間に徹底、党名も「全露高麗共産党」にあらためるという、李東輝一派の抹殺戦術に出た。この物語りがいまさしかかった、大正十一＝一九二二年七月、コミンテルンは〝全露〟〝高麗〟両派合同を決定したのである。（内示四月二十二日）

〈決定〉

1 （略）

2 朴鎮淳、朴愛、崔高麗、金圭極ラ四人ノ朋友ハ（註・同志と呼ばず）高麗共産党ガ聯合（レンゴウ）スルマデ、党務ニ対シテ直接関係スルヲ許サズ。

3 高麗共産党ノ中央幹部ニ、事実上両派ヲ聯合サス為、三カ月ノ期限ヲ与ウ。

4 （略）上海ニ保管シアル活動資金ノ残金ハ、コミンテルンニ返納セシム。

5 （以下略）

しかも、なおゲリラ闘う

合同はけっきょく、李東輝派消滅のワン・ステップにすぎず、トロツキストのレッテルをはられて、「高麗共産党」メンバーは粛正されていく。ワシントン軍縮、シベリヤ撤兵、ヨッフェ訪日（労農ロシア承認）、コミンテルンにとって〝武装闘争〟を必要とする状況は去ったのである。だが、しかもなおゲリラ闘う。「赤旗団」の狼火上り、

何を企んで
いるのやら？

北の国の街、
それは……

〔今ヤ間島及ビ接壌地方ノ一帯ニ亘(ワタ)リ勢力ヲ張リ、各方面ニ連絡機関ヲ密設シツツアルガゴトシ〕〔高麗革命軍、義烈団、赤旗団等、赤化色ヲ帯ビタル不逞鮮人組織ハ、前年（一九二二年）十二月、代表者会議ヲ催シ、聯合行動ヲ申シアワセ〕（一九二三年七月 間島総領事報告）

アナキスト団体「義烈団」、さらに〔馬賊団トモ連絡シテ、破壊暗殺等ノ行動ニ参加スベク〕張道政、張基泳、金春鳳など、「韓人社会党」創立幹部たちが、続々と「赤旗団」に投ずる。え、金日成はどうしたって？　本篇にそのような〝伝説上の人物〟は、登場いたしません。これで、この物語りはリアリズムなのでありますぞ、右翼の四人幇、「高麗共産党」残党と連絡をとるなど荒唐無稽、噴飯ものとお思いかな？

朴烈・李承晩・李東輝という〝民族独立〟の回路は、左に大杉栄・山鹿泰治・上海「義烈団」、また右に北一輝杉山茂丸、ボル系徳田球一、あるいは

中国共産党の陳独秀派、国共合作による孫文、ぐるりまわって頭山満(玄洋社)、朝鮮独立東学党の乱の内田良平、かくて左右を弁別すべからざる、目瞞しからくりの回路に重なりあうのである。

ところが、このような朝鮮人〝民族独立〟の運動とアナキズム、コミュニズムとの結びつきを、日本の革命派は「一種のアナクロニズム」としか見なかった。民族運動とは〝大帝国主義に反抗する小帝国主義〟であり、無産者解放とは無縁であるという教条主義、植民地支配のカナメである日本の資本主義を打倒すれば、〝必然的に朝鮮は日本から解放される〟とする裏返しの大国意識。

くりかえし紹介をしてきた大杉栄筆『日本の運命』、〝朝鮮・支那から分裂を迫られる〟という認識は、この国の左翼にはなかった。〔日本ノ労働者階級ハ、朝鮮労働大衆ニ対スル一方ノ抑圧者デアル。彼ラハ、並ンデ働イテイナガラ、朝鮮ノ兄弟労働者ヲ軽蔑ノ

人も船も春を待つのである
革命は近いのか?
時は、やがて
それを告知する
しかしこの物語りの人々は
燃える光の中にいて
来るべき冬を見ていない
大正十一年七月
日本共産党、コミンテルンの
支部として
非合法下に結成さる
同月、憲政擁護民衆大会
芝公園に万余の市民を集め
デモクラシーの気勢上る

目デ見テイル。ツマリ、朝鮮人ヲ抑圧スル、帝国主義的ナ日本政府ヲ、扶(タス)ケテイルノダ」（一九二二年「極東勤労者会議」における、朝鮮代表の発言より）

〝民族独立〟の命題とは、すなわち、、、、、、差別のテーマである。階級間の差別、人民内部の差別にまして、国家と国家（あるいは国家を失った〝民族〟）の不平等、差別の撤廃こそ（直接支配の有無を問わず）、世界革命の大目標、大戦略とされねばならない。「高麗共産党」檄文は、そのことを素朴にも提起する。消滅した極東七千のゲリラ部隊は、半世紀の時をへだてて、真の革命とは何かを問いかける。

一九二八年李東輝死す。「赤旗団」もまた歴史の流れに没し去って、キム・イルソンとかいう〝擬制の英雄〟白馬にまたがり、颯爽と登場する。一将成功って万骨枯れ、いまやソビエト連邦〝全人民の国家〟だそうな、よかったねチャンポンメン（毎度同じ洒落で申しわけない）、あたしゃボルシェヴィキ大嫌い。

〝赤露〟の指導者レーニン
業病に倒れ、命旦夕に迫る夏であった

第二十三回

曠野の土に汝が足を置け

『白樺』派と無政府主義

ありしま・たけお、明治十一年（一八七八）三月四日、東京に生まれる。父・有島武は鹿児島藩士族出身、大蔵省高級官吏であった。武郎五歳の時、横浜税関長に任命される。薩摩隼人の武士道教育と、〝文明開花〟の西欧的雰囲気に成人、学習院高等科を了えて札幌農業専門学校（現・北大）にまなぶ。先輩・内村鑑三の感化でキリスト教に入信、卒業の翌々明治三十年渡米、ハーバード大学に留学。この間に宗教への疑問をいだく。無政府主義に触れ、それまでほとんど関心のなかった文学作品に深く傾倒して、ホイットマン、トルストイ、ツルゲーネフ、イプセン等々を耽読する。

明治三十九年、弟・生馬(いくま)を同道してヨーロッパ諸国を歴訪し、ロンドンで

無政府主義者クロポトキンと会見、翌四十年帰国して、母校に教鞭をとる。学習院の同窓生である志賀直哉、武者小路実篤（むしゃのこうじさねあつ）、柳宗悦（やなぎむねよし）、長与善郎（ながよよしお）などが、『白樺』を四十三年に創刊。弟の有島生馬・里見弴（さとみとん）とともに、武郎も唯一の地方在住同人としてこれに参加する。処女作『かんかん虫』、大正三年末に妻の病気のために東京へ移住、『クロポトキンの印象』で文壇に認められ、本格的作家生活に入った。『死と其の前後』『カインの末裔』『迷路』等、問題作を次々に発表して、『或る女』『生れ出づる悩み』『星座』に至る。大正十一年――、押しも押されもせぬ「白樺」派の巨星であった。

いわく、〔私は人間の理想を、ボルシェヴィキの条理にあてはめようとは思わない、アナキズムの裡に見出そうとも考えてはいない。しかし、強いてそのいずれに属するかと問われたら、ためらわずに、私自身は一個のアナキストであると答える〕（『革命心理の前に横はる二岐路』大正11年2月読売新聞）

諸君の私有にする
という意味では
ないのです

――作家・有島武郎を、ブルジョワ階級出身のお坊っちゃんであり、単に良心的夢想家にすぎないと、左翼インテリゲンチャは評する。なるほど彼は小作人に所有地を解放した。しかし、それは明治政府の高官であった父親が略奪した、そもそも不正の富を農民に返却しただけのことである、いったい彼はどのような階級闘争をたたかったというのか、と。さらなる誹謗中傷、有島はその前年に勧業銀行から四万円もの借入金をかかえこんでいた、資金ぐりに苦しんで、農場を解放の美名のもと、厄介払いをしたのだ云々。この〝定説〟は、今日にまで及んでいる、〔清々しい美談も裏を返せば、借金を従業員に押しつけて逐電した経営者と選ぶところはない。有島は頭では社会主義に共鳴しながら、みずから没入させることはできなかった〕（瓜生卓造『札幌という街』）

このような人間観、死者をおのれの低劣な水準におとしめて、快しとする小人の論理は、〝芥川龍之介梅毒論〟

諸君が合同して、この土地全体を
共有するようにお願いするのです
生産の大本となる自然物
すなわち空気、水、土のごときは
人間全体の使うべきもので
個人によって私有されるべきものでは
ありません
それ故に、この農場も
諸君全体の共有にして

から、『目白三平』の作者（＊中村武志）の石川達三批判に至るまで、ニッポンの文壇とやらに骨がらんでいる。たとえば、三島由紀夫自決をめぐる論議＊にそれはもっとも顕著だったが、最近の川端康成騒動＊も然りである。有島武郎のばあい、とりわけてゴシップ・レベル、波多野秋子との情死についての研究(!?)、俳優・森雅之との親子関係、といったことでしか語られようとしない。大正デモクラシーに、「白樺」派が印した足跡もまた、ボルシェヴィキ＝プロレタリア文芸批評家によれば、〝市民的自由が許された階層〟の改良主義的・感傷的ヒューマニズムにすぎない、と切りすてられる。

「白樺」派への評価は、むしろアナキスト・大杉栄において正当だった。〔日本の文芸雑誌の中で、「白樺」が僕は一番好きだ。彼らは貴族だとか、坊ちゃんといわれるのが何より嫌いだと云う。しかし事実は、事実にちがいないのである。そして僕は、この事実から

（傍点京太郎、以降同）彼らの行動を、少なからざる興味で見ている。

ゆらい貴族は、物質的にも精神的にも、善い意味にも悪い意味にも、社会の同化（＊宣伝・啓発）者として大役を勤めてきたのである。フランス革命当時、貴族同士の間では階級精神が滅ぼされていた。かえって平民の間に思想的の自由はなかった。「白樺」はこの貴族の血を受けついでいる。そして一面に於て、彼らの父祖の悪弊に反抗すると同時に、他面に於ては成り上がりのブルジョワジーに反抗する、若き貴族の人達より成る。「白樺」を僕は見るたびに、いつもトルストイやクロポトキンの少年時代を想う。すなわち「白樺」がもう一つ改宗すれば、トルストイ、クロポトキンになるんじゃないだろうか、と」（『座談』大正10年11月号、近代思想――要約）

階級の狭い視野からではなく、連動し得る勢力として、「白樺」を大杉は見ていた。やがてその思想は、有島と大杉とを同志の関係でむすびつけるの

だが、運命の皮肉は二人を前後して、冥府にさらっていく。これまで、アナキズム正史は、有島武郎を単に大杉のシンパとしてしか語らなかった。〝日本脱出〟を資金援助した、シンパ思うに、大杉栄を論ずるにあたって、欠くべからざる二人は、北一輝と有島武郎なのである。

企ての失敗せんことを――

狩太(かりぶと)農場解放に先立って、武者小路実篤は一九一八年(大正七)秋、「新しき村」を宮崎県児湯郡木城にひらいた。有島はこれを評して言う。〔私は、あなたの企てが、如何に綿密に思慮され、実行されても失敗に終ると思うのです。若し今の世の中で、かかる企てが成功したように見えたならば、それは却(かえっ)て怪しむべき事であらねばなりません。日本に始めて行われようとする、この企てが目的に外れた成功をするより、何処までも趣意に徹底して、失敗せん事を祈ります〕(「武者小路兄へ」大正7年7月号、中央公論)

大正末年
五〇町歩以上所有の不在地主
全国約三二〇〇の中
北海道はその四分の一に当る
七八七を数えた
（大13・農務局調べ）

しかも、東京在住の
巨大地主一一六
ここは、まさしく
植民地であった

――お目にブラ下げて
おりまする図は
威容を誇る北海道庁
明治二十一年
総赤煉瓦造りで完成
九十年の星霜を経て
なお、堂々たるたたずまい

そして、みずからにも言う。〔ある機会の到来と共に、私もまた兄と同じような事を試みて、而して存分に失敗しようと思っております〕。つまり、それが農場の解放だった、有島武郎はかならずしも夢想家ではなかったのである。〔私はこの共生農団（「農園」と誤記する人が多い・また有島の名を冠するのもあやまりである）の将来をけっして楽観していない、それが四分八裂して逐に、再び資本家の手に入ることを、残念だが観念している。何故ならばそれは、狼の如き資本家の中に存在するのであるから……〕（『農場解放顛末』大正12・3、帝大新聞）

だが、〔失敗するにせよ成功するにせよそれが、新しい時代のいしずえになることにおいては同じだ〕と、信じたのである。大正十一年、彼は改造の新年号に、『宣言一つ』を発表した。これまた自己への破産宣告とか、資本主義を倒すべき階級に属さぬことへの絶望とか、否定的な捉え方しかされていない文章なのだ。だが、有島はその

中で、こう言いきっている。

〔労働者の解放は労働者自身によって行われるべきものであって、労働者はクロポトキンやマルクスをすら必要としていない〕。当時、いや今日といえども、これは異端の思想である、のみならず肯定的である、いえば真人民の思想なのである。『カインの末裔』以来被差別・被抑圧者としての農民・漁夫たち、下層労働者を彼は描いてきた。〔自然からいま掘り出されたばかりのような〕無智で粗野で酷烈な、ゆえにもっとも神に近い人間を。

とつぜん余談をいうが、日本映画はどうして、『カインの末裔』のような作品にとり組まないのか？　前にも述べたが、宮嶋資夫『坑夫』なども、〝東映やくざ映画〟新生のテーマとして実にぴったりである。夢野京太郎としては、このもの語りの映画化を大島渚監督から嘱望されて、もっかシノプシスを構想中、ちかく完成予定である。『カインの末裔』廣岡仁右衛門のごと

かなしきは小樽の町よ

と、啄木が歌ったころ

き、リビドオおもむくままの人物を、主人公として登場させようと思っている次第。

小樽、昔日の繁栄

石川啄木のうたえる――、かなしきは小樽の町よ、歌うことなき人々の声の荒さよ。小林多喜二によれば、〔ようかんを並べたような、労働者ばかりで住んでいる長屋。仕事にあぶれたのが酒をのんで、怒鳴りちらしたり、どの小路にもウヨウヨ、子供らが表に出て騒いだり、どの家もジメジメ湿っぽく暗かった〕小樽は、札幌に道庁が設けられ行路の中心になると同時に、補給港として急激に発展した。さらに北進するニッポン帝国、樺太への基地の役割を担った小樽は、函館港をしのぐ昔日の繁栄を誇ったのである。

右翼四人幇の中、海賊江連(えづれ)力一郎はこの港町を拠点として、何やら画策をしているのでありまするが、ここではさて置くとして、小樽とはアイヌ語で

オタルナイ（砂の多い沢）、大正十一年に市制が施行された。第一次世界大戦成金景気は、道内にも一攫千金の俄か富豪を輩出して、まずは〝豆成金〟。

ロンドン農産物市場の暴騰で、異常高値を呼んだのはエンドウ・大小豆・薄荷・澱粉等、軍需品の亜麻がこれにつぎ、天井知らずに値を上げ、北海道の諸農産物作付面積は、飛躍的にひろがる。石炭も倍々ゲームで高騰、三井三菱大資本、大正十年に全道出炭高の八十五パーセントを占有する。十一年酪農振興のため、デンマークの農民を招聘、ゴム長靴の製造小樽ではじまる（三馬ゴム）。製カン（北海製罐）、酒造（北の誉）、木工業等、商・工業都市として、大戦後の不況をよそに繁栄した。

巨大なトランス・ポーター（石炭を貨物船にすくい上げ積みこむ装置）、コール・ローダー（貨車をかかえこみ逆さにして石炭をそのまま船に落としこむ）が林立する港湾には、とうぜん労働者があふれた。小林多喜二が小樽高等商業

学校を卒業して、北海道拓殖銀行に就職するのは、本篇の二年後の大正十三年春。配属将校が軍事教練の演習で、無政府主義者と不逞鮮人の来襲を想定したことから、〝軍教反対同盟〟事件がおこるのは翌る十四年。十五年の道内第一回メーデー、磯野農場小作争議と、小樽は無産者運動の中心になっていく。小林多喜二『不在地主』（＊昭和4年、中央公論発表で小林は銀行を解雇、のち拷問死する）の「岸部農場」は、すなわち実在の磯野である。

大正九年、三七五トンの富山県水産講習所実習船呉羽丸、西カムチャッカ沖合いで、はじめて蟹缶の船内製造に成功、僅か三年後には三〇〇〇トンの大型蟹工船が出現する（日魯漁業）。小林多喜二の〝文闘〟は、かくて緒に就くのだが、『カインの末裔』『生れ出づる悩み』の作家は、多喜二の先をすでに歩いていた。日本プロレタリア文学の正道は、百合子・多喜二の手できりひらかれたというのが、これまた定説である。だが、本篇で述べ来った

ごとく、徳田秋声があり、宮嶋資夫があり、有島武郎がある。樋口一葉へとさかのぼる、〝窮民小説〟の系譜を、ポツダム左翼は黙殺し、コミュニスト作家にのみ栄光をあたえようとする。「敗北の文学」「過渡時代の道標」と多喜二以前を断じ、政治を文学に優位させて、「同伴者作家」と批判する、ミヤケン流のバーバリズムは、戦後も改められることがない。

僕は精神が好きだ！

大杉栄の文芸批評の柔軟さ、視野の広さは、その点驚くべきものがある。

〔僕は精神が好きだ、だがその精神が理論化されると大がいは厭やになる。それは、理論化する行程の間に多くは社会的現実との調和、事大的な妥協があるからだ、まやかしがあるからだ。精神そのままの思想は稀れだ、そして尚更、精神そのままの行為は稀れだ、この意味から、僕は文壇の諸君のぼんやりした、民本主義や人道主義やらが

好きだ。しかし、法律学者の民本呼ばわり人道呼ばわりは大嫌いだ、聞いただけでも虫酸が走る〕

〔社会主義も大嫌いだ、無政府主義もどうかすると、少々厭やになる。僕の一番好きなのは人間の盲目的行動だ、精神そのままの爆発だ！　——思想に自由あれ、行為にも自由あれ、そして更には動機にも自由あれ〕（『自由の前触れ』大正7年2月）

大杉栄を偲ぶさまざまな言葉、彼に近しかった人々の回想で、安谷寛一の短い述懐に、京太郎強く衝たれる。

〔フランスから帰って来た日の大杉はもはや、アナルコ・サンジカリストでなかったと思う（略）。大杉の荷物が問題になり、私は税関で立ち会った。書籍は文学や哲学、社会学、自然科学関係のもので、アナキズムのたぐいは僅かだった。大杉は明らかに、〝労働運動社〟を解散する、といっていた。宮嶋資夫、加藤一夫の両君（あるいは江口喚君にも然らん）に、文芸運動を

始めようという相談をもちかけ、已に その一歩を進めていた〕

〔若し彼が生きていたら、もちまえの叛逆精神は、彼を生物学に没頭させてしまいはしなかったとしても、さて、アナルコ・サンジカリストの運動にはとっくの昔、見切りをつけていたのにちがいない〕

大杉栄語録（和田久太郎の聞書きによる）――

「気持ちのままを書くんだ、君がいま話したことを。しゃべったことが書けないって法があるかい、笑われるかも知れないなんて、卑怯なことを考えるなッ。他人の言葉を真似ちゃ駄目だ、自分の調子で書け」「何ァに、出来ぬことがあるものか、力のかぎりやってみろよ。押し通してみろ。物事は半分見込みがつけば、それで充分なんだ、二、三分だってかまわない、半分まで行くだろう、つまりやり通せるということだ、さあぶつかって見ろ！」

「本に読まれちゃいかん、厚い本でも

肝心な処といったらほんの滴ほどだ。その滴だけをしぼり出して、役に立てたらよいんだ」「頭の中にゴミをつめこむな、いろんな本に迷わされるからひっこみ思案になる」

「俺は我儘者だよ、おたがいがうんとワガママになればよいのだ。そして、その上でおたがい、腹の底をブチまけあって自由に話しあうことだ、そこで正しい理解が持てる、そこから自由で愉快な社会が出来上がるんだ」

「クロポトキンという爺さんの人格には敬服するが、僕には奴の謹厳然とした処がどうも気に喰わないんだよ、僕はもっと放縦な処のある人間のほうが好きだ」

「そこへいくとバクウニンだ、あ奴はやりっぱなしの無鉄砲な人間だった。友達という友達に借金をして、迷惑のかけっぱなしで、各国を飛びまわって煽動をして歩いていた」

「だから、ツルゲーネフなんかバクウニンは下劣な奴だ、怪しからん奴だと

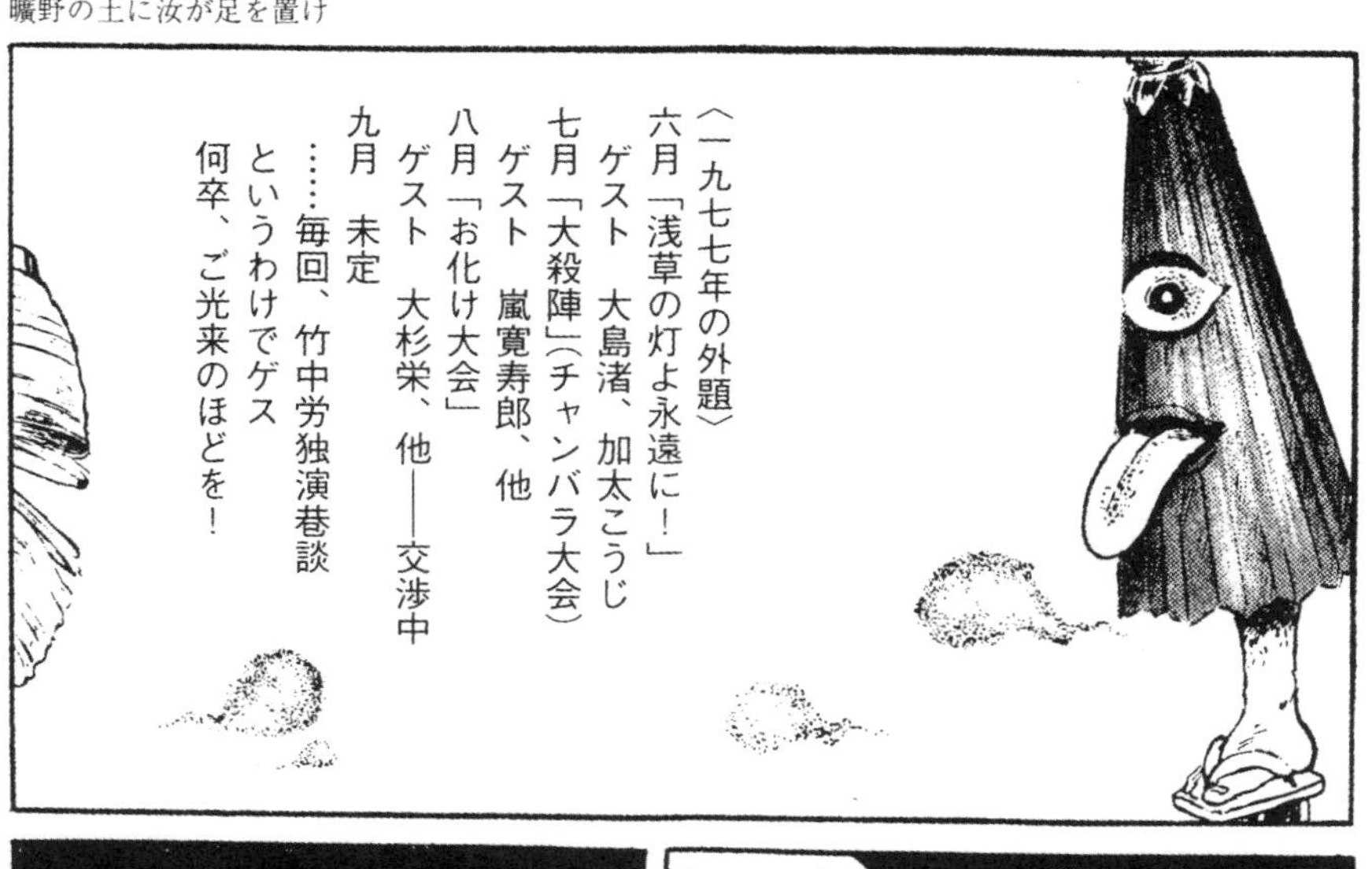

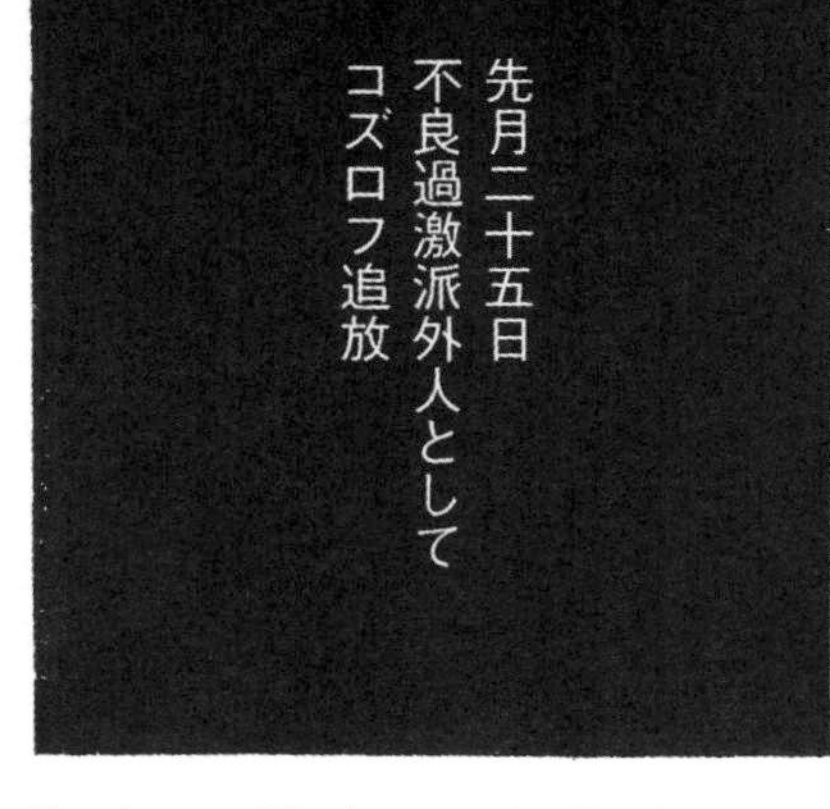

盛んに悪口の手紙を出しているんだ。しかしそのツルゲーネフは、ぷんぷん怒ったり毒づきながら、バクウニンが死ぬまで、運動費の援助をしていた。シャクにさわりながらも、けっきょく憎めなかったのさ……」

和田久いわく、「大杉は愉快そうに話し続けた、彼の目玉がうれしそうに輝やくのを眺めながら、僕は腹の中で独り笑っていた」(大杉死後の回想)

フランスからの帰国後、大杉がこれまでの労働運動とは、ちがった局面に〝革命の道〟を模索しようとしていたことは、安谷寛一の述懐があきらかにしている通りである。宮本顕治がその『敗北の文学』(一九二九)で、インテリゲンツィアは芥川龍之介の作品を(戦後ならばさしずめ太宰を)「批判しきる野蛮な情熱が必要だ」といい、『政治と文学・政治の優位性の問題』(一九三二〜三)を論じたのと対蹠的に、大杉栄はかえって非政治的局面=文芸路線に、〝自由連合〟を構築しようと

図ったのである。またまた余談だが、「連合の時代」とやらに浮かれたもろもろの素人衆、革新自由連合に大杉の志ありや？

魂はいま眠っている
他者の言葉は酔っている
けれどもやがて
狂乱的覚醒の時がおとずれ
解放の喜悦に耽る
周囲にはもはや何の礙もなくなる
政府もなくなる
宗教もなくなる
何の法式もなくなる
立法を組織して　修道院のような
社会を建てようと夢みている
あらゆる党派の共和主義者共は
私にはこの世の中の
最も野蛮な教師のように思える
私は彼らとは反対に
一切の規則はなくなり
障壁はくつがえされて
土地は平にされて了うと信ずる

そしてこの混乱が
恐らくは自由を前触れるのである
いつでも先駆けをする芸術は
この歩みを
すくなくとも、あと追うて来た
今立っているものに
何の詩があるか！

（フロウベル『自由の前触れ』大正2＝一九一三年、大杉訳）

〔……大杉君は「多数決」が大嫌いであった、これは彼の理論からよりも、性格から来ていた。いろいろの意味において、大杉君は「非凡」であった。平凡な「多数決」の拘束を、彼自身が欲しなかったように、大杉君を真実に知る者には「多数決」に彼を従わせ、拘束することは惜しかったのである〕

（『山川均自伝』括弧は、著者）

この言いまわしには、とうぜん毒が含まれている。ボルシェヴィキの領袖として、山川は大杉のいうならば個人主義的傾向を批評している、たとえばこんな風に。〔大杉君は何時でもその

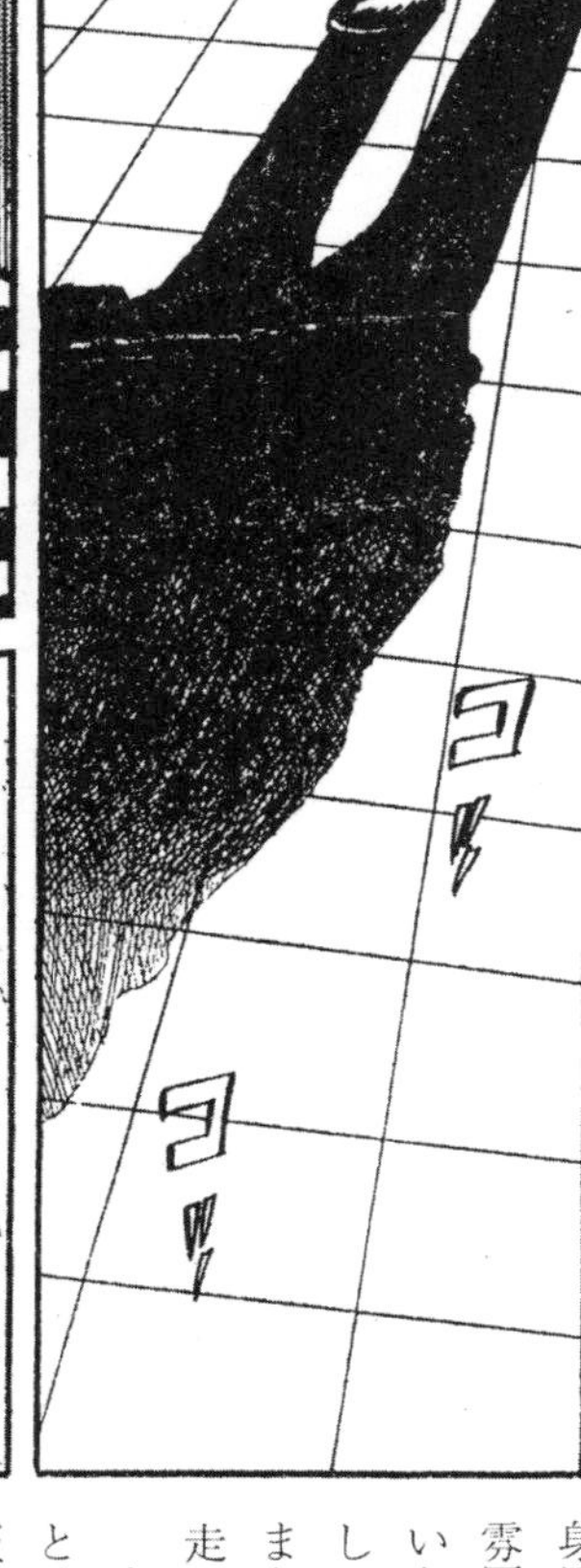

身辺に、大杉君其自身のような固有の雰囲気を造って、それに取り巻かれていた。これは彼を大きくした、燦然として大杉君は輝いた、と同時にそれはまた、彼をして自分自身の軌道をのみ走る彗星たらしめた」

山川にはけっきょく、自由な〝個〟と連合する〝衆〟、その真の一体化に至る道程にこそ自由の前触れはあり、妥協と排除とはそこでは同義語であるという、アナキズムの根本のテーマに理会することができなかった。言葉をかえて、有島武郎はこういっている。「個人的欲求と社会的欲求は軒軽するという考えは根底的に間違っている」

(『惜しみなく愛は奪う』)
(*軒軽＝高低・優劣)

×

竹中労編集個人パンフレット『冥府通信』1号出来、キネマ旬報告訴事件資料等・A5判36ページ・装幀幽艶、定価ナシ(カンパは随意)、神奈川県箱根町宮城野。

さて、如何あいなり
ましょうや？
次回のお楽しみ

Ⅵ ニッポン脱出行

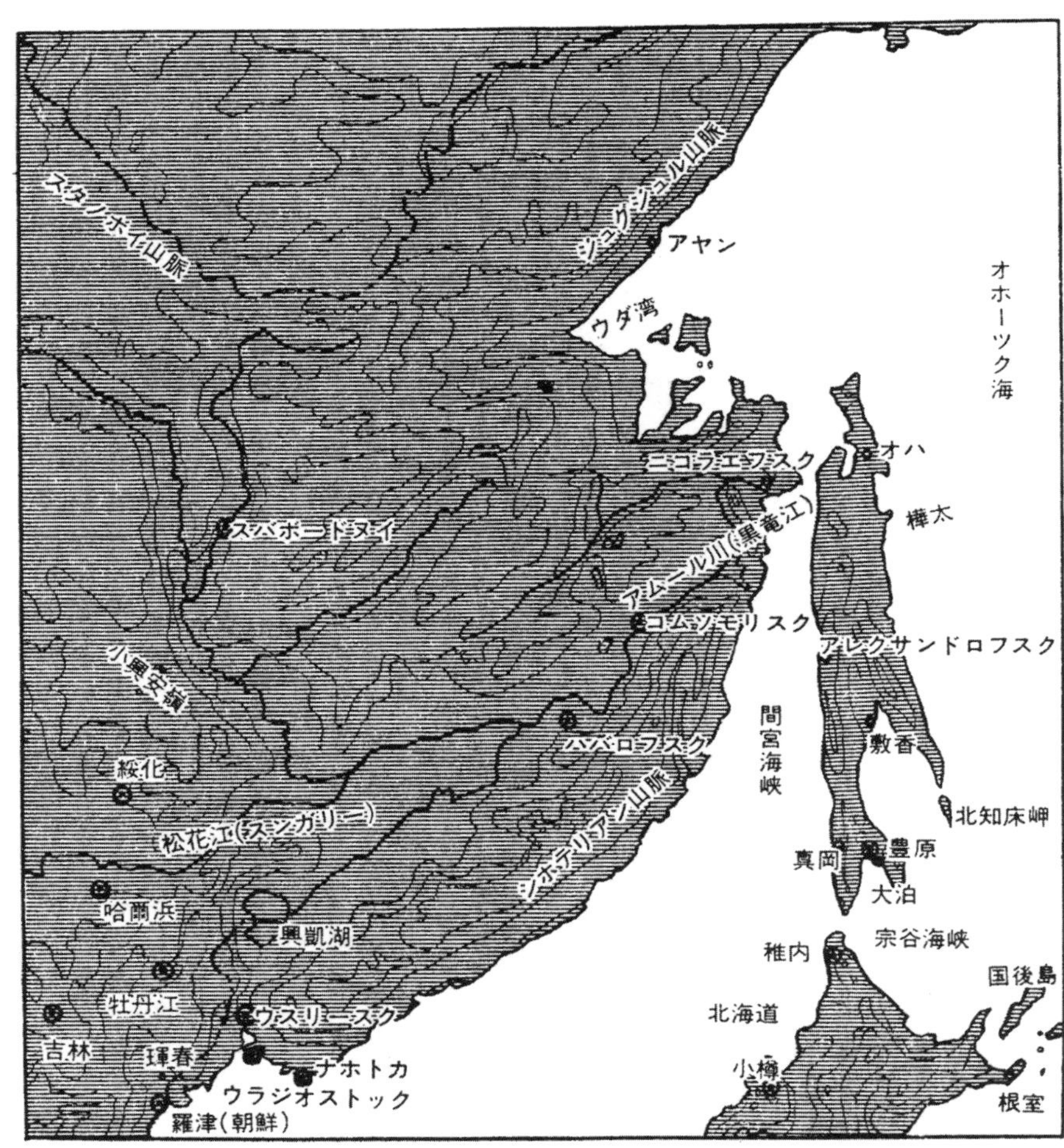

第二十四回 かくて、左翼は起ち遅れ

ボル、総同盟を乗っ取る

大正十一年八月、『無産階級運動の方向転換』という論文を雑誌・前衛に山川均は発表して、「大衆の中へ!」と呼びかけた。いわく、〔日本の社会主義運動は過去の二十年間、少数前衛分子が思想を純化、徹底させて、選ぶべき目標を見定めてきた。しかしそれがために、本隊たる大衆から遊離孤立したことも事実であって、いまや敵のために、本隊から切断される危険すら生じている。

第二期の運動においては、少数精鋭の分子は純化徹底した思想を携えて、後方に残された大衆の中へ帰らねばならぬ。大衆の当面せる日常生活の部分的闘争を重要視し、その要求実現のため最も誠実に努力すべきである。我々は無産階級の大衆を動かすことを学ばね

ばならぬ、かくて「大衆の中へ！」こそ我々の新しい標語でなければならぬ」

――この論文を、山川均が発表した動機は、無政府主義的労働運動が拡大していくことへの、警戒心であった。彼自身こう説明している。〔大正十～十一年は、組合運動の中にサンジカリズムの傾向が絶頂に達した時でした。

すべてか無かという考え方、我々の目ざしているのは革命だ、それは資本主義の撤廃によってのみ達成される。部分的改良は無意味であり有害でさえある、といった、ごく単純な観念的な〝革命主義〟、もしくは革命的陶酔といったようなものにすぎず、もうこれ以上、こんな状態に放置しておくと、組合運動の中の最も良い、かけがえのない大切な分子が、大衆から離反してしまう。

こういう観念的な革命論を組合運動におしつけると、組合は分裂するか、さもなければ一般の運動と、小さな急進的な組合とに分れてしまうことに

なる。そこで、思いきってこういう傾向と闘わねばならなかったのであります」（『山川均自伝』一九六一年刊）

アナキストの労働組合運動を、そのように短絡した、紋切型の理解でしか捉えようとしないのは、山川流のマルクス主義者に共通した姿勢であるが、それはさておくとしても、おかしくはないか？　いわゆるアナルコ・サンジカリズムは、〝一般の運動〟に影響を与え、時代の傾向となっていたのではなかったのか？　だからこそ、ボル派としては「大衆の中へ」という、コミンテルンのスローガンを、いえば排除の論理として援用したのである。

はっきりいえば、大衆の中へ行くこと（ヴ・ナロード）それ自体ではなく、真の目的は大衆組織からアナ派をしめ出して、労働・農民組合運動のヘゲモニーを握ることにあった、そのための方向転換であった。

大杉栄と袂をわかって、ボル派への変身をとげていた荒畑寒村は、「とに

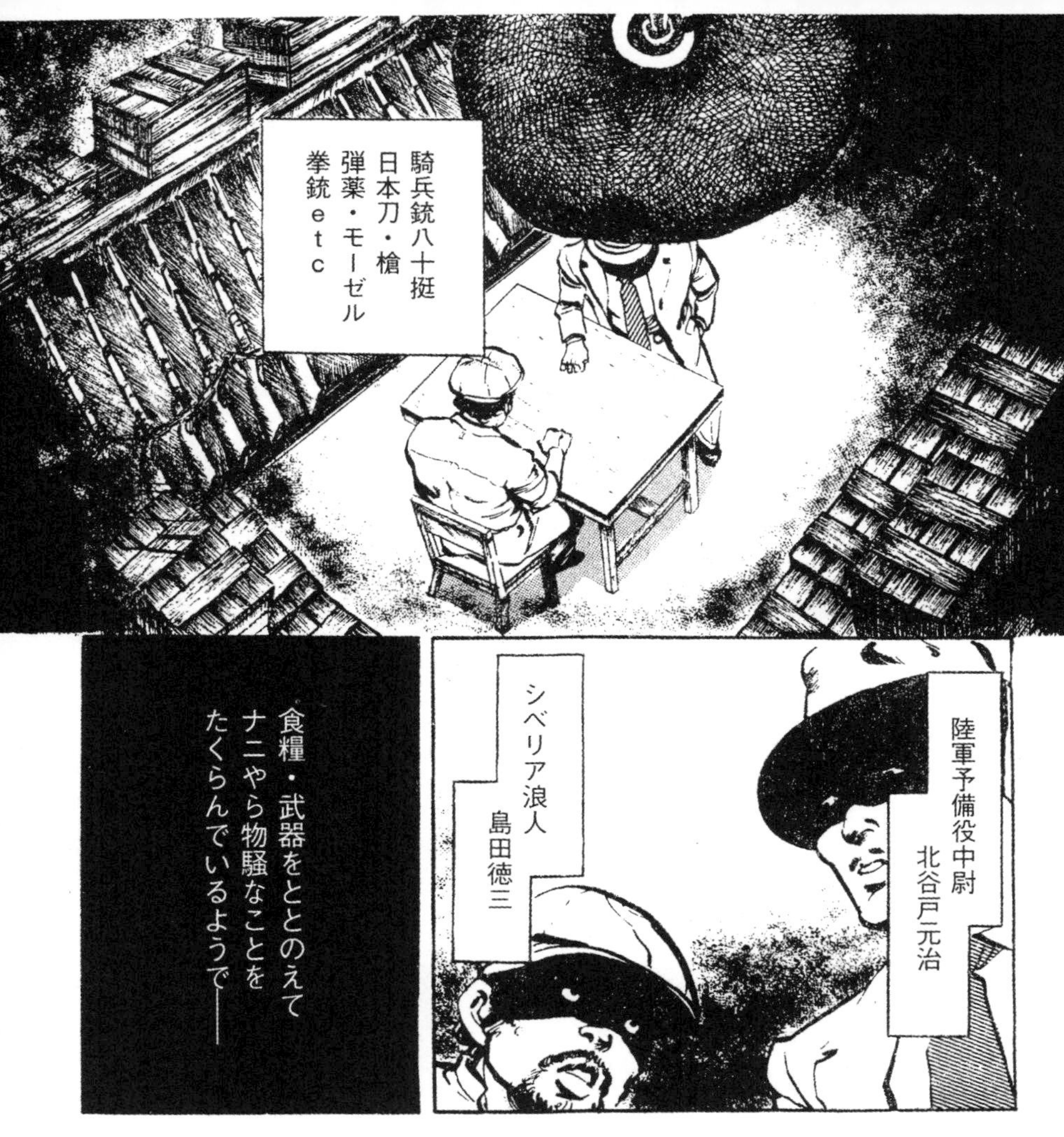

かく、この提唱が、われわれの陣営に与えた影響は甚大なもので、にわかに運動の実際化、現実化ということが、問題にされるようになった」（『寒村自伝』）と書いている。

　すなわち組織方針としては大衆団体へのなだれこみ（乗っ取り）、戦術方針としては政治闘争、日常闘争の強化。山川の言葉をかりるなら、「階級闘争の議会内への拡大」「経済的あるいは部分的要求に立脚した権力への反抗」を、ボル派は現実的な革命路線と規定した。その方針の当否をいう以前に、非合法下に結成され、公然と姿をあらわすことのできない「前衛」、共産党にとって〝大衆路線〟はとどのつまり、偽装でしかあり得ない、という根本の矛盾に山川テーゼは逢着する。

　ボルシェヴィキは、その欺罔を戦後まで、一貫してあらためることなく、大衆団体内のフラクション活動（偽装工作）、細胞組織によるヘゲモニーの略取という常套手段を、くりかえして

一路、間宮海峡へ

きたのである。山川テーゼによって、労働総同盟（旧・友愛会）にボル派は拠点をきずいた。本部書記の野坂参三（鉄）、関東鉄工の山本懸蔵、京都の辻井民之助、大阪の鍋山貞親といった若手の活動家たち、反総同盟系の機械技工組合からも杉浦啓一を、ひそかに入党させて、着々フラクション活動の根脈をひろげていった。

そして、大正十一年九月三十日、「日本労働組合・総連合」の結成大会をむかえる。荒畑寒村によれば、〔この問題に私たちは初めから大いに関心を持ち、積極的に促進につとめ、党員と連絡協議して、裏面からも実現を画策したのである〕（『寒村自伝』以下同）

〔……もともとこの問題は、総同盟と反総同盟系と、ふだんから反目をしている労働団体の連合体を組織しようとする企てで、容易に越えがたい難関をふくんでいた。それゆえ、総同盟内の同志（野坂・辻井・鍋山ら）は、西尾末広君らの強硬な総同盟中心主義者を

牽制し、杉浦啓一君は労働組合同盟会（反総同盟＝アナ系）の反総同盟熱を緩和する役割であって、私は幾度か杉浦君と相携えて大阪におもむき、ひそかに総同盟側の諸同志と策戦の調整につとめた」（傍点京太郎、以下同）

自由連合VS中央集権

そもそも、労働戦線統一＝総連合の構想は、アナ系から提唱された。大正十一年の第三回メーデー後、その会計報告の席上で、教育組合啓明会の下中弥三郎がそのことを発議し、ほとんど時を同じくして、大阪鉄工組合、京都友禅工組合、同印友会等、アナルコ・サンジカリズム影響下の組合を擁する関西労働同盟会が、総連合結成を大会決議している。この当時、日本の労働戦線はいわゆる自由連合派（労働組合同盟）と、旧友愛会の総同盟とに二分されていたのであって、ボル派はその影響を、労働運動に一つの勢力として及ぼしてはいなかった。

したがって、日本労働組合総連合の結成をめぐる対立は、アナ・ボル正面衝突ではなく、総同盟の主流派（すなわち山川のいう一般の労働運動）と、そのひさしを借りて母屋を乗っとろうとする共産党フラクションが、互いに利用しあい野合して、アナ派に当ったと解釈すべきなのである。労働戦線の統一は、反対のしようもない大命題であったからして、総同盟本部もこれに同意せざるを得なかった。

九月十日、全国五十七組合の代表が神田松本亭に集合、創立準備委員会がひらかれた。その席上、総同盟側と反対派（＊自由連合派）とは組織方針をめぐってはげしく対立、すでにして分裂は必至のなりゆきであった。

総同盟側は決議執行機関（理事会）の構成を、「十五名を地方別に選挙区をもうけて選出する」といい、反対派は、「加盟一組合一名とするべし」と主張して、双方ゆずらなかったのである。

荒畑寒村はいう、〔……厄介なのは、この論争の根底には、反総同盟感情と総同盟中心主義の反目がよこたわっていることだった。この感情的対立が、自由連合主義と集中的統一論、という理論で粉飾されていた〕

これもおかしくはないか、そう言いきってしまって、よいのだろうか？反対派のいわんとする主旨は、加盟をしながら理事も出せず、執行部決議に従わねばならない組織など、連合とは名ばかりの隷属を強いるものである。すべからく一組合一人格、組織人員の大小を問わずに、代表者を送る権利を与えよというものであった。

これを、急進的な小組合の主張と斥け、切って捨てようと総同盟側はしたのである。感情的対立では片づけられぬ重大な問題であった、労働運動における中央集権主義の否定というテーマを、自由連合派は提起している。

それは今日、ニッポンの労働運動をかぎりなく堕落させている、「総評」

「同盟」の大単産中心ものとり主義、議会政治主義を予見していた。戦後の一時期、とりわけて地方の〝労働組合連合会〟(県労連・県評など)では、一組合一人格の自由連合をタテマエとした。中小零細企業労働者の意志は、そこに反映され、多様性の統一という〝協同戦線〟の根本原則を、人は疑わなかったのである。

それが崩れ去り、大単産なかんずく官公労中心の組織壟断を招いたのは、労働組合を政治力として、より露骨には票田として、中央集権にひっ括り、しめつけようという、政党の思惑が介在した時からであった。

〝数の正義〟によって、中小零細の労働団体は、自由な発言を封じられ、疎外され脱落していった。「総評」の場合でいえば、組織の片隅に中小企業労連、一般合同労連と整除され、押しやられて、サシミのツマの存在ですらなくなったのである。京太郎の分身である竹中労は、一九五二年から五八年

まで、地方の一般合同・自由労働組合専従書記として、つぶさにその悲哀を体験したことであった。

……戦後労働組合運動が、わずかに労働総人口の三分の一しか組織できず、全人民はおろか、勤労者層からも乖離（かいり）している嗤うべき現状は、半世紀余をさかのぼって、日本の労働組合連合の分裂、自由連合か中央集権かという組織の根本命題から、真剣に検証されねばならぬ。日本共産党はいま、政党支持の自由をいう。だがそれはフラクション活動、〝多数派工作〟の自由であって、労働者個別の人格的・精神的自由とは関わりがない。

京太郎、寒村をうたがう。日本労働組合総連合の必然的分裂を総括して、ボル派の領袖である彼は、こういっているのである。〔総同盟内には、少数ながらも党員があり、党と総同盟との間には共同戦線を張るというほど深い関係があったわけではないが、〝中央集権的な組織形態による闘争力の集中

整備〟にしても、〝無政府主義的サンディカリズム反対〟の点でも、おのずから一致する所があった。こうして、総連合問題に関する組合側の（つまりアナキズム派との）異見論争はまた、社会主義同盟以来のアナ・ボルの対立抗争を再現したのである〕

結成・即分裂大会

九月三十日午前十時、参加労働団体八十一、代議員九十六名は大阪天王寺公会堂に参集した。そのほか、アナ・ボル系の主義者約二百、傍聴人として続々つめかけ、特高私服・制服警官にとりかこまれた会場は、早朝から殺気立っていた。

開会へき頭より、階下の代議員席を占拠した大杉栄らアナキズム派の資格問題をめぐって紛糾、大会は正午まで議事に入れず、ようやく午後二時あらためて開会ということで、休憩が宣告された。傍聴席の一団は会場前で革命歌を高唱して、予定の示威行動に移る。

和田久太郎検束、ヤジ馬五百人警官を襲って奪還、アナ派のペースで大会は進行していった。

規約案第一条・名称を可決、第二条の定義・労働条件ノ維持改善並ニ社会改造ヲ目的トスル労働者ノ職業的又ハ産業的団体タルコトは、維持改善だけを目的とする組合も加盟できるように修正されて、自由連合派案はひとまず通過した。

が、一条但書き（ただしがき）をめぐって論議は喧々ごうごう——、総同盟側は、「同一職業マタハ産業組合二ツ以上ガ加盟セルトキハ、地方的マタハ全国的連合ヲ組織スルコト」に対して、〝合同ヲ目的トスル〟を挿入せよと強硬に主張して、議長に採決をせまった。いわく、

「労働組合は資本主義の発達に沿って発達するべきで」、「その威力をしめすためには、中央集権組織でなくてはならぬ。従って、組合は合同を目的としなくてはならぬ」

これに対して、自由連合派は採決の

前に討論の徹底をもとめ、次のように発言している。「我々も戦闘力強大を欲する、しかし労働者の人間的解放の精神に反する中央集権は、絶対にとるべきではない。金力の鎖を断ちきろうとして、権力の鎖を強くする組織には反対である。労働者の実際の必要から組織を始めるべきだ。

まず同じ地方で同じ職業・産業に従事しているものが連合すること、これがもっとも自然でかつ強固な単位である。そして地方的連合から、全国的総連合へと発展していくのである。かくして共通の課題、共通の困難には一致してあたり、単独の問題は自身で解決する覚悟と力を持つ労働者の主体的団結、〝自由連合〟はおのずと成立する……」

いったいどうして、こうした現実に即した論議を、急進的な夢想といい、観念的な革命主義と呼ぶのか？　これまでにも、くりかえし述べてきたが、ボルシェヴィキは（非共産党マルクス

主義への転向者をふくめて）、歴史をネジ曲げている。おのれの正統を弁証するために、アナキストをスケープ・ゴートとしてきた。彼らのごときハネ上がりの過激派、単なる革命の夢想者によって、成功するべき運動も分裂し、挫折してきたのである、と。日本労働組合総連合結成、即分裂大会の記録はその偽妄を暴露する。

午後六時またも休憩に入って、両派代議員の協議会が開かれ、「我々は修正案を撤回する、諸君の側も撤回して規約案は原案のままとしよう」という申入れが、自由連合派から行われた。これに対し、「決裂を賭しても合同を主張する」と拒絶したのは、総同盟の側であった。なぜか山川も荒畑もその事実に触れず、「いよいよ大会になってみると、集中主義と自由連合論との、討論会になってしまった」（『山川均自伝』）とか、「大会はもう総連合をつくるための協議会ではなく、これをブチ壊すための討論会のような光景を呈し」（『寒村自伝』）

と、口ウラをあわせ討論会、空念仏と不毛を言い立てるのだ。

午後八時二十分、――ようやく再開された大会は、中央集権か自由連合かという論議をむしかえした。アナ系の坪井専次郎（造機船工労働組合）と、ボル派の辻井民之助（共産党員・関西労働総同盟）の討論が白熱、そこへ大阪市戎署々長が陣頭指揮する警官隊乱入、解散を命じたのである。

大杉栄は検束され、ただちに東京にひき返すことを条件に釈放された、山川均は郷里へ、堺利彦と荒畑寒村もまた大杉同様、東京に〝追放〟、かくて日本労働組合総連合は、結成をみる以前に分裂してしまったのである。

〔私たちは一人として、総連合の成立を熱心に希望していなかった者はない〕

〝共犯者〟は、誰だったか？

と、寒村はいう。日本の革命運動の生神様というべきこの人を、京太郎はゆえに深く疑うのだ。いったい戦線の

統一を皆が（アナもボルも）、熱心に希望していて、達成できなかったなどという不可思議事を、誰が信用できるだろうか？〔……だが、何がために総連合をつくろうとするのか、総連合（の結成を）成功させるには何がもっとも必要であったか、その根本問題を忘れていた。或は、はじめから完全に認識していなかったところに、致命的誤りはあった〕

それは遁辞であり、傍点の部分のみホンネではないのか？　総同盟側では最初から、総連合なんぞを結成して、自由連合派の鬼胎を抱くことを望んでいなかった。分裂を既定方針として、大会に臨んだのである。ボル派共産党フラクションはその片棒をかついで、（総同盟内に党拠点を構築することの保証とひきかえに）、あえてダラ幹の走狗となったのではないか？　戦後、労働運動の場で味わってきた、京太郎自身の体験から推して、それが真相に相違あるまいと思うのである。

さて、翌る十月一日。総同盟の結成一周年大会が、同じ天王寺公会堂で、数百名の警官隊のものものしい護衛のもと、無事開催されている。アナ派の殴りこみにそなえて、というのが厳戒体制の理由であったが、大杉をはじめ主だったアナキストは検束され、追放されていた。総同盟は警官隊の囲みの中で、「現実的闘争の職責を忘れた、空漠なる思想中毒」と、自由連合派をきめつけて、かくのごとく宣言した。

「本大会は、総同盟があくまで戦闘力集中の原則を固持することを宣明す。而して（自由連合派）諸組合が本総同盟の主張に合致し来らざる以上、断じて総連合組織の交渉をなさず」

　自由連合派総括――、「正面の敵は資本家である。いかに職業的運動者が自己の立場を維持する必要上、我々を敵視しようとも、もし共同の問題で、同一歩調をとる必要ある場合、将来の希望などを条件とせず、一致の行動をとるだけの雅量あることを声明する」

かくて、左翼は起ち遅れ

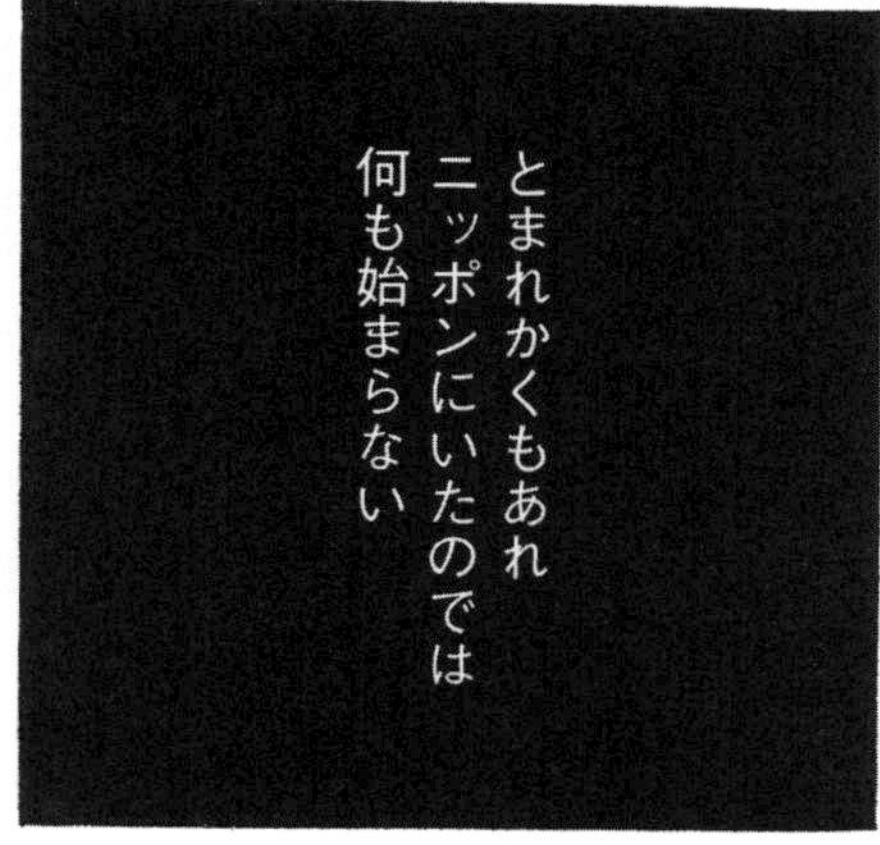

九月はすぎ、十月になったというのにけさも朝顔が咲いた。

いずれの側に協同統一の真摯な態度があったかは、いうまでもあるまい。中央集権の戦闘力を呼号した総同盟が以降どのような〝反動への道〟をたどったか、これまたいわずもがな、その堕落の原点に加担したのは誰であったかを、諸君よーっく考えてみよう！

大杉栄はいう、「協同戦線は、云うまでもなく、階級闘争の上の労働者の必要だ。さいきん日本の労働者の間におこった協同戦線計画、即ち労働組合総連合の問題は、先に云った第三インターナショナルの決議とは独立して、又、その決議にもとづいたヨーロッパ諸国での協同戦線運動とも、まったく独立して日本の労働者がその資本家・官憲との悪戦苦闘の長い間に痛感して来た必要から、生まれたものなのだ。

僕はそれが本当に労働者の必要から生まれたものであれば、そこに余りに多くの魂胆と、術策とがまじりさえしなければ、誠意だけで十分に成就する見こみがあると思った」

〔……だが友愛会（総同盟）は、実は一種の共産党だった。そして、本物の共産党がその尻押しをしたのである。そのためについに、一切をブチこわす事に終ってしまったのだ〕（『組合帝国主義』大正11年11月）

かくて大杉の失望は深かった、日本脱出行を、無政府主義運動のあらたな展開を汎アジアにもとめるべく、彼が上海に渡ったのはその年の暮だった。

いっぽう荒畑寒村も時を同じくして中国へ潜入、コミンテルン極東代表・ヨッフェと会談、さらにモスクワへとむかう。その越境の途中で、かの右翼四人幇の一人、岩田富美夫との奇遇があるが、それは何号か先のお楽しみ。マナコを北辺に移せば、江連力一郎の〝海賊船〟、沿海州へと武器・弾薬を満載して出航する。血風まさに至らんとして、百八の亜星は天涯にむかう、大正地獄篇第二十二巻、今回これにて読み切り、『黒旗水滸伝』も二周年をむかえたのであります。

右翼に負けじと
〃世界革命〃の奇策をめぐらして
もの語りはいよいよ
佳境に入ってまいります。

第二十五回

燃ゆる想いを荒野(あれの)にさらし 骨は、語ろうとしない

およそ、「真相」と称するものみなマユツバであり、今日ただいまの時点といえど、信用できない。たとえば、げんざい書店にならんでいる、竹中労署名『自由への証言』なる単行本は、著者・本人の許諾を得ない〝無断出版〟である。彼の分身（もしくは集合執筆グループ）夢野京太郎、再三きびしくそのことを告発してきたが、巷間あべこべに、〝無頼の竹中労〟が零細出版社をいたぶっているごとく、ゴシップレベルの「真相」を、活字にしたマスコミがある。彼らは一度も、本人に取材して事実をたしかめることなく、タメにする風聞にもとづいて、憶測をたくましくしているのだ。だが読者の多数は、容易にその「真相」を信じてしまうのでアル。

なぜなら、人々はけっきょく状況に応じ、時流に影響をされてしか、ものごとを判断できないからだ。俄(にわか)か坊主となって、マスコミ前線から隠遁し、「無名性の回復」をはかる、竹中労の発菩提心(ほつぼだいしん)など、テレビ人気にうかれて参議院選挙におどり出る、軽跳浮薄の風潮に、〃理会〃されるはずもない。『現代の眼』誌上でも、再三にわたる問題提起を、彼はおこなってきた。

被差別部落の解放について、いわゆる猥褻裁判に関して、あるいは北方領土、二百カイリ騒動をめぐって。これことごとく黙殺、竹中労自身がいう「床屋政談」、奇驕にして没常識の論理と、ひんしゅくを買うのみ。夢野京太郎もまたしかりである。前号の〃荒畑寒村批判〃など、もっての他の暴論としか受けとられまい。

京太郎がこの人を疑うのは、『寒村自伝』中、以下の文章があるからだ。〔私はいろいろな人間と犯罪とを見た（中略）、眼前を去来する千態万様、

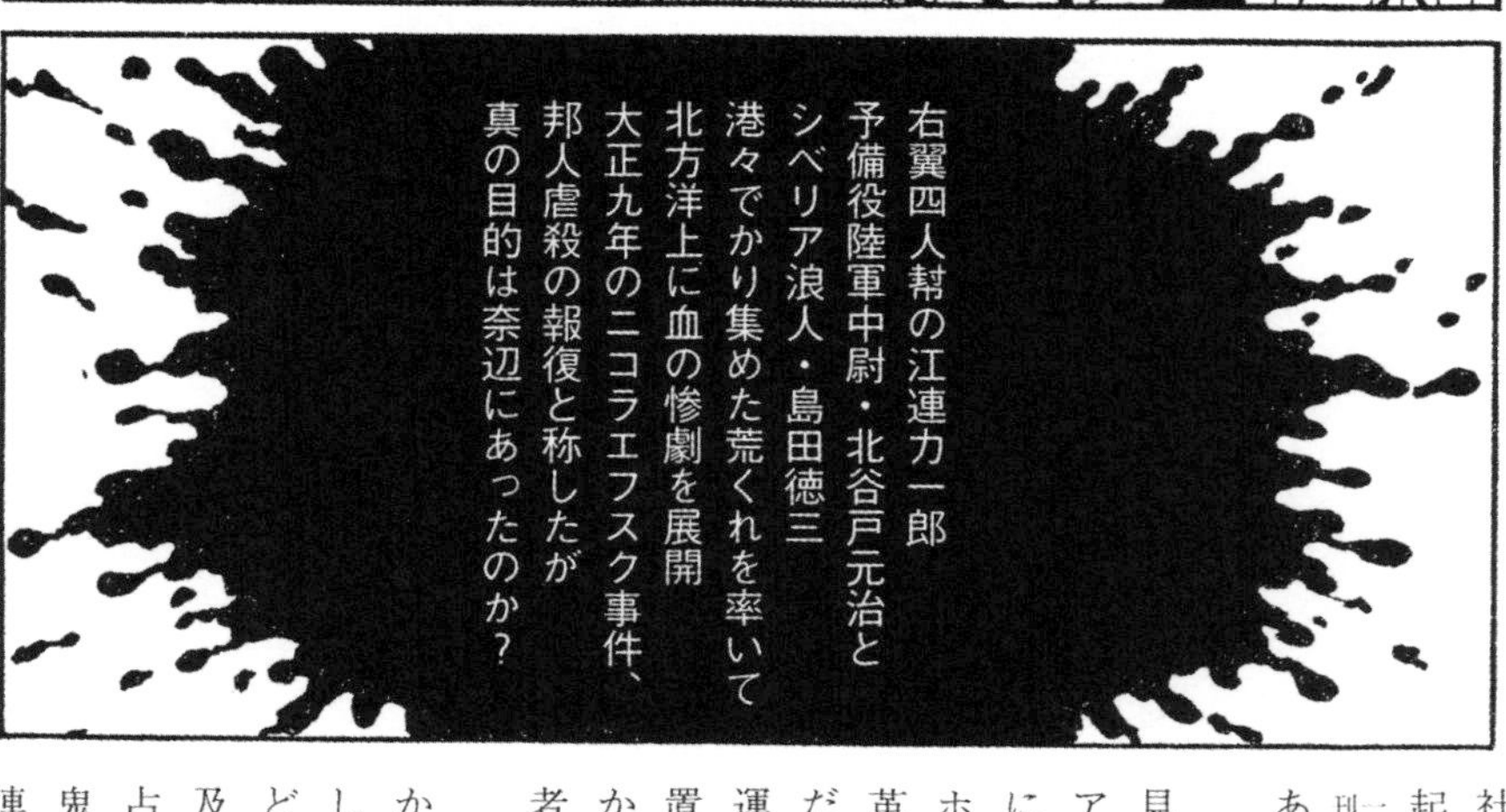

社会のオリ人間のクズ、という感じの起るのを如何ともし難かった」（筑摩書房版下巻・一七九頁、昭和40年刊、傍点は京太郎）。これは獄中の感想である。

同房の囚人らを、寒村はこのように見たのである。ルンペン・プロレタリアート、よるべなき奈落の窮民、流民に対する彼の惨心、人間に対する差別のホンネが、そこに露呈している。これが革命家の感覚かと、怪しまざるを得ない。

だが、時代はこの人を、ニッポン革命運動の元勲として、犯しがたい権威に置く。無告の地下に瞑るアナキスト、かつての〝同志〟について、寒村は死者に鞭打つ批判しか叙述しない。

——骨は語らない以上、「真相」はかくて後世に、ボル派の正統性を定着していく。マルクス・レーニンの末裔ども、〝協会派〟から中核、革マルに及ぶセクトに、ニッポン革命の幻想は占有されて、中央集権左翼全体主義の鬼胎を、分蘖（ぶんけつ）していくのである。この連載で我ら京太郎は、「真相」と信じ

られている戦後左翼史観が、どれほどネジ曲げられ、つまりは〝生き残った人々に〟都合のよいように、書きかえられているかを、可能なかぎり文献、資料に則して明らかにしてきた。前号「全国労働組合総連合」流産の章も、けっして独断ではなく、〝議事録〟にもとづいての記述であって、アナ派に理があり、ボル派に非があったこと、客観的に疑えないのだ。ゆえに、寒村自身遠まわしに、「総連合の失敗は、当初から宿命的に予定されていた、といわざるを得ない。この問題の経緯は今でも、私の心に自責の感情を残している」（前出自伝、下巻・一八頁）、と書かざるを得なかったのである。

　こうした京太郎の推理を、裏目読みと評するのはたやすい、正史に対する稗史外伝、しょせん〝巷談〟にすぎない、到底まともに相手にできるシロモノではないと、専門家はおっしゃる。百も承知の上でいう、ニコラエフスク（尼港）事件と、江連力一郎のこれに

対する〝血の報復〟、ロシア船襲撃の「真相」もまた、事実は異なるのではないか？　世に海賊船大輝丸事件と、悪虐無道の権化のように、江連力一郎一味の犯罪があばかれたのは、戦後のことに属する。むろん、当時の新聞も報道はしているが、かならずしもその行動を、〝断罪する〟という論調ではなかったのである。

「尼港事件」とは何ぞや？

時流はむしろ、労農ロシアの承認にかたむき、対露強硬論をいうものは、頑迷派と目されていた。ワシントン会談で軍縮がきまり、世論挙げて戦争放棄、シベリアからの撤兵を歓迎していたとき、日本軍がなお北樺太に兵を残置した理由は、いわゆる尼港事件、対岸のニコラエフスクにおける、邦人虐殺に籍口してである。大正九年春、この地方には陸海軍人三百七十、ほぼ同数の居留邦人、あわせて約七百名がいた。二月、トリアピーチンの率いる

支那・朝鮮の滅亡は
論を待たず

四千のパルチザン、ニコラエフスクを囲む。なお厳冬のシベリア、十四師団長命により、石川守備隊長は革命軍との間に休戦協定をむすぶ。

三月十二日未明、（日本軍側発表によれば）パルチザンは協定を破って、大挙総攻撃に転じた。衆寡（しゅうか）は敵せず同十七日、将兵・居留民は百二十余名を残して大半が戦死、生存者は〝反革命ロシア人〟と共に投獄される。五月に入ってようやく、救援の日本軍大部隊至るや、パルチザンはこれらの捕虜をみな殺しにした上、ニコラエフスクを焼きはらって撤退した。いわゆる尼港事件の経過を、かいつまんでいえば、以上のごとくである。

パルチザン側主張によれば、日本軍が奇襲を計画、（在留邦人一同に武装させ、芸者まで銃をとりて）（鶴見祐輔『後藤新平』）革命司令部を攻撃しようとしたため、やむを得ず応戦した。しかも、日本軍は第一次戦闘停止のまえに、二度までも

軍使を惨殺している云々——。いずれが正当であるかを、論じてみたところで始まらない、戦争とはつまり殺しあいなのだ。

そして、〝国家〟はそうした犠牲の上に、歴史をつくっていく。〔革命の混乱においておこった事件とはいえ、なんとも痛ましい悲劇である」（『日本の百年』六巻、筑摩書房刊）と、尼港事件は総括される。ソヴィエト政府は、この事件の責任者として、トリアピーチン司令官と、女参謀長ニーナの二人を、「革命とは無関係の極過激派」として処刑した。日本政府もまた、ヨッフェ来日に当って、この事件に対する賠償要求を撤回したのである。

スケープ・ゴートとして、パルチザンの指導者は〝反革命〟の汚名のもとに銃殺され、いっぽう大日本帝国は、無抵抗の捕虜同胞虐殺を、〝国益〟のため不問に付した。さらにいうならば、赤露との取引き道具に供したのだった。江連力一郎らの〝暴挙〟、それはたしか

に残酷非道、狂気のサタではあったが、視点をかえて見るならば、尼港事件の決着をうやむやに葬ろうとする、日露〝国家〟の欺罔を撃つ、実力行使でもあったのだ。

このようにいえば、またしても夢野京太郎&かわぐちかいじ、右翼コンビ正体みたりとおっしゃる向きも、かならずあるだろう。二百も合点でいう、何が革命だ、国益だ！　尼港のパルチザンは赤衛軍を名乗っていた、彼らは革命をおこなっていると固く信じて、〝敵〟を殺したのである。トリアピーチンとニーナ、我々は二人の指導者の処刑に、前々章で物語った「高麗共産党」の運命を重ねあわせる。それを、「ロシア革命の混乱期における悲劇」などと、歴史評論家風にくくり棄てることはできない。彼らの墓標にこそ、〝革命戦士〟の名は、刻まれなくてはならぬのである。

日本人もよく闘った、我に十倍する囲みを破ろうと、凍土の淹留(えんりゅう)久しく、

*

「士気はまったく弛緩した」シベリア派遣軍の中で、まれにみる勇猛を発揮したのだ。その愛国心は愚かであったという批判など糞喰らえ！　芸者まで（までという差別はさて置こう）銃をとって、兵士と共に死ぬ赤心を尼港の邦人は有していた。

然りしこうして、〝国家〟は彼らにむくいるに、最低の裏切りを以てしたのだ。江連力一郎の海賊行為は、同胞の怨讐を雪ぐために計画されたのではなかったのか。すくなくとも彼は、主観的にそれが正当であり、義挙であると信じていた。その行動に示唆を与え、おそらく資金を提供しただろう「黒龍会」、黒幕の思惑は奈辺にあったにせよ……。

この事件に関しての文献は、記録にかなりの矛盾がある、虐殺の日時にも場所にも相違する点が多く、学芸書林『ドキュメント日本人』第六巻の記述など、大正十二年のことであったと、一年間もずれている、白系亡命ロシア

将校（また一説には多額納税者の中村某）に持ちこまれた、シベリアの砂金採掘がほんらいの目的で、そのアテがはずれたために、海賊船に豹変をしたというのが、「真相」とされておる。これをようするに、無頼漢の一旗組がヤケのヤンパチで殺人鬼に化け、国士気取りで赤露撃つべし、とんでもない流血の惨事をひきおこした。〔国民はあいた口がふさがらなかった〕（日本の百年）

……なるほど、江連力一郎が水夫として集めた乗組員の中には、砂金泥棒一攫千金の欲に釣られ、事の意外さに魂消たものもあったであろう。だが、カッコぬきの真相は、下級の乗組員が罪を免れ得るよう、目的は砂金であると瞞された、と口裏をあわせたのではなかったのか？　江連は同年十一月、北海道札幌郊外で逮捕され、二年余にわたる公判の結果、懲役十二年の刑が確定した。

昭和五年仮釈放、その〝挨拶状〟にいわく――、〔かえりみれば事件勃発

以来、海山にも譬え難きご厚恩の程、何時の世にか忘却仕るべき。一つには君国の為、二つには敬慕措く能わざる大人の御芳情に対し奉り候も」云々。

ここでいう大人とは右翼の巨頭・頭山満である、そして〝挨拶状〟には内田良平以下の添書が付されている。江連力一郎は、まったく罪の意識を持たぬ確信犯だった、その確信によって来る所以は何であったのか？

武闘のプロパガンダ

「この不幸なる牢獄をだに心胆錬磨の道場として意義あらしめ、義勇奉公の素質ともいたす可く、「恵まれし神の試練とかしこみて、いでや鍛えん丹き心を」と、下獄当初口ずさみ候覚悟をそのまま本日に至り申候。

　思いを皇国前途に馳する時、去ぬる大正十一年、こと志と相違し勃々たる愛国の熱情に燃えながら、ついに長蛇逸して身は鉄窓呻吟の客となり、むなしく十年を人後に立つべく余儀無く

され候こと、あるいは毫釐（＊極少）の差ついに千里の誤差を生じ、祖国百年の大計に重大なる支障を来す事なきやを憂えては慷慨悲憤、断腸の感無きあたわず候……」（傍点は京太郎）

江連力一郎、〃武闘〃の最終目標は海戦ではなく陸戦にあった、エムペラトルスカヤの税関襲撃を企図したが、北洋の冬は早く、十月末の間宮海峡は結氷がはじまっていたために、これは未遂に終っている。彼の部隊はまさに正気で、ソヴィエトの正規軍と戦争をオッぱじめようとしていた。八十挺の騎兵銃にくわえて、サガレン州派遣軍（アレクサンドロフスク駐留）から、百挺の三八式歩兵銃と、弾丸一万発の供与を受け、義勇軍二百名を募集する計画だったのである。

——ときあたかも、ヨッフェ来日の前ぶれ、労農ロシアの承認にゆれ動く大正十一年秋、国民の記憶に生々しい尼港事件報復を旗じるしに、小戦闘を北辺に暴発する非常手段を以てして、

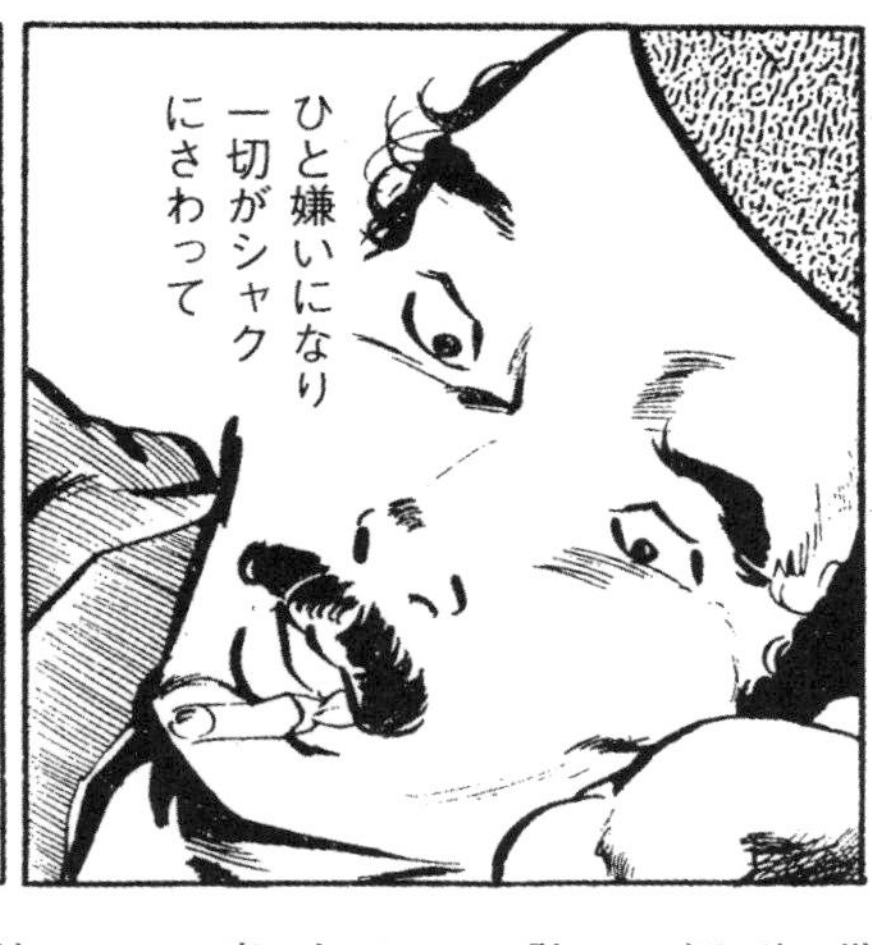

世論を一挙に逆転するべく、大輝丸は出航した。その絵図面を書いたのは、江連力一郎に非ずと、京太郎推量する。

あわよくば、軍備縮小に反対の国軍強硬派を、〝対露全面戦争〟へとまきこむ鉄砲玉として、江連力一郎は送りこまれたのではなかったのか？　こと志と相違し、長蛇を逸したと彼がいう意味は、露船ヴェーガ号襲撃に、当初の計画はとどまらなかったことを指している。豪釐の差とはすなわち、北洋結氷の僅かな失機で、陸戦奇襲を実行できず、結果としてたんなる海賊行為、〝犯罪〟として裁かれねばならなかった断腸の思いを、言外に述べているのである。

とまれかくもあれ……、〝武闘〟のプロパガンダは不発に終った。国民はこの事件に、ホンネのところでは感嘆した。マスコミもまた（〝経団連乱入事件〟で自決・殺傷が出た場合を想定していただきたい）、弥次馬的同情を示したが、タテマエとしては非常識の

暴挙と受けとめて、対露友好の時流に忘却していった。〝革命の祖国〟労農ロシアを、無条件に讃美する左翼は、尼港事件の記憶など、早く消し去ってしまえとばかり、江連力一郎狂人説をとなえ、ついにはノーバイドクにしてしまった。当時、あれは脳梅毒であるといいさえすれば、世間には納得する風潮があったのである。

アナキスト大杉栄は一人、ここでも例外であった。尼港事件をめぐって、彼はこう発言をしている。〔ニコライ何とかというのは、シベリアの何処にあるのかすら知らない。例のいわゆる残虐事件とはまるで関係のない話だ。パルチザンの首領が何とかいう無政府主義者で、その秘書官がやはりヒステリー性の食人鬼で、女無政府主義者だというような事も問題でない。厄介な手に負えぬ奴は、何処でもみな無政府主義者にしてしまうのだから〕

〔……注意をひくのは、パルチザンという戦術形式だ。それは、正規軍では

辻潤は宮嶋資夫に話しかけた
キミはこのままべったり
女房子供にはりついているのか？
東京へはいかぬのか？
大杉たちの身辺には再び
革命の波風が騒いでいるようだが
気にはならぬのか？
山犬と呼ばれるキミにとって
ふさわしからぬ
安逸の日々ではないか？
俺か、オレはどうせですぺら
プロレタリアよりも

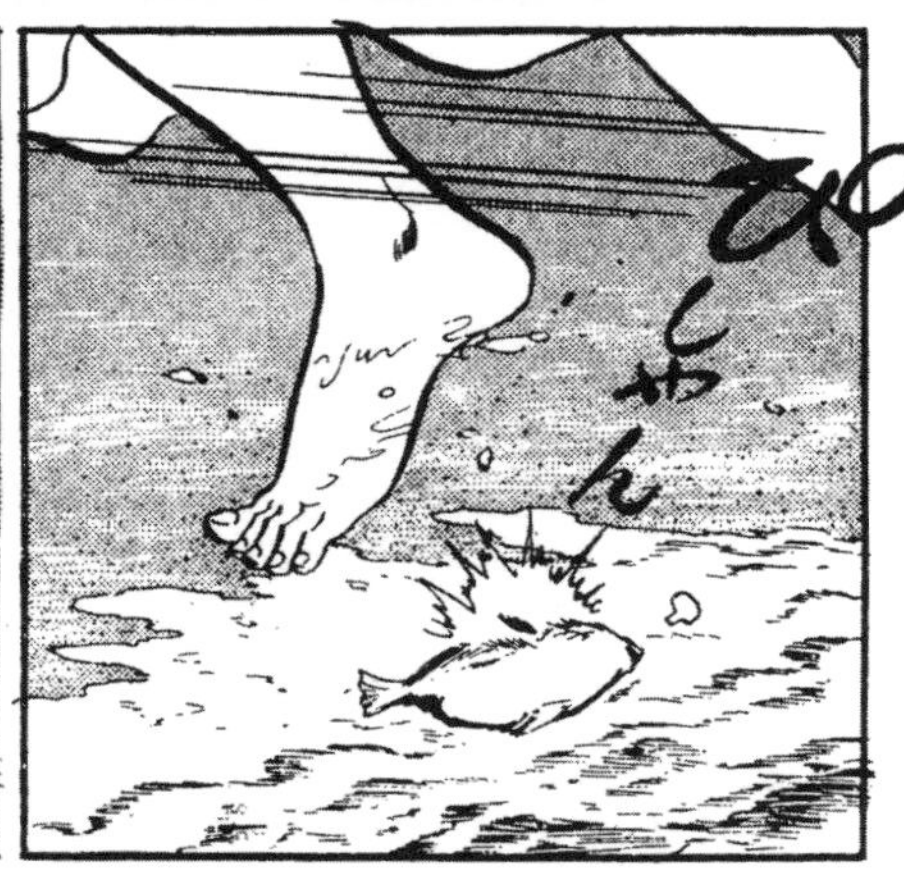

ない。即ち、ちゃんとした組織のある立派な軍隊ではない。二人、三人でも〝自由軍〟を形づくって、敵のすきを窺っては不意打ちをし、それが済めば知らんふりをして、家に帰って働いているという、厄介な手に負えぬ奴等である。

　ロシアのボルシェヴィキたちは、赤衛軍という正規軍を造って、外国や反革命の武力に対抗をしている。だが若し、このパルチザンが十分に発達をとげれば、革命にはそうした常備軍の必要はなくなるだろう。また、〝革命政府〟などというものの必要すらなくなるであろう」（『パルチザンの話』大正九＝一九二〇年）

　大杉栄はもっぱら、「パルチザンという戦術形式」に関心して、いわゆる尼港の惨事を、〝国家〟の論理と別の次元で眺めている。非情な眼である。したがって透徹している、パルチザン〝武闘〟のプロパガンダを、革命家として最も敏感に彼は受けとめている。労農ロシア〝政府〟は、パルチザンを

利用するだけ利用した挙句、ついには粛清するだろうことも、彼は洞察していた。もし今日、大杉をして世にあらしめたなら、北方領土・漁業問題を、どう語ったであろうか？　また中国の〝文化大革命〟、四人帮*の追放をどのような眼で見たであろうか？

コミンテルンの使者来たる

話を前に戻して、江連力一郎は犯行当時三十五歳、水戸浪士の家に誕生、一メートル八十センチの巨漢で、柔道五段である。そのほか剣道、居合術、捕縄、槍、くさり鎌、拳銃等と、武芸百般に長じて、上海から香港、シンガポール、ボルネオ、ジャワ、インドと放浪。ニッポン活動写真の祖であり、孫文を援助して、国士といわれた梅屋庄吉の知遇を得ている。内田良平にも私淑して、右翼の中では名を知られた人物であった。仮釈放の〝挨拶状〟にあきらかなように、古めかしい漢文調だが、文章も下手ではない。狂人では

むろんなく、知能の短絡した暴漢でも決してないのである。

　仮釈放後、彼は満州に渡った。郷里茨城県人の義勇開拓団に身を投じて、大地に鍬を打つ生活に、大東亜戦争の末期まで熱中していた。ソヴィエトの参戦を聞くや、鍬を棄て白刃をひっさげ、赤軍に斬りこみをかけるのだと単身国境におもむいて、そのまま行方不明となる。

　江連力一郎は彼なりに、その志操をつらぬいた。口先ばかりのソヴィエト批判、かるがるしく昔なら戦争などと喚き立てる、いまどきの〝国士〟、あるいは手のひらかえして民主主義的言辞をろうする、ボル派の末裔と比べて、すくなくとも彼の骨は硬かった。このような日本人が、いま我々の国にいないことを、幸福というべきか、不幸というべきか？

　さて大正十一年秋、コミンテルンは結成されたばかりの日本共産党宛に、代表を送ることを要請、高瀬清・川内

一方、コミンテルンは
この年十一月第四回大会
結成ほやほやの日本共産党に
代表を派遣要請します。
記念写真、間にあいませんので
これなるは七回大会のお歴々
前列右から王明(中国代表)
フローリン(独)、トリアッチ(伊)
ディミトロフ(ブルガリア)
後列右から一人置いてピーク(独)
ゴットワルド(チェコ)
そして、クーシネン(フィンランド)

唯彦が十月モスクワにむかう。こえて十一月下旬、〔日ソ国交回復に関する日本の世論を聞きたいというソビエト駐支外交全権・ヨッフェの招請〕(『寒村自伝』)に応じて、荒畑寒村はひそかに北京へとおもむく。〔この話を上海のコミンテルン代表・マーリンから、党に伝達したのは吉原太郎という男だが、彼の素姓については、まったくわからない。ただ自称するところによれば、米国で左翼的労働組合のI・W・Wに加わり、首領ヘイウッドのもとで活動していたが、ロシアに入ってコミンテルンから日本に〝革命的労働組合〟の組織を命ぜられて来た〕

〔大男ではないが頑丈な体格で片頬に傷痕をとどめている面がまえは、いかにも米国の荒っぽい移民労働者運動に鍛えられたという印象を与えた。彼は日本に現れてからも、特別使命のため独自の運動が必要だと称して、右翼の内情を探るために黒龍会に出入りしているという。満州へ行ったり、中国に

行ったり変幻出没、端倪すべからざるものがあった」

トランプ手品の名人であり、懐中に大小数十個のダイヤモンドを匿して、革命運動軍資金と称する怪人物、吉原太郎とはそも何者？　コミンテルンの使者と名乗るそのいっぽうで、北樺太買収を黒龍会から依頼されたなどと、寒村以下を煙にまき、ともあれ日共の代表をモスクワへと無事に送りこんで、この不可思議な男は消える（あるいは革命運動史から抹殺される）。

右翼に江連力一郎あれば、左翼には吉原太郎があるのだ。そしてアナキストもまた、大杉栄をパリへと送り出す。ニッポン脱出行の秋、「大正地獄篇」ようやく波瀾万丈のクライマックスに、一気になだれこむのであります。次回再び舞台を上海に移し、交錯する革命人脈をば、パタンカラリクルクルとお眼にブラさげまする。

シベリアから満州へ
そして、日本へとひとまたぎ
闇の回路は四通八達
汎亜州・大道無門ってくらいのもので
逆もまた真なり脱出行
左右いずれも交通自在!

第二十六回

倫理と頽廃の抛物線

左右ヲ弁別スベカラザル?

京太郎くりかえして、〝左右ヲ弁別スベカラザル〟革命前状況を、大正の巷に語って参りましたが、さて今日はといえば、これがやはり弁別できぬ。社会党の内輪モメなんぞも、田英夫というヒト、「協会派はガンである」と突っぱっていらっしゃるが、そもそも右に走りやすい党の体質てェものを、純化しようってんで、マルクス・レーニン主義を頑固に主張してきたのが、協会派じゃないんでしょうか? やつがれにいわせればイワシの頭だけど、ほんらい改革の旗印は、原理・原則を主張する側にあったもので、ナニやら筋道が転倒しておる。殿様ヅラをした田さん、秦豊さんなんて人たち、風の吹きようでどっちにでも、転んでいきそうで信用できない。

……皮肉なことに、向坂逸郎老いの一徹、ボケチャッタノヨ語録の方が、マスコミで点数をかせいでいる。TV専門店のはずだった田さん、秦さんも（＊両議員は元キャスター）たじたじの、嵐寛寿郎的タレント性を発揚しているのであります。京太郎、今回は巷談風にちょいと息をぬいて語らしていただきましょう。どうやら本年はお年寄りの当り年のようで、若い衆はパッとしませんな。

　ポルノ・やくざ・過激派撲滅、警視庁の三ない運動は一段とエスカレートして、覚せい剤やマリファナに及んだ。反体制もどきの兄ちゃんたち、首根っ子押さえられてへろへろと腰くだけの秋、老人性ヒステリー、いや失礼をばいたしました、明治三十ウン歳の気骨・反骨、孤塁を守るの図とあります。

　さよう、羽仁五郎大人も老いらくの恋にご執心で、おさかんなことです。今東光死して辻説法を残し、アラカンCMがツイストを踊る。せめても一点

突破、「愛のコリーダ裁判」大島渚の闘いに注目するのみ、といってこれも中年ゲリラ、若者はいったい何をしておるのでありましょうや！　〝政治の季節〟は、かの『話の特集』文化人「革新自由連合」の挫折で、終りを告げたというのでは、社会党の内輪モメ同様、お粗末にすぎましょう。さらばさらばと風が吹く、ものみな沈滞におもむく一九七七年秋……、左右は愚かついにナニモノヲモ弁別スベカラザル融通無碍の毒に、日本低国はただ犯されていくのであります。

野口雨情のうたえる
（NHK『いちばん星』、終了を記念して）

海は見たれど　海照らず
山は見たれど　山照らず
それがたまたま　五十里の
山を越えたる別れかよ
鳥しば啼く　しばらくは
山のあなたで啼けばよい

　半世紀のむかし、左翼も右翼もまだ若かったころ、混沌たる大正デモクラシーの黄昏どきに、彼らは海山千里を越えて、国境のむこうに時代の閉塞を打破する情熱を、失いませんでした。そりゃア、ずいぶんよいかげんな利用主義、ゼニをくれればコミンテルン、「黒龍会」を問わず、投機的に革命を考えてた連中もおりまして、その最も典型的なのが徳球、ボルシェヴィキの親玉だった。何ですって、『現代の眼』にそんなことを書いちゃいけない、『文藝春秋』と間ちがえてやしないかって？　さいですか、でもねえ、ボルの悪癖は今日といえども、すこしも改まってはいないんで、夢野京太郎は実害をこうむっております。

　「キネマ旬報裁判」、京太郎の分身・竹中労がもっか闘っている、〝言論の自由〟裁判で、旬報側の法定代理人をつとめているのは誰だと思います？　日共のもと代議士・増本一彦、なんぼゼニもらったか知らぬが、ロッキード

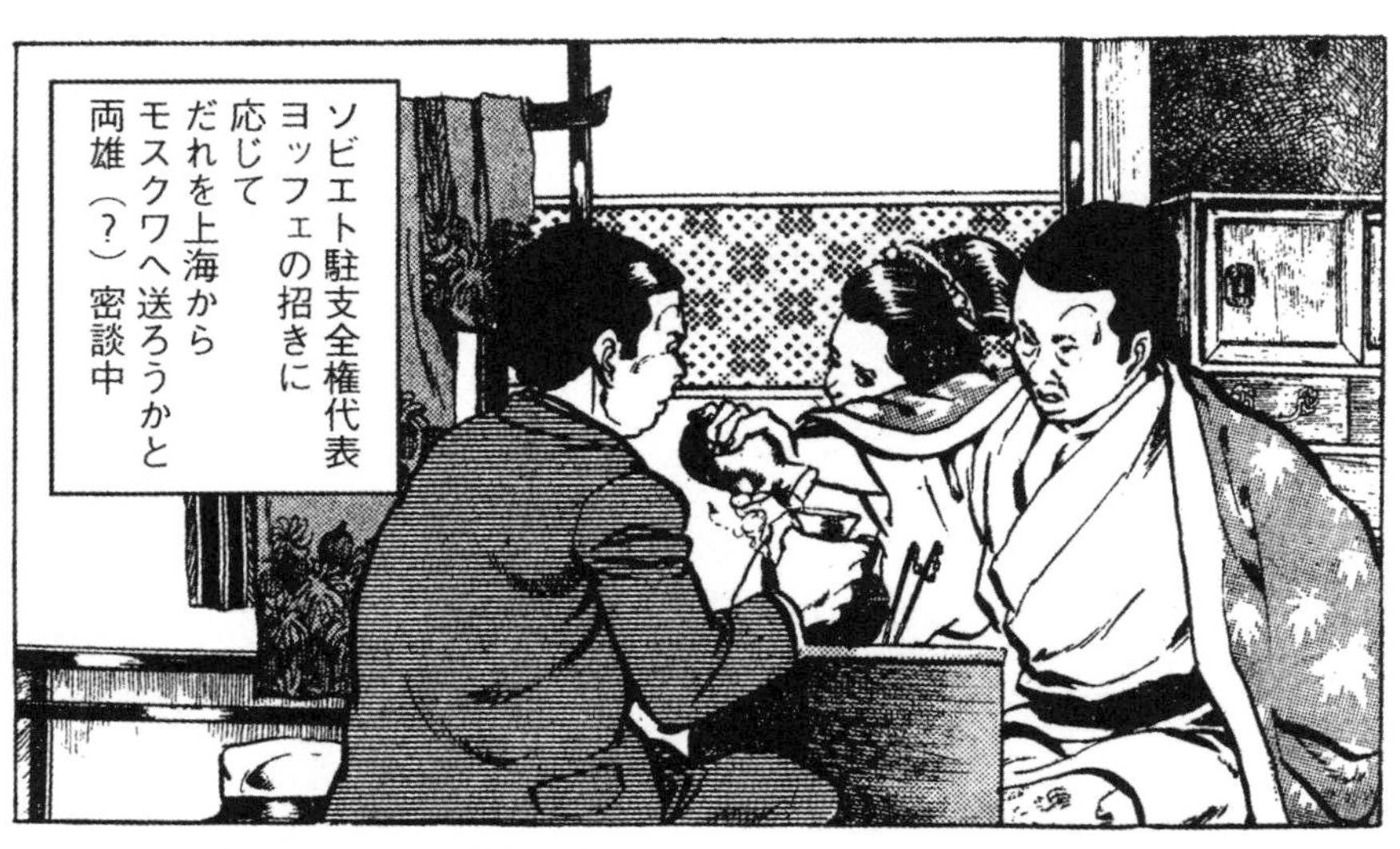

＊

疑獄の片棒をかついだ右翼・上森子鉄(健一郎)を、日本共産党の大幹部が弁護するなんざヒドイね。拝啓・宮本顕治ドノ、あなたを委員長にいただく党の機関紙『赤旗』は、ロッキード事件追及のキャンペーンを展開し、出版局からも二十冊余りのパンフレットや、特集単行本を出しています。が、それは表向きのことで、裏面ではひそかに右翼総会屋と情を通じて、野合をしていたことの、これはまぎれもない実証ではありませんか？

それとも宗旨をかえて、左右ヲ弁別スベカラザル状況を、みずからつくり出そうとする考えであるのか(!?)、とくとご返事をたまわりたい。京太郎この件に関しては、裁判のつづく限り執拗に追及していくつもり、今も昔も変らぬのは、ボルシェヴィキのかかる〝体質〟である。徳球はまだ陽性で、かくし立てをしなかった、十二階下にアジトをかまえて、荒淫と酒びたりの地下生活を送っていたことを、むしろ

……てな具合に、まあ決まっちまったんですナえ、まさかですって？〝ニッポン革命〟の草創期はええからかげんでしてあやしげな連中がもっぱら企んでおりますそこにまたこんち失われた無頼のエネルギーが存するというもので

自慢話しにするような、稚気愛すべき俗物だった。〝女性問題〟で伊藤律を査問にかけようとしたり、死せる妻のモラリズム、――ユリコイズムを党の作風にするいっぽうで、再婚を隠していた、現委員長の偽善よりも、人間としての徳球の率直さに、京太郎好感をいだくのであります。

ふたたび、吉原太郎

……荒畑寒村によれば、徳田球一は道義も節操もない、革命ブローカーであった。なるほど然りとする、ならばそういうゴロツキ、無頼漢のいわゆる〝コミンテルンの指令〟を疑わずに、粗製乱造の党をつくったことを、どう釈明するのか？　いまや、「輝やけるわが党の歴史」など、まともな人間は誰アれも信用しちゃいませんが、その逆にナンでもかんでも、日共はウソをついていると、非共産党マルキストの言いぶんを、ウノミにする傾向なきにしもあらずです。徳球をはじめとする

〝革命伝説〟の悪玉・敵役、とりわけ吉原太郎など、消息不明をよいことにして、糞ミソに罵しられている。

前回で述べたように、コミンテルン極東代表マーリンの密使として、日本共産党に代表派遣を要請するために、この怪人物はやってきた。〔彼は酒が強くて、手品に妙を得ていた。ことに真新しいトランプのカードを切って、裏返しにくばりながら、「スペードのキングだ」「ハートのクインだ」と、いちいち言い当てるあざやかな手際は、私たちを煙にまいたものだ〕

〔宿屋で、一緒に入浴した際、太郎の誤まって取落したハンケチの結び目がほどけ、大小数十個のダイヤモンドが散乱したのには驚かされた。彼があわてて拾い集めながら弁解したところによると、それは革命運動の資金として、コミンテルンから与えられたものの一部だということだった〕(『寒村自伝』以下同書より)

〔(上海に渡った)、、、、、私には太郎が同行した、彼の目的は黒龍会から北樺太を

政府に買収させる工作を依頼されて、ヨッフェと交際するためであるというので（傍点京太郎）、党は彼の行動に責任を持たぬが、同行をさいわい私は彼に通訳を依頼する事にした……」。

吉原太郎の〝目的〟を、つまりはヨタ話しであると、荒畑寒村はきめつけているが、そうだろうか？　江連力一郎「大輝丸事件」、シベリヤの火薬庫に火をつけそこなった右翼の領袖（おそらく仕掛人は内田良平であろう）は、手をかえてロシアから、北樺太を割譲させようという柔軟路線に転じて、〝コミンテルンの密使〟吉原太郎と接触したのではないか？

またまた奇想天外、京太郎の妄想とわらうなかれ。杉山茂丸はモルガン財閥の支持を得てレーニンを援助し、いっぽうで内田良平は、対露強硬論を鼓吹する。そこに通底する、〝日本の運命〟への危機感、唯物功利の西欧・アメリカ文明を牽制する、反間苦肉の権謀術策、〔彼等の放射する惨毒より

さらにすさまじい、毒薬を放射する」（茂丸）、いえば地球規模での戦略を、見ることはできないか？　それがすなわち、大アジアを連環しようとする、「黒龍会」「台華社」「猶存社」右翼民族革命派にとって当面の共通項であり、東学党の乱・辛亥革命から一貫したプログラムであったと、京太郎は確信するのであります。

菅孝行ふうにいえば、「窮民革命はロマンであって、ついに思想でも政治でもない」。ハイさようです、反論をする必要ございません、革命主戦場において、〝思想〟も〝政治〟もお呼びじゃないのであります。ただ見る月と星を――、海図もなく羅針盤をすら、失なっても船はゆく。どのように舵をきるか、波濤にさからうか（あるいはまかせるか）、帆を巻くか撓ませるかという、状況への対応が要求される。それにもまして、過程に奮迅してやむ覚悟と、勇気を胸に置かねばならぬ。これをロマンという、また右翼を少々

考えすぎて、マキャベリズムに堕しておったんじゃないでしょうか？

樺太、買収申し入れ候

ともあれ、吉原太郎と「黒龍会」の関係は、たしかにあったと断言して、さしつかえありますまい。左右ヲ弁別スベカラズ、とすると寒村の評価は、いささか修正を要する。ヨッフェとの北京会談で、吉原太郎は具体的提案として、アムールスキー・ソユーズ、「黒龍会」からの申入れをヨッフェに伝えています。

「黒龍会のことはヨッフェも先刻承知していたが、日本政府との間に北樺太の買収を斡旋したいという提案を聞いて、彼は笑いながら、「値段次第では売らぬものでもない」といった。語調には、あきらかにテンからバカにしている態度がうかがわれるのに、太郎はそれとも察せず大まじめに値段を問うやら、黒龍会にいくら、自分にいくらの手数料を貰いたいとまで切り出した」

そこでヨッフェは、「君はコミュニストではないのか」と声をはげまし、提案を一蹴したと、荒畑寒村は書いています。だが、そのヨッフェにして、労農ロシアの承認をめぐる、後藤新平との取引きは吉原太郎と五十歩百歩、北洋漁場をエサにして（つまり日本の漁民プロレタリアの犠牲のうえに）、赤露の国益を守っている。ヨッフェはのちに一九二七年、トロツキー失脚のさいに自殺をとげております、革命家としての志操をもつ人物ではあったが、「黒龍会」のお歴々がまさに日本人であったのと同様、彼はおのれの祖国に忠実なロシア人だったのです。

さてこのとき、寒村は入露を果していない、翌る大正十二年の三月に党の正式代表として、モスクワに向います。日本に帰ってきて以降は、吉原太郎の消息を聞かなかったということですが、（昭和十二年（一九三七）暮、いわゆる人民戦線事件に連座して検挙され、淀橋警察署に約一年間も留置されて

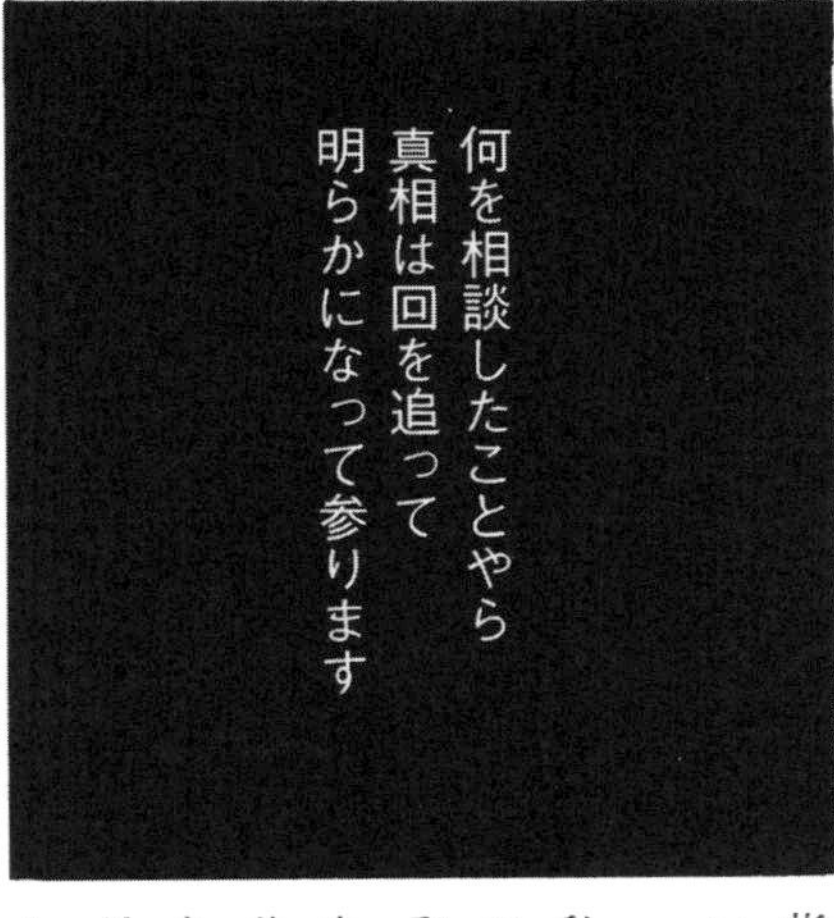

いたころ、ある雨の夜おそく」偶然の邂逅をとげます。

「タクシー代を払わないとかの理由で拘引されてきた、一人の酔漢があった。酔漢はさんざんに巡査に横っ面を殴打された末、私の監房と廊下を隔てた房へほうりこまれた」。これが誰あろう、大声で英語で演説をはじめる。

「……私には、その酔漢の声に覚えがあった。太郎！　まさしく吉原太郎に違いない！　自分は今こそ右翼に身をやつしているが、コミンテルンからの指令で、日本の革命工作に暗躍をしているのだと、さかんに気焔をあげる。

やかましいのとバカバカしいのとで、私は我慢しきれなくなり、「太郎、その醜態をみたら、ヘイウッドが泣くぞ」（吉原太郎はI・W・W＝アメリカの赤色労働組合の出身で、ヘイウッドはその首領である。）と英語で怒鳴った。不意をうたれて驚いた彼は、一瞬声をのんだが、やがて「君は誰だい？」と問いかえした」

かくて、
バタバタ・キャンソン
いや失礼しました
荒畑寒村は
吉原太郎の案内で
大陸へと潜入します

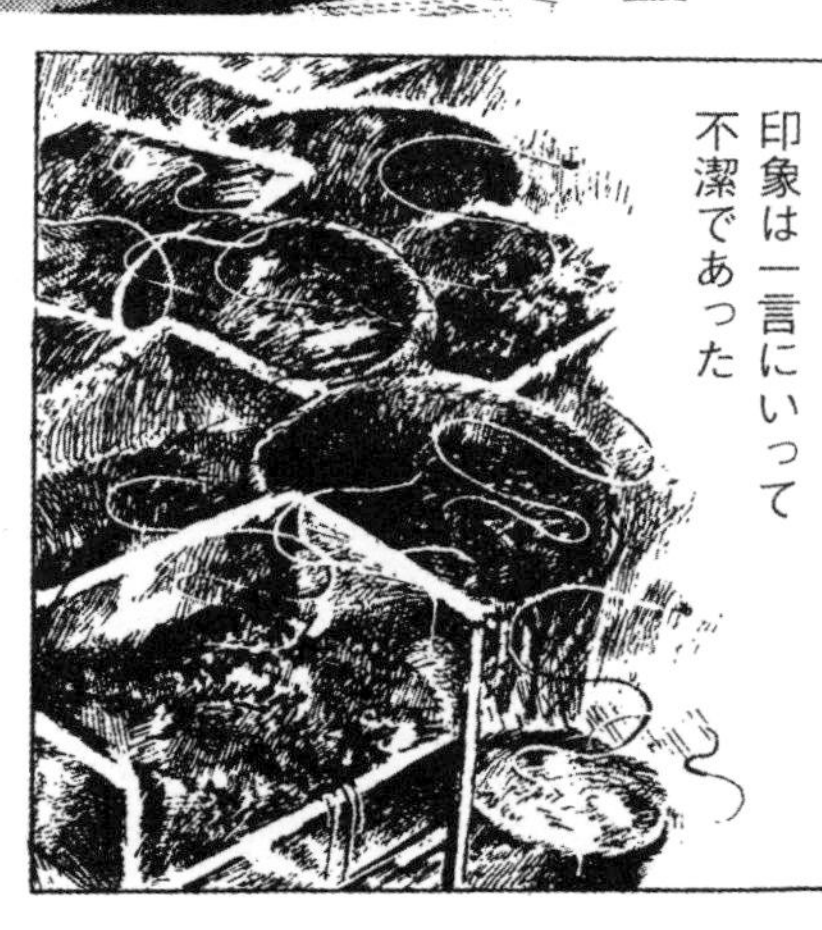

荒畑だと答えると、太郎は沈黙してしまった。〔そして翌朝、有名な剣客中山博道氏に引取られて出ていく彼の姿を、私はチラリと見たのだが、両の頬が紫色にはれ上っていたっけ……〕としめくくる。吉原太郎は、まことに浮ばれませんなア、〝手数料〟云々はさておき、この人物が革命を裏切り、同志を敵にわたした、といった証拠は何一つないのであります。その点ではさらに唾棄すべき、ハレンチ漢は革命運動史上に数多く出没します。かりに太郎は職業的スパイであったとする、としてもそれは、コミンテルン派遣の密偵というべきであって、国家権力のイヌではありません。

右翼と密通をしたから、「黒龍会」エージェントをつとめたからと、彼を断罪してはならない、そもそも日共の創立者である徳球の身辺などは、キナ臭いもいいところで、どこからカネが出たことやら。京太郎としては右翼に吉原太郎を結びつけた大伴の黒主は、

徳球その人ではないかと、実に疑っておりまするので、今回のエピソードをはさんでみたわけです。

ようするに、荒畑寒村は潔癖な人であって、これらいかがわしい連中と歴史に同席することすらも、同房のルンペン・プロレタリアートや、〝不潔な中国人〟たちと等しく、けがらわしいと思えるのでありましょう。しかし、革命とはそのように不潔な、いかがわしい賤民・流民、——窮民の必要ではありますまいか？

右翼との〝間接同盟〟

末松太平　大杉栄は杉山茂丸のところへ、しょっちゅう行っていたんだね。

秋山清　ああ、そうか。

末松　こういうことは、主義の人は否定するかもしらんけどね。

秋山　伊藤野枝のおじさん、代準介という人は玄洋社だろう。

末松　ファッショとつきあったということを否定するかも知らんけれど、

十一月二十日のことだった
幾通かの手紙の中に
横文字で書いた四角い封筒が
一つまじっていた
フランスの同志・コロメルから
鎌倉・逗子・東京へと
追ってきたその手紙を読んで
僕の心は踊り上った
（大杉栄『日本脱出記』）

杉山茂丸の書生をしていた風間さんという人と、ぼくは終戦後につきあった。その話によると、大杉はしょっちゅう杉山茂丸の朝飯会に来ていた。そしてフランス語が達者だから、フランスの情報を提供して、それを茂丸が、しかるべきところに伝達しておった。

　ということは、ナニガシかのお布施も貰っておったわけよね。

秋山　そりゃ、そうだろう。

末松　……だから、左翼の右翼のといったって、絶対に橋も何もかからぬようなものではなくて、どっかに橋はかかっていたんだよ。

秋山　橋のかかる人と、かからぬ人といるんだよな、世の中には。ぼくの知っているかぎりでも、大杉は代準介という人とはウマがあったと、聞いている。

末松　別にそういう人が節操がなかったとか、あったとかいうふうには全然思わないね。盛んにつきあっていいとぼくは思うよ。

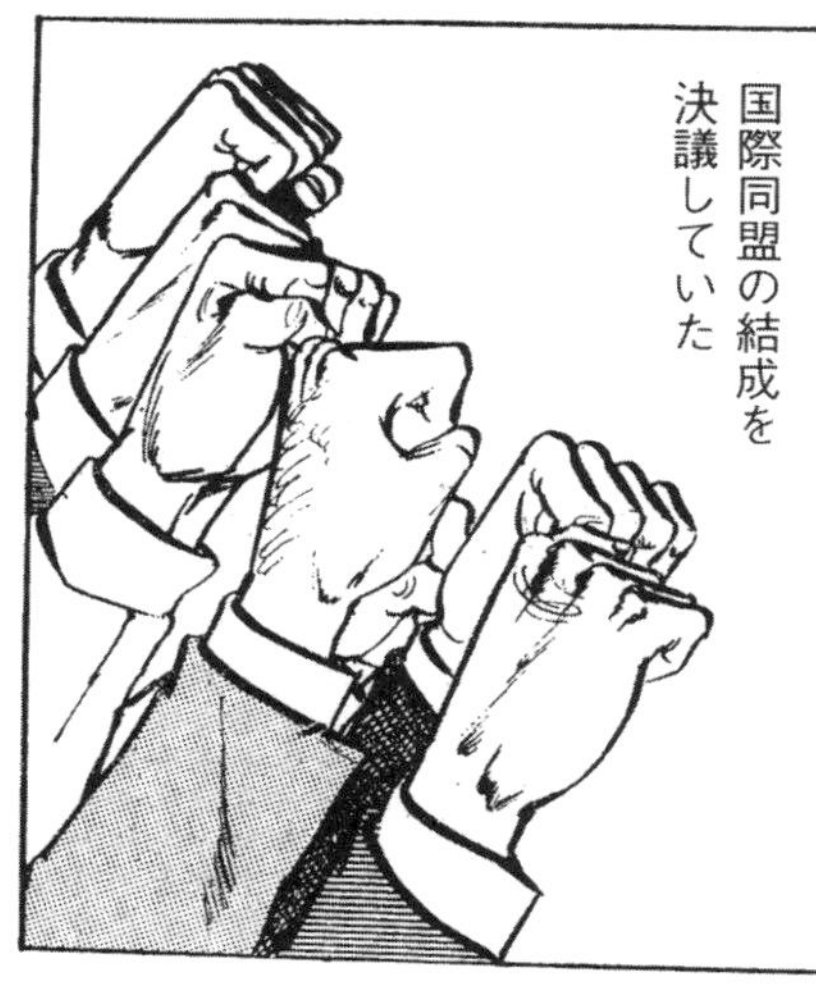

秋山　まあ、左翼にもいろいろあるように右翼にもだから、かりに大杉が協力するとすれば、北一輝だと思う。大杉栄の論法からゆけば、革命をやろうとする者とは、誰でも協力していいじゃないかという考えであるわけだけれど、天皇右翼とは協力できなかった、とぼくは思う。そういう意味は、北一輝は二・二六の前後に天皇のことを、どう考えていただろうかということなんだ、これまた興味がある。

末松　さらっと考えていた、あまり拘わらずに、天皇を考えなきゃ夜も日も明けぬ、ということでもなしに。

秋山　うん、そうだろう。

末松　そんなもんに拘わらずに、大杉じゃないけど、とにかく革命をやってみろ、後はどうでもなるじゃないかという考えが、ぼくは好きだな。

……これは、『第三文明』一九七七年八月号の対談、末松太平VS秋山清「右

翼と左翼のあいだ」からの引用です。我田引水めきますが、連載が始まってからまる二年、ようやくにして左右ヲ弁別スベカラザル状況ということを、多くの人々が理解もし口にもするようになったのであります。

末松・秋山の両氏とも明治三十八年生れ、失礼ながら老来これも魂冴ゆる方々であります。そしてこのような言葉を、戦後三十年余にして聞くことに、Y・P左翼史観の欺罔の深きを、京太郎想わざるを得ません。また、押さえておかねばならないことは（秋山氏が指摘するように）、右翼と左翼に無原則な連帯はあり得ない、という点です。

すでに記述してきたように、大杉は北一輝の弟・昤吉にフランス語を教え、「老壮会」で北としばしば会っております。山鹿泰治は北家に寄食していたことがあり、その女中さんと結婚している。朝鮮人アナキスト朴烈は、関東

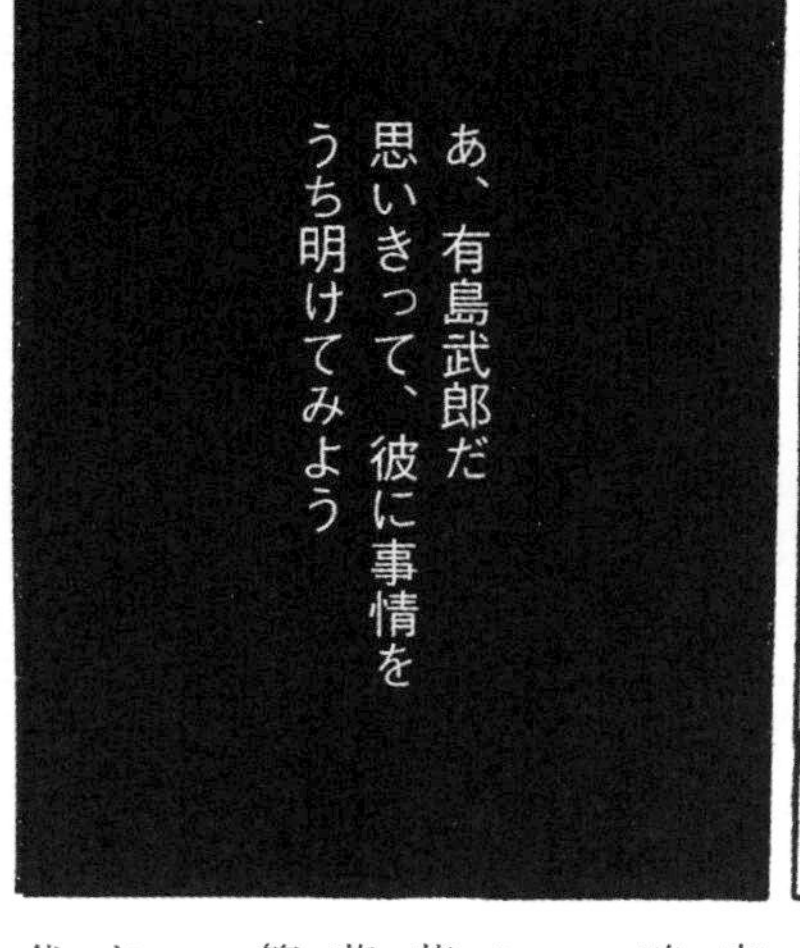

ギロチン社の面々が、大杉栄の虐殺に復讐する資金を北に仰ごうとした事実等に、アナキストと右翼の結びつきは多くの例証がある。

しかしとはいえ、大杉栄が無原則に利用主義的に、右翼に近づいたということは、断じてないのです。志を共にしない者とのケジメを、大杉ほどハッキリと（その点では寒村と等しく）、い、い、い、弁別していた人物はありません。彼のニッポン脱出行、無政府主義者の国際大会に参加する資金は、有島武郎からカンパを受けたものである。それは、定説になっているように、「貴族から略取した」のでは決してなく、有島を〝同志〟と考えた上での、合力（＊カンパ）の申し入れだった。もし、彼が革命ブローカーであったなら、杉山茂丸や頭山満から、千円ぐらいの金は簡単に手に入れていたでしょう。

大杉栄はそうしなかった。いえば、お布施ぐらいのつきあい、山鹿泰治や代準介らを通じての〝間接同盟〟に、

大杉栄はただちに
山鹿泰治を上海に送って
偽旅券の手配を依頼した
村木源次郎は福岡へ
野枝を迎えに発ち
和田久太郎は関西から
急きょ東京へ――
〝日本脱出行〟の計画に
同志は糾合された
アナ・ボル・右翼ともども
上海から北京へ
モスクワ・パリへと
舞台は急転回する

右翼との接触をとどめていた。それは警戒心からではなく、〝日本の運命〟すなわち革命についての肚を（思想や政治のレベルではなく）、北一輝らと未だ一にしていなかったからに他なりません。

可能性はあった、大杉の側だけではなく、おそらくは右翼の側にも、思うところはあったに相違ない。末松・秋山両氏の対談は、そのことをもの語っている、しかし（といま一度留保して）、だからといって今すぐ、右翼や任侠集団とアナキズムは結びつかねばならないなどと、短絡してはなりません。

どうやら、ロマンとしてばかりではなく「実践の書」として、本篇を読まれている人々もあるようですから、蛇足を言っておくのです。さて次回は、有島武郎に対する大杉の〝友情と尊敬〟を枕にふって、ニッポン脱出行のいちぶしじゅうを描きます――。

昨日は東　今日は西
遠く灯りが　ちらちらと
秋も終りか　日は暮れる

第二十七回

〝繁栄〟と革命の神話

労働者との一体的感情

大杉栄、かく語りき。

〔トルストイや、ドストエフスキーのように死んだ労働者を捉えたのでは、駄目だ。宮地嘉六君のように、ほんの少々の才分をあてにして自分ひとりが労働者の中から遁れて、小紳士（プチブルジョワ）になろうとする労働者を捉えたのでは、駄目だ。小川未明君や宮嶋資夫君のように、ただ個別に泣いたり、怒ったりしている労働者を捉えたのでも、駄目だ〕

〔戦線の中へ、労働者の隊伍に入って行かなければならない。が、繰返していうが、その戦争の指揮官であり士官である事を、決して望んではならぬ。新人会（＊東大）の諸君が友愛会に入っていったように、直ちに最高幹部となることであってはならぬ。一兵卒として

入って行くのだ。それでなければ労働者との一体的感情は、どうしても得ることはできぬ、いつまでも他人である〕

〔しかし又、有島武郎君のようにこの他人と見られることに恐気（おじけ）をさして、絶望してはいけない。労働者は正直である、人の誠意と不誠意を見分ける。そして誠意を重んじることは、頽廃しきったブルジョワなぞにはとても見ることができぬほど強い。労働者に容れられるには、一体になりたい、おなじ意識に立ちたいという誠意さえあればよいのだ〕

〔労働者は寛大だ、批難しながらでも許してくれる、紳士的生活の名残りがたとえ消えていなくとも……〕

〔武郎君、そんなに恐々せずにやって見るがいいのだ、君にもし君の誠意をどこまでも突きすすめていく、強さがあれば、君が心配するように労働者の足手まといにはならず、いい手助けをする友達になるに違いない〕（『労働運動と労働文学』、大11＝一九二二年九月）

＊山田春雄

有島と大杉との間には、深い関係がなかった。〔叢文閣主人の足助（あすけ）素一を通じて知っているていどで、それほど親しい間柄ではない。もっとも、大杉たちは時々運動の資金に窮して有島の合力を求めてきたが、（有島の側からすれば）それは大杉たちだけの特別なものではなく、他の思想団体やら文化団体と、おなじ範疇に属していたのである〕（立野信之『黒い花・続』）

〔（有島の生き方は）彼のヒューマニズムから発したが、大杉たちの眼から見れば、それは物持ちの坊っちゃんの理想主義的な感傷にすぎない。そこに武郎の甘さがあり、凡百の思想・文化団体からしじゅう金をせびられる結果ともなっているのだった〕

……これが定説である、だが前述の文章を読むとき、大杉はたんに有島を〝合力の対象〟としか見なかった、という解釈は根本から修正されなくてはなるまい。立野（たての）信之には、人間・アナキストに対するどうしようもない誤解

(もしくは曲解)があって、かなりの力作である『黒い花』、大杉のモデル小説もついに二流でしかない。

大杉のこの文章は、ニッポン脱出行三カ月前に書かれている。その中で、宮嶋・未明など自己陣営の作家よりもむしろ高い評価を、大杉は有島武郎に与えている。何章か前にも述べたが、いわゆる白樺派の作家たちに、大杉はもっともアナキズム革命に近接した、〝想念〟を見出していた。少なくとも彼は、「同伴者」などという蔑称では作家たちを呼ばなかった。選挙運動の客よせ・看板、「ご意見をうかがう」名目だけのブレーンとしか、俗にいう著名人・文化人を考えていない今日の左翼政党的感覚を、半世紀余り以前に大杉栄はこえていたのである。

どのように読みちがえても、有島に実際運動への参加を、ヴ・ナロードを呼びかけていることにまぎれもない、大杉の文章をまくらにふって、今回も巷談・読みきりふうに――

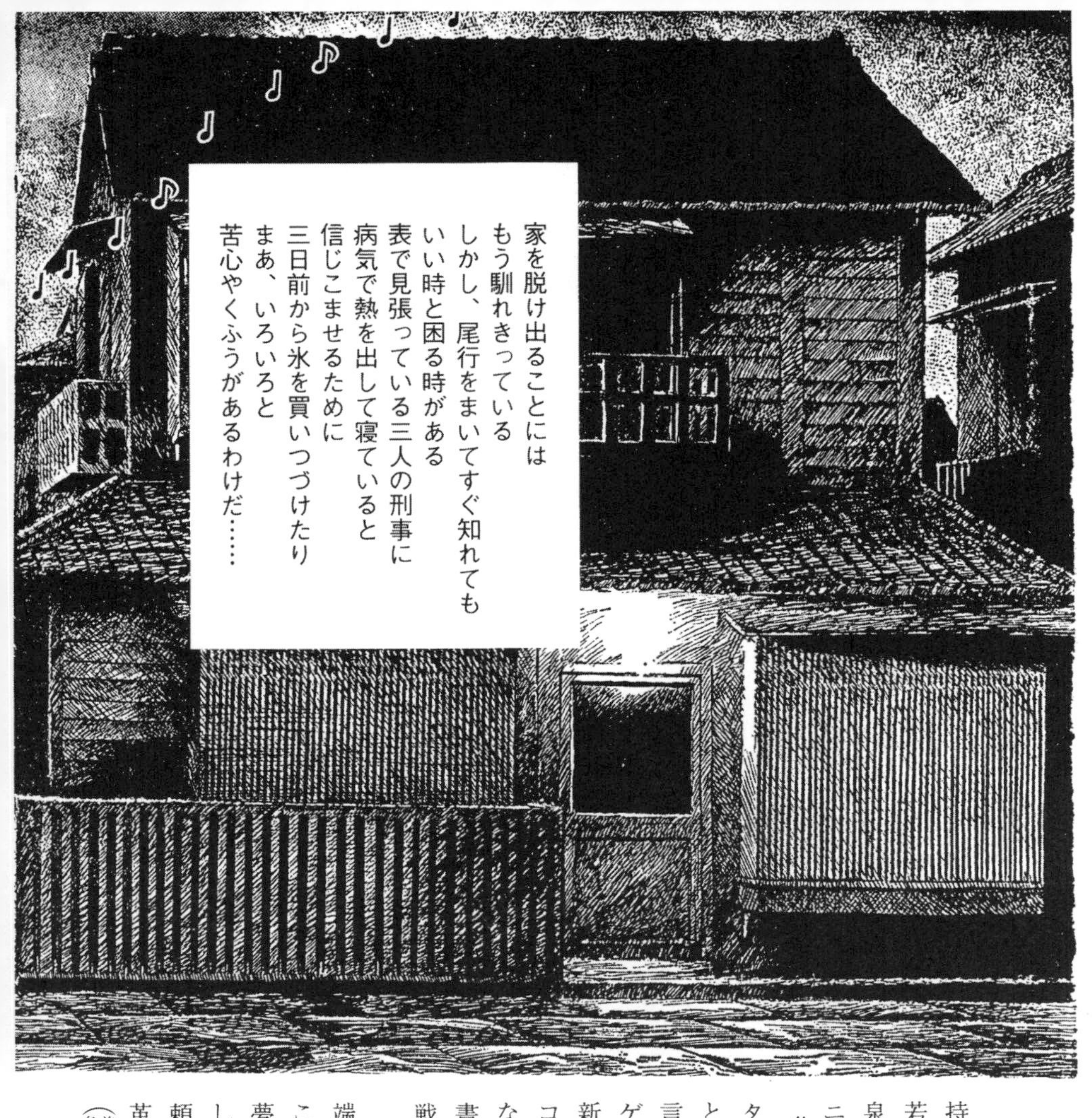

ご老人の百花斉放と、京太郎前号で持ち上げたら、途端にハイジャック＊、若い衆も健在でありました。おまけに泉水サン・仁平クンと、窮民ＶＩＰをニッポン低国刑務所から奪い去って、〝戦力増強〟というより、下層プロレタリア・真人民と隊伍を整える、理論と実践の一致に踏み出したのである。言葉をかえるなら、日本赤軍は山谷にゲタをあずけられたのですぞ。大方の新聞ジャーナリズムは、「使い走りのコマンド」「いずれ弾丸よけだろう」なんぞと、差別まる出しのヨタ記事を書いておるが、彼らこそ究極の革命の戦士・労働者なのである。

金嬉老、永山則夫、石川一雄＊、片っ端から解放してもらいたい。無責任なことをいうな、お前やってみろって、夢野京太郎すでに中年、運動神経鈍磨しておる。かわぐちかいじは、非力で頼りにならない、〔人間、誠意だけで革命家になれるものではないのだが〕（前出参照）と大杉も留保している。やんぬ

るかな黒旗水滸伝、残念ながら言うだけ描くだけ、せめても威勢よく口演ばあいつとめまする。

大正十一年極月——、ご婦人のアイシャドーが猛烈に流行した。『明治／大正／昭和世相史』(加藤秀俊・加太こうじ他著)によれば、この年は平和と繁栄のデモクラシー一睡のゆめ、社交ダンスにはじまって、さしづめいまでいうヒッピー、天幕(テント)生活・無銭旅行。「火星人存在説」(空飛ぶ円盤・大正版ですな)、タコの化けもののような奇想天来のすがたに、全国空想少年は(少年だけではなく空想ジジイまで)夢中になった。ボッブヘア、未成年者禁酒令、いっぽうでは合成酒の登場、男女共学の開始(九州大学)、上野の広小路に仁丹の電飾広告(イルミネーション)、はじめてかがやく。

撓(た)められたエネルギーは

浅草オペラの藤原義江、ロンドンで独唱リサイタル。暗黒舞踊家石井漠、

これもまた浅草六区根岸興行部・立花寛一に資金を得てパリで踊る。佐々木孝丸、〽立て、餓えたる者よ！、インターナショナル歌を翻訳。庶民娯楽の中心、浅草はむちゃくちゃな景気で、エノケンが出現する。流行歌『馬賊の唄』『流浪の旅』『籠の鳥』、雨情・晋平コンビがやや遅れて登場してくる。

有島武郎『ドモ又の死』初演、童話『一房の葡萄』、弟・里見弴は『多情仏心』の連載を時事新報にはじめる。ついでにいえば、文化裁縫学院（後の文化服装学院）開かれ、監獄を刑務所と改称、資生堂コールドクリーム発売、野郎共の間でなぜかオールバックがはやって、「このごろでは本所富川町あたりの立ちん坊人足まで、髪を長くして後になでつけている」（『世相は様々東京みやげ』）

これをようするに、世の中は無事で泰平であった。北陸大雪害、宮古島の大暴風、天変地異はこもごも襲って、ペスト大流行（死者六十七人）、「大輝丸事件」（第二十五回、江連力一郎参照）、

日共非合法下に結成、軍縮失業による官業労働者大デモンストレーション、石川島造船所争議。海の外ではかたやムッソリーニのファシスト政権成立、一方ではソヴィエト社会主義共和国連邦（ソ連邦＝ロシア・ウクライナ・カザフスタン、及び白ロシア）が誕生している。内外の情勢を見れば、ゆれ動き緊迫しておるが、庶民はそんなことは知っちゃいないんで……。

　今回のハイジャックでも、高名なる学者先生が嘆いとった。「かかる重大事件がおきたのに、テレビはのんきにトンデレラ・シンデレラと、CMなど流しているのである。国民は〝ツンボ桟敷〟とあべこべの情報中毒、一切の出来事をショーアップして見せるマスコミに馴らされて、ハイジャック事件とCMの間に何の違和感も抱かぬのである。いったいこの不感症、どこまでゆきつくのか！　ウンヌン」

　昂憤することはない、深刻になやむ問題じゃない。学者先生なんてものは

かくて大杉は、無事ニッポン脱出
神戸から上海にむかう
途中いろいろあれども、省略
上海は大正九年
極東社会主義者会議に参加して
コミンテルンと接触
曾遊の地であったが、
当時より大杉は
汎アジアにおける
革命の協同戦線の可能性を
真剣に模索しはじめた

世間知らずだからして、すぐに人民の自覚なんて野暮をおっしゃるが、人はおのれの身辺・生活に迫ってこなければ、危機なんざ感じないのです。トンデレラのお姐ちゃん（＊研ナオコ）も、マリファナでつかまっちまったことだし、くだらない心配はこのさいご無用にねがいたい。

昭和も大正も同じこと、早い話しが江連力一郎樺太沖の大惨劇など、ハイジャック以上の衝撃を朝野に与えた。ペスト騒動もまたしかり、パニックはいちおう世間をおおったのだが、ノドもとすぎればのたとえ、ニッポン低国人民のすべてをマスヒステリア、大衆狂乱へとまきこむべくもなかった。

と申しますのは、〝繁栄〟のブレーキがきいていたからなんで、そらアンナ・パヴロアがやってきたってえと、特等十五円（現在の貨幣価値で五万円）、四等だって二円だから人々は数千円を投じて、『瀕死の白鳥』を観に行く。ジンバリスト、ゴドウスキー、果ては

そのときに会ったのは
高麗共産党の首領・李東輝
おなじく呂運享
北京大学教授で中国共産党
創立者・陳独秀
彼らはマルキシズムを
信奉していながら
同時に熱烈な民族主義者
だった

李
呂
陳

英国のほんものの王子様（プリンス・オブ・ウェールズ）から、アインシュタインまで呼んじまうという豪華けんらん、成金大日本（〝平和博覧会〟が上野で開かれたのもこの年、バンパク＝万国博なみの大盛況だった）。

日本人の九〇パーセントが、自分は中産階級だと考えているというので、これも学者先生の慨嘆の的。いったいどんな調査をしたのかは知らず、大正時代だって都会人士、サラリーマンの十中八、九はそう考えていた。大杉のいう〝労働者〟、それはまさに窮民であった。自由連合に組織された工員、職人（多くは水平社とダブる）、人夫（屠夫をふくむ）、日雇、仲仕など。さらにまた、『娼妓解放戦争』の章で詳述した売春婦たち、失業者や、世に犯罪者と呼ばれる人々をもふくめて、「地の群れ・最下層の民衆」を指していう概念だったのである。

これをようするに、「国鉄労働者」「全国逓信労働者」「放送労働者」等々、

孫文に対してクーデターを企て
中国革命史上の敵役となった
広東軍閥の陳炯明は
そのころ、無政府主義者や
共産主義者のパトロンとして
すでに後年の〝国共合作〟を
大陸南部に実現していた
いわゆる
広州コンミューンの土壌もまた
彼によってつちかわれ
若き日の葉剣英
そして、張太雷らは
広東解放区に拠って
蜂起するのである

スギよ、何を亜州に
展望するか？

ましてや教職員組合・自治労のたぐいとは関わりがないのであります。これらの手合いを労働者と呼ぶから、〝革命〟〝革新〟の混乱がおきる。

おまけにこういう連中が、あやしげな党派を支えているところに、たとえば「自覚」を喧伝して、まやかしの左翼『赤旗』拡大しさえすりゃ、世の中はひっくり返るなんぞの錯覚成り立っちゃう。ほいでもって、その『赤旗』をくばっとる人はひどい低賃金で、客観的にプロレタリアなんだな、日共企業は理不尽にもうかっとるんじゃないか……。え、話の筋とそれこそ関係ない？ スミマセン、日本共産党に筆が及ぶと我にもあらずカッとなるんで。

かの米騒動を大杉栄は、（とうぜんおこるべくして起った）と規定して、来るべき叛乱を予告したが、支配者も馬鹿じゃないから、軍縮・労農ロシア承認と矢つぎ早に手をうって、民心を収攬する。景気風を吹かせることも、おさおさ怠りなかった（福田ビリケン

窮民・流民……
虐げられた貧しき
人々の群れに

総理は何をしちょるか！）。かくて、大正十一年はデモクラシー残虹の夢に酔い痴れて、添田啞蟬坊ふうにいえば「でも暮しいい」、天下泰平ムードにつつまれておりました。

もっとも、第一次世界大戦後の馬鹿景気と比較すれば経済はとみにくだり坂で、本篇で述べきたったごとく〝繁栄〟のおこぼれにもあずかれぬ人々、あずかることを潔しとせぬヘソ曲りもいるわけで。階級差別社会の奈落に、「なおも人間が人間であろうとして」燃焼する精神を、しんに革命のエネルギーたらしめようとする大杉栄・窮民革命論は、『労働運動の精神』等々の文章に明らかである。

〔精神そのままの思想は稀だ、精神そのままの行為は猶稀れだ〕（僕は精神が好きだ）

〔僕等が資本家に、賃金の増加や労働時間の短縮を要求する。勿論それは、殆んどいつでも、実際の窮乏に迫られての事、生物的要求に駆られての事である〕

〔しかし、労働者が人間である限り、労働運動は決して、此の生物的要求にとどまるものではないのだ。多少楽に食って行けさえすればよい、と云ったものではない。僕等は同時に心中に、〝或る何ものか〟の蠢めいているのを感ずる。蠢めく？ いや、時としては怒濤のように暴れ狂うのを感ずる〕

〔その何ものかの中には、無論僕等の窮乏とは反比例する、資本家の豪奢に対する憤懣もある。彼等の無知蒙昧、横暴に対する激昂もある。しかしそれらの憤懣や激昂の奥底に、寧ろそれを湧き立たせる源ではないかと思わせるもっと深い、もっと大きい或るもののあるのを感ずる〕

〔……僕等はこの服従の生活、奴隷の生活から、自分自身を解放したいのである。そうだ！ 僕等は自分で自分の生活と、運命とを決したいのだ、すくなくともその決定に与かりたいのだ。労働運動とはすなわち、労働者の自己獲得運動、自主自治的生活の獲得運動

であり、人間の運動である」(『労働運動の精神』・要約)
〝繁栄〟と革命の神話——、餓えと窮乏のないところに、人みなが泰平の楽しみを謳歌しているときに、革命はおこり得ないか？ 大杉は否という、人間の胃袋はなおも餓え、それ以上に魂は餓えている、〝階級〟とは経済の概念に非ずして精神に属する、そこに革命の必要は存する。ひっきょう革命とは、人間の自由の全的解放である。新しき秩序をもって古き秩序に替えることではなく、また単に一つの体制を滅ぼして、他の体制に換えることでもないのである、と。

汎アジア・革命戦線を！

——ゆえに、アナ・ボルを弁別せず「社会主義同盟」「労働組合総連合」と協同戦線の試行錯誤を、大杉はくりかえした。コミンテルンの招待にも、虚心に応じたのである。だが一貫して彼の主張は、「一国の解放はその国の労働階級自身が行わねばならない」と

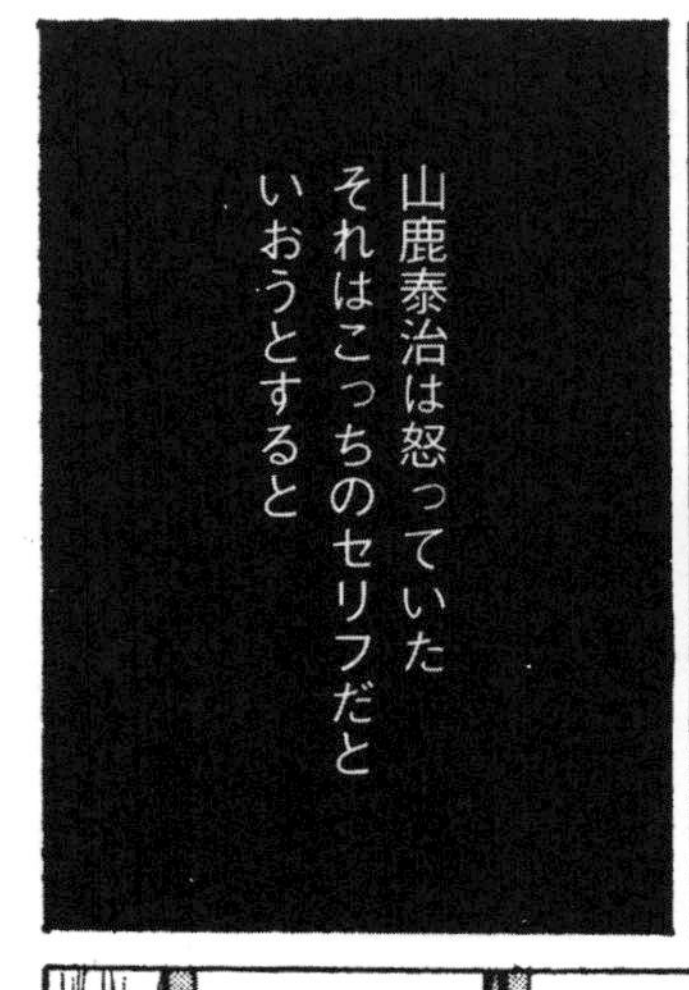

いうことに尽きた。国際組織の指導に服することを大杉栄は拒絶した、その思想に、いわゆる民族派との共通点を見出すことは容易である。

　国内でのボル派との相克、かつての盟友、堺利彦・荒畑寒村らの背反に、大杉は深く失望して、「アジア・アナキスト連盟」の結成を構想する。すなわち、すでに紹介をした論稿『日本の運命』（大正十一年一月）から、汎アジアへと展開する革命戦略を実行すべく、孫文の右腕といわれた故黄興（こうこう）の甥・黄凌霜、『日本脱出記』の中で或る友人と書かれている汪精衛、そしてやはり日本亡命革命家である景梅九、リヨン中華大学の創設者で、留学運動（この中に周恩来・鄧小平・陳毅などがいる）指導者であった李石曾、魯迅の実弟の周作人、黄凌霜と共にA・F（アナキスト連盟）の活動家である鄧夢仙ら、中国の同志たちに働きかける。〝神出鬼没〟の山鹿泰治、東西奔走のたまものであった。

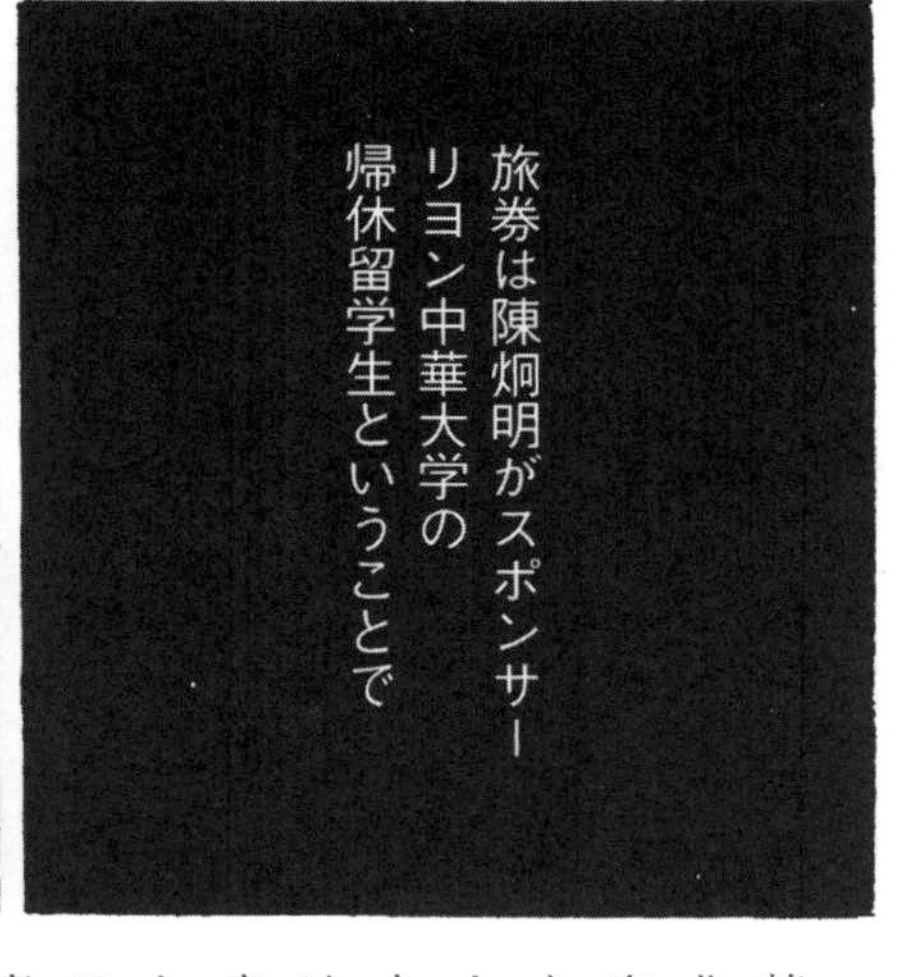

そこに杉山茂丸、北一輝ら右翼との接点があり、とりわけて孫文ぎらいの北と、国民党内クーデターをおこした広東軍閥の陳炯明、その庇護のもとにあった中国共産党の陳独秀と、左右の人脈は交錯する。大正九年（一九二〇）、大杉栄は上海でその陳独秀、おそらくは張太雷（本篇登場、コミンテルンの密使）、高麗共産党の李東輝、呂運亨らと接触している。すなわち〝汎アジア・革命戦線〟大連合を画策する素地は、早い時期につくられていた。

大杉をパリに運んだ、フランス国籍客船のアンドレ・ルボン号は、十二月下旬出発の予定が翌十二年正月にくりのべられ、大杉は上海で中国の同志と充分に話し合う機会を持った。リヨン中華大学（中法大学、中国人留学生のための寄宿舎学校である）学生・唐維（一説によれば唐継）名儀の査証は、山鹿泰治のメモワールでは、いったんフランス領事館に申請をしておいて、正月休みに忍法よろしく同志の一人が盗み

出したとある。

この間に大杉栄は、国際アナキスト大会への情熱を、半ば失っていた。

「上海に幾日いたか、又その間に何をしていたかということに就いて、今はまだなにも言えない。ただそこにいる間に、ベルリン大会が日のべになったことがわかったので、ゆっくり目的を果すことができた……」と、『日本脱出記』（復刻・世界文庫版『大杉栄全集』収載）にいう。

そもそも、中国におけるアナキズム運動はパリにおける李石曾、張静公の『新世紀』の流れと、大杉栄のエスペラント学校で影響を受けた、在東京留学生の流れがある。その中心が後に国民党の大立物になった張継、そして「光復会」のメンバーだった劉師培（光漢）・何震（かしん）の夫妻である。彼らは『天義報』という機関誌を出して、大いにアナキズムを宣伝した。

そして本国では劉師復、姓を廃して師復、エスペラント読みでシーホーと名乗った彼は、孫文らの「同盟会」の

支那人同士、だましっこは
決してしないんだ
そりゃ、正直なものだよ
婆さんがキップをなくしたら
帽子をまわすんだ
乗合の客たちが、
たちまち銅子児（銅貨）が
一杯あつまっちゃってねえ
まあ、便所の黄金水には
参ったけれどね
しずくが垂れたって
「借光（ご免なさい）」で
誰れも文句なんかいわない

一員として清朝要人暗殺に挺身する。

このころ中国の革命青年は、徐錫麟の安徽省巡撫使暗殺、日本留学生の秋瑾女士が加わった同じく安徽省大官みな殺し計画、汪兆銘（精衛）による摂政暗殺未遂事件等々、〝血債〟を圧制者たちにもとめる直接行動に、例外なく彩られている。師復は一九〇七年（明治四十）、広東水師提督・李準に炸烈弾を投げつけたが、直前暴発して右手首を失い逮捕された（＊二十三歳）。

獄中アナキズムに傾倒して、孫文のもとへは戻らず、「暗殺団」を釈放後結成、ついに李準を殺す。さらに広州将軍の鳳山を爆殺し、汪兆銘未遂の摂政暗殺を実行しようとしたが発覚、武闘をしばらく放棄、「海鳴学舎」を設立してアナキズムの研究宣伝、及び世界語としてのエスペラント語の学習運動にたずさわった。

……山鹿泰治は、この師復と密接な関係をむすんだのだが、ストイックを通りこしたきびしい規律と粗食には、

ほとほと閉口したらしい。ごちそうといえば豆の煮たの、マントウ（ふかしパン）だけのときが普通で、唐辛子の塩漬けを箸の先につけて舐めるのが、すなわちおかずである。それでも山鹿泰治は八年間、菜食を守ったのだが、大杉の旅券を手に入れるべく、上海にむかう車中で、空腹に耐えかねキジの丸焼きをむさぼり食って、〝戒律〟を破ってしまった。

師復の革命結社「心社」、〝同志の掟〟は左のごとし——

①　肉を食ってはならない
②　酒・煙草を喫してはならない
③　僕婢を使用してはならない
④　結婚してはならない
⑤　姓を名乗ってはならない
⑥　官吏・議員・軍人になってはならない、政党に加入してはならない
⑦　宗教を信じてはならない
⑧　人力車・カゴなどに乗ってはならない、——以下、略。

かくて、大杉はパリへ——
ニッポン脱出行完了
次回は舞台を東京貧民窟にもどして
ひさかたぶりに難波大助の登場

校註

劇画カット隅に＊印付与の写真は、出典が不分明のため刷り直しができず、今回新ためて登載したもの。タイトルの上の数字は本文の所載ページを示す。

3夢野京太郎〔夢の京太郎、イミヌ・チョンダラーが初めて登場したのは72年春、同人誌・闇一族掲載の『我観／京太郎琉球史』。京太郎とは人形まわし、「人籍に登録せられざる流浪の民」と大江匡房著『傀儡子記』にはある。京の都の辻々から琉球まで、人形の箱を提げ面垂つけて謡いはやしながら漂泊した。琉球語でチョンダラー、夢はイミ、のはヌである。竹中労はまずこのペンネームを〝分身〟とし、ほぼ同時に覆面作家・夢野京太郎、週刊小説誌上に情報・空想&予見小説と銘打ったフィクション・ノベルズをひっさげて現れる。

昭和初年、労の父、英太郎は大衆画壇の流行児として「新青年」等に幻怪な挿絵を描いた。江戸川乱歩小説の装画が代表作とされるが、英太郎自身は同郷の異端作家・夢野久作のために描いた『押絵の奇蹟』『犬神博士』等々に、ふかくたのむところがあった。〝夢の〟を久作の夢野とあらためたのは、父子相伝の因縁による。『連合赤軍リンチ事件』が夢野京太郎名第一作、梅内恒夫——下巻参照、地下からのアピールを呼起したこの空想小説は、久作の文体が模写されている。つづいて『ロッド空港銃撃戦』、新聞報道に先立ち三戦士の名をいいあて事件の全貌を解明、継走した小説群のうち十篇を73年3月に出版。この時点まで、〝群体〟として夢野京太郎の文章活動は機能した。取材・執筆を共働したメンバーを全て公表することは、いまさしひかえねばならぬが、「週刊小説」に発表の場を設けたのは五木寛之氏であり、故人となったルポライター児玉隆也も当初メンバーの一人であった。

72年春、連合赤軍の惨劇、沖縄復帰反対運動をめぐる日帝権力の弾圧等々、暗黒に身をかくして、あるいは夢に仮託してものをいわねばならぬ情況があった。欺罔に対しては欺罔を対置して、目瞞し・からくりの〝文筆ゲリラ〟、傀儡子をまわすことが必要だったのである。太田竜の軽率極まる暴露で、竹中は官憲から家宅捜査を受け、尾行につきまとわれる迷惑を長期にわたりこうむった〕（竹中労『浪人街／天明餓鬼草紙』あとがきより）

本文中に72年蒸発と記されているものの、『博徒ブーゲンビリア』完結後の翌74年週刊小説3・1号に夢野京太郎『アラブゲリラ・赤軍の世界戦略』の掲載がある。なお、〝匿名性〟についての論考は『ルポライター事始』に収録。

6太田竜理論　三一書房刊『辺境最深部に向って退却せよ』。71年末～72年のひととき、太田竜が未曾有の方法で革命思想を展開した論文集。いわく、「階級支配の原基形態としての植民地支配」「マルクスは資本主義の法則を商品法則のみにもとめ、資本の原始的蓄積を、政治的な上部構造に投げこんだ」「国際革命戦争―反革命戦争の局面に突入し、大衆がアラブ・中央アジア南正面&東正面に攻勢をとっていたとき、レーニンとトロツキーはこの傾向に完全に盲目であった」etc.〔誤解の総量の絶対値の大きさをもって革命思想たりえる方向の提出、竜将軍に対して竹中労が強力

に作用している」（平岡正明）

12企業爆破グループ　東アジア反日武装戦線「狼」は74年、天皇ヒロヒト処刑計画未完ののち、三菱重工ビルを爆破し死者8、重軽傷376名。以降もアジア侵出企業が標的となって、75年2月には合流した「大地の牙」「さそり」と共に、間組爆破を三度にわたり決行。5月、主要なメンバーが逮捕されたときは各自青酸カリを携帯、一人は服毒死を遂げた。直ちに交番爆破九件、〝反日〟を名乗る爆弾闘争は、北海道警察・道庁、東急観光等々、70年代末まで続けられた。逃走・検挙の過程において、さらに二人が自決、三名は日本赤軍の奪還作戦で獄外へ、四名に死刑判決。

三菱重工事件よりまもないある日、東京大手町を歩きながら竹中は言った。「昼間のん気にこの辺りをうろついてる人間は、やられたって仕方なかろうね」。

45奥月宴　『天皇裕仁と作家三島由紀夫の幸福な死』『天皇裕仁は二度死ぬ』『ジャリ天ロード』を生んだ冥府の作家。第一篇あらすじは、さる皇族（美智子現皇后？）との密会の夢地にいる三島へ、楯の会青年より天皇暗殺計画の情報。二人は危機一発で裕仁をヘリコプターに乗せて救出、しかし、誘拐とみた警察・マスコミに追われ、東京タワーに激突して果てる。作品は三島由紀夫自決の四ヶ月前に書かれた。前項も含め、これも『ルポライター事始』を――

68小日向白朗　1900年新潟に誕生、十七歳でひとり奉天へ。「任侠」をかかげて大陸疾走、緑林の徒の人望をあつめ馬賊の大頭目となる。が、時代は冒険的雄飛をゆるさず満州事変、志は同胞への信義と祖国への愛に引き裂かれ、日本軍閥の機会主義に扼殺された。自署『日本人馬賊王』、朽木寒三『馬賊戦記』のモデルでもあり、抗日パルチザン劇映画『小白竜』の主題歌は、中華人民共和国の国歌となった。

91『腹々時計』　東アジア反日武装戦線・狼が出版した、兵士読本。四年後に発行の第2号は、武器製造マニュアル。〔我々は朝鮮・台湾・中国大陸・東南アジアを支配しアイヌモシリ・沖縄を同化吸収してきた日帝の子孫である。そのさらなる収奪と犠牲の上に、帝国主義本国人である我々は〝平和で豊な小市民生活〟を保障されているのだ〕（第1号／はじめに）

94純正アナキスト―純正無政府主義　辞書的定義ならば、〝不純なものを一切拒絶しようとし、激化すれば労働組合運動を反革命とののしる姿勢〟であるが、こう書くだけでノレン争いの語義を語るような気のする、妙なタームである。秋山清いわく、〔アナルコ・サンジカリズム（労働者の直接行動を革命の手段とせよ！／引用者註）を対象とするのなら、アナキストでよい。大正末期から昭和初期、アナキズム運動の中にそんな呼称がいつともなく生じ、用いられる度数が多くなっていった。この時期における、アナキズムの先細りの原因、その様相をもっとも端的に説明するものがこの現象である〕（『日本の反逆思想』）

102救世軍　十九世紀末、英国プロテスタントに始まる。軍旗・楽隊・制服の軍隊的秩序をもって独自の伝道戦線を展開、在来の協会には対処できない社会的ニーズに即応する進撃的活動を発揮。ロンドンに本部を置く国際的団体へと発展したが、日本の場合は真珠湾攻撃前年の宗教団体法令で解散、戦後再建され現存する。

122宮本百合子的モラリズム　たとえば、近代リアリズム文学の傑作とされる『伸子』。〔罪の意識や肉体的嫌悪感を欠落した人間の理解の明るさ、つまりどうしようもなく正常であるがゆえの異常は、彼女の人生の前半の総括というべきこの作品において、間然するところがない。清く正しく美しいその汚れなき純粋透明な毒。非転向の矜持、裏返していえば転向者への不寛容」（竹中）。〔お茶の水高女出身の新進女流作家と、貧しき東大マルクス・ボーイとの出会い〕、のち共産党委員長となる〔顕治の趣味性向は、百合子との共同生活によって決定された〕。そう、多数派工作の最良の武器は公序良俗モラリズムである（下巻に関連記述）。

164 **ココロのボス**　竹中労愛読連載・赤塚不二夫『もーれつア太郎』のプレイヤー。顔はタヌキ、将棋縞のダブルの背広を着用、毛皮のしっぽをもつ。教訓・思想・命令を述べるとき、語尾にココロをつらねる。職業はギャングの親分か。ア太郎に呑天気なたたかいを挑み、それに子分二人（匹？）と他の脇役がからんで物語りはしっちゃかめっちゃか、過激に展開する。

本棚に残っている『赤塚不二夫１０００頁』、贈呈の署銘は本章執筆のころ。劇画のかたすみで、氏にありがとうを言ったのだ。「むだぐち解説はおしゃまいのココロ!!」

186 **コミンテルン**　第三インターナショナル、ロシア革命後モスクワに創設された、国際共産主義運動の指導組織。実態は、ソヴィエト・ロシアの防衛を世界革命の名のもとに優先させ、国内での党権力確立と、対外的影響力強化のための手段でしかなかった。第二回大会レーニン起草のテーゼ、「世界革命の達成はけっきょく、先進国労働者階級の勝利によるだろう。だが植民地・従属国に進歩的ブルジョワ解放運動が存在するならば、これを支持すべきである」

中国に関して記せば、**国共合作**に頑強に抵抗した共産党（陳独秀グループ）はコミンテルンの圧力を受けて、聯省自治派の陳烱明と袂を分かち統一主義派の孫文と結ぶ。**21**年三回大会、「大衆へ」をスローガンに**統一戦線**結成戦術の採用→本文二十・二十四回、山川均の理論。スターリンは第二次世界大戦連合国・米英への譲歩のひとつとして、**43**年これを解散させた。

198 **ポツダム左翼**　１９４５年ベルリン南西部のポツダムで、米英ソ＋中は日本の占領・経営の骨格となる文書に合意した。軍国主義の除去・領土の範囲・戦争犯罪人の処罰・基本的人権の尊重等十三項目の〝理念〟にもとづくアメリカ占領軍に左翼&進歩的と称する知識人は迎合し、宣伝に協力。敗戦の混沌を革命に転化する機会を失い、己の戦争責任は放置・隠蔽して〝犯人〟の追及に血道をあげた。大衆文化（日本的なるもの）は軍国主義の温床と否定され、階層差別は強まり、大消費国アメリカの縮小コピーの道をたどる。

336 **ミラボオ**　異相の体躯につき、通称あばたのミラボー、フランス革命期の政治家。侯爵の子として生れ、数学・音楽・美術にたけるも、奔放不羈な性格と放蕩で破産・不倫・投獄を重ねた。大衆的反乱の進行下、国民会議の英雄に。革命と君主制、国民の自由と強力な行政機関の融合を図って奮迅するが、四十二歳で病死。ラファイエットの批評、「自分の信念に背かずに人を裏切る」・本人の意見、「ちっぽけな道徳が、大儀を滅ぼす」

336 **ダントン**　フランス革命が起こるや、屈指の雄弁・熱血的性格・魁偉な容貌にてパリ民衆の共感をはくしリーダーとなる。君主制廃止をめざす「蜂起コミューン」を組織、ルイ十六世死刑に賛成票を投じた。内外の反革命圧力に向い穏健政策への転換を仄めかして危機に抗す。経済統制と独裁恐怖政治の緩和を要求するも、病的潔癖人・ロベスピエールに敵対され、偽証によって断頭台へ、享年三十五歳。

337 **革新自由連合**　与野党伯仲の情勢下、

76年の参議院選挙にむけて、竹中が構想したプログラム。〝党派の政治〟を全否定、いわば無党派のエネルギーを結集する場の創造。非政治的局面に人々の〝自由な連合〟を、五木寛之氏と話し合ったのである。

当時のメモを見れば、全国区6・地方区9で計15名を立てる。候補者を含め百人委員会（バートランドラッセル・アイデア）をつくりアピール。十名当選と仮定して、各三人の秘書がもてる↓三十人のオルグ団誕生。自由連合であるから「規約」を設けず、憲法や民主主義を守れなどといわない。北海道・東北・東京・埼玉・北陸・関西・中国&四国・九州・沖縄と日本を割る。立候補予定者は、寺山修司・鈴木邦男（落選確実、竹中談）、大橋巨泉・小沢昭一・羽仁五郎・小沢僚子・俵萠子・野坂昭如・大島渚・藤本義一etc。同年暮、フィリピンより戻る機中で計画を校註者に語った竹中は、「もう九人には渡りをつけてあるよ」と笑った。

彼自身はキネマ旬報社告訴準備に忙殺され、矢崎泰久に実務をゆだねた。が、「目の寄る処にタマはよる」（小沢僚子、井家上隆幸談）、党派のミニチュアを望む人々の告げ口・陰口に始る工作でパージのなりゆき。而して公選法確認団体基準10名、彼らはナマリの候補者をようやくかき集めたものの、惨敗。中山千夏&矢崎は登場者が全員仮名の賎しい〝モデル小説〟、『湿った火薬』を書いた、「あいかわらずバカやってる」と竹中は苦笑するだけ。幾年か後、雑誌のスキャンダリズム特集への寄稿の折同書をネタにして愉快に粉砕、彼らよりの反論は無かった。（『人間を読む／必見・かい人21面相どの』に収録）

340**普通選挙要求**　帝国議会の二院制は、貴族院は世襲か・天皇任命の勅令議員で構成、衆議院に投票できるのも多額納税者のみであった。運動は、大正十年代に入り大衆的盛況にいたる。1925年新選挙法通過、有権者は二十五歳以上の男子と制定された。

大杉たちアナキストは普選要求を掲げなかった。幸徳秋水より連続する直接行動の思想・反議会主義である。代議政策は社会革命の気勢をそぎ権力を発生させてしまう。「本能の偉大な創造力」、労働者の自己主張と近代的自我を抱合させて彼はいった、「運動に最後の目的はなく、理想は運動そのものの中に刻まれてゆくのだ」

354**マナイズム**　マナはメラネシア語圏に由来する、非人格的な神秘的・超自然力。人間・霊魂・動植物・無生物にこもり転移性が特色である。このことばより派生して、原始的信仰形態をマナイズムと呼ぶ。

359**〝獄中十八年〟**　ローベル・ギランらの外国人特派員に見つけてもらい釈放された志賀義雄と徳田球一は、敗戦後日本共産党最高幹部であり、水戸黄門だった。戦争責任（有効な反帝闘争を組織できず）を省みないで、この印籠が目にはいらぬのか！　側近がさっと突き出すは共著、『獄中十八年』。

366**同対審ものとり闘争**　灘本昌久によると、水平社結成以来の瞠目すべき闘いは〝徹底的差別糾弾〟だった。寺や集会所等公開の場に差別した人間を呼び出し、大衆の前でその非を明らかにする。「宣言」が部落民をささえる思想的ベースであり、〝糾弾〟はそれを物質化する方策だった。賎民たる自己の存在の重みに耐え難かった心は、包囲され縮みあがる憎らしい差別者の姿の前で解放されてゆく……。

しかし差別意識は温存され、悲惨な生活状況も変らない。30年代から闘争の重心は行政当局への施策要求にうつった。貧乏だから差別されるのではなく、貧乏は差別の結果である、と。……60年同和対策審議会＝同対審設置、69年同和対策事業特別措置法可決。四十年に及ぶ行政闘争は高度経済成長ともあいまち、部落の生活を画期的に引き上げた。けれど解放の道筋に関する議論は、なお貧困の克服。部落問題の啓発活動も「低位性」を強調し同和事業をひたすら正当化する。廃屋同然のあばら家より2Kの小さなアパートへの引越しは、壮大なる一歩ではあった。だが、3DKの住宅から4DKへ住みかえることが部落差別をなくすことにつながるのだろうか。(『解放運動の解放』92年、月刊思想の科学)。

389**クロンシュタット叛乱**　帝国バルチック艦隊重要拠点・クロンシュタット要塞の水兵たちは、ロシア革命武装蜂起の主力であった。その輝ける兵士たち一万六千が21年、ボルシェヴィキ政権に叛乱する。内戦終結での開放感・戦時共産主義政策による餓死者の続出、激発した憤懣はソヴィエト権力への刃となった。都市部ストライキ労働者と連携して決議された要求――

秘密投票によるソヴィエトの即時改選、全労働者と農民・アナキスト・左翼エスエルらの言論出版&政治活動の自由、あらゆる政治犯の即時釈放、一切の被逮捕者の再審査、食料徴発隊の解散、農民の土地利用&手工業者生産の自由等々。レーニン、「彼らは反革命の梯子」と言明、決起わずか六日目にトロツキーは要塞鎮圧を開始する。数千の屍、生き残った叛乱兵はシベリアへ。世界革命のために創設されたはずの労農赤軍が、大衆弾圧に動員された最初の事件であった。

398**経団連乱入事件**　77・3・3、武装した〝新右翼〟の野村秋介ら三人、大手町経団連ビルに乱入して常務理事他十二名を人質、会長室に立てこもる。「財界の営利主義は山河の荒廃を促がし社会を混迷させ、日本的清明と正気を救いがたいところまで侵蝕した」、檄文をまき土光会長に回答と面会を要求。土光は不在、作家川内康範・国会議員麻生良方が説得に出るも、ロビーで足止め、膠着状態。三島由紀夫未亡人の登場で明け方終結……、三人は懲役5年、河野邸事件で12年の野村は6年・計18年。

投降・武装解除、〔士のエートス、そのいさぎよさと脆さ、義によって立つものは義によって屈する。〝右翼武闘派〟のアキレス腱である。背中に浴びせられたのは、「なぜ自決しなかったのか」という悪罵。マスコミ・市民社会のリンチがはじまる。

三月三日、六十年をさかのぼれば水平社結成の日であり、さらに六十年前には伊井大老斬殺。「桜田門外の変」は、安政大獄の幕府強権弾圧を一点突破して、時の流れを明治維新へと向わせた。この日を選んで決起した事実に、経団連事件の目的と思想は集約される〕(『獄中十八年』、竹中解説)

407**YP体制**　第二次大戦の末期に米ソで談合した地球ぶん取り協定に始まり、環境破壊、難民・流民の離合集散の拡大、少数民族の衰滅をとめどもなく続けゆくシステム。

408**社会党協会派**　社会党＝現社民党は、戦後に共産党を除く、無産政党の関係者が団結して結成された組織。その左派は山川均系の正統マルクス主義を自称する「社会主義協会」を理論的支柱としていた。再軍備が焦点であった53年の総選挙で、〝青年よ銃をとるな〟をスローガンにやや議席をのばす。この結果が左派主導路線を公認し、党の方向を縛ることとなった。

418**猪仔貿易**　猪仔は広東語で豚の子。十九世紀に入って欧米の植民地経営は膨張、綿花やゴムなどのプランテーション・鉱山等に大量の労働力を必要とした。困窮する人々は低賃金契約労働者となり海をわたった。船底に詰込まれ、奴隷同然の移民暮し、猪仔船、猪仔館（タコ部屋）の言葉まである。

455**三島由紀夫自決をめぐる論議**　〔三島が問いかける天皇制論議に対し、東大全共闘「革命的学生」諸君は答えるスベを知らず、なぜか、友好的ムードを通わせてしまう。それは、戦後左翼が革命に土着の方向性をあたえる作業を終始一貫怠り、戦前の革命運動の理論的・実践的破綻をついに縫合しないまま今日に及んだからである。〝新左翼〟を称する諸セクトが、日共批判をラジカルに展開しながら、中央集権的指導部のエピゴーネンを脱却できない理由もそこにある〕（竹中『山谷／都市叛乱の原点』、69刊）

70年暮、森田必勝ら楯の会会員らと三島由紀夫は市谷陸上自衛隊に突っこみ総監を逮捕、幹部に刃傷を及ぼしてバルコニーへ。激しく野次る隊員に向い、自衛隊が建軍の本義を回復するためには憲法改正が必要と演説、決起をうながす。総監室に戻って、三島・森田は割腹,同志の会員が介錯した。とまどいと熱狂のジャーナリズムの論点を並べれば、狂気、ハプニング喜劇、文学者の純心、エリートの思い上がり、暗い谷間への予兆、同性愛心中……

455**川端康成騒動**　72年4月、海を見おろす南欧風のマンションで国宝級美術品に囲まれてガス自殺。ノーベル賞作家であり、遺書を残さなかったことから世間は興奮し推理合戦。顕彰があらかた終るとスキャンダルの続出、骨董商への多額の借金、お手伝いの少女に逃げられた、睡眠薬中毒だった、あの夢幻的作品はラリって執筆かな、モデルの美女を発見！　揚句は三島由紀夫ゴーストライター説までとびだした。

509**〝文化大革命〟四人幇の追放**　文化大革命を発動し、自身もゆれながらブレーキをかけた毛沢東が76年に死去した。翌月、毛側近の江青・張春橋・姚文元・王洪文が逮捕されて、諸悪の根源と徹底的な弾劾の末、死刑・無期・懲役20年の判決。福本勝清は書く、〔この未曾有の歴史事実をユートピアをめざす大衆運動の一つとみなせば、以下のような区分も成り立つだろう。

一、本物の革命を目指すことを、多勢が信じていた時期。紅衛兵の登場、経験大交流、武闘を経て、若者たちの農村・辺境への下放に至る時期。二、理想に燃えた少年少女たちが去り、権力者たちが革命を目指すと称し覇を唱えた時代。三、惰性の時期。ごく一部を除き、誰も革命を目指しているなどとは、信じていなかった時期〕（『中国革命への挽歌』）

538**ハイジャック**　ダッカ事件、日本赤軍一連の軍事行動のひとつ。77年パリ発日航機乗っ取りバングラデッシュに強制着陸、奥平純三、東アジア武装戦線二名、刑事犯泉水博・仁平映の釈放と六百万ドルを日本政府に要求、「超法規措置」がとられた。泉水は刑務所の劣悪な管理行政に反対して看守を加害、仁平は獄中者組合闘争や鈴木国男（『ルポライター事始』に記載）追悼ハンスト決行と、その反権力性が〝指名〟の根拠といわれている。

泉水は88年、フィリピンで逮捕。ジャパニーズ・エリア暮しの彼の態度と、泉水に適した任務を設けられなかった日本赤軍を、竹中は批判した。

538**石川一雄**　63年、埼玉県で女高生が誘拐・暴行・惨殺される。警察は身代金を受取りにきた犯人を捕り逃がし、後に石川一雄を別件逮捕、地裁で死刑判決がおりた。部落解放同盟は、被差別部落出身者への差別的偏見によるもので冤罪と断言。労組・市民団体・新左翼各派・野間宏などの文筆家も加わり,広範な抗議運動が展開された。石川一雄は公判途中より無罪を主張するが高裁無期懲役、最高裁は上告を却下した。94年仮出獄、現在も再審請求中。

『黒旗水滸伝』の頃
かわぐちかいじインタビュー

——僕は、かわぐちさんの作品では、海江田四郎の子供のころをかいた『瑠璃の波頭』、すごく好きでしたね。『沈黙の艦隊』を一番最初に拝見したときは、むしろ深町の方にウエイトがあったような感じがしたんですが。でも……

かわぐち そうなんですよ。途中で変わりましたね。あれは、初め刑事と犯人のパターンなんです。最初、深町というのを主人公でかいて、深町が犯人・海江田を追いつめるという設定だったんです。熟練の刑事が犯人を逮捕するという形でやってこうかなと思ったんです。だけど、刑事に徹している人って動かしづらい、事件が起きてリアクションとして動くわけですから。しかし、ドラマは事件を起こす犯人のアタマの中にこそある。刑事役の軍人て、変な事を考えにくいんでおもしろくない。で、途中から、そこから逸脱していこうとなると、海江田という犯人役の軍人の方がおもしろいんじゃないかなとなった。それで、海江田の顔つきを変えていった。深町の顔というのは自分がけっこう手の内にあるキャラクターなんですけど、海江田というのはあんまりかいたことのないキャラクターだったんです。

——最初、海江田の顔は能吏というか、優秀だけれども冷たいという印象の顔でしたけど、変わってきた。

かわぐち ええ。軍人であるけども芸術家、芸術家でありながら政治家、これがかき込めたらおもしろいんじゃないかという編集の要望もあって、これは深町より海江田の方がいいぞと、重点が連載して半年か一年弱ぐらいで変わりました。深町を主人公でいくと、話の中にあれほどのいろんな多種多様な要素って入らないと思うんですよ。深町はもう軍人であることで成立してるわけです。軍人ってもの考えちゃいけないですからね、基本的には（笑）。また、あの当時、一九九〇年から四、五年の間、もう世紀末、世紀末の十年だと言われ始めて、今後どうなるかわかんないぞっていう不安な気分になってきていた時期だった。

漠然とした次世紀への不安感みたいなのがあって、そういう時代の雰囲気が大挙して自分がかいていて乗り移ってきたというんですかね。決して自分の漫画をつくっていて、それだけの力で表現できたとは思えないですよね。なんか途中でね、どんどん、何かに後押しされるような感じがしていた。こんなこと言っていいのか、ここまで言っていいのかなとか自問しながら、でも、行っちゃうおうか、行っちゃおうというような状態でしたね。アメリカまで行って戦争するというようなことをかいていいのか、本当やっていいのかなという不安感でブレーキをかけたい気持ちはどっかあるんだけど、いや、これはブレーキかけない方がいいな、おもしろいなという、やっちゃおうというようなね。

あれは、うーん、日ごろのバランス感覚抜群だと思ってる自分にとってみるとですね（笑）、あんなことはなかったですね。それは多分ね、自分だけの発想じゃなくて、世の中の、まあ僕らの世代といってもいいんですが、二十一世紀に日本どうなるんだと、アメリカとの関係をテーマにした場合どうなっていくんだというようなことに対しての、不安を持ってる空気が伝染したんだと思うんですよ。そんな感じがしますね。

――ところで、かわぐちさんが、昭和四十二年に大学に入られたころは、ちょうど全共闘運動真っ盛りですね。

かわぐち　そうですね。僕らが入る二年前に早稲田大学で、学費値上げ反対闘争。それから明治大学とか中央大学とか、あの辺全部が学費値上げ反対をきっかけにみな学生運動の最盛期でしたね。受験自体、機動隊に守られて行なわれて、入学式も五月に延期になってというような、ゴタゴタした年でしたね。もっとも僕らは田舎の高校生で、全共闘運動というのはほとんどなんもわかんなくて東京来たもんですからね、びっくりしましたね。

——漫画は、大学入る前からおかきになっていたんですか。

かわぐち　そうですね。まあ遊びでは小学校のころから、有名な漫画家の模写したりしてたんですが、漫画を自分でコマを割ってストーリーをつくってかこうというような発想したのは中学校ですかね。中学校のときはまだ鉛筆でかいてました。で、漫画家というのはこういう道具を使ってこういう紙にかくんだという情報がなんかの雑誌にあって、じゃあそれをやってみようって始めたのが高校二年ですかね。

——弟さんの川口協治さんもおかきになりますが、かわぐちさんの影響ですか。

かわぐち　いや、二人一緒ですね。弟と言っても双子ですから、二人で漫画にのめり込んで、読むだけじゃなくて、漫画をかくということに夢中になったのが、同じように同時、中学校、高校時代。どっちが教えてどっちが何だっていうんじゃなくて、一緒にやってましたね。

——大学入られてから、全共闘とはどういうかかわり方でしたか。

かわぐち　漫画研究会という大学のサークルがあって、そこに所属していました。それで、漫研は、「文連」（文化サークル連合）っていうの入っている訳です。そうしないと予算や部室がもらえない。けっこう運動の盛んな文化連合だったんですけど、漫画研究会にもストライキとかデモとか活動を要請してくるんですよね。それで、サークル連合のデモ隊なんか入るわけですよね。

しかし、明治大学の漫画研究会というのは、セクトとかそういう政治運動のグループに入ってみんなと一緒にやろうという雰囲気じゃなかったんですよね。やっぱりどっかで漫画という表現媒体そのものが、はすに構えたというか、世の中を正確に見るにはちょっとはすに構えなきゃいけないとか、運動の中に身を置くんじゃなくてどっかヤジ馬的な感じで見ていかないと漫画というのは表現できないんだというような感じがあったんですよ。漫画研究会そのものの伝統として。先輩からみんなそうです。

関心は持ってそれを見てるんだけど、セクトや学生運動には近寄らない。一応おつき合いという形では学生運動のいろんな団体と行ったり来たりはするんだけど、じゃあ本気になって彼らと運動やろうということにはならない。どこか気持ちの底の部分でそうじゃないんだと、漫研の人間はみんな思ってましたね。

そういう意味において全共闘運動に対しては、ずっとヤジ馬的なあり方でしたね。

——卒業して漫画家としてデビューなさるわけですが、初期の『血染めの紋章』は、二・二六事件前後の話で漫画雑誌のテーマとしてはかなり異色ですね。

かわぐち　ああ、そうですね。でもね、今は漫画の世界は新人が出るにはかなり厳しい状況ですけど、その当時は、新人がデビューするためのハードルの高さとか間口がもっと厳しくなかったんですよね。それに、どういうものがウケるかとかそういうことが、その当時はまだだれもわかんないんですよ。今はガッチリ管理してリサーチもちゃんとやって決めるんですが、当時はそういうのが一切ないとこでみんな手探りでやってるんですよ、編集者も。どういうのがおもしろがられてどういうのが当たるのかっていうの全然わからない。

しかも、劇画というジャンルが出てきて年数なかったわけですから、何ができるか、どういう表現できるかっていうのもわかんないんです。「あ、これもできるんじゃない。あれもできるんじゃない」「やってみようか」っていう、そういう時代でしたから。

劇画そのものの年齢が若かったと言いますかね、編集者も若かったというのもあるし、僕らも若かったし、まあわかんないところは「じゃあやってみようか」、「やりたいんだったらいいよ、やっても」

というような感じでやらしてくれたんです。

――『血染めの紋章』みたいなものをかこうという、かわぐちさん自体の背景には何があったんでしょう。

かわぐち　うーん。まあ僕らのおやじの世代は、ちょうど太平洋戦争のときは青年で兵隊に出ていますよね。幸いというのか、うちのおやじ自身は前線に出たという経験じゃなくて、海軍として掃海艇で太平洋とか日本海とか東シナ海あたりの機雷を除去する任務についていた。だから敵と遭遇してドンパチやったという経験がなくて、よく当時の話を子供にするんですよ。どういう船に乗ってどういうところへ行って、どういう隊長がいてというような、戦争にまつわる自分が経験したことをすごく楽しそうに話してくれるんですよ。

それから、おやじは、僕らが映画好きだったもんで映画によく連れてってくれたんですが、やっぱり戦争物が多かった。一方なんかすごく暗い話もあるわけじゃないですか。しかしおやじの話は明るくて楽しい。そこに子供ながらに太平洋戦争って何だったんだろうなっていう戦争に対する関心は割とあったわけです。

また時代は、ちょうど少年漫画雑誌などで、太平洋戦争のころの軍艦だとか飛行機、戦闘機などの情報を出し始めたころなんですよ。僕らはそれに飛びついて、太平洋戦争って何だったのだろうと思い始めた。そこから先に行けば、戦争というもののエネルギーに引き込まれて、なんか大変なことやってたみたいだなというようなことは、すぐ反戦だとか何とかじゃなくてワクワクドキドキですよね。だからみんな少年としてはそういう情報に接しておもしろいと思う、みんなそこに行ったんじゃないかと思うんです。それは第一次プラモデルの世代と重なるんです。

ですから、兵器や戦闘のエネルギーのような表面的な戦争への興味からはいって、それを調べていくうちに、何でこの戦争が起こったんだというようなことも興味出るわけですよ。具体的にはパールハーバーがあって、その前に日米の外交レベルの交渉があって、それがうまくいかなくてというのがある。次々調べていくと、どうしても二・二六とか五・一五あたりの青年将校たちの反乱にぶちあたってくるんですよね。それが鎮圧されて太平洋戦争への道筋ができ上がってくるらしいと。なおかつ二・二六事件では東京の町の中に戦車が走ってるわけじゃないですか。「これは訓練ではない」とか言って本当に戦争になるかもしれなかったんだというようなことが、現実に新聞記事や写真として残っている。しかも、真実は戦後になって初めて知らされたわけで、その当時は全然わかんなかった。これは何だろう、太平洋戦争そのものよりおもしろいんじゃないかと、関心が移っていった(笑)。

それは学生時代、全共闘と機動隊とのせめぎ合い、まあドンパチですよね、それを実際その中でヤジ馬として見ていて、やっぱり世の中動いている、日本が動くんじゃないかという実感を肌で感じたのとどこか通じている。かつて学生の闘争よりもっとすごいことがあったんじゃないかという。自分が学生運動の時代に遭遇して、それを目の当たりにしてハラハラドキドキ、ワクワクというのを経験したことが、二・二六事件への関心と結びついていった。

しかも、なんか昭和初期ってすごく暗い感じがしたんですよ。暗いというよりも怖さですね。薄気味悪い、怖いっていうのはなんか物を表現しようとしたときにかなり大きなインパクトなんですよね、僕の場合だと。怖いものをそのままほっとくのが、嫌なんですよ。なんかヌメッとした、足場にヌメッとした気持ちの悪さがあって、これ何だろうと確認したくて仕方ないというような気持ちですかね。それがちょうどあの昭和初期の二・二六の叛乱につながっていくあたりの時代の雰囲気だとか政治の動きだとか軍の動きだというところに行き当たったと言いますか。これはちょっと僕なりに調べよう、と。松本清張さんの『昭和史発掘』というシリーズが、その当時出ていたんですが、それが、ちょうど二・二六あたりだったんでそれをむさぼり読んで、大体イメージを掴んだ。

それで、これは漫画にしたいなと思ったんです。漫画というか作品にしたいなと。そんなころ、ちょうど話が来て何でもいいからやれと（笑）。「何でもいいですか」と念を押したら、「何でもいいよ」。一話目は東映のヤクザ映画風の任侠ものをかいたんです。それがちょっと評判よくて、続けて一話読み切りの形でかいてくれということで、三十枚位を、二・二六事件の前を題材にした話をかいてたんです。それが評判よくて、さらに続きをやらないかという話になった。当然、二・二六に話が行くんですよ。本当にいいのかなと思ったんですが、編集者も二・二六って何のことかよく知らなかった編集者だったんでいいだろうと（笑）。ヤクザ漫画だと思って読んでたのにいつの間にか兵隊が出てきてるぞという感じで、二・二六事件の磯部浅一だとかその辺を中心にして、その周りのヤクザとか市井の人々と青年将校とのつき合いを軸にして、その後も一年ちょっとぐらい続けたんですかね。

――竹中労さんとコンビで仕事をするきっかけとなる『博徒ブーゲンビリア』ですが、竹中さんとはどういう形で出会ったのですか。

かわぐち　最初に出会ったのはデビューしてしばらく、二、三年でした。週刊誌をやり始めて二、三年ですかね。『血染めの紋章』が終わって、「週刊漫画アクション」という雑誌に連載やってみないかという話がきたんです。そのときに編集長が、『博徒ブーゲンビリア』という、竹中さんが原作の泰面鉄道にまつわる、兵隊の話というのを持って来られたんです。何で持ってきたかよくわかんなかったんですけど、「週刊漫画タイムス」の『血染めの紋章』が多分目にとまったらしいんですね。はっきり言わなかったんですけど、まあこいつだったら多分兵隊とやくざと両方好きらしいし、かけるんじゃないかって編集部では思ったのだと思います。竹中さんはそのとき僕のこと知ってたかどうかわかんないんですけど、編集部の紹介で喫茶店かどこかでお会いしたんですかね。

そのとき、僕の方は竹中さんを知ってたんですよね。テレビの、歌番組とかで審査員をしたり、『ビートルズ・レポート』を書いたり、美空ひばりのことを書いたのはその後だったかもわかんないなあ。いずれにしても、そういう芸能レポーターみたいな人として、知っていた。ですから、『博徒ブーゲンビリア』と、美空ひばりや演歌の話とか歌番組の審査員というのが結びつかない。何で、どういうことをこの人考えてやってんのか、よくわかんないままその仕事が始まった。ただ、ビートルズ来日のときの警察の厳戒態勢は、学生や左翼運動を想定した一種の実地訓練だという説は、「えっ、そうだったのか」みたいな（笑）とっぴな話だけれど納得するような感じでした。

――まだそのころは頭を丸めてはいなかった。

かわぐち　そのころはまだ、薄いながらもまだあったですね（笑）。それで、編集部の人といつも一緒にお酒飲んだりしていた。だけど、今考えると本当にそんなにいつもあの人酒を飲んでたんですかね。僕、よく覚えてないんですよね。でも、なんか飲んでるような感じは多いんですよ。喫茶店で打ち合わせするというよりも、なんかどっかの飲み屋で飲みながらというのが多かった。竹中さんはしょっちゅうなんか飲んでるような感じがね（笑）。実際どのぐらいの酒量で飲んでたのかどうかというのよくわかんなかった。

それと、やっぱり江戸っ子という感じがしましたね、どこか。だから実際あっていると、文章だとか写真だとかで拝見する押し出しの強さという感じじゃないんですよ。非常に物静かで柔らかい気を使う人だった。シャイで、繊細な、ナイーブそうな人だなという感じはありましたね。

――『博徒ブーゲンビリア』は、単行本になっていませんね。どういう作品でしたか。

かわぐち　内容は、東京の下町、深川だったかな、博徒じゃないですがとび職の男が軍属として南方へ配属されて、そこで映画『戦場にかける橋』の泰面鉄道の橋をつくることになる。そのときに日本の職人というのがいかに優秀だったかということと、彼等が、日本の戦争を遂行した参謀本部からいかに冷たい仕打ちというか裏切りにあったかという話だったんです。それ、おもしろいなと思ったんですよ。僕も当時、泰面鉄道の話なんてよく知らなくて、『戦場にかける橋』くらいしか見てなかったですからね。それが、欧米人の捕虜の労働ばかりでなく、日本人の軍属たちの技術によって支えられてたか、犠牲によって成立したかというのわかんなかったんです。それで、竹中という人は「ああ、おもしろいとこ突く人だなあ」という印象がありました。

当時の僕はまだ技術的にも作風としても、今ほどきちんと自分の仕事が把握できてないし、手探りみたいな状況で絵をかいてたり、未熟な部分がかなりあったんですよ。今思えば、余り成功したと思えない。話もかなり暗い。「漫画アクション」としては、その当時、バロン吉元さんの『柔侠伝』が柱で連載されてたんですが、それに代わるものというか、そういう感じのものという要求があったと思うんです。しかし、あの『柔侠伝』のようなカラッとした感じはだせなかった。「あ、おもしろいことやってる」という評価は高かったんですけど、人気的には、ちょっと（笑）。

──『黒旗水滸伝』は竹中さんとは、二度目の共同作品になるわけですね。

かわぐち　そうです。『ブーゲンビリア』が終わって、ちょうど「現代の眼」という雑誌がその前に漫画の連載やってたんですよね。それがおもしろくて。猪野健治さんの黒社会の話でしたが、それを『黒旗水滸伝』の話が来る前に愛読してたんですよ。経済の視点を導入して、山口組だとか関西暴力団の実態を、何で暴力団がなくならないんだというような話を経済の視点から突っ込んだ漫画だったんで、これはおもしろいなと思っていた。そうしたら「現代の眼」の編集部から電話があって、実は竹中さんの原作で、猪野さんの後の連載やりたいんだけれど、竹中さんは大正時代のアナキズムの話をやりたいということを言ってるらしいんだけどどうかねという話だった。竹中さんの方から推薦してくれたんだと思うんですよね。それで、やりましょうっていうことになった。

──かわぐちさんの方ではそのときまでに、大正アナキストとかその時代への関心はおありでしたか。

かわぐち　大杉栄とか代表的な人たちのことは知っていましたが、その思想がどこから来てるかとか、共産党とどういう関係だったんだとかいうことは余りよく知らなかったですね。かきながら教えてもらったようなもんです。

――いつか、連載中、結構うるさいこと言われて頭にも来るけど、これは相手に惚れなきゃしょうがないと考えてつき合うことにしたとおっしゃっていましたね。

かわぐち　そうなんですよ（笑）。まあ一つは、竹中さんの原作の書き方というのがあるんですよ。それは、『博徒ブーゲンビリア』のときも同じだったんですけど、指定が細かいんですよ。もう絵コンテなんですよ、実際には。いわゆるシナリオという形じゃなくて、絵コンテを文章にしてる、原作にしてる。だから、そのとおりにかかないと話がつながらないんですよ。竹中さんがかいてきた原作に対して、じゃあこっちが意義申し立てをして、自分はこの同じ原作で、自分のやりたいようにやるんだということにしようとすると作品にならない。

だから、向こうからオファーのあった話だし、これはひとつ向こうの言う通りにして、竹中さんの持ってるものを何だろうと見極めようと決めたんです。この人の持っているものを見極めるための勉強だと割り切って、一切こうだああだということを言わないで、とにかく言われたものをやってみよう、この船に乗っかってみようと決めた。それが嫌々かくという意味じゃなくて、なんか惚れて、どっかその人の持ってるものに惚れていって一体化していこうかなという気持ちがありましたね。

それにしてもですね（笑）、苦しいですよね。それは逆に言うと。苦しいというか、一体化できないんです、やっぱりね、基本的に。一体化ってどこか幻想なんで。こっちも一応表現者としていたいわけですよね。表現者と表現者が一体化するということはあり得ないんで、お互いに持ってる一番根っこの部分というのが違うんですよね。また、違うから表現が成立するわけです。だから、何となく竹中さんの言ってることは受け入れられる、興味持って「ああ、おもしろいな」と思うときと、「ちょっとこれ、おれ違うなあ」と思うときとあるわけです。

でも、違うなと思ってもやっぱりこっちに行かないと仕事としては成立しないんで、その苦しさみたいなものがどっかありましたね。全部こうかけと決められて、息が詰まってくるというのがありますよね。竹中さんは原作の中で演出もきちんとやりますから。ここはこういう感じ、このコマはこういう感じに人物を配置して、この人物はこういう顔にかけ。こういう感じですよ、全コマにわたって指定が。資料も当然ものすごく多い。

——結局その緊張関係も、予定では二年くらいで修了するはずが……。

かわぐち　最初は二年連載して、単行本一冊分ということだった。猪野さんのもそうだったんで、同じぐらいの予定でした。しかし結局、五年近くやりましたね。月刊誌だったんだけど、五年もやるなんてこと僕の中でなかった。ライフワークみたいな感じになるんじゃないかなあというようなことも感じました。

竹中さんは、雑誌連載の終わりの方でかいていますが、これは実はまだ全体の構想の三分の一だ（笑）。戦後まで行くんだみたいな感じで、「うわーっ、ヤバイなあ」と内心思っていました。竹中さんにとってもこれはそういう意味でライフワークにしたかったんだろうなと思いますね。

ただ、その後、ほかの漫画雑誌だとこういう形式、文章がついてしかも漫画が上にあるというところというのは、余りにも実験的過ぎてつくれなかった。いろんなところの編集者に「これどうですかね」と話もかけたんですけど、やっぱりうまくいかなかったですね。「大正地獄篇」だけで「昭和練獄篇」以下は未完のまま竹中さんは亡くなってしまった。

——ただ、「戦後天国篇」になるかというとならないわけで（笑）。五年近くも登場人物をおかきになっていると、共感できる人間とか好きな人間とか出てくると思うんですけれど。

かわぐち　そうですねえ、やっぱり大杉にはかなりウエイトを置きましたね、竹中さんも。自信にあふれる運動家としての視点から見てる。竹中さんは実際家としてのそういう面を愛着持って見ていた。それは僕にも伝わってきましたね。大杉に対してはかなり新しい発見みたいなものが、かきながらもあったし。

——一方で甘粕にも好意的ですよね。

かわぐち　そうですね。甘粕はおもしろいですよ。竹中さんの構想では甘粕を狂言回しとして「昭和練獄篇」で中国からの話をきっちりやるんじゃないだろうなとは思ったんですけどね。

——この「大正地獄篇」はそういう予感させる結末ですよね。

かわぐち　ええ結末は、甘粕が出獄する場面ですからね。次の話は満映（満洲映画協会）の理事長になる甘粕にみちびかれて満洲の話から入って、また逆に日本に帰ってくるという話になるんじゃないかなと思ったんです。そういう意味で甘粕というのも狂言回しとして。暗部に引っかかってく人でした（笑）。いわゆる革新官僚が満洲で計画経済の実験をして、戦後、その岸信介や池田、佐藤らが戻ってきて戦後の日本牛耳ったということは、竹中さんが初めて言ったことですね。そうするとちょっと新しいね。小説とか文字の世界ではわかんないんだけど、漫画の世界で実際にこう動いてる絵としてそういうことをやるってあんまりないんで、おもしろい視点だった。

それから好きだったのは、大杉の仲間でルパシカを愛用した……。

——和田久太郎。そう言えば、ずいぶんハンサムに描かれていますね（笑）。

かわぐち　あれやっぱり好意的にかいた（笑）。病気持ちの女郎に惚れて、恋にのめり込むというとこなんかかなり思い入れて（笑）。あとあれですかね、右翼の杉山茂丸。あっちこっちに出没して、トンでもないことを個人でやっちゃうという。おかしかったですけどね。

——登場人物を見ると、いまでこそ割と注目されているけれど、当時としては無名の人物が結構出てくるんですね。あの当時、よく人選といい、おもしろい人間をそろえて物語組み立てたですね。その辺のセンスはすごいですよね。

かわぐち　うん。それこそ、司馬遼太郎がそれまで日の当たらなかった人たちにスポットあてて、それを活性化させたじゃないですか。竹中さんは、反権力という視点から、もっとすごいのがいるんだぞというようなところをやったような感じしますけどね、司馬さんよりもっと怖い……。

——五年近くやってますと、今にして思えば、あれはああだった、こうだったというような影響というのは免れないんじゃないかと思うんですけど。

かわぐち そうですねえ。影響というわけではありませんが、その当時、竹中さんが、沖縄だとか、まあ南方ルートって言うんですかね、そっちの方に何で行くんだろうということはよくわかんなかったんですよ。そうではなくて、それは浅草なんじゃない（笑）って思っていた。浅草もよく行っていたでしょう。竹中さん自身江戸っ子的でしょう。だから、竹中さんの沖縄への関心も、最初は江戸っ子の人がよくある、プリミティブなものへのあこがれ、プリミティブなものを評価してしまうという習性があるのかなと片づけてたんですよ。でも共産主義、資本主義とのせめぎ合いという55年体制の中で、その埒外、そのせめぎ合いでは絶対に解決できない人間の、本当はこうあるべきなんだというようなところを押さえたということ。しかし、日本の未熟な資本主義と社会主義を云々する連中には、それが受け入れられてなかったという悔しさと言いますかね、それを連載の終わりごろ知りましたね。

途中で、「ああ、そうかそうか、そういうことなのか」と気付いたわけです。最初は竹中さんを都会人、プリミティブなところに行って、そこに身を置いてそれと一体化するんじゃなくて、書斎にいてそういうとこにあこがれてるだけだろうなという感じがね、どっかちょっとあったですね。まあそういうことなんだという理解だったんだけど、途中から竹中さんの言ってることというのは、いや、そうじゃないとわかってきた。

そのころまでエコロジストとかそういう運動もなかったころなんですよね。このままほっとくと、資本主義は行き詰まるぞという予想もあんまりなかったころなんですよ。だから、じゃあどう解決したらいいのかという問題意識も当然ない時代だった。今、再読しますと「ああ、ここに突破口ありそうだな」という感じがするんですよ。竹中さんの目のつけ方が早かったなと。

現代は、社会主義が崩壊して資本主義の勝利という見方が一般的だけど、勝ってるわけじゃないんだ。そのうち遅かれ早かれ資本主義も行き詰まるぞ、いや、もうほとんど行き詰まりかけてる。じゃあどこに人間行きゃあいいんだというとき、竹中さんのいう南方ルートの中にこそ解決の糸口がある、ここしかないぞという視点というのはこれから意味を持つ。あの当時は、こうした考えはちょっと早過ぎたですね。みんな、まだそれに興味なかったですよ、多分。

——東西対立の真っ最中ですからね。

かわぐち　そう、当時、誰も資本主義陣営も社会主義体制も行き詰まると思ってないし、ましてや社会主義が崩壊するとどちらも思ってない。だから対立があるわけですからね。そういうイデオロギーの限界と言いますかね、そういうことは見えなかったですよね。だから、竹中さんの視点というのはイデオロギーじゃないんだと思ったけど、いま、僕なんか書かれてること結構むさぼるように読みますよね。あの当時と全然違ったところが見えてくる。

——同じように、当時気がつかなかったけれど、いまから見れば竹中さんの言うことがもっともだというようなこと、他にもありますか。

かわぐち　そうですねえ、『黒旗水滸伝』の中では、ロシアで尼港事件があって……。

——はい、日本人が虐殺されたという。

かわぐち　尼港事件の復讐という口実で、ロシア船を襲ってヤクザまがいのやつらが、虐殺しますよね。その当時はいわゆる外交的によろしくないという政府の意向で彼等は罪に問われたんだけど、あれはそういう政治的なことじゃなくて、あの憤怒というのはどこに持ってきゃいい、あれは正しいことしたんだっていうようなね（笑）乱暴をいう。あれは仕方なかったっていうような言い切り方をする。人間というのは政治的な右か左かというだけで生きてるんじゃない、みんな本能抱えて生きていると。そういうところきちっと言われると実際怖いですね。

――みな建前でやってる、そういう人にとっては反論のしようがない（笑）。

かわぐち　人間は、建前じゃないんだという。人間というのは矛盾を抱えて生きてる。決して右か左かで割り切れない。イデオロギーでもとらえきれないんだ、人間の怖さというのはそこなんだ、というところをとらえてるわけじゃないですか。そういう矛盾を丸ごと見据えるという。「ああ、そうなんだろうな」と「大きいな」という感じがね、やっぱり再読してますよね。

――一方で、難波大助にしても純粋な動機というか、そういうものに対する評価も高いですよね。

かわぐち　高いですね。難波大助については結構ページを割いて書いてます。あの当時そんなに印象なかったんですけどね。いま読み直すと、こだわって延々追いかけてますね。京都、吉原、そしてあの辺の細民窟に下宿するんでしたっけ。そこから天皇を撃つというのが発想されたんだ、それしかないんだというように演繹してくわけじゃないですか。それはすごい綿密ですよね。すごい思い入れが難波大助に向かってある。最初はそうじゃなかったと思うんだけど、書いてるうちに竹中さん自身も引き込まれていったんですね。

――難波大助そのものも運動史の中では要するに狂人扱いされていたんですよね。有島武郎だって金持ちの甘チャンだというふうな評価が一般的にされる。そういう部分に対して真正面から向き合って、再評価しています。

かわぐち　向き合うというか、誰それについて書かれたものというのは後から勝手に書いたもので、そういうのは歴史でも何でもないというようなことを言っています。左翼側からしてみると難波大助というのはもうゴミみたいなもんだということでしたよね。それをそうじゃないんだ、おまえら何言ってんだと。それまで正当だと思われてる歴史は全部違うんだと、全篇通して。それでは絶対に掬えないものがあって、それが一番大事なんだぞっていう。だから大物として、多分共産党の大物として取り上げられてるものに対してよりも、そうじゃない無名の人たちの記述が多いですね。

——完全にそうですよね。朝鮮の抗日パルチザンでも、金日成なんていう名前はここには登場しないって書いていますね（笑）。

かわぐち　だから悪党が出てこない。いいですよね、いわゆる悪役が出てこないっていうのは。みんな自分の主義主張なり人間性に秀でていて、それをこう作者の都合で割り振っていく。

——登場人物がみんな作者の一部分をそれぞれ引き受けてるというか。

かわぐち　そうです。あれはいいなあ（笑）。

——今かわぐちさんがおかきになってるものっていうのは、割と権力闘争、政治にしてもヤクザの世界を扱っても、そういうテーマが多いですね。それはどうしてですか、どうしてですかっていうことおかしいけど（笑）。

かわぐち　一つはね、これは難波大助のことにもつながってくんだけど、テロリストというのはやっぱり怖い。それを認めることは、自分の中で怖いんですよ。三島由紀夫の事件もそうなんだけど、認めてしまったら、言葉の有効性というのはどこにあるんだろうということになる。言葉はやっぱり、基本的にはその人の全生活、存在をかけた武器じゃないですか。ところが、刀も武器ですよね。どっちかなんですよ。そこで、自分としては言葉を選びたいなと思うんです。

それじゃあ実際に、自分が表現者として武器にしてる言葉が、自分とのかかわりで、どのくらい武器として研ぎ澄まされていけるのかということがテーマとしてずっとあるんです。それは言葉をかえていうと、自分が言葉を選んだ以上、他人を説得していくわけですよね。関係ができてくるわけなんですよ、言葉を信じて。要するに自分を表現してるということは、それを読んでもらっている読者がいるわけです。だれもいないところで書くということはありえない。だれかにわかってほしいと思って書くわけです。その人を動かしたい、感動させたいということは、かかわりを持つということですよね。

ところが僕がずっと感じていたのは、テロリストっていうのはかかわりを遮断する。そういう関わりという感じがしてたんですよ。テロルも表現は表現なんですよ。命のやり取りで、おまえの存在をここで絶つんだという表現、それしかないっていうのも表現なんです。しかし、自分としてはそれは怖いから、説得する表現になるわけです。そうすると、どうしても対象はアウトサイダーじゃないんですよね。どこかで関係性を築きながら、自分とかかわっている組織、集団ができてきて、その組織がいろんな組織とかかわってくる。そういう中に、自分は身を置いている。その中で言葉という武器を使いながら表現をしていく、という方に自分としては進もうと決めたんです。

いろんな関係を引き受けていこうという中でドラマが出てくるわけです。組織との兼ね合いで、そこは自分の主張を引っ込めたり、迂回したり、いろんな人間のかかわりの中でドラマやペーソスが生まれるわけですよ。これはおもしろいなと思い出したんです。

——なるほど。

かわぐち　ちょうど僕らが、漫画をかくころにはやってたのがアウトローです。アウトローこそカッコいい、ドラマチックだというような風潮が、ずっとあった。僕も最初のころはアウトローの、いろんな関係を絶ち切っていくところにドラマがある、その方が話としていいかなと思ったんです。しかし実際に、自分がアウトローを書いていくと、いろんな人間がいていろんなしがらみがあって、という人間そのもののいとなみがドラマの中に組み込まれないで、非常に痩せていくような感じがしたんですね。アウトローを主人公にしますとどうしても行く先は死なんですよ。その散っていくときのきれいさはあるとしても、なんかそれを繰り返してると話がやせるんですよ。だから、だから大杉のあの実際者というね、あの視点はすごく好きなんですよね。

それで生身の人間が生きていく上でいろんなものを引き受けていく、自分が矛盾した存在であるということに気がつくと、アウトローじゃなくて、いろんなものの関係を維持しながら生きていって、なおかつ自分の持っている能力や資質、そういったもので人を動かしていこうということの方が実際には大きいし、ドラマチックだし、太ってるし、ゴージャスな感じがしてきたんですね。そういう視点からだと、やっぱり権力だとか、組織のせめぎ合いだとか、ヒエラルキーの問題とか、そういうものが単純ではなくおもしろくなる。そういうものに価値観を置く、というかおもしろがってかけるというか、そういうふうにふくらんでいったんです。

アウトローは最期は世の中を切っちゃうわけで、世の中切ってしまう瞬間から変わっていけないんですよね。アウトローは、変わるというチャンスを逃す。いつも時世に背を向けて、筋を通すというような。ところが、変わっていけるというのは自分の中の矛盾を許すということですよね（笑）。主義主張ではないんじゃないか、主義が変わったっていいじゃないか。矛盾したところっていうのを容認していかないと話が広がらない。何でも絶ち切って、死に一直線というのはなんかうそになっていくような感じがしてしまう。

——確かにそうですね。アウトローものは、ストーリーもワンパターンなんですよね。

かわぐち　あのころ結構テレビでも『木枯らし紋次郎』とか、アウトローがはやったんですよね（笑）。何だかんだ言ってアウトローだ、と。映画も東映を代表にやっぱりアウトローですし。

——まあ同じパターンで、よく僕らも飽きもせず見てましたけどね。

かわぐち　でも、結局はどんどんやせていきましたよね、話がね。やっぱりこうきれいでいいんだけど、やっぱりうそでしたね、あれは。様式の世界でしたね。様式というのは、一度やってしまうともうリアリティーがなくなる……。

——古い、竹中さん宛のかわぐちさんの手紙が残っていて、おいやかもしれないけど（笑）引用すると、「話は変わりますが、生活上のなりゆきから嫁さんを貰い、あまつさえ子供を二人（今年は三人目が生まれる予定）もつくり借金覚悟で家を買い、本当になりゆきまかせでやってきましたが……、自分自身を考えるうえでの穴ぼこと自慰しつつも、カッコ悪い方へ明らかに流されていく自分を思い知らされます。竹中さんの生きざまを眼の前にするにつけ、人はやはりものぐさではいかん、意識的にあらねば悪い方へ悪い方へ流されていくと叱咤される思いがします。先ずはこまごまと身辺に転がっている雑用から意識的な眼をもって片付けていくところから始めようと思います」と書かれています。「生活」という言葉を使っていますが、このころにはすでにそういったことを考えていらっしゃったことが読み取れます。。

かわぐち う〜ん、そうですね。三十五、六ぐらい。結婚してしばらくして少しずつ変わっていったんですかね。

——切り捨てていくのではなくて、引受けていくことの方が格好いいんだといえば、いま雑誌に連載中の日系人がアメリカの大統領選をたたかうという設定の『イーグル』なんかは、主人公はそれこそメチャメチャいろいろ引き受けさせられている（笑）。

かわぐち そうなんです（笑）。家族から権力からね。

——そういう意味で、あの作品はかわぐちさんの漫画観というか、集大成みたいな位置づけでかかれてるわけですね。

かわぐち ああいう世界の方がおもしろいんですよね。アウトローで、世の中に背を向けて死に急ぐというよりも、組織や権力のどろどろした中に入って、いろんな人間のくだらない、これはだめだと思ってる考え方、その考え方から来る組織だったりしても、やっぱり人間の営為としてはこれはあるんじゃないかというようなところまで見据えていく方がおもしろそうだ、と。

——そうすると、あんまり私小説っぽいのは劇画には向かないということにもなりますか。

かわぐち ですねえ、どうなんですかねえ（笑）。あんまりやったことないんで。でもわかんないですよ、それは。

――『イーグル』はあとどのぐらいですか。

かわぐち　まだ予備選が終わったとこなんで、本選というのがあと二年ぐらいですかね。これ結構長い。

――集大成として結末がどういうふうにいくか、楽しみにさせていただきます。

かわぐち　そうですね（笑）。

（一九九九年十二月　文責　皓星社編集部）

解説

栗原幸夫

「大正とはいかなる時代であったのかというテーマを、すでに四年にわたるこの大河連載劇画で、作者は追求してきたが、結論はゆきつくところ『その人を見よ!』/大杉栄と、彼をめぐる無政府主義者たち、テロリスト難波大助、さらには彼らがこよなく愛した浅草十二階下の娼婦&やくざ・芸人。国賊と呼ばれ、あるいは世の塵芥のごとく差別された〝窮民・下層社会〟の中に、われらがですぺら先生・辻潤を置いてみると、諸相はおのずから立体的に浮び上がってくるのでアリマス」と、連載も終りに近づいたところで作者は言っている。

当初、第一部「大正地獄篇」、第二部「昭和煉獄篇」、第三部「戦後浄罪篇」という三部構成で構想されたこの作品は、結局、第一部を完成しただけで終わったが、しかしこの「大正地獄篇」だけでもこの国の「過渡期」の世情とそこに生きる人びとの雰囲気をなまなましく今日に伝えることに成功したと言えるだろう。

「大正」(一九一二~二六年)とはどういう時代であったか。それは一口で言って「現代」という時代の始まりであった。「戦争と革命の時代」としての現代、資本の増大に比例してますます進行する貧困と抑圧と人間疎外、同時にそのまっただ中から噴き出す反逆と自由と解放への希求、――第一次世界大戦(一九一四~一八年)とロシア十月革命(一九一七年)は、このような絶望と希望がそのなかで激しく渦巻く大過渡期としての「現代」の幕開きだった。

過渡期はそれにふさわしい〈場所〉をもつ。つまり、「黒旗水滸伝」という物語に即して言えば、その梁山泊は隅田川を挟んだ山谷ドヤ街、浅草十二階下の私娼窟、江東の日雇労働者の居住区……ということになる。資本主義の浸透によって農村を追われ、都市の大工場からも閉め出された男や女たちが、吸い寄せられるように流れ着く〈場所〉、それがここだった。

幸徳秋水はその「東京の木賃宿」のなかで、「去る明治二十二年の末、時の警視総監三島通庸は、市街の体面を保つが為にと、そが営業の区域を限りて一定の場所に移らしめぬ。現在営業の場所と数とは、浅草区浅草……二十余戸、本所区花町、業平町……七十余戸、深川区富川町……六十三戸、四谷区永住町……十八戸、〔中略〕にて、そのお客様をいえば歯代借の車夫、土方人足、植木人夫、そのほか種々の工夫人夫、荷車引き、縁日商人、立ン坊、下駄の歯入れ、雪駄直し、見世物師、料理の下流しなど、いずれもその日稼ぎの貧民ならぬはなし。昨年末の調べにてはこれらの客人九千七百四十六人に及べりとぞ」と書いている。これは「明治」末期の状態だが、それが第一次大戦の後になると、大戦を契機に飛躍的に発展した資本主義が戦後の不景気に直面して吐き出した大量の失業者が、新顔としてここに流れ着く。

この過渡期を象徴する〈場所〉は、当然のことながらいままでの都市にない闇をもっていた。それは一種の迷宮にほかならなかった。追われるものはそこに逃げ込み、そこで出会ったものは陰謀を練る。その具体相は竹中労によってこの作品のなかに活写されている。

しかしこの〈場所〉は、政治的陰謀家たちだけのものではなかった。どれほど多くの作家たちが、失業者が野宿する墨田公園の夜に魅せられ、その〈場所〉を作品のなかにとどめることになったことか、江戸川乱歩から埴谷雄高にいたるまで、数えればきりがない。乱歩の「屋根裏の散歩者」の主人公は、「おもちゃの箱をぶちまけて、その上からいろいろのあくどい絵の具をたらしかけたような浅草の遊園地」に通い、「映画館と映画館のあいだの、人ひとり漸く通れるくらいの細い暗い路地や、共同便所のうしろなどにある、浅草にもこんな余裕があるのかと思われるような、妙にがらんとした空き地を、好んでさ迷」うのである。乱歩自身、戦後になって「青年時代、私は群衆の中のロビンソン・クルーソーとなるために浅草へ行った」（「浅草のロビンソン」）と回想している。

浅草の歓楽街に登場した「群衆」、それを取り囲むように存在する極貧の日雇労働者や娼婦のドヤ街。ここにあるのはもはや幸徳秋水が描き出した「東京の木賃宿」とはことなった、近代末期の姿である。この群衆と貧困者のエネルギーを、誰がどのように組織するのか？　すでに時代はこのような問いをつきつけているのである。

※

現状への激しい拒否と未来へのさまざまな夢は、過渡期を過渡期たらしめる不可欠の要因である。その拒否は徹底してラディカルでなければならず、その夢は空中にますます高く飛翔しますます多様でなければならない。それらの混沌を一つの政治党派や一つのイデオロギーが統制し管理するようになるとき、本来の意味での過渡期は幕を閉じる。しかしそれは終りではない。そのような政治や思想の独占が崩壊し後景に退くとまた過渡期が姿をあらわす。

このように見れば、アナーキズムこそがこのような過渡期の感覚的、思想的、そして美的表現であることがわかるだろう。過渡期にはかならずアナーキズムが主役を演じる。この国の「大正時代」がそうであったし、それから五十年後に世界を巻き込んだ過渡期としての「一九六八年」もまたアナーキズム・リバイバルで彩られた。

一九一〇年（明治四三年）、天皇暗殺計画の首謀者として宮下太吉が五月二五日に検挙されたのをかわきりに、六月二日には幸徳秋水も拘引され、逮捕者は数百名に及んだ。そして翌一一年一月二四日から二五日に、幸徳ら一二名にたいする死刑が執行された。いわゆる「大逆事件」である。社会運動はきびしい冬の時代にはいる。権力の弾圧・統制は過酷を極めたが、運動の側の萎縮はそれをうわまわった。そのなかで、あたらしい一つの炬火を掲げたのが、大杉栄と彼の編集・発行にかかわる

『近代思想』の創刊であった。それが一九一二年、大正元年。「大正」という大過渡期の序幕がこうして大杉栄と『近代思想』によって切って落とされる。しかし周囲はまだ闇に閉ざされている。

この『近代思想』は、毎号わずか三、四十ページの片々たる雑誌にもかかわらず、その一年の中断を含めた五年間にわたる刊行のあいだに、大過渡期を迎えるにふさわしい新しい思想の創造の場となった。そこで主役を演じたのは言うまでもなく大杉栄である。彼は同誌上に発表した「奴隷根性論」（一九一三年二月号）で、「主人に喜ばれる、主人に盲従する、主人を崇拝する、これが全社会組織の暴力と恐怖との上に築かれた、原始時代からホンの近代に至るまでの、ほとんど唯一の大道徳律であった」と主張し、「奴隷根性のお名残である」「服従を基礎とする今日のいっさいの道徳」にたいする反逆を呼びかけるのである。

大杉栄の思想がもつきわだった特徴は、このような「支配」から人間を解放するためには、その支配のカラクリを「科学」的に解明しそれによって人びとを「啓蒙」するだけではだめで、なによりもまず、一人ひとりの民衆がその支配に反逆する自分の自我に目覚めなければならないとするところにあった。彼の思想は狭い政治論ではなく、人間の生き方全般にかかわり、したがって文化の変革をつよく意識したものであった。「新生活の要求」「人の上に人の権威を戴かない、自我が自我を主宰する、自由生活の要求」、この〈生の拡充〉のなかにこそ、新しい美も存在する。つまり「美は乱調に在る」と彼は主張した。

ここには、〈歴史の法則〉に人類の未来を託すのではなく、目前の現実にはげしく反逆することを通して、人間それ自体が変わるのでなければ自由な社会は到来しないという確信がある。そしてこの反逆のなかでだけ人は社会を認識できると彼は主張するのである。だから大杉栄にとって、労働者の解放は、他の何者かによってもたらされるものではなく、労働者自身の事業にほかならなかった。「かくしていわゆる新社会主義は、『労働者の解放は労働者みずからの仕事で在らねばならぬ』という共産党宣言の結語を、まったく文字通りの意味に復活せしめようとした。／そしてこの『労働者みずからの仕事』というところに、センディカリスト等は自由と創造とを見出したのである。過去とは絶縁した、すなわち紳士閥〔ブルジョワ〕社会の産んだ民主的思想や制度とは独立した、またそれらの模倣でもない、まったく異なった思想と制度とを、まず彼ら自身の中に、彼ら自身の団体の中に、彼ら自身の努力によって、発育成長せしめようとした。」

「運動には方向はある。しかしいわゆる最後の目的はない。理想は常にその運動と伴い、その運動とともに進んでゆく。一運動の理想は、そのいわゆる最後の目的の中にみずからを見出すものではない。理想が運動の前方にあるのではない。運動そのものの中に在るのだ。運動そのものの中にその型を刻んでゆくのだ。／自由と創造とはこれを将来にのみ吾々が憧憬すべき理想ではない。吾々はまずこれを現実の中に捕捉しなければならぬ。我々自身の中に獲得しなければならぬ。」（「生の創造」）

大杉たちはこのような新しい社会運動の可能性をサンジカリズムのうちに見出した。彼は『近代思想』を刊行するかたわら「センヂカリスム」研究会を組織し、労働者にたいする働きかけを強めていった。そして一九一七年も押し迫った一二月に、ロシア一〇月革命の報道を聞きながら、家族を引き連れて亀戸の労働者街へ住居を移すのである。

※

この作品自体がこの時代のパノラマになっているし、適時に簡略な年表も挿入されているので、あらためてこの時代を概括する必要もないように思える。しかしディテールにこだわる竹中労の叙述からは読みとりにくいかもしれない時代の流れを、一筆書きふうにまとめておくのも必要かもしれない。

この作品のなかで作者が繰り返し使用する言葉がある。そのひとつは「左右を弁別すべからざる」であり、もうひとつは「窮民大連合」である。社会思想と社会運動の「大正」時代は、いわばこの二つの言葉にあらわされるような「混沌」ないし「始源のエネルギー」が、マルクス主義の流入とロシア革命の影響によって、相互に融和できない対立物へと分離し凝固していく過程であった。竹内好は日本の革命思想が近代主義に堕してしまった原因を、社会革命とナショナリズムの分裂にもとめたが、このような分裂はなにも日本にだけ特有のものではない。そしてそのような分裂が拡大し固定したのは「大正」時代においてであった。

また、後の労働運動が実態はともかく目標としては近代的な大工場を中心に構想されたのに対し、この時代の労働運動の中心は江東地域の中小町工場で働く職人的労働者であった。最初のサンジカリズムによる労働組合、日本印刷工組合信友会が結成されたのは一九一八年である。会員千名、その中心は名人気質の欧文工であった。そしてこの年はまた、米騒動の年である。そのおもな担い手は「お神さん」連であった。

自由民権運動のなかでおこった国権主義と民権主義の分裂は、「大正」にはいるとデモクラシーと社会主義との分裂にすすみ、さらに社会主義のなかのアナーキズムとボルシェヴィズム（マルクス主義）に分裂し、そのマルクス主義もさらに共産党派と社会民主主義派に分裂し、時代が「昭和」にはいると、この分裂は凝固して今日にまで至る。

「窮民大連合」のほうも、「大正」にはいるとまず「民衆」があらわれ、つぎに「労働者」「第四階級」とすすみ末期には「プロレタリアート」へと純化し、その他の貧民はルンペン・プロレタリアートあるいは雑階級とおとしめられる。

われわれはこのような分裂を、昨日まで、あるいは今日もなお、思想の進歩だと教えられてきたのである。しかし本当にこれは進歩なのだろうか。思想は進化論ふうに進歩するものなのだろうか。私は否と答えたい。

なるほど大杉栄の思想は体系的でない。彼はクロポトキンを翻訳し、バクーニンを深く研究した。

しかし彼のアナーキズムはけっしてそれらの直輸入でも祖述でもなかった。そしてなによりも彼は、オオスギ・イズムのようなものをつくろうとは夢にもおもわなかった。人間が思想を使うのであって人間が思想に使われてはならないのである。役に立つものはなんでも取り入れるという彼の思想的な営為は、だから多分に折衷であり、悪く言えば雑炊的である。ではなぜそのような彼が当時も大きな影響を若者にあたえ、今日もなお、読むものの思考を刺激してやまないのか。それは前に引用したような社会運動にたいする彼の考えが、ほとんど「現代的」である、つまり今日の問題意識にぴったりと重なっているというだけではない。彼の思想には彼の精神がまぎれもなく実在しているという事実にもとづくのである。「僕は精神が好きだ」と彼は言う。少し長いが引用する。

「僕は精神が好きだ。しかし其の精神が理論化されると大がいは厭やになる。理論化と云う行程の間に、多くは社会的現実との調和、事大的妥協があるからだ。まやかしがあるからだ。／精神そのままの思想は稀れだ。精神そのままの行為は猶更稀れだ。生れたままの精神そのものすら稀れだ。

この意味から、僕は、文壇諸君のぼんやりした民本主義や人道主義が好きだ。少なくとも可愛い。しかし、法律学者や政治学者の民本呼ばわりや人道呼ばわりは大嫌いだ。聞いただけでも虫ずが走る。／社会主義も大嫌いだ。無政府主義もどうかすると少々厭やになる。／僕の一番好きなのは人間の盲目的行為だ。精神そのままの爆発だ。／思想に自由あれ。しかし又行為にも自由あれ。そして更には又動機にも自由あれ。」（『文明批評』一九一八年二月号）

これで全文だ。大杉栄の面目が躍如としている。人びとは、大杉栄の書いたもののなかに彼の精神を発見し、その同時代に生きている精神を愛したのである。関東大震災のなかで大杉栄が妻の伊藤野枝、甥の橘宗一とともに憲兵によって虐殺されたとき、肉体だけでなくこの精神が殺されたのだった。何人もの青年が復讐のためにその生命をなげうつことになるその経緯については、この作品が微細に描いている。この作品は、こうして生命を復讐に捧げた青年たちの鎮魂のために書かれたと言ってもいいほどだ。

しかし話をもどそう。

「大正」とはどういう時代であったか。一口で言えば混沌から秩序へ、精神から物質へと激流のように流れていった時代である。混沌の精神を一身に体現した大杉栄が殺されたとき、もはやこの時代の潮流のなかで混沌を呼び戻すすべは失われたのである。大震災は混沌を焼き払い、ある意味でその象徴であった浅草十二階を崩壊させた。

さて、ところで、混沌から秩序へという場合のその秩序も、精神から物質へという場合のその物質も、そんなに簡単なものではない。この移行が全面化するのは「昭和」にはいってからだが、震災後の社会にすでにその大きな動きがあった。「秩序」とはこの場合、組織化であり、「物質」とは消費文明あるいは大衆社会化ということである。多くのアナーキストがボル（共産主義）派に転じたのにはそれなりの時代的な背景があった。とくに労働運動の場面では、あくまでも個人に依拠してそれぞれの個性が自由に連合することを理想とするサンディカリズム系の組合に比べ、科学的な戦略・戦術によって武装し民主集中制を組織原則とするボル系の組合の党派闘争における優位は明らかであった。

しかし事態はそれほど直線的に進んだわけではない。一面の焼け野原と化した東京の街に、ひとときのアナーキーが出現する。大震災の年の一月に、「詩とは爆弾である！　詩人とは牢獄の固き壁と扉とに爆弾を投ずる黒き犯人である！」と宣言して詩雑誌『赤と黒』が創刊される。同年七月には、「私達は先端に立っている。そして永久に先端に立つであろう。私達は縛られていない。私達は過激だ。私達は革命する。私達は進む。私達は創る。私達は絶えず肯定し、否定する。私達は言葉のあらゆる意味において生きている」と宣言して前衛芸術グループ「マヴォ」が誕生する。いずれもアナーキストあるいはダダイストを自称しつつ、古い道徳、古い芸術の破壊を課題とする。『赤と黒』同人のひとり岡本潤は戦後の回想のなかで、「こういうマニフェストを書いたぼくらのなかには、当時ヨーロッパから流入された未来派、ダダ、表現派、立体派、構成派、など新興芸術の交錯した刺激と、思想的には大杉栄などを通じて接したバクーニン、クロポトキンなどの断片、辻潤の訳出したマクス・スティルナーの『唯一者とその所有』などが、体系的でなくゴチャゴチャと混在していた」と語っているが、大震災を挟むごくわずかの期間に、この国の知的世界におこった地殻変動をよく示していると言えよう。作者・竹中労の父、画家・竹中英太郎もそのなかから生まれる。しかしこの前衛芸術派の中心メンバーの多く、たとえば詩人の壺井繁治、美術家の村山知義、画家の柳瀬正夢らは、数年後にはボルに転じ、プロレタリア芸術運動の指導者として活躍するのである。

※

混沌は夢を呼ぶ。「大正」という過渡期が過渡期であったゆえんは、それが科学的と称する新思想に毒される前の、自由な夢を無数に産んだところにある。しかし自然主義という軛を脱して空想をはばたかせ、貧民と被差別部落民が活躍する泉鏡花の世界、武者小路実篤の「新しい村」、有島武郎の農民解放、民衆芸術などだけが夢であったわけではない。震災の後にもなお夢の残欠は随所にある。「世界のはずれで爆発したんか／おれの腑ぬけた頭／神経がロココ式になめっこく／思考力がけぶっている／どしん！　と電車にひかれたが／ころころっと痛感が転ってゆき／ふらふらっと起ちあがって／桜がさいたんかな！」というような詩をダダイスト詩人・陀田勘助として書きながら、江東自由労働者組合の活動家として活動し、ボルに転じて共産党東京市委員長として獄死した山本忠平。東海道をリヤクをやりながら上京し、この江東自由という梁山泊に流れ着いた黒色青年連盟の神山茂夫。かれもまたボルに転じるが、江東自由から発展したわが国自由労働者の砦、関東自由労働者組合を牙城に全協刷新同盟を結成して全協指導部の官僚主義と戦い、最後まで反逆の心を忘れなかった。

これらの、第二部「昭和煉獄篇」が書かれれば当然主役として登場したであろう人びとのなかになお夢つまり自由は残響をとどめるのである。

竹中労のこの作品は、「大正」という時代をそのロマンの相においてとらえ返す試みである。当然そこには竹中じしんの強烈な浪漫主義が投影されている。だから彼はくりかえし口を酸っぱくして言う。「あたしゃ、どうでもいいの。そんな詮索にかかずらわぬ――、くりかえし記述しておるが、本篇はノン・フィクション・フィクション。筋立ての都合よろしきよう、百も承知で話しをつくり変えているンであるからして、気楽に読んで下さりゃ結構、何をいったってムダである。」「聞くならく、夢野京太郎のホラ話し、実以て信用が、できない、ありゃまともに評価すべきシロモノじゃなくって、小説・巷談のたぐいであるという悪口を、しばしば耳にいたします。／小説・巷談でどこが悪い？／あたくしまさに、〝稗史〟を書いているんで、既成の左翼文献なんぞにはハナもひっかけぬ心意気。」

ではここに書かれていることはすべて嘘っぱちかと言えばとんでもない。すべてというか、まあ、ほとんどが事実である。個々のディテールの真実には作者はおどろくほどの努力をはらっている。しかしそれらをぶつけ合わせ組み合わせて一つの物語（ロマン）を創る作者のモチーフは、公認の正史にたいする徹底した異議の申し立てに他ならない。それはもう一つの歴史を書くことではない。正史が押しつぶしてしまったあの時代の夢と精神を〝いま〟に向かって復権することである。竹中労は事実よりも精神を愛する。

と言っても竹中的ハッタリは随所に顔を出す。しかしハッタリこそ講釈師・竹中労の張り扇、それなくしてどうして読者は、この作品のなかで彼と出会うことができようか。この作品のなかで彼はテロリズムを称揚していると勘違いする読者がいるかもしれないので一言付け加えると、テロリストというのは不言実行の人であって、彼らがものを書くのは死刑を待つ牢獄のなかと相場が決まっている。お喋りのテロリストなどいないのである。竹中もそこはよくわかっていたようだ。こんなことを言っている。

「無責任なことをいうな、お前やってみろって、夢野京太郎すでに中年、運動神経鈍磨しておる。かわぐちかいじは、非力で頼りにならない、〔人間、誠意だけで革命家になれるものではないのだが〕と大杉も留保している。やんぬるかな黒旗水滸伝、残念ながら言うだけ描くだけ、せめても威勢よく口演ばあいつとめまする。」

竹中 労（タケナカ ロウ）（著）

1930年、東京生まれ。東京外大露文科除籍後、肉体知的労働の底辺を転々、自由なもの書きとして舞台・映像・音盤とさまざまな分野に表現を試みる。著書、『琉球共和国』『水滸伝／窮民革命のための序説』『無頼と荊冠』『逆桃源行』朝日文庫『美空ひばり』ちくま文庫『断影大杉栄』『ルポライター事始』など多数。1991年死去。

かわぐち かいじ（カワグチ カイジ）（画）

1948年、広島県尾道市生まれ。本名は川口開治。明治大学で漫画研究会に在籍、在学中の1968年『ヤングコミック』掲載の「夜が明けたら」で漫画家デビュー。卒業後は本格的に劇画作品を執筆、竹中労とのコンビでは本作のほか、「博徒ブーゲンビリア」などを描く。『ハード&ルーズ』で人気を得、1987年『アクター』、1990年『沈黙の艦隊』、2002年『ジパング』で講談社漫画賞を3回受賞、2006年には『太陽の黙示録』で小学館漫画賞と文化庁メディア芸術祭マンガ部門大賞を受けるなど、五十年余にわたって第一線で活躍する。他の代表作に『イーグル』『僕はビートルズ』『空母いぶき』など。

黒旗水滸伝 大正地獄篇 上巻

2000年9月1日 初版 第1刷発行
2023年9月1日 第2版 第1刷発行

著者 竹中 労
画 かわぐちかいじ
発行者 晴山生菜
発行所 株式会社皓星社
〒101-0051
東京都千代田区神田神保町3-10
TEL 03（6272）9330
FAX 03（6272）9921
e-mail : book-order@libro-koseisha.co.jp
http://www.libro-koseisha.co.jp/

装幀 野村高志
印刷・製本 精文堂印刷株式会社
ISBN978-4-7744-0797-5 C0036